I0001840

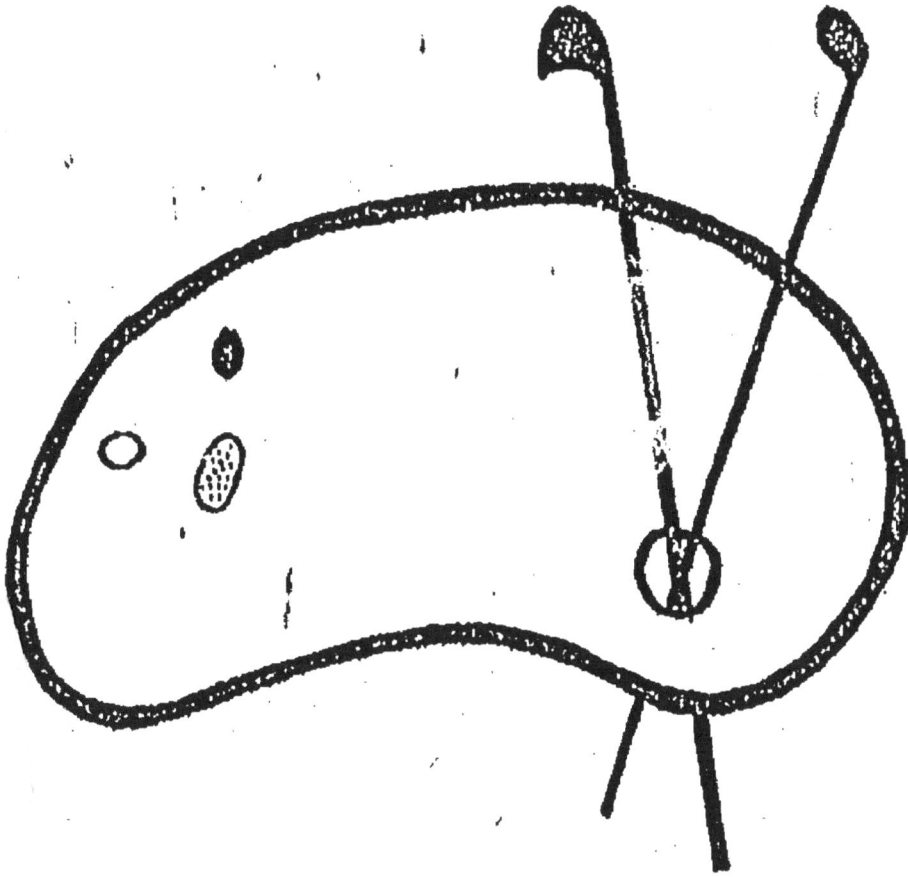

COUVERTURE SUPERIEURE ET INFERIEURE
EN COULEUR

Henri CAPITANT

Professeur de droit civil
A la Faculté de droit de l'Université de Grenoble

INTRODUCTION

A L'ÉTUDE DU

DROIT CIVIL

NOTIONS GÉNÉRALES

PARIS
A. PEDONE, ÉDITEUR
LIBRAIRE DE LA COUR D'APPEL ET DE L'ORDRE DES AVOCATS
13, Rue Soufflot, 13

1898

A. PEDONE, Éditeur, 13, rue Soufflot, Paris.

Code civil (Cours de) par **L. Guillouard**, professeur à la Faculté de droit de Caen.

Traité du contrat de mariage. — 3º *édition*. 1895-96, 4 vol. in-8º . . . . 32 »

Traités de la vente et de l'échange. — 2º *édition*. 1890-91, 2 volumes . . . . 16 »

Traité du contrat de louage. — 3º *édition*. 1891, 2 vol. 16 »

Traité du contrat de société. — 2º *édition*. 1892, 1 vol. 8 »

Traités du prêt, du dépôt et du séquestre. — 2º *édition*, 1893, 1 vol. in-8º . . . . 8 »

Traité des contrats aléatoires et du mandat. — 2º *édition*. 1894, 1 vol. in-8º . . . . 8 »

Traités du cautionnement et des transactions. — 2º *édition*. 1895, 1 vol. in-8º . . . . 8 »

Traités du nantissement et du droit de rétention. — 2º *édition*. 1896. 1 volume . . . . 8 »

Traité des privilèges et hypothèques. — 1897. T. I et II. 16 »
POUR PARAÎTRE PROCHAINEMENT : — Tomes III et IV.

Droit criminel (Traité élémentaire de), comprenant une introduction philosophique et une introduction historique, l'explication des principes généraux du Code pénal, du Code d'instruction criminelle et l'analyse des lois qui ont modifié ces codes, par **A. Normand**, professeur à la Faculté de Poitiers. 1896, in-8º. . 12 »

Droit français (Eléments du) considéré dans ses rapports avec le Droit naturel et l'Economie politique, par **E. Glasson**, professeur à la Faculté de droit de Paris. 1884, 2 vol. in-8º . . 16 »

Droit international privé (Principes élémentaires du), 3º année, cours semestriel, par **E. Audinet**, agrégé à la Faculté de droit d'Aix. 1894, in-18. . . . . 6 »

Droit international public (Introduction à un cours de), par **M. Leseur**, professeur-adjoint à la Faculté de droit de Paris. 1893, in-8º 3 50

Droit romain. — Tableaux synoptiques de droit romain. Préparation facile et rapide des matières exigées pour les examens. Explication des Instituts de Justinien, par **M. Bonjean**, juge au tribunal de la Seine. 1870, in-fol. cart . . . . 15 »

Économie politique (Principes d'), par **Edmond Villey**, professeur à la Faculté de droit de Caen, 2º *édition*. 1894 . 10 »

Nationalité. — La nationalité française, par **E. Rouard de Card**, profess. à la Faculté de droit de Toulouse. 1893, in-18 cart. 5 »

Revue générale de droit international public (Droit des gens; Histoire diplomatique; Droit pénal; Droit fiscal; Droit administratif), publiée par **M. Pillet**, agrégé à la Faculté de droit de Paris, et **M. Paul Fauchille**, docteur en droit, chargé de conférences à la Faculté de droit de Paris. — ABONNEMENT : 20 francs.

La Rochelle, Imprimerie Nouvelle Noël Texier.

INTRODUCTION

A L'ÉTUDE DU

DROIT CIVIL

NOTIONS GÉNÉRALES

8ᵉF
9928

LA ROCHELLE, IMPRIMERIE NOUVELLE NOEL TEXIER

Henri CAPITANT

PROFESSEUR DE DROIT CIVIL
A LA FACULTÉ DE DROIT DE L'UNIVERSITÉ DE GRENOBLE

INTRODUCTION

A L'ÉTUDE DU

DROIT CIVIL

NOTIONS GÉNÉRALES

PARIS

A. PEDONE, ÉDITEUR

LIBRAIRE DE LA COUR D'APPEL ET DE L'ORDRE DES AVOCATS

13, RUE SOUFFLOT, 13

1898

INTRODUCTION

**De l'ordre à suivre dans l'exposition des règles du Droit civil.
Nécessité d'une partie générale consacrée à l'étude
des notions premières et des éléments communs
qui se rencontrent dans les diverses institutions juridiques.**

Le droit civil a pour objet l'étude des institutions juridiques destinées à régir les rapports de droit qui se forment entre les hommes considérés en tant que particuliers, c'est-à-dire en tant que personnes privées. Ces rapports de droit proviennent de deux sources différentes : ils naissent de la communauté de sang qui réunit certains individus en un groupe qu'on appelle la famille, ou bien, ils résultent du pouvoir que l'homme peut exercer sur les choses du monde extérieur, sur la nature non libre qu'il domine et soumet à sa volonté. L'ensemble des rapports de la première espèce constitue le droit de la famille, et ceux de la seconde forment le droit des biens et des obligations, ou, en d'autres termes, le droit du patrimoine.

L'ordre dans lequel doit être présentée l'étude des diverses institutions juridiques qui composent l'un et l'autre de ces deux groupes, offre une grande importance, car c'est grâce à la méthode qui sera suivie, qu'il sera possible d'entrevoir l'unité de l'édifice, les points de contact de ses différentes parties, la place que chaque institution occupe, le rôle qu'elle joue dans l'ensemble de l'organisme du droit privé.

Cette question de méthode n'avait pas, jusqu'à ce jour, en France, attiré l'attention des jurisconsultes, et, bien que le plan adopté par les rédacteurs du Code civil fût l'objet de critiques nombreuses et méritées, le respect et l'autorité qui s'attachaient à cette grande œuvre, avaient imposé en quelque sorte aux commentateurs l'obligation de suivre et

d'exposer pas à pas les dispositions légales dans l'ordre
même des articles.

C'est ainsi que, pendant près d'un siècle, non seulement
les commentaires destinés à la pratique, mais les œuvres de
science, les exposés de principes et l'enseignement ont suivi
dans l'étude du droit civil la route qu'avait creusée le Code
de 1804. Quelques ouvrages, parmi les plus considérables,
avaient encore exagéré les inconvénients de cette pratique,
en adoptant, comme division matérielle, les articles du Code
eux-mêmes.

Avec cette forme d'exposition, les idées générales disparaissent, s'effacent derrière l'interprétation étroite et sèche
du texte; l'exposé des théories d'ensemble, qui projette une
si vive lumière sur les diverses parties de l'organisme juridique, ne trouve plus sa place et cesse peu à peu d'être présenté. Les notions les plus diverses, les plus éloignées se
trouvent accidentellement rapprochées; d'autres, au contraire,
entre lesquelles existe un rapport de parenté indiscutable,
sont rejetées dans des catégories différentes, et l'esprit, cahoté
sur une route couverte de difficultés et tournant à chaque
pas, perd de vue le point de départ et le point d'arrivée; il
s'égare au milieu des obstacles qu'il rencontre et ne peut
plus concevoir les liens qui unissent les différentes institutions juridiques entre elles et donnent à l'œuvre entière son
unité.

Ce n'est pas, parmi beaucoup d'autres, un des moindres
défauts de la codification, et si elle présente le grand avantage de fixer, d'éclairer, de simplifier le droit, de le mettre
plus aisément à la portée de tous, elle arrive, par contre,
presque toujours à en entraver la libre évolution, le libre
développement, en imposant à la pensée des jurisconsultes
un ordre plus ou moins artificiel, qu'ils sont presque con-
traints d'adopter et qui tue l'esprit scientifique.

Un seul ouvrage, parmi les plus importants et les plus
justement renommés, inspiré de la doctrine allemande, le
livre de MM. Aubry et Rau, avait rompu dans une certaine

mesure avec cette tyrannie, mais l'usage fut plus fort que la raison, et leur exemple n'eut pas d'imitateurs. Or, il n'est pas douteux que l'ordre de développement adopté par les rédacteurs du Code civil est défectueux et illogique, nous le montrerons dans un instant, et ces défauts se manifestaient surtout dans l'enseignement. La tâche du professeur était rendue très difficile, car il se heurtait, presque dès le début, à des dispositions dont l'explication quelque peu exacte supposait connus des principes et des doctrines qui ne devaient trouver que plus tard leur formule; et d'autre part, il était obligé de grouper, dans chaque année d'études, des matières disparates entre lesquelles n'existait aucun lien logique. (1)

L'arrêté du 24 juillet 1895 a enfin rompu avec cette tradition détestable, et donné, nous n'en doutons pas, un nouvel essor à l'enseignement du droit civil, d'abord en accordant à chaque professeur une liberté très grande, ensuite en esquissant les grandes lignes d'un plan conçu d'une façon rationnelle. Ce plan, qui a du reste le très grand avantage d'être excessivement souple et de ne pas s'imposer nécessairement à la volonté du professeur, est élaboré d'après la méthode suivie depuis de longues années en Allemagne pour l'exposition du droit romain et de la législation actuelle, méthode qui s'est dégagée peu à peu de l'étude des principes juridiques, librement, en dehors de l'étreinte de textes positifs, et dont l'emploi a fait reconnaître la valeur et les avantages, à tel point que tous les auteurs l'ont adoptée. Elle remonte à Hugo, le fondateur de l'École historique, elle a été magistralement développée depuis par Savigny (2), par Unger (3), etc., et voici comment on la résume ordinairement (4):

L'homme ne peut satisfaire à ses besoins qu'en soumet-

---

(1) Rapport de M. Bufnoir, voir Circulaire du Ministre de l'Instruction publique du 24 octobre 1895.

(2) *Traité de Droit romain*, t. I, § 52 à 59, trad. Guénoux.

(3) Unger, *System des österreichischen allgemeinen Privatrechts*, 1er vol., § 24, 5e édit.

(4) Voir Savigny, Unger, *loc. cit.;* Goudsmit, *Cours de Pandectes*, t. I, § 10,

tant à son pouvoir la nature non libre au milieu de laquelle il vit. Mais il ne peut s'emparer que de parcelles de cette nature, d'objets finis, déterminés, dont l'usage ou la consommation présentent une utilité pour lui. Ces objets s'appellent *des choses.* Le rapport qui s'établit entre l'homme et la chose dont il s'est emparé est un rapport purement physique, matériel, un rapport de domination; mais il devient un rapport de droit, parce que les tiers, les autres hommes, sont obligés de le respecter et doivent s'abstenir de tout acte qui y porterait atteinte. Ce rapport de droit qui relie la chose à l'homme et qui, indirectement, le met en relation avec ses semblables, est susceptible de varier quant à son étendue, à son contenu; ou bien il attribue à l'homme toute l'utilité, tous les avantages que la chose est susceptible de produire, ou, au contraire, il ne lui en procure que quelques-uns; en d'autres termes, les droits que l'homme exerce sur les objets du monde extérieur peuvent être de nature diverse. L'ensemble des institutions juridiques qui se rapportent aux choses, forme le *droit des choses.*

Mais le nombre des choses que l'homme fait servir à la satisfaction de ses besoins est limité et, d'autre part, l'homme ne peut s'en emparer ou les produire qu'au prix d'efforts qui exigent dans la plupart des cas le concours de ses semblables. Il est donc obligé de demander à autrui la chose que celui-ci possède et dont il n'a pas besoin, pour lui rendre à son tour le même service ; il est également obligé d'unir son activité à celle de son semblable pour augmenter sa puissance, ses moyens d'action sur le monde extérieur. De là, tout un ensemble de relations entre les hommes, ayant pour but l'échange de services et de forces, relations en vertu desquelles un rapport de droit se forme entre deux ou plusieurs personnes, rapport qui permet à l'une d'exiger de l'autre que celle-ci lui donne un objet, ou fasse quelque chose, accom-

---

traduit par Vuylsteke ; Windscheid, *Lehrbuch des Pandecktenrechts,* t. 1, § 13, 5ᵉ édition.

plisse un acte dont la première retirera quelque utilité. Ces rapports de droit s'appellent des rapports d'*obligations*, et l'ensemble des institutions juridiques qui les régissent constitue le *droit des obligations*.

Le droit des obligations forme donc le complément, le pendant du droit des choses. La réunion de l'un et de l'autre nous montre dans quelle mesure la volonté de l'individu peut s'imposer à celle des autres, soit indirectement en soumettant à la domination de l'homme certaines choses, soit directement en exigeant des services de ses semblables avec lesquels il se trouve engagé dans un rapport d'obligation.

Les deux espèces de rapports de droit que nous venons d'envisager ont pour objet des choses ou des faits représentant une valeur pécuniaire pour celui au profit duquel ils existent; c'est en considération de ce caractère commun qu'on les appelle *des biens*. L'ensemble des biens appartenant à un individu et des obligations passives qui existent d'autre part à sa charge constituent le *patrimoine*, qui nous apparaît comme une abstraction représentant la masse des droits et des obligations susceptibles d'être ramenés à l'idée de valeur pécuniaire. Le patrimoine d'une personne peut être, par conséquent, soit une quantité positive, soit une quantité négative, soit enfin égal à zéro. La réunion du droit des choses et du droit des obligations constitue le *droit du patrimoine*.

Telle est la première classe des rapports de droit, les rapports de droit dans lesquels l'homme est considéré comme un être isolé, étendant sa domination dans une certaine mesure sur le monde extérieur.

« Dans le second groupe de rapports de droit, dit de Savi-
» gny, l'homme nous apparaît sous un aspect bien différent.
» Il ne figure plus comme un être isolé, mais comme membre
» du tout organique qui compose l'humanité. Or, il tient à
» ce grand tout par des individus déterminés, et sa position
» vis-à-vis de ces individus devient la base d'une espèce de

» rapports de droit particulière et entièrement nouvelle.
» A la différence des obligations, ces rapports nous mon-
» trent l'homme, non comme existant par lui-même, mais
» comme un être défectueux, ayant besoin de se compléter
» au sein de son organisme général. » (1)

L'homme est un être incomplet par suite de la différence des sexes et parce que son existence est de durée limitée. Au premier point de vue, le mariage corrige l'imperfection de l'homme ; son union avec la femme engendre toute une série de rapports de droit, d'abord entre l'un et l'autre, ensuite entre eux et les enfants qui naissent du mariage et qui per-pétueront leur personnalité. D'autre part, la procréation des enfants et la communauté de sang qui en résulte crée la pa-renté, c'est-à-dire un lien naturel entre les diverses personnes qui sont nées les unes des autres, ou qui sont nées d'un au-teur commun. De nombreux rapports de droit, très variés, résultent donc de ce premier point de vue, l'union des sexes : rapports de droit entre gens mariés, puissance paternelle, parenté, et enfin tutelle, qui n'est que l'extension, la copie de la puissance paternelle. L'ensemble de ces rapports de droit s'appelle les rapports de famille, et les institutions juri-diques qui les régissent constituent par leur réunion le *droit de famille.*

Le droit de famille se distingue par des caractères très marqués du droit du patrimoine.

En ce qui concerne la famille, comme l'ont très justement observé les auteurs précités, le rôle du droit se borne presque exclusivement à déterminer le mode de formation et de disso-lution de ces rapports, mais il ne réglemente qu'exception-nellement leur contenu, parce que ce contenu appartient avant tout au domaine de la morale. Par exemple, c'est à la morale qu'il appartient en premier lieu de déterminer quels sont les devoirs des époux entre eux, des enfants vis-à-vis de leurs parents, et des parents vis-à-vis de leurs enfants.

(1) *Traité de droit romain,* t. i, § 53.

Le droit ne fait que rappeler ces principes, mais il ne peut les sanctionner qu'exceptionnellement; dans la plupart des cas, l'accomplissement de ces devoirs ne relève que de la conscience et des mœurs. Ces rapports de droit ne donnent donc pas tous naissance, comme ceux de la première classe, à des droits et des obligations sanctionnés par un moyen de contrainte légal.

Au reste, bien que les rapports de famille ne soient pas de nature purement juridique, ils exercent cependant une influence profonde sur le droit du patrimoine qu'ils modifient dans une très large mesure. La qualité d'époux, de père, d'enfant, de parent, produit des conséquences importantes sur le patrimoine de l'individu : par exemple, le mariage modifie dans une certaine mesure le droit de chacun des époux sur ses biens ; la puissance paternelle exerce son influence sur les biens qui peuvent appartenir aux enfants. En un mot, il y a toute une série de droits patrimoniaux, de droits sur les biens qui naissent des rapports de famille. On appelle quelquefois l'ensemble de ces droits, *le droit patrimonial de la famille.*

Enfin, à un second point de vue, l'homme est un être incomplet, parce que son existence est limitée. Par la mort, la personnalité de l'homme disparaît, et tous les droits qu'il possédait, tous les rapports de droit qui l'unissaient à ses semblables s'éteignent ; son patrimoine va donc se dissoudre. Pour éviter ce résultat qui causerait un arrêt dans la marche de la vie juridique et produirait un trouble très grave dans le commerce des hommes, le droit prolonge, perpétue la personnalité de l'individu, par une sorte de fiction, en la transmettant à certaines personnes qui recueillent le patrimoine du défunt et sont mises en son lieu et place, tant au point de vue des droits qui lui appartenaient que des obligations dont il était tenu. Le patrimoine subsiste donc, mais il change de titulaire. Grâce à cette fiction de la représentation, la continuité des rapports de droit est assurée, la mort n'est qu'un accident qui n'interrompt pas, qui n'arrête pas la vie juridique. Les institutions juridiques qui déterminent ce rapport de représentation et réglementent les nouveaux rapports de droit que fait surgir le décès d'un individu forment le *droit de succession*.

Unger remarque très justement que le droit de succession, bien qu'ayant pour objet le patrimoine du défunt, se distingue cependant des autres droits du patrimoine (droit des choses, droit des obligations), par ce fait qu'il s'agit ici du patrimoine d'un défunt. En effet, dans le droit du patrimoine d'un être vivant, la personne constitue l'élément principal, essentiel, autour duquel les droits viennent se grouper, les choses qui composent le patrimoine ne sont que l'élément accidentel. Au contraire, dans le droit de succession, le patrimoine devient la chose stable, persistante, il passe au premier rang, les personnes ne sont plus que l'élément accidentel et changeant. (1)

« Le droit de succession complète et achève l'organisme du droit en l'étendant au-delà de la vie des individus. » (2)

Telle est la classification des institutions juridiques adoptée depuis longtemps en Allemagne et à laquelle l'arrêté de 1895 s'est conformé pour la distribution des matières du droit civil entre les trois années d'enseignement. Cette classification reproduit l'ordre naturel dans lequel les diverses institutions se présentent à l'esprit. On pourrait être tenté cependant de mettre en tête les institutions qui rattachent l'homme à sa famille, le droit de famille proprement dit, puisque la famille nous apparaît certainement comme le premier groupement des individus et le fondement même de la société. Mais Savigny a très justement expliqué qu'il valait mieux placer l'exposé du droit de famille après le droit des biens, pour l'étudier en même temps que le droit patrimonial de la famille. « Sans doute, dit-il, il n'est pas impossible de séparer le droit de famille appliqué du droit de famille pur, et d'en

(1) Unger, *op. cit.*, t. 1, § 21, p. 218, *in fine*.
(2) Savigny, *op. cit.*, t. 1, § 57, *in fine*.

faire une subdivision du droit des biens. Mais la réalité vivante des rapports de la famille ressortira bien mieux si, après avoir étudié la famille, nous passons immédiatement aux influences qu'elle exerce sur les biens ; et alors, il devient nécessaire de placer le droit de la famille après le droit des biens. En effet, sans une exposition complète du droit des choses et des obligations, comment comprendre l'influence de la famille sur les biens ? (1)

La classification exposée est donc en même temps la plus simple et la plus logique.

Toute autre est la méthode qui a été suivie par les rédacteurs du Code civil. Ils ont divisé leur œuvre en trois livres consacrés, le premier aux personnes, le second aux biens et aux différentes modifications de la propriété, le troisième aux diverses manières dont on acquiert les biens. Il n'est pas difficile de voir que cette division a pour base les droits sur les choses, qui sont considérés comme étant l'objet unique des règles de droit, tandis que les obligations, les successions, les donations entre-vifs et les testaments ne sont envisagés que comme des moyens d'acquérir les biens. Le côté artificiel de cette classification apparaît immédiatement : elle a le tort de ne mettre en relief qu'une sorte de rapports de droit, les rapports de l'homme avec les choses, en rejetant à l'arrière-plan, au second rang, les rapports de l'homme avec ses semblables. Elle considère les rapports de succession, les rapports d'obligation, comme n'étant que des moyens d'arriver à l'acquisition des droits sur les choses, alors que ce sont des rapports primordiaux, de même importance que les premiers. Ajoutons que cette classification ne suffit pas à embrasser tous les droits privés, car il est certaines opérations juridiques, telles que la créance ayant pour objet un fait ou une abstention, telles que le contrat de louage de services qui n'ont pas pour effet, pour résultat de nous faire acquérir une chose. Elle a enfin l'inconvénient de séparer

(1) Savigny, op. cit., t. i, § 58, trad. Guénoux, p. 283.

l'étude du droit de la famille pur et celle des conséquences que ce droit exerce sur le patrimoine.

Enfin, il y a certaines notions générales qui dominent le droit privé tout entier, par exemple la notion du patrimoine, la distinction des droits de famille et des droits du patrimoine, la notion du fait juridique générateur du droit, qui ne trouvent aucune place dans cette classification. (1)

L'étude des différents groupes d'institutions dont l'ensemble forme le droit privé, doit être précédée d'une partie générale, qui constitue précisément l'objet du présent livre. Cette partie générale a pour but d'exposer les éléments communs qui se rencontrent dans tous les rapports de droit, quels

---

(1) On a plusieurs fois demandé la refonte complète du Code civil, qui a aujourd'hui près de cent ans d'existence et dont la plupart des titres ont été modifiés ou complétés par des lois postérieures. Mais la codification est une œuvre longue et compliquée, très difficile à conduire à bonne fin. (Voir les articles de M. Glasson sur la Codification en Europe au xıxe siècle, *Revue politique et parlementaire*, 1894, t. ıı, p. 201 et 402, et t. ııı (1895), p. 198.)

En outre, nous croyons que, dans l'état actuel de la législation, un travail de cette nature offrirait plus d'inconvénients que d'avantages. Sans doute il est des époques où la codification s'impose, et on ne peut nier que l'apparition du Code civil ait été un véritable bienfait, car il a établi chez nous l'unité de législation, en faisant disparaître la coexistence du droit coutumier, du droit écrit et des lois de la période intermédiaire; en même temps, il a simplifié le droit privé et en a exposé les principes avec une clarté telle que les législateurs voisins l'ont pris longtemps pour modèle; mais il faut bien reconnaître que la codification arrête le développement scientifique du droit pour une période de temps qui peut être longue. Les jurisconsultes sont vite portés à considérer l'œuvre nouvelle comme un monument sacré, indestructible, sans se rendre compte que l'évolution du droit n'en continue pas moins, et que la transformation des institutions s'opère conformément aux besoins nouveaux que la société fait chaque jour surgir, malgré la rigidité des textes. Il en résulte que le jurisconsulte borne ses efforts à exposer clairement le sens des dispositions législatives, à les interpréter avec art, et qu'il résiste aux tendances de la jurisprudence plus souple et moins scrupuleuse, parce qu'elle est obligée de tenir compte des nécessités de la vie pratique, et surtout, qu'il oublie l'étude des principes généraux, purement théoriques, dont l'élaboration constitue la partie véritablement scientifique du droit. (Voir les observations de M. Saleilles, Étude sur l'histoire des sociétés en commandite, *Annales de droit commercial*, février 1897, p. 47 à 49.)

qu'ils soient, ou dans les plus importants et dont la connaissance est indispensable avant d'aborder l'étude des caractères particuliers et distinctifs de chaque institution juridique. Ces éléments communs sont en petit nombre et il est aisé de les énumérer :

1° Dans tout rapport juridique, on trouve des personnes entre lesquelles le rapport s'établit, les droits qui appartiennent à un individu lui appartiennent soit contre une personne déterminée, soit contre tout le monde. La notion de personne est donc une notion qui se présente tout d'abord ; qu'est-ce qu'une personne, quelle est sa capacité d'agir, par quels événements cette capacité peut-elle être modifiée ? Autant de questions qui se poseront à propos de chaque institution juridique et qui doivent être préalablement résolues ;

2° De même, à la base du droit patrimonial, nous rencontrons la notion de *choses*, sur lesquelles nous exerçons des droits, soit directement, soit par l'intermédiaire d'autrui, et que nous transmettons à nos héritiers après la mort. Par conséquent, il faut commencer par donner une définition des choses, et par déterminer quelles sont les différentes espèces de choses susceptibles de faire partie de notre patrimoine ;

3° En troisième lieu, les rapports juridiques naissent, se modifient, s'éteignent sous l'influence de certains faits qu'on appelle des faits juridiques. Quels sont les faits capables de créer ou d'éteindre des rapports de droit, quelle est leur nature, comment doivent ils être classés ? Autant de questions dont la solution doit être préalablement donnée pour faciliter et éclairer l'étude postérieure de chaque institution qui régit ces rapports ;

4° Enfin, lorsque les droits appartenant à une personne sont méconnus ou violés, comment peut-elle les faire reconnaître et en assurer le respect et le maintien ? Ce dernier problème nous transporte sur le terrain de la procédure civile, il est donc étranger au droit civil proprement dit, il y rentre cependant dans une certaine mesure, car c'est au

droit civil qu'il appartient de déterminer quelle influence le
litige exerce sur la nature et l'étendue du droit.

L'exposé de ces notions générales doit servir d'introduction
à l'étude des diverses institutions juridiques.

Suivant l'heureuse expression de Puchta, reprise par Unger, ces notions communes forment « l'atmosphère immaté-
rielle dans laquelle se meuvent les diverses institutions
juridiques. » (1) L'utilité de cette partie générale est donc
incontestable, et presque tous les jurisconsultes allemands
adoptent cette méthode. Pourtant, ce procédé d'exposition
présente des difficultés et n'est pas sans écueils. Ces difficultés existent surtout chez nous, parce que, depuis la promulgation du Code civil, aucune tentative de ce genre n'a
été faite, et qu'on peut se trouver conduit, en sortant ainsi
des chemins battus, à donner à certaines règles une importance, une extension qu'elles n'ont pas. Il faut donc se
garder de faire figurer dans une partie générale des principes spéciaux qui ne doivent s'appliquer qu'à des institutions juridiques déterminées. (2)

---

(1) Unger, t, § 24, p. 228; Puchta, *Institutionen*, t. ii, § 180, *in fine*.

(2) C'est ainsi que, comme on pourra le constater par la suite, j'ai négligé certaines théories, parce qu'elles ne s'appliquent en réalité qu'à la
matière des obligations, et non à tous les actes juridiques.

Une autre difficulté se présentait. Certains chapitres du Code civil
pourraient être tout entiers expliqués, à propos de l'exposition de ces
notions générales; par exemple, pour ne citer que les principaux cas, on
pourrait évidemment, à l'occasion de la distinction des choses, étudier les
articles relatifs à la division des meubles et des immeubles, et dans la matière des actes juridiques, presque tous les textes de la théorie des obligations (art. 1108 à 1125, 1301 à 1314, etc.; en y joignant aussi les art. 901 à
912, 931 à 937, etc. du titre des donations et testaments).

Une semblable méthode peut être employée par le professeur dans son
enseignement oral; elle lui permet de donner aux théories générales dont
il présente l'explication un caractère plus concret (voir la circulaire mi-
nistérielle du 24 octobre 1895), et elle offre en même temps l'avantage de
décharger le programme un peu lourd des matières comprises dans la
seconde et dans la troisième années. Mais dans un livre élémentaire qui
n'est qu'un essai, cette méthode aurait, croyons-nous, des inconvénients :
elle romprait l'exposition des notions générales auxquelles il est consacré
et lui donnerait un caractère exégétique qui serait en contradiction avec

Néanmoins l'utilité qu'il y a, d'autre part, à exposer sous
forme d'introduction les notions communes aux diverses
institutions, que le Code a trop souvent négligées, à donner à certaines règles de droit toute l'étendue qu'elles com-
portent, alors que le Code paraît en restreindre arbitraire-
ment l'application, nous semble si grande que nous avons
essayé de réunir dans le présent volume les éléments
de cette partie générale. Nous croyons que cette méthode
rendra moins difficiles et moins hésitants les premiers pas
des jeunes étudiants dans le domaine aride du droit
civil, dans lequel ils pénétraient brusquement jusqu'ici,
se trouvant immédiatement aux prises avec les textes, sans
avoir pu prendre une vue d'ensemble de l'organisme qu'ils
devaient étudier dans ses différentes parties.

Je tiens, en terminant, à répondre à deux objections qu'on
pourrait être tenté d'adresser à cette méthode. La première
consisterait à dire qu'il faut tout d'abord étudier l'histoire
des institutions, et qu'il conviendrait bien plutôt de pré-
luder à l'enseignement du droit civil par une introduction
historique détaillée, ayant pour but de montrer la marche
du droit, ses transformations, et de mettre en relief les
mille liens qui rattachent le présent au passé, que de débuter
par une exposition purement rationnelle, dans laquelle le
point de vue historique doit être nécessairement négligé. Ce
reproche serait injuste, et la meilleure preuve que j'en puisse
fournir, c'est que ce sont les jurisconsultes qui furent en Allemagne les fondateurs de l'école historique, Hugo, Savigny,
Puchta et leurs successeurs, qui ont eu soin de commencer
leurs ouvrages de Pandectes par une introduction consacrée
à « la partie générale » (*allgemeine Theil*) du droit. J'ajoute

---

son but, enfin elle en augmenterait démesurément l'étendue. Aussi, nous
sommes-nous attachés à ne présenter nulle part l'explication des matières
spéciales traitées dans le Code, nous contentant de nous appuyer sur les
textes du Code relatifs à ces matières pour les généraliser et en déduire les
règles applicables aux éléments communs qui se rencontrent dans les
divers rapports de droit et font l'objet de cette étude.

que cette introduction ne dispense nullement de faire précéder
l'explication des principes du droit civil d'une exposition
historique, assez brève d'ailleurs. C'est surtout lorsqu'on est
entré dans le système du droit civil proprement dit, à propos de chaque groupe d'institutions et de chaque institution,
que l'étude approfondie de l'histoire présente de l'importance et de l'intérêt pour l'explication et la justification du
droit moderne. Qui le contesterait aujourd'hui ?

De nombreux travaux publiés dans ces dernières années
ont montré que l'enseignement du droit civil pouvait être
renouvelé par un examen approfondi de l'ancien droit, et
que les besoins de la pratique, manifestés par les courants
de la jurisprudence, étaient, sur bien des points, déjà les
mêmes dans notre ancienne France que de nos jours.

L'introduction générale au système du droit civil n'est
nullement en contradiction avec la méthode historique.

En second lieu, quelques esprits seront peut-être portés à
prétendre que les idées générales ne doivent pas faire l'objet
d'une introduction et qu'il est plus logique de commencer
l'exposition du droit civil par l'étude des textes, pour s'élever peu à peu du particulier au général. C'est, dira-t-on,
quand on connaît bien le fonctionnement et le rôle des institutions civiles, qu'il est possible de les rapprocher les unes
des autres, afin de montrer le but vers lequel elles tendent,
et de mettre en évidence les idées communes qui donnent
à l'œuvre son unité. C'est sous forme de conclusion et non
d'introduction que doit être présentée la synthèse des principes juridiques.

L'objection serait vraie, si cette partie générale était une
étude philosophique et économique du droit civil, mais son
but est autre, il est beaucoup plus modeste, comme on l'a
vu par les pages précédentes. Il s'agit, en effet, d'exposer
les notions simples et élémentaires qui se retrouvent au fond
de tous les rapports de droit, et qui en forment comme le
substratum : notion du droit entendu au point de vue sub-

jectif, définition de la personne et de sa capacité juridique, distinction des diverses espèces de choses qui peuvent être l'objet d'un droit, étude des faits qui donnent naissance aux droits ou qui les éteignent, etc.

Ce sont là incontestablement des notions préliminaires dont la connaissance est la préparation naturelle à l'étude des différentes institutions du droit civil.

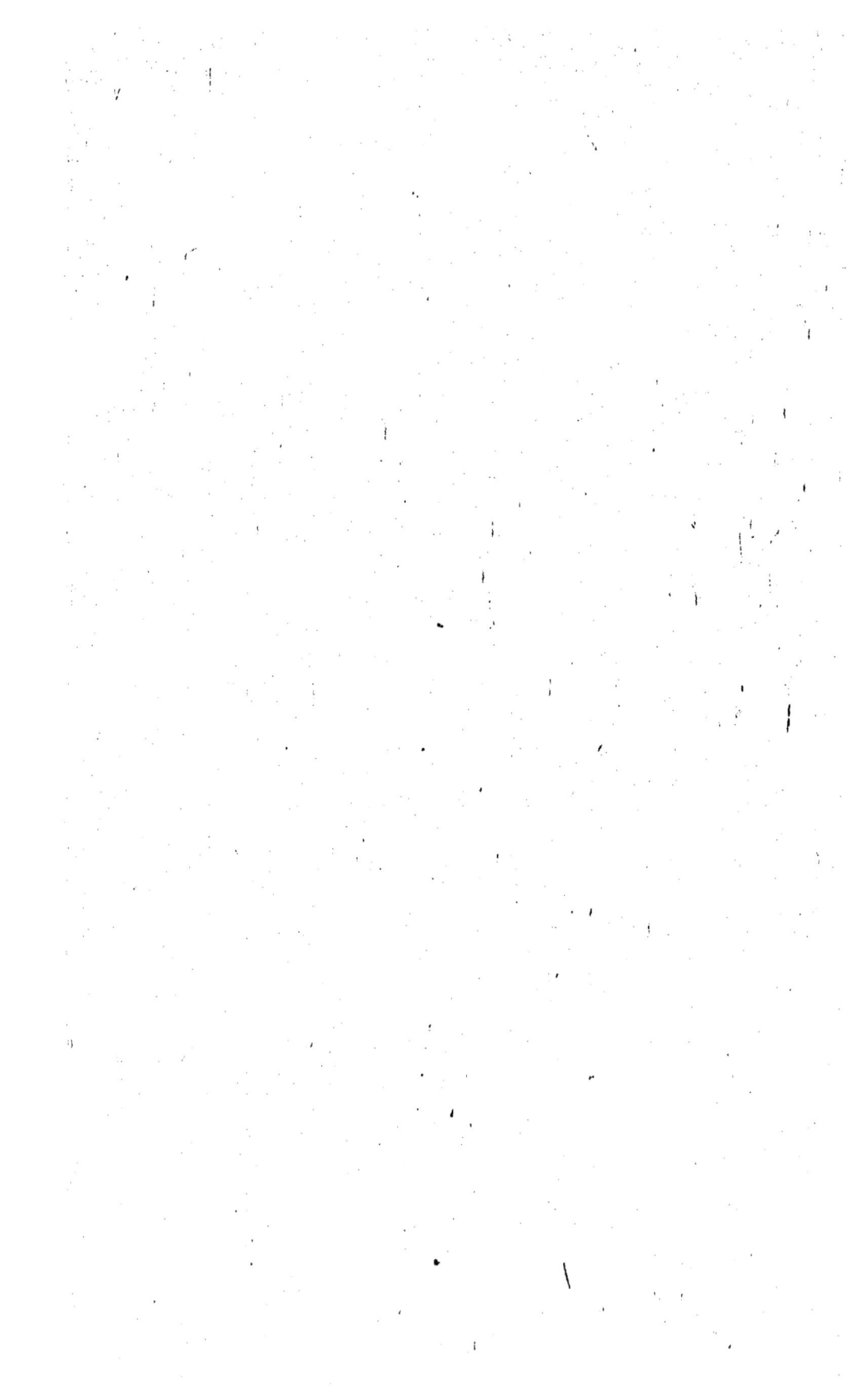

CHAPITRE PREMIER

Le droit en général. — La loi. — Définitions. — Caractères des lois. — Notion de l'ordre public et des bonnes mœurs.

Le mot droit est assez difficile à définir, parce qu'il est employé dans des sens divers. Les deux acceptions les plus importantes et les plus usitées, auxquelles les autres se rattachent du reste par un lien étroit, facile à découvrir, sont les suivantes : La première se rencontre dans les expressions : le droit français, le droit public, le droit privé, le droit national, etc. En ce sens, le mot droit signifie « l'ensemble des préceptes ou règles de conduite à l'observation desquels il est permis d'astreindre l'homme par une coercition extérieure ou physique » (1), ou bien encore, conformément à la définition donnée par M. Beudant, « les arrangements imposés ou convenus qui définissent et coordonnent les rapports sociaux, ou mieux les règles qui établissent ces arrangements. » (2)

C'est le point de vue objectif ; le droit, ainsi entendu, se dégage des rapports des hommes entre eux et s'établit soit par la coutume, soit par la loi. On l'appelle quelquefois aussi le droit positif, « c'est-à-dire celui qui est établi par les lois et coutumes des hommes, qui est, par suite, à l'abri de tout conteste, qui est certain et constant. » (3)

Dans la deuxième acception, le mot droit est pris au point de vue subjectif, il est employé comme désignant une faculté, une prérogative appartenant à un sujet donné. On dit alors : le droit de créance, le droit de propriété, le droit d'hypo-

---

(1) Aubry et Rau, *Droit civil français*, t. 1, § 1, 4° édit.
(2) Beudant, *Le droit individuel et l'État*, 1re édit., p. 23.
(3) Beudant, *ibid.*

thèque, le droit de puissance paternelle, les droits civils, les droits politiques, etc. A ce point de vue, on peut le défi-nir ainsi : un droit est une puissance attribuée par le droit (entendu au point de vue objectif) à la volonté d'une personne relativement à un certain objet. (1) « Le droit, dit Savigny, nous apparaît comme un pouvoir de l'individu. Dans les limites de ce pouvoir, la volonté de l'individu règne, et règne du consentement de tous. » (2)

C'est dans cette deuxième acception que nous emploierons presque constamment cette expression, dans le cours de cet ouvrage, qui est consacré à l'étude des droits privés. Il faut, pour le moment, insister un peu sur la première significa-tion du mot, sur le droit entendu au point de vue objectif.

Le droit embrasse tous les rapports de l'homme avec ses semblables et se divise en plusieurs branches correspon-dant aux divers genres de rapports que la société fait naître entre les hommes. Les deux plus importantes sont, confor-mément à la classification traditionnelle, le droit public et le droit privé. (3) Le droit public règle l'organisation de l'État, définit ses fonctions et détermine les attributions des pouvoirs publics qui sont les organes de l'État.

Le droit privé a pour objet d'étudier et de réglementer les droits qui appartiennent à l'individu dans ses rapports avec les autres hommes considérés comme particuliers, et d'éta-blir les limites qui doivent être assignées à ces droits pour empêcher qu'ils n'empiètent sur ceux d'autrui. Il se subdivise lui-même en plusieurs branches, dont la plus importante est le droit civil proprement dit (4), lequel est applicable à tous les particuliers et étudie les droits et les obligations de cha-que individu considéré comme membre d'une famille déter-minée et comme titulaire d'un patrimoine. C'est le droit

(1) Goudsmit, *op. cit.*, § 17.
(2) Savigny, *op. cit.*, t. I, § IV, p. 7, trad. Guénoux.
(3) *Inst.*, livre I, titre I, § 4.
(4) Les autres subdivisions du droit privé sont le droit commercial et le droit international privé.

privé général, commun à tous les hommes, tandis que les autres branches du droit privé, comme le droit commercial, le droit international privé, ne s'appliquent qu'à des situations spéciales et à certaines personnes.

La loi. — Le mot loi, pris dans son acception juridique la plus large, signifie la règle de droit qui préside aux rapports des hommes et que chacun doit observer et respecter.

L'ensemble de ces règles constitue le droit positif tout entier. Comment ces ordres, ces préceptes qui s'imposent aux individus sont-ils édictés et proclamés ? La première source d'où ils découlent, et la plus ancienne, est la *coutume*, c'est-à-dire l'usage, la tradition qui élève au rang de principes de droit les règles appliquées d'une façon constante et uniforme dans les relations des individus. A l'origine, le droit est toujours coutumier. Mais, bientôt, l'homme éprouve le besoin d'édicter, de formuler la règle de droit en termes exprès, afin de lui donner plus de fixité et de certitude, et ainsi apparaît le droit écrit, la loi proprement dite.

Prise dans cette deuxième acception, qui est la plus fréquemment usitée, on peut définir la loi, la règle édictée par le pouvoir social, qui ordonne, défend ou permet, et à laquelle obéissance est due par tous. (1) Entre la loi ainsi entendue et le droit coutumier, la différence réside exclusivement dans la manière dont le précepte est édicté; mais, entre l'un et l'autre, il y a toujours une étroite parenté, puisqu'ils proviennent du consentement tacite des individus. Seule, la façon dont ce consentement est exprimé diffère.

La loi émane du pouvoir législatif, et le pouvoir exécutif est chargé de veiller à son exécution. En effet, elle est toujours accompagnée d'une sanction qui en assure le respect et l'observation. Il n'y a pas de loi sans sanction, puisque la loi est la règle nécessaire, indispensable qui préside aux rapports de droit, et qu'elle ne peut être violée sans que l'organisation sociale soit menacée.

(1) Beudant, *Le droit individuel et l'État*, 1re édit., p. 18.

Elle suppose donc nécessairement l'idée d'obéissance et de contrainte, et toute infraction aux défenses ou aux ordres édictés par la loi entraîne, suivant les cas, des dommages-intérêts, des amendes, l'annulation ou l'inefficacité de l'acte qui a été indûment fait (1), ou, en même temps, plusieurs de ces conséquences.

Les lois du droit privé présentent un caractère particulier qui les distingue des lois du droit public et paraît, au premier abord, détruire l'élément impératif qui se rencontre dans toute loi.

La plupart des règles contenues dans le Code civil sont simplement supplétives ou déclaratives de la volonté des parties ; cela veut dire qu'elles ne s'imposent pas à la volonté des personnes et que celles-ci restent libres, lorsqu'un rapport de droit concret se forme entre elles, de déterminer quelles conséquences juridiques il produira, quels droits et quelles obligations il fera naître. Elles peuvent écarter les règles édictées par la loi, pour les remplacer par d'autres qu'elles jugent préférables. Les dispositions légales ne s'appliquent que dans le cas où les parties n'ont rien dit et n'ont pas établi elles-mêmes leur loi particulière. De nombreux articles du Code civil expriment cette idée : art. 1134, 1135, 1387 Civ., art. 6 Civ., etc. L'art. 1387, qui est placé en tête du titre du contrat de mariage, est conçu en termes très nets : « La loi ne régit l'association conjugale, quant aux biens, qu'à défaut de conventions spéciales, que les époux peuvent faire comme ils le jugent à propos, pourvu qu'elles ne soient pas contraires aux bonnes mœurs et, en outre, sous les modifications qui suivent. »

Ce caractère particulier se rencontre dans les dispositions relatives aux actes juridiques, c'est-à-dire aux actes volontaires qui ont pour but de faire naître, de modifier ou d'éteindre des droits. En principe, le législateur laisse aux personnes

_____

(1) Par exception, certaines lois n'ont pas de sanction ; elles constituent simplement des mesures d'ordre. Ex.: art. 171 Civ.

qui passent un acte juridique la faculté de lui faire produire les conséquences qu'elles veulent et de régler ses effets. Il se contente de poser des règles abstraites, de déterminer quels sont les droits et les obligations que chaque acte produit ordinairement, et les règles qu'il édicte reçoivent leur application, lorsque les personnes qui font un acte juridique ne les écartent pas expressément, ce qui est, du reste, le cas ordinaire. Le législateur borne donc son rôle à présumer la volonté des parties : « Il n'impose pas, il propose. » (1)

On pourrait croire que les dispositions légales qui offrent cette particularité, ne sont pas de véritables lois, puisqu'il est permis d'y déroger.

Mais ce n'est là qu'une fausse apparence ; car les règles supplétives établies par le législateur doivent être respectées et obéies, lorsqu'on n'en a pas expressément écarté l'application. Que si les parties profitent de la liberté qui leur est accordée et règlent elles-mêmes leurs rapports de droit dans toute leur étendue, elles font une loi spéciale, concrète, qui, elle aussi, présente au même titre que la première le caractère obligatoire, mais qui n'est applicable que dans un cas particulier. C'est ainsi que l'art. 1134 Civ. décide que les conventions légalement formées tiennent *lieu de loi* à ceux qui les ont faites.

Il reste à se demander pourquoi les lois d'ordre privé présentent ce caractère particulier qui ne se rencontre jamais dans le droit public ?

La raison est facile à donner. Le droit privé est établi en faveur des particuliers, afin de déterminer la mesure dans laquelle la liberté de chacun peut s'exercer vis-à-vis d'autrui, en ce qui concerne les rapports de patrimoine ou de famille. Or, si l'ordre social est intéressé à ce que les limites de cette liberté soient nettement établies, fixées, afin d'assurer que la justice et la morale présideront au commerce juri-

_____

(1) Boudant, *Cours de droit civil*, INTRODUCTION, n° 121 ; Paris, 1896.

diquo des individus, peu importe, une fois les limites tracées, comment s'exerce cette liberté, pourvu qu'elle ne sorte
pas du domaine déterminé par la loi. C'est affaire entre les
hommes de débattre leurs intérêts et de régler les conséquences des actes qu'ils accomplissent. (1)

Mais toutes les lois d'ordre privé ne présentent pas ce caractère de dispositions supplétives ou déclaratives de la
volonté des parties. La liberté de l'homme est circonscrite
dans des limites tracées par le législateur, car cette liberté
ne peut être utile et féconde qu'à condition de ne pas dégé-
nérer en licence et de ne pas compromettre l'intérêt commun, l'ordre public dans l'État, et en même temps de ne pas
empiéter sur le domaine de la liberté d'autrui. Aussi trou-
vons-nous dans le droit privé des lois absolues ou impératives auxquelles il n'est pas permis de déroger.

Les motifs qui déterminent le législateur à édicter des
règles placées au-dessus de la volonté des particuliers peuvent être de deux sortes : en premier lieu, comme nous
venons de le dire, il convient d'assurer le maintien de l'ordre
public, c'est-à-dire de l'ordre général qui forme le soutien
de l'organisation sociale, et le respect de la morale publique
en interdisant tous les actes qui sont de nature à troubler
l'économie, l'harmonie de la société et à porter atteinte aux
bonnes mœurs.

En même temps et en second lieu, la loi doit assurer aide
et protection aux personnes que leur âge, leur sexe, leurs
infirmités rendent incapables de défendre elles-mêmes leurs
intérêts et qui pourraient être victimes de leur faiblesse ou
de leur impéritie, de leur inexpérience, quand elles font

---

(1) « Dans une société comme la nôtre, qui attache un très haut prix au
développement de l'esprit d'initiative, qui a foi en sa fécondité et confiance
en elle pour le règlement des rapports d'intérêts entre les hommes, la loi
ne limite la liberté de chacun que le moins possible, c'est-à-dire qu'en
tant qu'elle est incompatible avec la liberté d'autrui ou inconciliable avec
les idées essentielles sur lesquelles repose la constitution sociale. » Houques-Fourcade et Baudry-Lacantinerie, *Des personnes*, 1, n° 266 ; Paris,
1896.

un acte juridique; d'une façon plus générale, elle doit protéger toute personne contre le préjudice immérité qu'un acte juridique peut, dans certaines circonstances, lui causer. Or, cette seconde catégorie de dispositions doit être nécessairement impérative, car il est évident que les règles faites pour protéger une personne manqueraient leur but, si elles pouvaient être écartées par la volonté des parties. Ainsi, les lois impératives en matière de droit privé seront de deux sortes : lois destinées à assurer le maintien de l'ordre public et le respect des bonnes mœurs, lois de protection d'intérêts privés.

Il suffit de parcourir les textes du Code civil pour rencontrer, parmi les dispositions ayant un caractère prohibitif ou impératif qui s'y trouvent, les deux catégories que nous venons de signaler. L'article 6 nous dit tout d'abord : « On ne peut déroger, par des conventions particulières, aux lois qui intéressent l'ordre public et les bonnes mœurs », et plusieurs dispositions contenues dans le Code ne font qu'appliquer ce principe : art. 335 Civ., art. 791 Civ., etc.

D'autre part, un grand nombre d'articles, conçus dans la forme impérative ou prohibitive, ont pour but d'établir des mesures de protection. Ces mesures de protection sont de deux sortes : Les unes sont édictées en faveur de toutes les personnes qui peuvent être intéressées dans un acte juridique. Ainsi, la loi décide que certains actes qu'elle considère comme ayant une importance, une gravité particulières, devront être passés dans une forme déterminée, devant des officiers publics dont la présence constituera une garantie et une protection pour ceux qui concluront un acte de cette espèce ; ces actes s'appellent les actes solennels, ils sont en petit nombre. Les principaux sont, dans le droit de la famille, le mariage, l'adoption, la reconnaissance d'enfant naturel, et dans le droit du patrimoine, le contrat de mariage, la donation entre vifs, le testament, l'hypothèque, etc. Les règles sur la forme des actes sont bien, dans une certaine mesure, destinées à assurer la conservation de l'acte et à faciliter sa preuve, mais, avant tout, elles sont établies pour garantir et protéger les personnes qui passent ces actes, car elles ont pour but d'appeler l'attention sur l'importance qu'ils présentent et les conséquences qu'ils entraînent, et d'assurer l'indépendance et la liberté des parties.

En second lieu, le Code civil contient toute une série de dispositions destinées à protéger directement certaines personnes dans les cas où elles ont été trompées ou bien quand elles sont incapables, à cause de leur âge ou de leurs infirmités, d'administrer elles-mêmes leur patrimoine ; par exemple, lorsque je contracte sous l'empire de l'erreur, du dol, de la violence, lorsque je subis une lésion considérable dans la vente d'un immeuble, je peux demander la nullité du contrat. De même, le mineur, l'interdit, la femme mariée qui ont passé un acte, sans se conformer aux prescriptions que la loi établit en leur faveur, peuvent en faire prononcer la nullité. Pourquoi, dans ces différents cas, le législateur impose-t-il aux parties l'obligation, sous peine de nullité, de se conformer aux règles qu'il édicte ? Évidemment dans un but de protection à l'égard de ces personnes, qui sont des incapables, ou ont été trompées, violentées, lésées. (1)

En résumé, les lois impératives du droit privé sont ou bien

---

(1) Sans doute, les mesures de protection édictées par le législateur en faveur des incapables touchent à l'ordre public, car il est indispensable que dans une société civilisée les personnes que l'âge, les infirmités mettent dans une situation d'infériorité, soient protégées contre les embûches des tiers de mauvaise foi et les conséquences dommageables d'une administration inexpérimentée de leur patrimoine. Le principe de la protection due aux incapables est donc d'ordre public. Aussi faudrait-il décider que toute clause, par laquelle un incapable renoncerait à l'avance, en passant un acte, à se prévaloir de son incapacité, serait nulle et non avenue comme contraire à l'ordre public. Mais, comme le remarque très exactement M. Pillet, *De l'ordre public en droit int. privé* (Paris, Grenoble, 1890, p. 34), c'est le principe de la protection seul qui est d'ordre public. Quant au mode d'organisation de cette protection, quant aux dispositions positives établies par la loi, elles sont avant tout des mesures de protection d'intérêts privés.

des lois d'ordre public, ou bien des lois de protection d'intérêts privés. (1)

On peut invoquer, à l'appui de cette distinction, un passage des travaux préparatoires du Code civil qui la confirme d'une façon très claire. Dans son discours au Corps législatif, Portalis opposait le droit public au droit privé et disait que le premier est celui qui intéresse plus directement la société que les particuliers, tandis que le second intéresse plus les particuliers que la société. Il ajoutait qu'à cette distinction correspondait celle des nullités absolues et des nullités relatives. Or, les dispositions de la loi qui ont pour objet de protéger les incapables sont sanctionnées non pas par la nullité absolue ou l'inexistence, mais par la nullité relative. (2)

Il nous reste maintenant à déterminer quelles sont, parmi les lois impératives, celles qui reposent sur des considérations d'ordre public ou le respect des bonnes mœurs.

Que faut-il donc entendre par ces mots : l'ordre public et les bonnes mœurs ? (3)

Ordre public. — Déterminer quelles sont les lois d'ordre public est chose difficile, parce qu'il s'agit d'une expression un peu vague que la loi n'a nulle part définie, mais cette détermination est importante et doit être tentée, car les lois d'ordre public présentent des caractères particuliers qui les distinguent profondément des autres lois civiles.

D'abord, comme nous venons de le voir, il n'est pas per-

(1) Alglave, *Action du ministère public*, t. i, p. 601 et suiv.; Toullier, *Droit civil*, i, n° 108 ; Pillet, *De l'ordre public en droit international privé*, Paris, Grenoble, 1890, p. 33 et 34.

(2) Art. 1125 Civ. Voir Locré, *Législation*, t. ier, p. 483. L'art. 83 Proc. civ. montre bien aussi que le législateur a eu l'intention de distinguer les lois d'ordre public et les lois de protection, car il soumet à la communication au ministère public : 1° Les causes qui concernent l'ordre public ; 2° celles qui concernent l'état des personnes et les tutelles.

(3) Consulter en dehors des auteurs cités ci-dessus : Despagnet, *Journal de droit international privé*, 1889, p. 5 et 207 ; Boudant, *Cours de droit civil*, INTRODUCTION, § 119 à 125 ; Baudry-Lacantinerie et Houques-Fourcade, *Des personnes*, t. ier, § 205 à 285.

mis de déroger aux lois d'ordre public, et toutes les fois
qu'une personne aura, dans un acte juridique, méconnu une
disposition légale fondée sur des considérations se rattachant
à l'ordre public, cet acte sera inefficace, c'est-à-dire qu'il ne
pourra produire aucun effet, quand bien même la loi n'aurait
pas expressément attaché cette sanction à la règle qu'elle
édictait; il sera non avenu. En effet, si la loi reconnaissait
quelque valeur à l'acte fait en violation de ses dispositions,
elle se mettrait en contradiction avec elle-même. (1)

En second lieu, il résulte de l'art. 3 du Code civil que les
lois de police et de sûreté sont territoriales, c'est-à-dire
qu'elles obligent tous ceux qui habitent le territoire, non
seulement les nationaux, mais les étrangers; et par cette
expression, les rédacteurs du Code ont certainement voulu
désigner les lois d'ordre public.

Enfin, le ministère public a le droit de poursuivre d'office
l'exécution des lois en matière civile, dans les dispositions
qui intéressent l'ordre public. (2)

D'une façon générale, on peut dire que l'ordre public, c'est
l'ordre dans l'État, c'est-à-dire l'arrangement des institutions,
l'organisation des règles qui sont indispensables à l'existence
et au fonctionnement de l'État. Le mot ordre public indique,

(1) Ainsi l'art. 900 du Code civil décide que, dans toute disposition entre
vifs ou testamentaires, les conditions contraires aux lois ou aux mœurs
sont réputées non écrites. L'art. 1172 Civ. dispose que toute condition d'une
chose prohibée par la loi est nulle et rend nulle la convention qui en
dépend. De même, enfin, l'art. 1131 Civ. déclare que l'obligation sur une cause
illicite ne peut avoir aucun effet.

Cependant, en matière de mariage, il y a une particularité à signaler :
La loi établit un certain nombre d'empêchements au mariage, qui, bien que
fondés sur des considérations d'ordre public, sont simplement prohibitifs,
ce qui signifie que, si, malgré la défense faite, l'officier de l'état civil procède à la célébration du mariage, le mariage ne peut pas être attaqué de
ce chef. L'annulation du mariage est un parti extrême, dont les conséquences sont très graves au point de vue de la famille, et la loi ne s'y
résout que dans certains cas limitativement déterminés.

(2) Art. 46, 2° al., loi du 20 avril 1810. — Voir sur ce texte, qui soulève une
grave difficulté, Alglave, *Action du ministère public et théorie des droits
d'ordre public en matière civile*, t. 1er.

en effet, l'idée d'une disposition logique, d'une subordination qui donne à l'ensemble l'unité et la vie.

Par leur nature même, les lois civiles d'ordre public doivent être l'exception, puisque le droit civil est destiné à régler les rapports des individus entre eux, c'est-à-dire des intérêts purement privés ; ces lois ne touchent à l'ordre public que dans la mesure où elles établissent la limite de la liberté des individus, afin d'empêcher que cette liberté ne devienne une cause de trouble, de perturbation pour l'ordre et la sécurité générale. C'est seulement dans la mesure où il peut y avoir conflit, opposition entre l'intérêt privé et l'intérêt général, que le législateur a le droit d'édicter des dispositions qui, tout en réglant les rapports des particuliers, s'imposent à leur volonté.

Par conséquent, les lois civiles d'ordre public sont, par définition même, des lois exceptionnelles.

« Il est incontestable que, d'après nos idées actuelles, le législateur n'est pas le véritable auteur des droits de l'individu, mais simplement leur garant, ces droits résultant, du reste, du seul fait de l'existence de l'homme et de ses facultés. Tant que l'on a pu soutenir que le droit était une concession gracieuse du souverain, on a pu penser aussi que la considération de l'ordre public était la base générale des droits individuels ; aujourd'hui, où l'opinion contraire prévaut, la liberté humaine est la règle, et les limitations apportées à cette liberté, au nom de l'ordre public, ne se justifient qu'autant qu'elles sont réduites au strict nécessaire et confinées dans leur rôle d'exceptions. » (1)

Donc, pour qu'une loi soit d'ordre public, il faut non seulement qu'elle soit conforme à l'ordre public, mais indispensable à son maintien, c'est-à-dire qu'elle soit telle que sa disparition mettrait en jeu l'existence même de l'ordre public. En effet, puisque la loi d'ordre public est un empiétement sur la liberté des parties, elle ne peut être édictée qu'au-

---

(1) Pillet, op. cit., p. 18.

tant que cet empiétement est nécessaire pour assurer le respect de l'ordre public. (1)

Nous avons maintenant, grâce aux explications précédentes, un moyen de déterminer quelles sont les lois d'ordre public ; en effet, nous possédons deux formules dont la combinaison nous fournira la solution cherchée :

1° Toutes les lois impératives ne sont pas d'ordre public ;

2° Pour qu'une loi soit d'ordre public, il faut qu'elle soit indispensable à la conservation de l'État.

Dès lors, en appliquant ces deux formules à toutes les dispositions du Code supérieures à la volonté des parties, nous pouvons déterminer leur caractère. Nous mettrons chacun de nos principes dans un des plateaux de la balance et, suivant que l'un ou l'autre l'emportera, suivant que la loi sera une loi de conservation sociale ou une loi de protection des intérêts privés, nous dirons qu'elle est ou qu'elle n'est pas d'ordre public.

Parcourons rapidement les différentes matières du Code pour en faire l'application :

Tout d'abord, il ne faut pas hésiter à reconnaître le caractère d'ordre public aux lois qui ont pour objet d'assurer le respect de l'ordre matériel et d'empêcher qu'une personne ne cause injustement un préjudice à autrui. Aux dispositions de la loi pénale punissant certaines infractions contre les personnes ou contre la propriété, correspond un principe du droit civil plus large, plus extensif, ainsi conçu : Tout fait de l'homme qui cause un dommage à autrui, oblige celui par la faute duquel il est arrivé à le réparer (2), principe de justice, d'équité, qui est la sauvegarde du droit de l'individu. Ce principe est certainement d'ordre public, car si son application pouvait être écartée, méconnue, la sécurité, la justice seraient menacées.

Dans le droit de la famille, il semble que toutes les dispo-

_____

(1) Pillet, *ibid.*
(2) Art. 1382 Civ.

sitions de la loi soient aussi d'ordre public, puisque, suivant une phrase devenue banale à force d'être répétée, la famille est la base de la société. L'organisation des rapports de famille, les obligations qui en découlent, les droits de puissance qu'elle établit entre certaines personnes rentrent-ils dans l'ordre public? Une réponse affirmative serait exagérée : toutes ces dispositions ont sans doute un caractère moral, toutes ont pour but d'assurer le développement de la société ; mais, parmi elles, « il en est beaucoup qui ne sont pas nécessaires, mais simplement utiles, qui ne consacrent pas des principes essentiels à la conservation des mœurs nationales, qui édictent simplement des règles propres à établir entre les personnes des relations juridiques conformes à ce que la conscience nous représente comme étant le plus moral. » (1) A ce point de vue, il importe de faire une distinction entre le droit de la famille pur et le droit patrimonial de la famille. Dans le droit de la famille pur, il s'agit exclusivement des rapports moraux des membres de la famille, et il faut reconnaître que ces rapports ont une importance de premier ordre, droits et devoirs entre époux, entre parents et enfants, puissance maritale, puissance paternelle, modes de preuve de la filiation, interdiction de la recherche de la paternité, prohibition de la constatation d'une filiation adultérine et incestueuse, toutes les règles relatives à ces dispositions sont d'ordre public, à n'en pas douter. (2)

_____

(1) Pillet, op. cit., p. 21.

(2) Les auteurs disent ordinairement que les lois qui règlent l'état des personnes, la capacité ou l'incapacité sont d'ordre public. Laurent, *Droit civil*, 2e édit., I, p. 83 ; Aubry et Rau, I, § 36 ; Demante, 2e édit., I, nº 12 *bis* 3 ; Demolombe, 6e édit., I, nᵒˢ 16 et suiv.; Beudant, *Droit civil*, INTRODUCTION, nº 120 ; Houques-Fourcade et Baudry-Lacantinerie, *Des personnes*, I, nº 269; mais cette affirmation est critiquable à notre avis et provient de la confusion si souvent faite entre les lois impératives et les lois d'ordre public ; on ne peut pas déroger aux lois concernant l'état et la capacité des personnes, et on en a conclu qu'elles étaient d'ordre public.

Pour les lois relatives à l'état des personnes, il est exact de dire qu'elles sont d'ordre public, car nous verrons plus loin que l'état est la réunion des diverses qualités qui assignent à l'homme une place déterminée dans

Le droit patrimonial de la famille intéresse d'une façon moins directe l'ordre public, et les règles qui déterminent les rapports pécuniaires que le droit de famille fait naître entre ses membres ne sont pas toutes des lois de conservation sociale. La suppression ou la modification de plusieurs d'entre elles pourrait être fâcheuse, mais ne toucherait pas à l'organisation même de la famille. Ainsi il peut être utile que les père et mère aient un droit d'usufruit sur les biens de leurs enfants, mais cela n'est pas nécessaire. Au contraire, les dispositions relatives à la réserve des enfants et des ascendants sont des règles d'ordre public dont la disparition altérerait profondément les traits caractéristiques de la famille. (1)

---

ses rapports avec ses semblables, qualité de père, de fils, d'époux, de national, etc. Ces lois sont d'ordre public, parce qu'il est indispensable au bon ordre que la situation de chaque individu, les droits et les devoirs qui en découlent soient nettement et uniformément fixés. Mais on ne peut pas dire la même chose des lois concernant la capacité. Ces lois sont faites en faveur de ceux que le législateur considère comme méritant une protection particulière, et sont avant tout des lois de protection. Il est vrai que le principe même de la protection due aux incapables est un principe d'ordre public, comme nous l'avons dit ci-dessus; l'ordre public serait gravement troublé, si ces personnes étaient abandonnées sans défense aux embûches et aux manœuvres de tiers peu scrupuleux, profitant de leur jeune âge ou de leurs infirmités morales. Aussi, toute stipulation qui aurait pour but de priver l'incapable du droit d'invoquer les mesures de protection édictées en sa faveur serait frappée d'inexistence comme violant l'ordre public. Mais les règles spéciales édictées par la loi pour protéger l'incapable sont, avant tout, des mesures de protection d'intérêt privé : la preuve en est que leur inobservation est sanctionnée par une nullité relative (art. 1125 Civ.) établie en faveur des incapables seuls, et que ceux-ci peuvent renoncer à s'en prévaloir le jour où leur incapacité a cessé. Donc, les dispositions établies en leur faveur sont des règles de protection d'intérêts privés, comme les dispositions qui protègent la personne qui, dans un acte juridique, a été victime d'une erreur, d'un dol, d'une violence ou même d'une lésion.

(1) M. Pillet, *op. cit.*, p. 52, déclare au contraire que les lois sur la réserve ne rentrent pas dans l'ordre public. L'idée de réserve, dit-il, ne s'explique plus actuellement par la nécessité toute politique de la conservation des biens dans les familles, car alors le législateur n'aurait pas dû laisser les héritiers sans garantie contre les aliénations à titre onéreux de leur auteur ; elle se justifie beaucoup mieux par une idée de protection,

Dans le droit du patrimoine, les lois d'ordre public seront beaucoup plus rares, parce que le droit du patrimoine est avant tout destiné à régler les intérêts privés des individus, et la plupart des dispositions impératives qui s'y rencontrent sont établies dans un but de protection de certaines personnes bien plus que pour une raison de conservation sociale. Cependant, l'énumération des différents droits que l'homme peut avoir sur les choses, l'organisation de la propriété, du crédit foncier et mobilier, la publicité des transmissions immobilières (1) et du transport des créances, le

---

par la nécessité qui s'impose de garantir un mourant contre les défaillances de sa volonté, de le sauver des tentatives de captation qui pourraient être dirigées contre lui, si la loi ne veillait pas à ses côtés.

Cette observation nous laisse des doutes ; la réserve se lie directement à l'organisation de la famille ; il suffit, pour s'en rendre compte, de se rappeler les arguments invoqués par Le Play et ses disciples qui, voulant rendre la puissance du père de famille plus réelle, plus efficace, réclament précisément la suppression de la réserve. Pour eux, la liberté testamentaire doit être une des bases de la réforme sociale et marquer la renaissance des vraies traditions de la famille. Ils reprochent à la réserve d'avoir détruit l'autorité paternelle.

(1) Les lois qui subordonnent l'efficacité de certains actes à la publicité, comme celles que nous indiquons au texte, lois organisant la publicité des privilèges et hypothèques, la publicité des aliénations immobilières, etc., sont des lois de protection, en ce sens qu'elles ont pour but de faire connaître ces actes à toutes les personnes auxquelles ils pourraient être postérieurement opposés ; mais en même temps ce sont des lois d'ordre public, parce que leurs dispositions sont destinées à donner plus de garantie, plus de sécurité aux mutations de la propriété et à affermir ainsi le crédit des propriétaires, en leur permettant d'établir leur droit sur la chose d'une façon certaine et incontestable. Ces lois intéressent donc l'organisation sociale, puisque leur suppression amènerait une perturbation profonde dans le régime de la propriété et aurait pour conséquence immédiate une diminution du profit que chaque individu peut retirer des choses qu'il possède.

Cette observation nous montre que certaines lois sont à la fois des lois de protection et des lois d'ordre public, et il en est ainsi de toutes les lois de publicité : publicité du contrat de mariage, signification des cessions de créances, etc. La plupart des auteurs, partant de ce point de vue, disent qu'il faut considérer comme étant d'ordre public, toutes les lois dont le but est de sauvegarder l'intérêt des tiers, parce que l'intérêt des tiers se confond avec l'intérêt général; Laurent, *Droit civil*, ι, nᵒ 63 ; Beudant, *Droit civil*, INTRODUCTION, nᵒ 120. Cette conclusion est logique. Les

droit d'aliéner ses biens, l'interdiction de rester dans l'indivision, etc., voilà autant de questions dont la solution intéresse au premier chef la société, et qui, à ce titre, rentrent certainement dans l'ordre public.

Enfin, en ce qui concerne le droit des successions, l'ordre public n'interviendra encore qu'à titre exceptionnel. En effet, nous en trouvons une preuve dans le principe qui sert de fondement à la dévolution légale des successions. Le législateur prend pour base du système successoral l'idée de l'affection présumée du défunt, et les dispositions qu'il édicte sont essentiellement supplétives de la volonté de celui-ci. Elles ne touchent donc pas à l'ordre public ; seules, certaines prohibitions ont un caractère d'intérêt général : telle est la prohibition des substitutions qui est certainement d'ordre public, telles sont aussi, à notre avis, les règles sur la réserve héréditaire, comme nous l'avons dit ci-dessus.

Il faut se contenter de ces indications générales, car le principe que nous avons dégagé ne supprime pas toutes les difficultés, et la question de savoir si telle ou telle règle est d'ordre public n'en restera pas moins souvent fort délicate. C'est au juge seul qu'il appartient de la résoudre, en s'inspirant du principe ci-dessus posé, pour déterminer quel est le véritable caractère de la loi. Si le doute n'est guère possible dans la majorité des cas, il en est autrement toutes les fois qu'on arrive à la zone où finit le domaine de l'ordre pu-

---

mesures édictées dans l'intérêt des tiers sont destinées à empêcher le trouble, l'incertitude qu'apporterait dans les relations juridiques le fait de pouvoir opposer les clauses de certains actes à des personnes qui n'y ont pas été parties. Ce trouble, cette incertitude favoriseraient la mauvaise foi et feraient naître un grand nombre de procès, et par là, causeraient un danger pour le bon ordre et la sécurité des transactions. Donc, les lois qui ont pour but de protéger les tiers sont des lois d'ordre public. On peut en donner comme exemple, en dehors des lois citées précédemment, l'art. 1395 Civ., qui décide que les conventions matrimoniales ne peuvent recevoir aucun changement après la célébration du mariage. Cette disposition a pour but principal de protéger les tiers qui contracteront avec les époux pendant le mariage. Voir Locré, *Législation*, t. XIII, p. 277, n° 8, et p. 453, n° 15.

blic; les contours, ici comme partout, sont vagues, indécis et il faut, pour les déterminer avec soin, beaucoup d'attention et de prudence.

Bonnes mœurs. — La notion de bonnes mœurs se rattache étroitement à celle d'ordre public (1); toute atteinte aux bonnes mœurs compromet l'ordre social par le trouble qu'elle cause, par le danger de l'imitation, et doit être soigneusement réprimée. Les lois concernant les bonnes mœurs offrent donc les mêmes caractères que les lois d'ordre public. La question de savoir quel est leur domaine exact est une question d'appréciation que le juge tranchera en s'inspirant de ce qu'on a appelé justement la morale coutumière, c'est-à-dire, des règles de conduite qu'accepte la conscience générale d'un pays. (2)

Il nous reste maintenant à déterminer quelle est la force obligatoire des lois, impératives ou supplétives peu importe, c'est-à-dire sous quelles conditions et dans quelle mesure la loi s'impose à la volonté des individus. Pour cela, nous pouvons formuler quatre propositions :

1° Les lois doivent être publiées;

2° Elles sont non rétroactives, c'est-à-dire qu'elles ne s'appliquent pas au passé, elles ne disposent que pour l'avenir,

3° Elles sont territoriales ou personnelles, c'est-à-dire qu'elles s'appliquent soit à toutes les personnes qui habitent le territoire, soit seulement aux nationaux, mais abstraction faite du pays où ils se trouvent;

4° Enfin, les lois ont force obligatoire tant qu'elles ne sont pas abrogées.

1° *Publication des lois.* — Le principe de la division des pouvoirs a toujours été considéré depuis 1789 comme une règle essentielle de gouvernement. Il consiste à confier à des mains différentes le pouvoir de faire la loi, le pouvoir de la faire exécuter et le pouvoir de l'appliquer.

Lorsque la loi est votée par les deux Chambres, le pouvoir

(1) Alglave, *op. cit.*, p. 592.
(2) Beudant, *Droit civil*, INTRODUCTION, n° 125.

exécutif doit la promulguer dans un certain délai (art. 7 de
la loi constitutionnelle du 16 juillet 1875). La promulgation
est, comme on l'a dit (1), l'acte de naissance de la loi. « Elle
rend son existence certaine, authentique, incontestable, et
lui donne la force coercitive qu'elle n'avait pas auparavant. »
La loi promulguée est exécutoire, mais il reste encore à la
porter à la connaissance effective des intéressés, pour la
rendre obligatoire. C'est le rôle de la publication. Nul n'est
censé ignorer la loi, *nemo censetur ignorare legem*, ce qui
signifie que « personne n'est admis à invoquer son ignorance
pour s'excuser de l'inobservation de la loi et pour se faire
relever des conséquences de cette inobservation. » (2) De ce
principe il résulte nécessairement que la loi doit être noti-
fiée à tout le monde; une notification individuelle étant évidemment impossible, il faut trouver un mode de publication
collective aussi efficace que possible. (3)

2° *Non rétroactivité des lois.* — L'article 2 du Code civil
déclare que la loi ne dispose que pour l'avenir, elle n'a point
d'effet rétroactif.

La non rétroactivité constitue un principe de justice qu'on
peut considérer aujourd'hui comme définitivement acquis.
Il est, en effet, conforme au fondement philosophique du
droit. Le droit a sa source dans l'individu et non dans une
concession bienveillante de l'État, il réside dans l'homme lui-
même, il est inviolable, supérieur à la loi elle-même, parce
qu'il n'est que la manifestation de la liberté de l'individu.

Lorsque la loi vient apporter une nouvelle limitation à la
liberté de l'homme (4), dans l'intérêt général, ou dans son

---

(1) Baudry-Lacantinerie, *Précis de droit civil*, i, § 32, 6° édit.
(2) Aubry et Rau, i, § 28.
(3) Je crois inutile d'entrer dans les détails de la publication des lois,
on les trouvera dans tous les ouvrages élémentaires : Baudry-Lacantinerie,
6° édit., t. 1, n°s 33 et suiv.; Vigié, 2° édit., i, n°s 44 et suiv.
(4) Toute loi est une limitation à la liberté, car la loi « ne peut avoir
pour objet que de régler l'usage des droits, et régler l'usage d'un droit,
c'est inévitablement le limiter.» Beudant, *Le droit indiv. et l'État*, 1re édit.,
p. 148.

intérêt particulier, elle ne doit pas, elle ne peut pas anéantir dans le passé les actes contraires à son texte, qui, au moment où ils ont été faits, n'étaient pas encore prohibés. Cet empiétement sur la liberté de l'individu serait contraire au fondement du droit. En outre, il serait aussi contraire à la justice que le fait par un individu d'enlever par la force à un autre la chose dont celui-ci est propriétaire.

Le législateur a fait cependant des lois rétroactives; l'exemple le plus célèbre est celui du décret du 17 nivôse an II relatif aux donations et successions, qui annulait toutes les donations et réglait à nouveau la dévolution de toutes les successions ouvertes depuis le 14 juillet 1789. Cette mesure causa une telle perturbation sociale qu'il fallut bientôt l'abroger. (1)

L'application du principe de la non rétroactivité donne lieu aux plus graves difficultés ; nous ne voulons pas les aborder au début de cet ouvrage, ce n'est pas la place qui convient, car nous ne possédons pas les éléments de discussion nécessaires pour arriver à les résoudre ; contentons-nous de montrer comment elles naissent :

La loi nouvelle, avons-nous dit, ne s'applique qu'à l'avenir et non au passé. Il n'y a donc pas de difficultés pour les rapports de droit qui se sont formés et qui se sont éteints avant la loi nouvelle. Exemple : Supposons qu'une loi porte à vingt-cinq ans l'âge de la majorité aujourd'hui fixé par le Code à vingt-un ans. Une personne âgée de vingt-deux ans a fait un contrat de vente avec un tiers avant cette loi. Il est certain qu'elle ne pourra pas demander ensuite l'annulation de ce contrat pour cause d'incapacité.

Il n'y a pas de difficulté non plus pour les rapports de droit qui, au contraire, ne sont nés qu'après la promulgation de la loi. Supposons pour garder l'exemple ci-dessus, qu'après la promulgation de la loi reculant à vingt-cinq ans l'âge de la majorité, une personne âgée de vingt-deux ans fasse un con-

---

(1) Le principe de la non rétroactivité ne lie pas le législateur ; il n'est posé que pour servir de règle obligatoire aux juges, dans la solution des contestations portées devant eux.

trat sans se conformer aux règles prescrites par la loi pour les actes passés par les mineurs, elle pourra certainement demander l'annulation de ce contrat.

Mais la ligne de démarcation entre l'avenir et le passé n'est pas aussi précise. Il y a toute une série de rapports de droit qui, tout en s'étant formés avant la promulgation de la loi, dureront encore au moment de cette promulgation et continueront à produire leurs effets sous l'empire de la loi nouvelle. Exemple : La loi du 3 septembre 1807 a fixé le taux de l'intérêt conventionnel à 5 %, en matière civile, par dérogation au Code civil qui permettait aux parties contractantes de stipuler l'intérêt qu'elles voulaient. Les contrats de prêt passés antérieurement à cette loi, et établissant un intérêt supérieur à 5 %, devaient-ils tomber sous l'application de la nouvelle règle ?

Cet exemple suffit pour montrer quelles délicates questions soulève l'application du principe de non rétroactivité.

3° Les lois sont territoriales ou personnelles. (1) Les lois territoriales s'appliquent à toutes les personnes qui habitent le territoire de l'État, quelle que soit leur nationalité. Les lois personnelles ne s'appliquent qu'aux nationaux, mais elles les suivent en quelque pays qu'ils résident.

C'est au droit international privé qu'il appartient de poser le critérium permettant de ranger toutes les lois dans l'une ou l'autre de ces catégories.

4° Enfin, les lois ont force obligatoire tant qu'elles ne sont pas abrogées. Dans notre législation, les lois ne s'éteignent pas par désuétude, par simple non usage : il n'y a qu'une loi nouvelle qui puisse, en abrogeant la précédente, en arrêter l'application. L'abrogation peut être, du reste, expresse ou tacite. (2)

---

(1) Art. 3 Civ.

(2) Consulter, sur ces divers points, Beudant, *Cours de droit civil français*, INTRODUCTION, p. 108 et suiv.

CHAPITRE II

Notion et division des Droits civils. (1)

Les relations de l'homme avec ses semblables sont la conséquence nécessaire et forcée de la société : *Ubi societas, ibi jus,* et on peut dire qu'elles font naitre le droit, qu'elles le créent. En effet, « pour que des créatures libres, ainsi mises en présence, puissent s'aider mutuellement et ne se gêner jamais dans le déploiement de leur activité, il faut qu'une ligne de démarcation invisible circonscrive les limites au sein desquelles le développement parallèle des individus trouve indépendance et sécurité. » (2)

Toutes les relations d'homme à homme n'ont pas besoin d'être réglementées par le droit : les unes relèvent seulement de la morale, les autres sont exclusivement dominées par le droit, d'autres, enfin, ne rentrent qu'en partie dans son domaine. Comme exemples de ces trois différents cas, on peut citer : l'amitié, la propriété, le mariage. (3)

Les relations des hommes qui sont délimitées et réglées par le droit s'appellent des rapports de droit ; le rapport de droit est « une relation de personne à personne déterminée par une règle de droit, et cette règle déterminante assigne à chaque individu un domaine où sa volonté règne indépendante de toute volonté étrangère. » (4)

---

(1) Consulter : Goudsmit, *op. cit.,* § 17, 18 ; Windscheid, *op. cit.,* I, § 37 et suiv.; Unger, *op. cit.,* I, § 58 et suiv.; Savigny, *op. cit.,* I, § 52 et suiv.; Aubry et Rau, *Droit civil,* 4° édit., II, § 172, p. 49 ; Demolombe, *De la distinction des biens,* I, § 402 et suiv., 6° édit.; Laurent, *Droit civil,* VI, n°s 72 et suiv., 2° édit.; Baudry-Lacantinerie et Chauveau, *Des biens,* Paris, 1896, n°s 2 à 9, et les autres commentaires du Code civil.

(2) Savigny, *op. cit.,* trad. Guénoux, I, p. 326.

(3) Savigny, I, p. 328, trad. Guénoux.

(4) *Id.,* I, p. 327.

Le rapport de droit constitue donc une notion première, originaire, antérieure à celle du droit lui-même, puisque c'est le rapport de droit qui donne naissance au droit. « Les rapports de droit sont non seulement la base objective des dispositions juridiques, la matière qui doit être régie par ces dispositions, ils sont, en outre, le terrain sur lequel elles poussent ; ils apportent avec eux, en se formant, les règles qui sont destinées à les régir. » (1) La notion du droit suppose nécessairement que l'homme vit en société, qu'il est au milieu d'autres hommes, puisque cette notion implique le pouvoir d'imposer sa volonté dans une certaine mesure à d'autres personnes.

Les rapports de droit forment une masse considérable, à première vue, confuse et sans unité. Mais, quand on les envisage avec soin, on ne tarde pas à trouver entre eux des points de contact, des ressemblances, qui permettent de les classer et de les ramener à certains types dont ils ne sont que les variantes : Par exemple, toutes les fois qu'une personne transfère la propriété d'une chose à une autre moyennant le paiement d'une somme d'argent, on peut réduire ces situations à un rapport de droit unique, abstraction faite des personnes et des circonstances, qui s'appellera la vente.

Les règles de droit ont pour but de régir chaque rapport de droit considéré ainsi au point de vue abstrait, c'est-à-dire en tant qu'opération type pouvant se reproduire à l'infini dans le commerce juridique des hommes. L'ensemble des dispositions destinées à réglementer chacun de ces rapports forme une institution juridique. Ainsi, la vente, la propriété, le mariage sont des institutions juridiques.

Les droits civils naissent des rapports de droit qui s'établissent entre les hommes. Nous en avons déjà donné la définition : un droit civil ou droit privé est une puissance accor-

---

(1) Unger, *op. cit.*, 1, § 21. « Les rapports de droit, dit encore Unger, sont : le *prius*, la cause ; les droits, le *postérius*, l'effet. »

dée à la volonté d'une personne sur une autre personne ou sur une chose.

Ils se divisent en deux grandes catégories : les droits de famille et les droits du patrimoine.

DROITS DU PATRIMOINE.

Les droits du patrimoine ont pour objet, soit les choses du monde extérieur, soit les actes des hommes ; en d'autres termes, le pouvoir qu'ils nous confèrent peut être de deux sortes : ou bien c'est un pouvoir qui permet à l'homme d'user et de se servir d'un objet faisant partie du monde extérieur, ou bien c'est un pouvoir qui existe contre une personne déterminée et oblige celle-ci à accomplir une prestation, à donner, à faire ou à ne pas faire quelque chose. Ainsi, les droits civils peuvent porter directement sur une chose dont ils nous procurent l'utilité, et nous mettre en contact immédiat et direct avec cette chose, abstraction faite de tout individu autre que nous, ou bien ils existent contre une personne et ont pour objet le fait même que cette personne est tenue d'accomplir.

1er exemple : — J'ai un droit de propriété sur une maison, ou sur un objet quelconque. Ce droit me donne le pouvoir d'user de cette chose, d'en tirer tout le profit qu'elle est susceptible de fournir, et je l'exerce directement, de telle sorte que ce droit ne met en présence que la personne qui en est le titulaire et l'objet sur lequel il porte.

2o exemple : — J'ai prêté à Pierre 1.000 francs. Ce contrat a fait naître un droit de créance à mon profit contre Pierre qui est tenu de l'obligation de me rembourser la somme d'argent que je lui ai prêtée. A la différence du précédent, mon droit ne porte pas sur une chose, il existe contre une personne déterminée, et il l'oblige à me livrer une somme d'argent.

Les droits de la première espèce s'appellent des *droits réels*, *jura in re*, parce qu'ils portent directement et immédiatement sur une chose ; ceux de la deuxième espèce s'appellent des *droits personnels* ou des *droits de créance ;* cette seconde expression doit être employée de préférence à la première, parce qu'elle est plus précise, les mots droits personnels étant pris, suivant les cas, dans des acceptions différentes. (1) La personne autorisée à exiger la prestation qui fait l'objet du droit s'appelle le créancier ; celle qui est obligée, le débiteur. (2)

Le droit réel, sous sa forme la plus simple et la plus complète, est le droit de propriété, qui soumet la chose à l'empire absolu et exclusif d'une personne et attribue à celle-ci

---

(1) Les mots droits personnels servent en effet également à désigner certains droits qui sont attachés à la personne de leur titulaire et s'éteignent avec elle quand elle meurt, par opposition aux droits qui, suivant la règle ordinaire, sont transmissibles à nos héritiers. En ce sens un droit réel, comme l'usufruit, est personnel, art. 617 Civ.

(2) Un certain nombre d'auteurs disent que le droit réel engendre une obligation qui pèse sur toutes les autres personnes, obligation négative qui consiste à respecter l'exercice du droit réel et à s'abstenir de tout acte qui pourrait l'entraver. Mais cette façon de s'exprimer est vicieuse et peut donner lieu à des erreurs, car elle détourne le mot obligation du sens dans lequel il est employé par le Code. L'obligation proprement dite est un lien de droit par lequel une personne est obligée vis-à-vis d'une autre à donner, à faire ou à ne pas faire. Donc l'obligation est la contre-partie, la face passive du droit de créance, et le droit de créance, à proprement parler, seul engendre une obligation qui pèse sur le débiteur. Le droit de créance, en d'autres termes, existe à l'égard d'une ou de plusieurs personnes qui en sont les sujets passifs, tandis que, dans le droit réel, il n'y a pas de sujet passif, puisque ce droit porte directement et immédiatement sur une chose. L'obligation qui pèse sur le débiteur constitue un droit de créance pour le créancier, elle représente pour lui une valeur pécuniaire, elle figure dans son patrimoine.

On voit donc qu'il est inexact de dire que le droit réel, le droit de propriété, engendre pour les tiers une obligation, et en s'exprimant ainsi on détourne ce mot de son véritable sens. Cette prétendue obligation n'est pas un droit proprement dit pour le propriétaire, elle n'a aucune valeur pécuniaire, elle ne constitue pas un bien.

En réalité, les tiers sont obligés de respecter le droit du propriétaire, comme ils doivent s'abstenir de causer aucun dommage, soit à la personne, soit aux biens d'autrui. C'est là le droit commun entre les hommes : chacun doit respecter la liberté de son voisin. L'obligation proprement dite, au contraire, a pour effet de créer un rapport de droit particulier entre deux personnes, de les mettre l'une par rapport à l'autre dans une situation exclusive du droit commun.

Il ne faut donc pas qualifier d'obligation le devoir que la loi impose à chacun de respecter l'exercice des droits appartenant à autrui.

la jouissance de tous les avantages que cette chose est susceptible de fournir. A côté de la propriété, on peut concevoir une série de dominations plus restreintes, plus limitées dans leurs effets, comme le pouvoir de recueillir les fruits d'une terre, de passer sur un fonds, d'y mener paître des bestiaux ou enfin le droit d'hypothèque. (1) Dans ces différents cas, la chose appartient à une personne, mais son droit de propriété est démembré, amoindri et certaines prérogatives sur cette chose sont accordées à un tiers. On dit que ce tiers a un droit réel sur la chose d'autrui. Le nombre des droits réels est limité ; en réalité le droit français ne reconnaît que trois espèces de droits réels : la propriété, les servitudes personnelles ou réelles, l'hypothèque. (2)

Comme ces droits s'exercent directement et immédiatement sur une chose, on dit qu'ils sont absolus, ce qui signifie qu'ils existent *erga omnes* et que le bénéficiaire peut s'en prévaloir vis-à-vis de tout le monde, tandis que le droit de créance est relatif, c'est-à-dire qu'il n'existe qu'à l'égard du débiteur. (3)

Les droits de créance sont en nombre illimité, car ils comprennent tous les rapports de droit qui peuvent se former entre deux personnes et qui ont pour objet d'obliger l'une à fournir une prestation quelconque au profit de l'autre.

Dans la plupart des cas, le droit de créance a pour but final de faire obtenir au créancier une chose que le débiteur devra lui remettre ; par exemple : Je vous ai prêté 1.000 francs, j'ai contre vous un droit de créance qui a pour objet le rem-

_____

(1) Art. 543 Civ., 2114 Civ.

(2) Aubry et Rau, II, § 172, p. 50.

(3) Si le droit réel est un droit absolu, c'est parce qu'il s'exerce directement et immédiatement sur une chose, de telle sorte que ce caractère n'est qu'une conséquence de la réalité du droit. Aussi il faudrait bien se garder de dire que tout droit absolu est un droit réel, la conclusion serait inexacte. Ainsi les droits relatifs à l'état des personnes sont opposables, eux aussi, à tout le monde et sont garantis par des actions analogues à celle qui protège le droit de propriété. Je peux intenter ces actions contre quiconque conteste mon état, ma filiation, ou occupe la place que je prétends avoir dans la famille. Ce sont des droits absolus, mais non pas des droits réels. — Voir ci-dessous, ch. III, p. 70, note 2.

boursement de l'argent prêté. Aussi, on appelle quelquefois le droit de créance, *jus ad rem*, pour montrer que ce droit tend à procurer à son titulaire la propriété d'une chose par l'intermédiaire d'un tiers. (1) Mais il n'en est pas toujours ainsi ; l'obligation dont le débiteur est tenu peut avoir pour objet, non pas la remise d'une chose, mais un fait ou une abstention, représentant pour le créancier un intérêt appréciable en argent.

1er exemple : — Un domestique loue ses services à un maître, ou un ouvrier à un patron : l'un et l'autre contractent vis-à-vis du maître l'obligation de faire.

2e exemple : — Vous m'avez vendu un fonds de commerce et vous m'avez promis de ne pas ouvrir un autre fonds de commerce de la même espèce dans le voisinage : obligation de ne pas faire.

Enfin, même quand le rapport d'obligation a pour objet une chose que le débiteur s'oblige à remettre entre les mains du créancier, il se peut que le débiteur conserve intact le droit de propriété qu'il avait sur cette chose, et que le créancier n'acquière que la faculté de se servir de cette chose pendant un temps plus ou moins long. Tel est l'effet du contrat de louage (2) ou du prêt à usage (3) ; le locataire, l'emprunteur

---

(1) « Le droit réel, dit très bien Mourlon, *Répétitions écrites sur le Code civil*, 11e édit., t. ı, n° 1335, est un droit acquis, établi dès à présent sur une chose ; le droit personnel est un titre pour avoir la chose, un acheminement vers le droit réel. Ainsi, quand je suis propriétaire, j'ai un droit acquis sur une chose ; mon droit est *réel*. Si quelqu'un est obligé de me rendre propriétaire d'une chose qu'il se propose d'acquérir, j'ai un titre pour acquérir cette chose ; mon droit est *personnel ;* il sera réel au contraire, lorsque mon débiteur m'aura, par l'exécution de son obligation, procuré le droit qu'il m'a promis. »

De son côté, Pothier définit ainsi le droit réel et le droit personnel : « Le *jus in re* est le droit que nous avons dans une chose, par lequel elle nous appartient au moins à certains égards. Le *jus ad rem* est le droit que nous avons, non dans la chose, mais seulement par rapport à la chose, contre la personne qui a contracté envers nous l'obligation de nous la donner. » *Traité du droit de domaine de propriété*, n° 1.

(2) Art. 1708 et suiv.

(3) Art. 1875 et suiv.

à usage reçoivent la chose pour un certain temps ; ils pourront en user pendant le délai fixé par la convention, mais elle
reste la propriété du bailleur, du prêteur, et le locataire et
l'emprunteur ne font que la détenir au nom de ceux-ci.

Cette distinction entre les droits réels et les droits de
créance est fondée sur la nature même des choses et se rencontre dans toutes les législations. Il est facile d'apercevoir
les liens étroits qui rattachent l'une à l'autre ces deux branches du droit du patrimoine. D'abord, l'objet, la matière,
le contenu de chaque espèce de droits, représente une valeur,
c'est-à-dire un intérêt appréciable en argent, et constitue,
par conséquent, un bien susceptible de figurer dans le patrimoine. En second lieu, dans un État civilisé, la plupart des
choses ayant une valeur pécuniaire sont l'objet d'une appropriation individuelle, et ce n'est qu'exceptionnellement qu'un
homme peut s'emparer par voie d'occupation d'une chose
n'appartenant à personne et acquérir directement et immédiatement un droit sur elle. Pour devenir propriétaire, il faut
acquérir le droit de propriété d'une autre personne, et, pour
cela, il faut, préalablement, qu'entre cette personne et moi
se forme un rapport d'obligation, en vertu duquel je pourrai
exiger qu'elle me transfère son droit sur la chose. Le droit de
créance est, en principe, le préliminaire obligatoire du droit
réel ; il est le premier terme du rapport de droit. le droit réel
en est le second.

Le contact entre ces deux parties du droit du patrimoine
est encore plus intime dans notre législation moderne qu'il
ne l'était en droit romain et dans l'ancien droit. A Rome, le
droit des obligations et le droit des biens sont nettement
séparés ; ils ont l'un et l'autre leurs institutions propres. Les
actes qui transfèrent ou font acquérir un droit réel sur une
chose sont des actes spéciaux différents des actes qui font
naître une créance. Ainsi le contrat de vente engendre pour
le vendeur l'obligation de transférer à l'acheteur la propriété
de la chose vendue. L'acheteur devient créancier, mais non
propriétaire. Le transfert de propriété ne se réalise que par

un acte juridique d'un genre spécial, *mancipatio, in jure cessio* ou *traditio*. (1) Chez nous, au contraire, les mêmes actes juridiques font naître des obligations et opèrent le transfert des droits réels. Ainsi, toutes les fois que la vente a pour objet un corps certain, elle transfère de plein droit, du jour où le contrat est conclu, la propriété de la chose vendue à l'acheteur. (2)

Mais il ne faut pas oublier que le droit de créance peut avoir pour objet autre chose que l'acquisition d'un droit réel, c'est-à-dire l'accomplissement d'un acte ou une abstention. Dans ce cas, le but final du droit de créance n'est pas de faire acquérir au créancier un *jus in re*.

Ainsi, droits de créance, droits réels sont les deux espèces de droits que l'homme peut acquérir dans ses rapports avec ses semblables. On comprend quel intérêt il y a à déterminer, dès le début, les caractères distinctifs des uns et des autres.

Comparaison entre le droit réel et le droit personnel ou droit de créance. — Nous avons expliqué que le droit réel porte directement et immédiatement sur une chose, tandis que le droit personnel met en relation deux personnes ; ce caractère distinctif entraîne une série de conséquences qui constituent autant de différences entre le droit réel et le droit de créance, et dont les trois principales sont les suivantes :

1º Le droit réel étant, comme le dit Pothier, un droit dans la chose, ne peut porter que sur un objet individuellement déterminé. Ainsi, je ne puis avoir le droit de propriété sur une chose qu'autant que cette chose est déterminée dans son individualité, puisque le droit de propriété consiste à pouvoir se servir de la chose et en faire tel usage que l'on veut.

------

(1) Girard, *Manuel élémentaire de droit romain*, Paris, 1896, p. 273, 527.

(2) Art. 1138, art. 1583 Civ. L'article 1138 Civ. exprime ainsi ce résultat : « L'obligation de livrer la chose est parfaite par le seul consentement des parties contractantes. *Elle rend le créancier propriétaire* et met la chose à ses risques dès l'instant où elle a dû être livrée, encore que la tradition n'en ait point été faite... »

Au contraire, le droit de créance peut avoir pour objet une prestation, et cette prestation peut consister dans la livraison d'une chose qui n'est déterminée que dans son genre.

Exemple : —Vous me vendez un des tonneaux de vin qui sont dans votre cave. Je ne deviendrai propriétaire que le jour où nous aurons déterminé quel est l'hectolitre que vous m'avez vendu, car il est évident que, jusqu'à ce moment, je ne puis pas dire : Je suis propriétaire de tel tonneau de vin. Mais, à partir du jour où nous avons contracté, j'ai acquis contre le vendeur un droit de créance qui a pour objet une chose déterminée seulement dans son genre, un des tonneaux qui sont dans la cave.

2° Le droit réel suit la chose dans quelque main qu'elle passe, et le titulaire de ce droit peut s'en prévaloir, quel que soit le possesseur de cette chose. Exemple : J'ai un droit d'usufruit sur votre maison, ou bien vous m'avez concédé au profit de mon fonds un droit de passage sur un héritage voisin qui vous appartient. Vous vendez la maison ou le fonds. Je continuerai à exercer mon droit réel, quoique la personne du propriétaire ait changé. De même encore, vous me devez 10.000 fr. et, comme garantie du paiement de ma créance, vous me concédez un droit réel d'hypothèque sur votre immeuble. Vous aliénez ensuite cet immeuble. L'immeuble, bien qu'étant passé entre les mains d'un nouveau propriétaire, reste grevé du droit réel comme s'il était demeuré dans votre patrimoine.

On exprime ce résultat en disant que le droit réel emporte *droit de suite* au profit de son titulaire.

Au contraire, le créancier ne peut exercer son droit que contre le débiteur. Le droit de créance existe contre une personne déterminée et rien que contre elle. Le créancier a pour gage tous les biens du débiteur ; mais, si le débiteur aliène un de ses biens, le bien sort de son patrimoine et cesse par suite d'être le gage du créancier.

3° Lorsque plusieurs personnes ont acquis sur une même chose, à des époques différentes, le même droit réel ou des droits réels différents, le droit acquis antérieurement s'exerce

avant celui qui n'a été concédé que plus tard. Il n'y a pas
concours entre ces différents droits. Exemple : Vous me concédez un droit d'usufruit sur votre maison ; postérieurement,
vous la vendez à un tiers. Celui-ci devra respecter le droit
d'usufruit qui m'a été accordé. 2° Exemple : Vous me concédez une hypothèque sur votre immeuble comme garantie de
ma créance. Plus tard, vous empruntez une somme d'argent
à Pierre et vous constituez une nouvelle hypothèque en sa
faveur sur le même immeuble. Mon hypothèque est préférable à celle qui a été constituée en second lieu, et si plus tard
l'immeuble est saisi et vendu, c'est moi qui serai payé en première ligne sur le prix. Cet avantage que confère le droit réel
s'appelle le *droit de préférence*. On peut l'exprimer ainsi :
En cas de conflit entre plusieurs droits réels sur une même
chose, le droit antérieurement acquis l'emporte sur le droit
constitué plus tard. *Prior tempore, potior jure*.

Au contraire, quand il s'agit de droits de créance, aucun
des créanciers ne jouit, en principe, d'un droit de préférence.
Exemple : J'ai un droit de créance contre vous et, postérieurement, vous contractez de nouvelles obligations vis-à-vis
d'autres personnes. Je n'ai pas de droit de préférence contre
les créanciers postérieurs en date. Un quelconque des
créanciers peut, sans s'inquiéter de savoir s'il y a des
créanciers plus anciens, poursuivre les biens pour se faire
payer, et si le débiteur devient insolvable et que ses biens
soient saisis et vendus pour désintéresser les créanciers, le
prix se distribuera entre eux par contribution, et sans tenir
compte de la date des créances. C'est ce que dit l'article 2093 : « Les biens du débiteur sont le gage commun de
ses créanciers ; et le prix s'en distribue entre eux par contribution, à moins qu'il n'y ait entre les créanciers des causes
légitimes de préférence. » Ces derniers mots signifient précisément, à moins que certains biens du débiteur ne soient
grevés d'un droit réel, par exemple, d'une hypothèque au
profit d'un ou de plusieurs créanciers.

Ces deux dernières différences entre le droit réel et le

droit de créance découlent de cette idée, énoncée plus haut, que le droit réel est un droit absolu, opposable à tout le monde, tandis que le droit de créance n'existe qu'à l'égard d'une personne déterminée.

Les droits réels et les droits de créance sont compris sous le nom générique de *droits patrimoniaux*, ou *droits du patrimoine*. Ils se caractérisent les uns et les autres par cette idée que ces droits représentent une valeur pécuniaire et ont pour nous un intérêt appréciable en argent. L'ensemble de ces droits qui appartiennent à une personne et l'ensemble des obligations dont elle peut être tenue envers d'autres personnes forment le patrimoine. Les droits patrimoniaux sont susceptibles de se transmettre, et à la mort de l'individu, ils ne disparaissent pas, ils passent par voie de succession sur la tête d'autres personnes.

DROITS DE FAMILLE.

En dehors de cette première classe, qui est la plus nombreuse et la plus importante, les droits privés comprennent les droits qui naissent des rapports de famille, de la qualité d'époux, de parent, d'allié, d'enfant ou de père adoptifs. A la différence des premiers, ces droits sont inhérents à la personne et ne sont pas susceptibles de succession. Leur ensemble forme l'état de chaque individu et sert à distinguer sa personnalité au point de vue du droit privé de celle des autres hommes. Les droits de famille présentent un caractère particulier qui les distingue profondément des premiers. Ils sont à la fois des droits et des devoirs, c'est-à-dire qu'ils constituent non seulement des prérogatives, mais qu'ils imposent en outre à celui auquel ils appartiennent certaines obligations corrélatives. (1)

_____

(1) Windscheid, *Lehrbuch des Pandektenrechts*, I, § 41 ; Goudsmit, *op. cit.*, § 18, note 1 : « La famille n'est pas uniquement, ni même principalement, un rapport de droit. Elle reçoit ses règles directement de la loi morale. Elle impose des devoirs et ne confère pas de droits, et ces devoirs ont pour objet moins une conduite déterminée à tenir extérieurement, que la mise en œuvre d'un certain sentiment. Le droit trouve la famille

Par exemple, les droits qui résultent du mariage constituent en même temps des obligations pour chaque époux ; l'article 214 du Code civil met bien en relief ce double caractère quand il dit : La femme est obligée d'habiter avec le mari et de le suivre partout où il juge à propos de résider ; le mari est obligé de la recevoir et de lui fournir tout ce qui est nécessaire pour les besoins de la vie. De même, le droit de puissance paternelle n'est qu'une des faces du rapport qui unit les enfants et les parents ; à l'autre face, se trouve le devoir qui incombe aux parents d'élever et de nourrir les enfants.

La classe des droits de famille ne comprend que les rapports de personne à personne unies par les liens de la parenté. Les rapports de famille engendrent en outre des droits pécuniaires, tels que le droit de succession, le droit à des aliments. Ces droits sont des conséquences des rapports de famille, mais ils font partie des droits du patrimoine. (1)

---

ainsi réglée et s'efforce de procurer, autant que possible, une consécration extérieure aux prescriptions d'ordre moral qui se manifestent en elle spontanément. En tant que par là il ordonne alors à l'un de soumettre sa volonté à l'autre, on peut dire qu'il confère à celui-ci un droit. Mais un pareil droit reste cependant bien différent de tous les autres. Il a sa source première dans le devoir ; le devoir est ici le principal, le droit n'est que la conséquence, tandis qu'aucun autre droit ne présente ce caractère ; aucun ne naît du devoir, tous, au contraire, préexistent au devoir et l'engendrent. »

(1) On pourrait être tenté de ranger parmi les droits, et on l'a souvent fait, les facultés inhérentes à l'homme, c'est-à-dire les droits que la qualité d'homme donne à l'individu, le droit d'aller et de venir, de faire respecter sa personne, en un mot, les diverses manifestations de la liberté. Ce sont, semble-t-il, les droits primordiaux, originels, qui appartiennent à l'individu, et on les appelle souvent des *biens innés*. M. de Savigny a démontré d'une façon très claire que ces prérogatives de l'être humain ne sont pas du ressort du droit privé. Je ne puis mieux faire que de citer le passage, *Traité de droit romain*, trad. Guénoux. I, p. 330 et p. 331 : « On ne saurait méconnaître que l'homme dispose licitement de lui-même et de ses facultés. Il y a plus, tout droit véritable a ce pouvoir pour base et l'implique nécessairement. Ainsi, par exemple, la propriété et les obligations n'ont de sens et de valeur que comme extension artificielle de notre force personnelle ; ce sont de nouveaux organes que l'art ajoute à notre nature primitive. *Mais cette possession de nous-mêmes n'a nullement besoin d'être*

En principe, tout droit emporte avec lui l'idée de contrainte et donne le pouvoir de s'adresser aux tribunaux, lorsqu'il est l'objet d'une contestation ou que son exercice est entravé par un tiers. Le titulaire du droit ne doit pas se faire justice à lui-même, mais il peut demander à la justice de reconnaître la validité de son droit et de le faire respecter.

On appelle action, cette mise en mouvement du droit. (1)

L'action n'est pas une notion distincte, ce n'est qu'une face particulière, qu'un aspect nouveau du droit ; suivant des expressions consacrées, c'est le droit lui-même exercé en justice, à l'état de lutte. (2) L'action a donc nécessairement le

---

reconnue et définie par le droit positif, et ici c'est inutilement, c'est à tort que l'on confond ce pouvoir naturel avec ses extensions artificielles, pour les mettre sur la même ligne et les traiter de la même manière. — Ensuite, plusieurs institutions du droit positif, examinées dans leur principe, sont effectivement destinées à protéger ce pouvoir naturel de l'homme sur sa propre personne contre les agressions de ses semblables : ainsi une grande partie du droit criminel, puis les nombreuses dispositions du droit civil faites en vue de prévenir la diffamation, la fraude et la violence, principalement les actions possessoires. Chacun de ces droits a pour but final l'inviolabilité de la personne ; mais on ne doit pas les regarder comme de simples conséquences de cette inviolabilité, ce sont des institutions toutes positives dont le contenu spécial diffère essentiellement de la sanction de la personnalité ; et l'on ne fait qu'obscurcir leur caractère véritable, si on les représente comme uniquement relatives à l'individu en lui-même. Énumérer d'une manière complète toutes les institutions ayant cette origine commune serait peu profitable et peu instructif, il suffit de reconnaître le principe général de leur analogie. » Comp. Windscheid, t. I, § 39 : « Ces droits ne rentrent pas dans l'exposition du droit privé, parce que ni leur existence, ni leur étendue ne peuvent faire l'objet d'aucun doute, et leur violation, en tant qu'ils peuvent être l'objet d'une violation, donne naissance à des droits indépendants (droits de créance). »

(1) *Actio nihil aliud est quam jus persequendi judicio quod sibi debetur* (Pr. Inst., IV, 6); 51 D. de obl. et act., XLIV, 7.

(2) « L'action n'est pas un droit distinct, pourvu d'une existence propre ; c'est le droit lui-même, qui, se sentant attaqué, s'arme pour la lutte. En d'autres termes, c'est le droit en action. » Goudsmit, § 87 ; Unger, t. II, § 113, note 13 : « L'action est en quelque sorte le droit sur le pied de guerre, le droit vêtu du sagum, en opposition avec le droit à l'état de paix, le droit vêtu de la toge. » Cf. Garsonnet, *Traité de procédure civile*, I, n° CXVI. A diverses reprises, le Code civil emploie l'expression « droits et actions»; c'est un pléonasme. (Ex.: art. 1166, art. 1250, 1°.)

même caractère que le droit lui-même, et, suivant que le droit est absolu ou relatif, elle peut être intentée contre toute personne ou contre une personne déterminée. L'action est réelle ou personnelle comme le droit lui-même.

Il importe de remarquer que, lorsque le droit apparait sous forme d'action, sa validité présente un caractère douteux, aléatoire, puisqu'un tiers en conteste l'existence ou l'étendue, et cette incertitude enlève au droit une partie de sa valeur, tant qu'il n'a pas été sanctionné et reconnu par la justice.

Par exception, certains droits ne peuvent pas être portés devant les tribunaux, ils sont incomplets et ne donnent pas à leur titulaire le pouvoir de recourir à la justice pour en obtenir l'exécution forcée. Cette exception ne se rencontre qu'en matière de droits de créance. (1)

---

(1) Ces droits de créance imparfaits s'appellent des obligations naturelles (art. 1235 Civ.). La loi enlève au créancier le droit d'action, soit parce que l'obligation est entachée de nullité comme ayant été contractée par un incapable, ou sous l'empire du dol, de l'erreur, de la violence, soit parce que l'acte juridique n'a pas été revêtu des formes extrinsèques exigées par la loi, etc. Ces obligations naturelles ne sont pas destituées de toute efficacité juridique. Ainsi, lorsque le débiteur tenu d'une obligation de ce genre paye volontairement son créancier, il ne peut pas répéter ce qu'il a livré. Elles produisent aussi quelques autres effets. — Voir Aubry et Rau, IV, § 297 ; Demolombe, *Traité des contrats*, t. IV, nos 34 et suiv.

CHAPITRE III

Des Personnes ou Sujets de droits.

Les droits, entendus au point de vue subjectif, sont des prérogatives accordées par le droit objectif à l'homme dans ses relations avec ses semblables. L'homme est donc le sujet des droits. En se plaçant à ce point de vue, on appelle l'homme une personne et nous pouvons dire que la personne est tout être susceptible de posséder des droits.

Tous les hommes sont des personnes, et tant qu'un homme est vivant, il n'y a pas d'événements juridiques qui puissent lui enlever cette qualité, parce qu'elle est inhérente à la nature humaine. Cependant, jusqu'en 1854, lorsqu'un individu était condamné à mort, ou aux travaux forcés à perpétuité, ou à la déportation, ces condamnations emportaient la mort civile. (1) La mort civile était une fiction qui enlevait au condamné qu'elle atteignait la plupart de ses droits et le supprimait, pour ainsi dire, de la société. Cependant, comme le mort civilement vivait encore de la vie physique (2), il conservait la jouissance et l'exercice des droits indispensables à la défense et au soutien de sa vie, le droit de passer avec autrui des contrats à titre onéreux, de devenir propriétaire, de recevoir des donations pour cause d'aliments, d'agir en justice par le ministère d'un curateur pour défendre les droits qui lui restaient.

Le mort civilement, bien que privé de la jouissance de la plupart des droits civils, était néanmoins une personne, et ceci montre bien que, dans la conception moderne du droit, la personnalité est un attribut inséparable de la qualité d'homme.

---

(1) Code civil, livre I, art. 22 à 33, abrogés par la loi du 31 mai 1854.
(2) La mort civile frappait même le condamné à mort qui était exécuté.

Dans les législations anciennes, il n'en était pas ainsi. L'esclave n'était pas une personne, il ne jouissait ni des droits de famille ni des droits du patrimoine ; c'était une chose et, à ce titre, il pouvait, comme les animaux, être l'objet d'un droit de propriété. (1)

Aujourd'hui, l'esclavage est aboli (2) dans toutes les colonies françaises, mais, avant même l'abolition définitive, les esclaves avaient été rangés dans la classe des personnes par la loi du 24 avril 1833 et par l'ordonnance du 4 août 1833. La loi du 18 juillet 1845 leur avait même attribué une capacité juridique assez étendue. (3)

Ainsi tous les hommes sont des personnes, mais toutes les personnes ne sont pas des hommes.

Il y a, à côté d'eux, d'autres sujets de droits qu'on appelle les personnes morales ou personnes juridiques, parce que ce sont des êtres abstraits, dépourvus d'existence physique : tels que l'État, la commune ou les associations formées par des individus dans un but d'intérêt général ou privé, ou encore les établissements fondés pour l'accomplissement d'une œuvre d'utilité publique. Ces collectivités et ces établissements, quand ils sont investis de la personnalité civile, peuvent acquérir les droits du patrimoine et participer à la vie juridique comme les hommes eux-mêmes.

Il y a donc deux catégories de personnes très distinctes : les personnes physiques et les personnes morales.

---

(1) Cependant, même dans les législations primitives, on ne méconnaît pas absolument la qualité d'être humain qui appartient à l'esclave, et cette qualité est la source d'une série d'atténuations au principe, qui constituent déjà une reconnaissance de sa personnalité.— Voir Girard, *Manuel de droit romain*, 1896, p. 90.

(2) Décrets du 27 avril 1848.

(3) Aubry et Rau, i, § 53, p. 181.

SECTION PREMIÈRE. — DES PERSONNES PHYSIQUES.

1° *Commencement de la personnalité.*

2° *Fin de la personnalité. Théorie des Commorientes; notion de l'absence.*

3° *Du domicile.*

4° *De l'état des personnes; éléments qui le constituent: Nationalité, Famille.*

5° *Capacité des personnes. Jouissance et exercice des droits. Causes des incapacités d'exercice: Age, sexe, infirmités physiques ou morales. Influence des condamnations pénales sur la capacité.*

Les personnes physiques jouissent des droits civils pendant leur existence. Avant leur naissance et après leur mort, elles ne peuvent être titulaires d'aucun droit, car elles n'ont pas encore ou elles n'ont plus la personnalité.

§ 1. — *Commencement de la personnalité.*

En principe, c'est le moment de la naissance qui marque le commencement de la personnalité, c'est-à-dire le moment « où la créature humaine est complètement séparée de sa mère. » (1)

Mais, pour que l'enfant qui vient au monde constitue une personne au point de vue de la vie juridique, il faut deux conditions, auxquelles le Code civil fait plusieurs fois allusion (2) :

1° Il faut que l'enfant naisse vivant;

2° Il faut qu'il naisse viable.

1° Il faut qu'il naisse *vivant*. Les enfants mort-nés ne sont pas considérés comme des personnes. La question de savoir si le nouveau-né a vécu « se décidera d'après le témoignage des personnes qui ont assisté à l'accouchement et d'après les

---

(1) Savigny, *Traité de droit romain*, II, § LXI.
(2) Art. 314, 2°; 725, 2°; 908, Civ. *in fine.*

procédés d'investigation qu'indique la médecine légale. » (1)

2° Il faut qu'il naisse *viable*. Plusieurs articles du Code exigent cette condition (2) ; l'enfant né viable est le seul qui puisse recueillir une succession, recevoir une donation, et être l'objet d'un désaveu de paternité. Par conséquent, il s'agit là d'une condition distincte de la précédente. L'enfant est viable, lorsqu'il naît avec les organes nécessaires à la vie, lorsqu'il est conformé de telle sorte qu'il peut vivre.

La question de viabilité se tranchera d'après l'examen du cadavre et d'après l'avis des hommes de l'art. (3)

Ainsi, en principe, avant sa naissance, l'enfant n'a pas encore de personnalité. Cependant le droit romain avait admis que l'enfant simplement conçu et non encore né était susceptible d'acquérir certains droits, à la condition qu'il naquît plus tard vivant. (4) On lui accordait à l'avance une personnalité feinte, supposée, qui permettait de fixer par anticipation sur sa tête les droits qui pouvaient lui échoir et qu'il acquérait définitivement au jour de sa naissance. L'enfant simplement conçu est réputé déjà né dans la mesure où son intérêt l'exige. Ainsi : 1° l'état de l'enfant procréé en légitime mariage se détermine au moment de la conception (5) ; 2° l'enfant peut recueillir les successions qui

(1) Aubry et Rau, I, § 53. L'enfant est considéré comme ayant vécu, lorsqu'il a respiré d'une manière complète. Montpellier, 25 juillet 1872, S. 72, 2, 189, et les auteurs cités en note de cet arrêt.

(2) Art. 314 ; 725 ; 906 Civ.

(3) Beudant, *Cours de droit civil*, I, n° 3 ; Baudry-Lacantinerie et Wahl, *Successions*, I, n° 209 ; Baudry-Lacantinerie et Houques-Fourcade, *Des personnes*, t. I, n°s 291, 292 ; Demolombe, *Des successions*, t. I, n° 187 ; Demante et Colmet de Santerre, 2° édit., III, n° 232 *bis*, II ; Vigié, *Cours de droit civil*. 2° édit., I, n° 106 ; Lyon, 24 mars 1876, S. 77, 2, 200 ; Angers, 31 mai 1880, S. 8, 1, 2, 8. — Voir cependant Merlin, *Questions*, V° Vie, § 1; Aubry et Rau, I, § 53. Ces auteurs prétendent que tout enfant né vivant doit être considéré comme né viable, mais la loi le répute non viable, s'il s'est écoulé moins de 180 jours entre la conception et la naissance de l'enfant. (Arg., art. 312, 314 Civ.)

(4) Loi 26 D. *de statu hominum*, I, 5.

(5) Savigny, *Traité de droit romain*, II, § 62, trad. Guénoux, p. 14 ; Girard, *Manuel de droit romain*, p. 87.

s'ouvrent pendant la grossesse, et auxquelles il aurait été
appelé, s'il était déjà né, et les libéralités testamentaires qui
lui sont adressées.

Les interprètes ont formulé ces solutions dans les adages
suivants : « *Nasciturus pro nato habetur ; Infans conceptus
pro nato habetur quoties de commodis ejus agitur.* »

Cette fiction, imaginée par les jurisconsultes romains, est
toujours vraie : sans la rappeler expressément, le Code civil
en a fait de nombreuses applications, et elle a conservé la
même étendue qu'autrefois. Ainsi l'enfant simplement conçu
peut recueillir une succession (1), être institué donataire ou
légataire (2) ; l'enfant naturel peut être reconnu par ses père
et mère avant sa naissance. Enfin, pour protéger les droits
de l'enfant et veiller sur ses intérêts, la loi prescrit de nommer un curateur au ventre, lorsque le mari meurt en laissant
sa femme enceinte. (3)

L'enfant simplement conçu ne peut acquérir les droits qui
s'ouvrent en sa faveur qu'à la condition qu'il naîtra vivant et
viable ; sinon, il n'a jamais existé aux yeux de la loi et n'a
jamais eu la personnalité.

§ 2. — *Fin de la personnalité. Théorie des Commorientes ;
notion de l'absence.*

La personnalité de l'homme finit au moment où il meurt.
L'individu décédé, de même que celui qui n'est pas encore
conçu, ne peut plus être le sujet de droits.

Par conséquent, celui qui réclame un droit du chef d'une
autre personne doit prouver qu'au moment où le droit est né,
cette personne existait. (4) Réciproquement, celui qui prétend
exercer un droit subordonné au décès d'une personne, par

---

(1) Art. 725 Civ.
(2) Art. 906 Civ.
(3) Art. 393 Civ.
(4) Art. 135, 1983 Civ.

exemple, recueillir sa succession, doit faire la preuve du
décès. (1)

Le fait de la mort, considérée comme le terme de la personnalité juridique, est un fait simple dont il n'y a pas à
déterminer les éléments constitutifs comme pour la naissance ; mais la preuve du fait lui-même soulève, dans certains cas, des difficultés qui ont appelé l'attention du législateur et suscité certaines règles de droit positif. (2)

Ces difficultés se présentent dans les deux situations suivantes :

1° Deux personnes sont mortes dans le même accident,
dans un naufrage par exemple, dans un incendie, dans une
inondation, et les circonstances de fait ne permettent pas de
dire quelle est celle des deux qui a survécu. La détermination de l'ordre dans lequel les décès se sont produits peut
être d'une grande importance, surtout lorsque ces deux personnes sont appelées réciproquement à la succession l'une
de l'autre, car celui des commorientes qui a survécu a
recueilli la succession du prémourant et l'a transmise avec
la sienne propre à ses héritiers.

Dans cette hypothèse, la loi a établi des présomptions de
survie, en se basant sur l'âge et le sexe des deux individus. (3)
Ces présomptions sont destinées à suppléer à l'impossibilité
de prouver dans quel ordre, en réalité, les décès ont eu lieu,
et il ne faut y recourir qu'autant que les circonstances du fait
ne fournissent pas d'indices suffisants pour trancher cette
question. Du reste, elles sont incomplètes et insuffisantes ; le
Code civil n'a pas prévu toutes les hypothèses susceptibles
de se présenter. On ne peut pas néanmoins étendre leur
application en dehors des termes précis des articles qui les

---

(1) Ces propositions ne sont que l'application de la règle fondamentale
en matière de preuve : *Actori incumbit probatio* (art. 1315 Civ). Celui
qui invoque un droit doit fournir la preuve du fait juridique qui a donné
naissance à ce droit.

(2) Savigny, II, § LXIII, trad. Guénoux, p. 17.

(3) Art. 720, 721, 722 Civ.

établissent, car les présomptions légales doivent toujours être interprétées restrictivement, puisqu'elles dérogent au droit commun et dispensent le demandeur de l'obligation de fournir la preuve du fait qu'il allègue. (1)

Par conséquent, en dehors des cas spécialement indiqués dans les articles 720 à 722, il faut revenir à l'application du droit commun. Le juge aura une liberté d'appréciation absolue, et, si les circonstances ne lui permettent pas de décider dans quel ordre les décès ont eu lieu, il faudra considérer les deux personnes comme étant mortes au même instant. (2)

2° Le deuxième cas est celui où un individu a disparu de son domicile ou de sa résidence sans donner de ses nouvelles, de telle sorte qu'on ignore s'il est encore vivant ou s'il est décédé. Il y a doute sur l'existence de cette personne, et, pour caractériser cette incertitude, on dit qu'elle est en état d'absence. (3)

Le Code a longuement traité cette matière (4), tandis que

_____

(1) Art. 1350, 1°, Civ.: « La présomption légale est celle qui est attachée par une loi spéciale à certains actes ou à certains faits. »

(2) Le droit romain admettait une présomption analogue à celles des art. 720 et suivants, au cas où l'enfant et les parents avaient péri dans un même événement ; l'enfant était présumé avoir survécu aux parents, s'il était pubère, et être décédé avant eux, s'il était impubère. (Loi 9, § 1 et 4, D. de reb. dubiis, xxxiv, 5 ; lois 22 et 23, D. eod. tit.; loi 26, pr. D, de pactis dotal., xxiii, 4.) En dehors de cette hypothèse, on se fondait uniquement sur les circonstances de fait pour déterminer laquelle des deux personnes avait survécu.

La loi du 20 prairial an iv a établi une autre présomption de survie, également applicable en matière de succession et qui est encore en vigueur : « Lorsque des ascendants, des descendants et autres personnes qui se succèdent de droit auront été condamnés au dernier supplice, et que, mis à mort dans la même exécution, il devient impossible de constater leur prédécès, le plus jeune des condamnés sera présumé avoir survécu. »

(3) Le mot absence a donc, en matière juridique, une signification beaucoup plus étroite que dans le langage courant ; il désigne spécialement la situation de la personne dont l'existence est incertaine et de laquelle on ne peut dire ni si elle vit, ni si elle est morte, tandis que, dans le sens vulgaire, l'absence signifie simplement le fait de n'être pas présent dans un lieu déterminé.

(4) Art. 112 et suiv. Civ.

les législations anciennes la négligeaient presque complètement. Elle présentait un intérêt très grand à l'époque où fut rédigé le Code civil, parce que le nombre des absents était devenu considérable, à la suite des guerres incessantes qui duraient depuis 1792. (1)

Tant que l'absence continue, on ne peut faire la preuve, ni de l'existence, ni du décès de l'individu. Il y a donc là une situation dont le législateur doit se préoccuper, car elle est de nature à compromettre de nombreux intérêts : l'absent peut être marié, père de famille; les biens qui constituent son patrimoine sont menacés de dépérissement, puisque leur maître n'est plus là pour les administrer; enfin, les tiers qui ont traité avec l'absent, créanciers, associés, ne peuvent exercer les droits qu'ils ont acquis contre lui. Les inconvénients et les dangers de cet état de choses augmentent à mesure qu'il se prolonge; la dépréciation des biens, conséquence certaine de leur abandon, amène une diminution de la richesse publique, et il faut que la loi prenne des dispositions pour éviter ces résultats.

Dans ce but, le Code civil a édicté un ensemble de règles dont nous allons brièvement indiquer les principales. L'idée directrice qui a inspiré ces mesures est la suivante : Plus l'absence dure, plus la présomption de mort augmente; cependant, il ne faut jamais tenir l'absent pour réellement mort, tant que l'incertitude subsiste; les mesures prises sont provisoires comme l'état d'absence lui-même; que si cet état dure indéfiniment, elles deviendront aussi définitives.

Suivons l'application de cette idée aux différents droits qui appartenaient à l'absent :

Droits de famille. — Le mariage continue à subsister, il n'est pas dissous par l'absence de l'un des conjoints, quelque soit le temps écoulé. Le conjoint présent ne peut pas con-

---

(1) L'intérêt de cette matière est aujourd'hui moins grand, parce que l'absence est un fait qui devient de plus en plus rare. — Voir les raisons que donne M. Beudant, *Cours de droit civil français*, I, n° 175.

tracter un nouveau mariage, tant qu'il ne prouve pas que l'absent est décédé.

Droits du patrimoine. — Il y a deux catégories de droits à distinguer : 1° Les biens qui composaient le patrimoine au moment de la disparition ; 2° Les droits éventuels qui ont pu advenir à l'absent depuis cette époque, tels, par exemple, que le droit de succéder, le droit de recevoir une libéralité. Ces derniers droits ne peuvent tomber dans le patrimoine de l'absent, qu'autant qu'on prouve qu'il était encore vivant au moment de leur ouverture. Sinon, à défaut de cette preuve, ils iront provisoirement à ceux à qui ils seraient allés si, au moment où ils se sont ouverts, l'absent était déjà mort. (1) Exemple : une personne meurt laissant pour héritiers deux cousins germains, Primus et Secundus, dont l'un, Primus, est absent. Les enfants de Primus réclament la moitié de la succession du chef de leur père. Secundus leur dira : « Prouvez que Primus vivait encore au moment où le défunt est mort ; sinon, j'ai droit à toute la succession. »

Restent les droits les plus importants, ceux qui composaient le patrimoine au moment de la disparition de l'absent. Il s'agit d'en régler le sort. A cet effet, la loi divise la durée de l'absence en trois périodes, en se fondant sur cette idée : On ne sait pas si l'absent est vivant ou mort, mais, à mesure que l'absence se prolonge, la présomption de mort s'affirme, grandit, sans jamais toutefois devenir absolue.

Ces trois périodes sont : 1° La présomption d'absence : elle commence au moment de la disparition ou des dernières nouvelles et dure cinq ou onze ans, suivant les cas. (2) Il y a encore beaucoup de chances pour que l'absent ne soit pas mort, on peut espérer qu'il reviendra. Il suffit donc de pourvoir à l'administration de ses biens, si la nécessité le commande, c'est-à-dire si les biens sont en souffrance.

Cinq ans ou onze ans après la disparition, s'ouvre la se-

---

(1) Art. 135-136 Civ.
(2) Art. 112 à 114 Civ.

conde période. Les chances de mort sont déjà plus considérables; par conséquent, on va agir provisoirement comme si
l'absent était décédé. Cette période débute par un jugement
de déclaration d'absence constatant que la personne a bien
disparu et qu'il est impossible de savoir ce qu'elle est devenue. On distribue provisoirement les biens entre les héritiers
présomptifs, tout en organisant de sérieuses garanties de
restitution pour le cas où l'absent reviendrait. (1)

Cette seconde période dure elle-même trente ans, après
quoi s'ouvre la troisième, celle de l'envoi en possession définitive. (2) Le décès de l'absent est devenu très probable,
et on va consolider les droits des envoyés en possession et
les délivrer des entraves qu'on leur avait jusque-là imposées.
Sans doute, si l'absent revient, ils devront toujours lui restituer ses biens, mais, en attendant, ils peuvent agir comme
s'ils étaient vrais propriétaires; ils peuvent administrer
comme ils l'entendent, ils peuvent même aliéner. Si l'absent
ne reparaît pas, cette situation se perpétuera.

En résumé, la loi présume que, plus l'absence dure, plus
la mort devient probable; mais elle ne tient jamais l'absent
pour réellement mort.

§ 3. — *Du domicile.*

La stabilité et la régularité des rapports de droit qui se
forment incessamment entre les hommes vivant en société,
ne peuvent exister que si chaque personne est rattachée à
un lieu déterminé, où elle sera censée toujours présente et
où l'on pourra toujours s'adresser à elle. L'établissement de
ce point de contact entre l'individu et le territoire sur lequel
il habite, la détermination d'un point considéré comme le séjour légal et juridique de cet individu, répondent à une nécessité commandée par la force des choses. L'exercice des droits
privés deviendrait, sinon impossible, du moins difficile et

---

(1) Art. 115 à 128 Civ.
(2) Art. 120 et suiv. Civ.

incertain si chaque personne n'avait pas un siège régulier, stable, établi par la loi. Ce rapport de droit, qui rattache l'homme à un lieu déterminé et y fixe sa personnalité, s'appelle le domicile. (1)

Au surplus, comme le remarque fort justement Demolombe, « c'est de lui-même, par ses instincts les plus naturels et les meilleurs, par les influences diverses et si puissantes de la famille et des affections, de la propriété, du travail et de l'habitude, que chaque homme s'attache à un certain lieu avec lequel il contracte une sorte de lien, de relation morale, je dirais presque d'intimité ; aussi, la loi n'a-t-elle véritablement qu'à constater un fait pour reconnaître le domicile. » (2)

Les rédacteurs du Code se sont inspirés de cette idée, et ils ont fixé le domicile au lieu où la personne a son principal établissement, c'est-à-dire au lieu où elle a le centre de ses affaires, de ses relations, de ses intérêts. (3) Le domicile se confondra donc souvent avec la résidence, car ordinairement l'homme réside là où il a le siège de sa fortune et

---

(1) La notion de domicile apparaît comme nécessaire aussi bien au point de vue du droit public et administratif qu'au point de vue du droit privé. Il serait impossible d'administrer les hommes, si on ne les rattachait pas à tel canton, à telle commune : « C'est en vain qu'on aurait partagé le pays en départements, arrondissements, cantons et communes ; l'administration publique n'en serait pas moins impossible, si ces différentes circonscriptions territoriales ne se composaient pas d'une certaine agrégation de personnes appelées, si je puis dire ainsi, à être plus spécialement gouvernées dans le ressort de chacune d'elles, à y exercer certains droits, à y supporter certaines charges, à reconnaître la compétence et la juridiction des diverses autorités administratives et judiciaires qui y sont instituées. » Demolombe, i, nº 338.

(2) Demolombe, i, nº 338.

(3) Art. 102 Civ. « Le domicile, disait le tribun Eymmery, dans l'exposé des motifs, est le lieu où une personne jouissant de ses droits a établi sa demeure, le centre de ses affaires, le siège de sa fortune ; le lieu d'où cette personne ne s'éloigne qu'avec le désir et l'espoir d'y revenir, dès que la cause de son absence aura cessé. » Locré, Législ., t. iii, p. 434, nº 1.

« Et in eodem loco singulos habere domicilium, non ambigitur, ubi quis larem, rerumque ac fortunarum suarum summam constituit, unde non sit discessurus si nihil avocet, unde cum profectus est, peregrinari videtur, quo si rediit, peregrinari jam destitit. » De incolis, C., x, 39.

de ses occupations; cependant, ces deux notions sont bien distinctes et ne doivent pas être confondues. Le domicile est une abstraction, une relation juridique que la loi établit entre l'homme et un endroit déterminé (1), qui est considéré comme le siège légal de sa personnalité, c'est un rapport de droit permanent et constant. (2) La résidence, au contraire, est un fait matériel, c'est le fait d'habiter ou de séjourner dans un lieu pendant un temps plus ou moins long; ce n'est donc pas une abstraction, un lien de droit. Aussi, il peut arriver qu'une personne soit domiciliée en un lieu autre que celui où elle réside, par exemple : J'ai mon domicile à la ville et, l'été, je réside à la campagne. (3) On peut même avoir son domicile dans un lieu où on n'a jamais résidé. (4)

De même on peut avoir plusieurs résidences; au contraire, on n'a jamais qu'un seul domicile, puisque le domicile est au lieu où la personne a son *principal* établissement, mais on peut le transporter successivement en des lieux différents. (5)

(1) L'article 102 Civ. montre bien que le domicile est une abstraction : « Le domicile de tout Français, quant à l'exercice de ses droits civils, est au lieu où il a son principal établissement. » Le domicile n'est pas le lieu, il est *au lieu*.

(2) Beudant, *Cours de droit civil français*, i, n° 150.

(3) Certains auteurs poussent plus loin la distinction, et à côté de la résidence placent la demeure ou l'habitation. La résidence implique une certaine stabilité, un séjour prolongé; l'habitation, au contraire, c'est le fait de se trouver dans un lieu déterminé, ne fût-ce qu'accidentellement et pour un temps très court. (Baudry-Lacantinerie et Houques-Fourcade, *Des personnes*, t. i, n°s 959 et suiv.; Beudant, *op. cit.*, i, n° 150.) Cette distinction nous paraît inutile; il suffit de comparer les deux idées de domicile et de résidence, lesquelles sont bien différentes. Mais à quoi bon distinguer entre la résidence et l'habitation, qui sont deux notions identiques, fondées l'une et l'autre sur un état de fait, sur une constatation conforme à la réalité ? Quoi qu'on en ait dit, la loi ne distingue que le domicile et la résidence. La résidence produit, il est vrai, certains effets au point de vue juridique (voir art. 2, 59, 69, 8°, Pr. civ.), mais l'idée ne viendra à personne de prétendre qu'un individu qui réside dans un lieu déterminé, et qui va faire un voyage, transporte sa résidence dans les différents endroits où il s'arrête.

(4) Art. 107, 108 Civ.

(5) Le domicile dont nous parlons au texte s'appelle le domicile général, il s'applique à tous les droits qu'une personne peut exercer et constitue,

Nous avons dit que le domicile était une abstraction nécessaire, parce que la stabilité et la régularité des relations exigent que chaque personne ait un siège légal fixe et stable où elle soit censée toujours présente pour les tiers. Cependant il ne faudrait pas croire que cette notion joue un rôle prépondérant en matière civile. Il n'en est rien, chaque personne peut exercer ses droits civils en tout lieu, partout où elle se trouve et non pas seulement au lieu où elle a son principal établissement: il n'y a d'exception que pour les actes juridiques relatifs au droit de famille qui requièrent l'intervention d'un officier public, ces actes seuls doivent être accomplis au domicile. (1) Le domicile n'influe pas sur l'exercice des droits civils, et par conséquent il n'intervient à aucun titre dans la majorité des rapports de droit qui se forment entre les individus; son importance ne se manifeste guère que dans les cas où il s'agit de centraliser en un lieu les opérations relatives à l'administration ou à la liquidation d'un patrimoine; ainsi le domicile du mineur fixe le lieu où s'ouvre la tutelle et où sera désormais établi le siège de l'administration tutélaire (2); de même c'est le domicile du défunt qui détermine le lieu d'ouverture de la succession, et c'est à ce domicile que s'accompliront tous les actes relatifs à la liquidation et au partage de la succession (3); enfin, en

---

à proprement parler, le centre de son activité juridique. A côté de ce domicile, il y a des domiciles spéciaux qui sont établis à l'occasion de rapports juridiques déterminés ou pour l'exercice de certains droits : tels sont, par exemple, le domicile de l'art. 74 Civ., pour la célébration du mariage; le domicile d'élection que les parties peuvent choisir pour l'exécution d'un acte (art. 111 Civ.); enfin, en dehors du droit civil, le domicile politique et le domicile de secours.

(1) Il en est ainsi pour le mariage (art. 74 et 165 Civ.); pour l'adoption (art. 353 Civ.); la tutelle officieuse (art. 363 Civ.); l'émancipation (art. 477 Civ.).

(2) Art. 406 Civ.

(3) Art. 110 Civ. Le domicile présente encore de l'intérêt à quelques autres points de vue : Quand un acte concernant l'état civil d'un Français a été dressé à l'étranger, ou aux armées, ou en mer, ou en cas de décès dans les hôpi   x, etc., la loi veut qu'il soit transcrit sur les registres du lieu du domicile en France (art. 60, 61, 80, 82, 86, 87, 94, 97, 171 Civ.).

matière commerciale, c'est le tribunal de commerce du domicile du failli qui déclare la faillite, et c'est en ce lieu que toutes les opérations s'accompliront. (1)

C'est en matière de procédure civile, c'est-à-dire dans les cas où un conflit s'élève entre deux personnes à propos de l'exercice d'un droit et où il faut s'adresser à la justice pour le faire trancher, que la notion du domicile apparaît avec toute son importance. A quel tribunal le demandeur devra-t-il s'adresser ? Ordinairement, et dans la plupart des matières, c'est au tribunal du domicile du défendeur, et cette règle fondamentale s'exprime dans l'adage suivant : *Actor sequitur forum rei*. (2) D'autre part, les significations des exploits d'ajournement et des actes extra-judiciaires doivent être faites au domicile de la personne, lorsqu'elles ne sont pas directement remises à la personne elle-même. (3)

Enfin, pour les actes de juridiction gracieuse, c'est-à-dire pour les actes qui, en dehors de toute contestation, exigent pour leur formation l'intervention de la justice, c'est encore le tribunal du domicile qui est compétent. (4)

La notion de domicile avait, dans notre ancien droit, une importance considérable. Les coutumes fort nombreuses qui se partageaient le territoire de la France différaient sur beaucoup de points, et cette divergence donnait un grand intérêt à la question de savoir à quelle coutume était soumis chaque individu. On appliquait la coutume du lieu du domicile aux questions relatives à l'état, à la capacité et à la dévolution de la succession mobilière, en un mot, aux questions qui relevaient du statut personnel. (5)

_____

(1) Art. 438 C. com.

(2) Art. 2, 59, 420 Pr. civ.; art. 112, 492, 514 Civ.

(3) Art. 68 et 69, 8°, Pr. civ.

(4) Art. 353, 363, 477 Civ.; 801 Pr. civ.

(5) Voir Lainé, *Bulletin de la société de législation comparée*, 1890, p. 341 et suiv. Pothier commence son introduction générale aux coutumes par l'étude des statuts personnels et du domicile qui y rend les personnes sujettes. (Tome I, ch. 1, nos 6 et 7.) « On appelle statuts personnels, dit-il, les dispositions coutumières qui ont pour objet principal de régler l'état des

Les conflits qui s'élevaient autrefois entre les différentes coutumes, se présentent aujourd'hui entre la loi française et les législations étrangères. La théorie du domicile a conservé une certaine importance pour la solution de ces difficultés. (1)

§ 4. — De l'état des personnes ; éléments qui le constituent : Nationalité, famille.

Du jour où il est né jusqu'au moment où il meurt, l'homme est doué de la personnalité juridique, c'est-à-dire qu'il a l'aptitude à acquérir des droits dans ses rapports avec ses semblables, et qu'il peut, par contre, devenir le sujet d'obligations au profit de ceux-ci. Tous les hommes sont des personnes, depuis que l'esclavage a été aboli. Mais l'homme n'est pas un être isolé, indépendant de ses semblables, il est rattaché à un certain nombre d'autres individus par la communauté d'origine, par l'habitation sur le même territoire ; il fait partie de groupements sociaux dont les membres sont liés par des intérêts communs, par des rapports fréquents, par des pensées et des aspirations identiques, et qui constituent ainsi eux-mêmes de véritables unités, dont l'ensemble forme l'humanité tout entière.

Le premier de ces groupes, le plus étendu, c'est la nation,

---

personnes... Ces statuts personnels n'ont lieu qu'à l'égard des personnes qui y sont sujettes par le domicile qu'elles ont dans le bailliage d'Orléans, ou autres lieux régis par notre coutume. Au reste, ces statuts personnels exercent leur empire sur ces personnes par rapport à tous leurs biens, quelque part qu'ils soient situés. Par exemple, une personne soumise à la coutume d'Orléans ne peut tester avant l'âge de vingt ans, réglé par cette coutume, même des biens qu'elle aurait dans les pays régis par le droit écrit, qui permet aux garçons de tester à quatorze ans et aux filles à douze : une femme mariée, soumise à la coutume d'Orléans, ne peut, sans l'autorisation de son mari, aliéner, ni acquérir des biens, quoique situés dans le pays du droit écrit, qui n'exige point l'autorisation, etc. » Et plus loin, n° 16 : « Le changement de domicile délivre les personnes de l'empire des lois du lieu du domicile qu'elles quittent, et les assujettit à celles du lieu du nouveau domicile qu'elles acquièrent. »

(1) Loyseau, Du domicile comme principe de compétence législative dans la doctrine et la jurisprudence française depuis le Code civil, Thèse de doctorat, Paris, 1893.

ou, comme disaient les Romains, la cité. L'individu est rattaché à une association politique, par le sang de ses ancêtres ou par sa naissance sur le territoire, il est membre d'un État déterminé, et cette première qualité, ce premier attribut, permet déjà de le distinguer de tous ceux qui ont une autre nationalité.

D'autre part, il fait partie d'un second groupe moins nombreux, la famille, lequel se compose de la suite des personnes unies entre elles par la communauté du sang, soit qu'elles descendent les unes des autres, soit qu'elles descendent d'un auteur commun. Chaque famille forme une association fortement constituée et individualisée par le *nom* qui se transmet à tous ceux qui en font partie. Le nom est le signe distinctif de la famille, il constitue pour elle une espèce de propriété particulière reconnue et sanctionnée par la loi. Chaque membre de la famille, pour se distinguer des autres, ajoute à ce nom patronymique des prénoms et quelquefois des surnoms qui permettent d'établir d'une façon certaine son individualité. (1)

Les divers membres de la famille sont unis par les liens de la parenté ou de l'alliance, et chaque individu occupe dans ce groupe une place qui est déterminée par sa qualité d'enfant légitime, adoptif ou naturel, d'époux, de veuf, de divorcé, de père de famille ; ces différentes qualifications qui peuvent lui appartenir forment autant de signes distinctifs de sa personnalité.

---

(1) « Le nom est avant tout la marque extérieure de la personnalité et comme l'étiquette qui distingue les uns des autres, les membres d'une société bien organisée. Le nom adhère à la personne ; il est invariable et perpétuel de sa nature. On ne peut pas plus se dépouiller de son nom qu'on ne peut abdiquer sa personnalité pour en revêtir une autre. » (Lallier, *De la propriété des noms et des titres*, Paris, 1890.) On dit couramment que le nom patronymique est la propriété de la famille : cette expression n'a pour but que de manifester que le nom est inhérent à la famille et qu'elle peut en interdire l'usage aux tiers ; mais, à proprement parler, le nom n'est pas susceptible de propriété, parce qu'il n'est pas un bien. La loi du 11 germinal an XI confère au chef de l'État le pouvoir d'autoriser les changements de noms.

L'ensemble de ces attributs, de ces qualités, qui rattachent l'homme à la nation et à la famille et lui assignent une place déterminée dans la société, une individualité bien distincte de celle des autres hommes, constitue ce qu'on appelle *l'état* de la personne. (1) L'état est le faisceau des liens plus ou moins forts, plus ou moins étroits qui unissent l'homme à un certain nombre de ses semblables, et qui fixent la position qu'il occupe dans le milieu social. Grâce à l'état, l'individu ne se présente plus simplement comme homme, mais comme français ou étranger, époux, père, fils. Cette notion de l'état, corollaire et complément de la personnalité, domine tous les rapports qui peuvent se former entre les hommes, rapports de droit public ou de droit privé, et pour cette raison, nos anciens auteurs disaient, et on a répété depuis, qu'il y a deux états, l'état public et l'état privé (2) ; mais cette expression est incorrecte, l'état est un et indivisible comme la personnalité elle-même ; néanmoins on a conservé l'habitude de dire *état civil*, quand on envisage l'état au point de vue du droit privé. (3)

Les différents rapports qui constituent l'état des personnes sont la source d'un certain nombre de droits et d'obligations :

(1) État vient des mots latins *stare*, *status :* chez les jurisconsultes romains, *status*, pris dans sa signification technique, avait le même sens qu'aujourd'hui, comme l'a démontré Savigny, *op. cit.*, t. II, append. VI, n° V, trad. Guénoux, p. 430 et suiv.; il désignait la place, la position d'un homme vis-à-vis des autres hommes. Mais, par suite de l'institution de l'esclavage, le *status* comprenait trois éléments : la liberté, la cité, la famille.

(2) D'Aguesseau, *Essai sur l'état des personnes*, § VI; ŒUVRES COMPLÈTES, t. IX, édit. Pardessus ; Toullier, *Droit civil français*, I, nos 173 à 175 ; Proudhon, *Cours de droit français*, t. I, ch. VII.

(3) Ainsi le Code civil appelle actes de l'état civil les actes destinés à constater les principaux faits qui influent sur l'état des personnes : la naissance, le mariage, le décès.

Dans l'ancienne France, la nation était divisée en classes, la noblesse, le clergé et le tiers état, et le fait d'appartenir à l'une de ces classes constituait un élément de l'état ; car la noblesse et le clergé conféraient à ceux qui en faisaient partie certains privilèges au point de vue juridique. Aujourd'hui, ces privilèges ont disparu.

ainsi la parenté donne le droit de succéder (1) et crée entre
les proches parents l'obligation alimentaire (2) ; la qualité
d'époux donne naissance à des droits et à des obligations
pour chaque conjoint (3) ; enfin, le père de famille acquiert
sur ses enfants certains droits et contracte à leur égard des
obligations corrélatives. (4)

Partant de cette idée, certains auteurs ont considéré que
l'état était le faisceau de tous les droits civils et sont arrivés
à confondre l'état et la capacité. Cette confusion est assez
fréquente, elle se rencontre chez la plupart des anciens jurisconsultes et s'est maintenue dans les écrits de certains commentateurs du Code civil. (5) Cependant le Code civil a eu
soin de distinguer ces deux notions : l'art. 3, alinéa 3, décide
que les lois concernant l'état et la capacité des personnes
régissent les Français, même résidant en pays étranger.

La capacité est l'aptitude légale à jouir des droits civils et
à les exercer ; jouir d'un droit, c'est être titulaire de ce droit,
en être investi (6) ; exercer un droit, c'est user de ce droit,
le mettre en œuvre, le transmettre, l'éteindre, le faire valoir

---

(1) Art. 7?1 et suiv. Civ.

(2) Art. 205 et suiv. Civ.

(3) Art. 212 et suiv. Civ.

(4) Art. 371 et suiv. Civ.

(5) Domat, *OEuvres complètes*, t. I, livre préliminaire, titre II ; d'Aguesseau,
Essai sur l'état des personnes; OEuvres complètes, t. IX, p. 572 et suiv.,
édit. Pardessus ; Pothier, *Introduction générale aux coutumes*, n° 27 ; voir
Baudry-Lacantinerie et Houques-Fourcade, *Des personnes*, t. I, n° 312.
« L'état d'une personne est la position qu'elle occupe dans la société. Cet
état varie pour l'individu, suivant qu'il est du sexe masculin ou du sexe
féminin, français ou étranger, *majeur ou mineur.* » Huc, *Commentaire du
Code civil*, I, n° 300. « L'état, c'est la capacité juridique. » Vigié, *Cours de
droit civil français*, I, n° 191, 2° édit. Dans le sens de la distinction de l'état
et de la capacité, Aubry et Rau, I, § 52, note 3 ; Beudant, *op. cit.*, I, n° 93 ;
Chéneaux, *De l'autorité de la chose jugée en matière d'état des personnes*.
Thèse de doctorat, Paris, 1895, p. 10, note.

Les jurisconsultes allemands ne distinguent pas ordinairement l'état et la
capacité : Savigny, *Traité de droit romain*, II, § IX et suiv.; Unger, I, § 29
et suiv.; Windscheid, I, § 52 et 53 ; Forster et Eccius, *Preussisches Privatrecht*, I, § 19.

(6) Beudant, *op. cit.*, I, n° 43.

en justice, quand il est contesté. La différence entre l'état et la capacité est facile à apercevoir. L'état est le signe distinctif de l'individu, le composé des attributs qui constituent sa personnalité ; la capacité est l'aptitude à invoquer et faire valoir des droits. Chaque personne a un état, toute personne au contraire n'a pas la capacité juridique ; les questions de capacité et d'incapacité sont sans influence sur l'état de l'individu et ne le modifient en aucune façon ; par exemple, une personne est mineure ou majeure, interdite ou non interdite, émancipée ou non ; son état reste le même dans toutes ces hypothèses, et pourtant, dans les unes, elle est capable, dans les autres, elle est incapable. Il est vrai que certaines qualités constitutives de l'état peuvent entraîner l'incapacité de la personne ; ainsi la femme qui se marie devient incapable et l'incapacité résulte ici du changement qui s'est produit dans l'état, mais cela prouve tout simplement que, dans certains cas, l'état exerce une influence sur la capacité. (1)

La détermination exacte de l'état, sa fixité, son inviolabilité sont nécessaires pour assurer l'ordre, la régularité et la sécurité dans les rapports des hommes. En effet, nous avons vu que les divers attributs qui constituent l'état sont la

---

(1) La distinction de l'état et de la capacité est indispensable pour mettre en pleine lumière ces deux notions fondamentales ; au surplus, ce n'est pas une distinction purement théorique et faite seulement pour se conformer aux règles d'une bonne analyse des principes juridiques, elle a aussi un intérêt pratique. Les questions d'état sont, en effet, soumises à des règles spéciales, à cause de l'importance qu'elles présentent pour l'intéressé. En particulier, le décret du 30 mars 1808, art. 22, décide qu'en appel, elles doivent être jugées en audience solennelle ; or, cette règle ne doit s'appliquer qu'aux questions d'état proprement dites, non aux questions de simple capacité. Par suite de la confusion que nous avons signalée, la jurisprudence décide que les demandes en interdiction doivent être, en appel, jugées en audience solennelle, et pourtant une semblable demande ne met en jeu qu'une question de capacité, elle n'est pas de nature à modifier l'état de l'individu.
Voir aussi Aubry et Rau, 1, § 30, notes 20 et 33.
D'autre part, nous verrons plus bas que l'état est protégé par des actions spéciales ; il en est autrement de la capacité, il n'y a pas d'actions destinées à faire constater la capacité ou l'incapacité d'une personne.

source de toute une série de droits. Il faut donc que chaque individu puisse établir son état d'une façon précise, et il faut aussi qu'un tiers soit dans l'impossibilité de dissimuler sa véritable personnalité pour usurper les droits d'un autre, par exemple prendre la qualité de fils de telle et telle personne, de membre de telle famille, afin d'exercer des droits qui, en réalité, ne lui appartiennent pas. Aussi la loi a-t-elle considéré l'état comme étant le plus précieux des biens, et comme constituant un véritable droit, le premier de tous les droits. En conséquence, le législateur a pris les plus grandes précautions pour en assurer la conservation et aussi pour en faciliter la preuve.

En premier lieu, nul ne peut disposer de son état, l'échanger contre un autre, transiger à propos d'une question qui y est relative ; corollaire et complément de la personnalité, l'état n'est pas dans le commerce des hommes, il n'est pas susceptible de faire l'objet d'une renonciation, ni d'une prescription ; il est inhérent à l'individu. (1)

D'autre part, chacun des attributs dont il se compose, qualités de national, de membre d'une famille déterminée, d'enfant de telle et telle personnes, est opposable à tout le monde et garanti par une action qui peut être intentée contre tous ceux qui en contestent l'existence ou s'opposent à l'exercice des droits qui en résultent. (2)

---

(1) Voir Balleydier, *Les questions d'état devant les Cours d'appel*, annales de l'Université de Grenoble, t. IV (1892), p. 461.

Voir art. 200, 328 Civ., 83, 2°, et 1004 Pr. civ.; Cass., 27 février 1839, Dalloz, *Rép. alph.*, V° *État des personnes*, n° 7. La transaction sur l'état d'enfant naturel est nulle comme contraire à l'ordre public.

(2) Aussi dit-on quelquefois que les droits relatifs à l'état d'une personne constituent une sorte de propriété et sont analogues aux droits réels, parce que, comme eux, ils sont absolus et peuvent être invoqués *erga omnes*. « L'état, disent MM. Aubry et Rau, I, § 52, se résume dans les qualités de régnicole ou d'étranger, de mari ou de femme mariée, de père, de mère ou d'enfant légitime, naturel ou adoptif. Ces qualités constituent, pour ceux qui en sont investis, une sorte de propriété garantie par des actions analogues à celles qui découlent du domaine proprement dit. » — *Præjudiciales actiones in rem esse videntur.* (13 Inst., IV, 6.)

En outre, de même que les droits réels sont susceptibles de possession,

Bien plus, l'état est, pour ainsi dire, la propriété de la famille tout entière, et chaque membre de cette famille a le droit d'intenter une action pour en faire écarter celui qui prétendrait indûment en faire partie, ou qui passerait aux yeux du monde pour avoir une filiation qui, en réalité, n'est pas la sienne. Ainsi, la loi donne au père et à ses héritiers l'action en désaveu de paternité, qui leur permet, dans certains cas exceptionnels, de désavouer l'enfant né de la mère (1); de même les membres de la famille ont l'action en contestation d'état pour contester la qualité d'enfant légitime qu'une personne prétend avoir. L'état se trouve ainsi protégé par une double série d'actions, dont les unes ont pour but de permettre à l'individu d'établir son véritable

---

de même, il peut y avoir possession d'état d'enfant, d'époux, etc. (Voir art. 195, 320, 321, 322, 323 Civ.) La possession consiste dans le fait d'exercer un droit réel, par exemple, de se comporter comme propriétaire d'une chose, d'en user, de recueillir les fruits qu'elle produit (art. 2228). En principe, les droits réels seuls sont susceptibles de possession, parce que ce sont des droits durables qui donnent à leur titulaire le pouvoir de faire des actes de jouissance réitérés. Les droits de créance, au contraire, ne peuvent pas être l'objet d'une possession, car ces droits sont essentiellement temporaires : le créancier en les exerçant, c'est-à-dire en poursuivant le paiement de la créance, les éteint.

On conçoit que les différentes qualités qui constituent l'état soient susceptibles de possession, car comme le droit réel, la qualité d'époux, d'enfant, se manifeste par une série d'actes, de faits quotidiens, tels que la cohabitation, le fait de passer aux yeux de tous pour gens mariés, le fait de porter le nom de son père, d'être traité par les époux comme leur enfant, et d'être reconnu pour tel dans la société (art. 197, 321 Civ.). Ces différents faits constituent la possession d'état d'époux, d'enfant. C'est donc une nouvelle ressemblance entre les droits réels et les qualités qui forment l'état de la personne.

Ces analogies sont intéressantes à constater, car elles servent à déterminer avec plus de précision, plus de clarté, les caractères des actions d'état, mais il ne faudrait pas les exagérer et en tirer d'autres conclusions. Les droits réels et les qualités constitutives de l'état sont deux groupes de rapports de droit complètement étrangers, puisque les premiers sont dans le patrimoine, tandis que les seconds sont en dehors. Quand on dit que l'état est une sorte de propriété, on emploie une comparaison ingénieuse, mais ce n'est qu'une comparaison.

(1) Art. 312 et suiv. Civ.

état, et les autres de permettre aux membres d'une famille de prouver qu'une personne n'en fait pas, en réalité, partie.

Ces actions présentent ce caractère particulier, qu'elles sont susceptibles d'être intentées en dehors de toute question d'intérêt appréciable en argent, et quand même la personne qui agit ne réclamerait aucun des droits pécuniaires qu'engendre la qualité de fils ou de parent. L'intéressé peut agir dans le seul but de faire établir sa véritable filiation et de faire constater par les tribunaux l'existence d'un des attributs constitutifs de l'état, par exemple, de faire déclarer qu'il appartient à telle famille. De même, les autres membres de cette famille peuvent contester à une personne qui prétend en faire partie le droit de porter le nom et les titres de cette famille, et intenter une action en contestation d'état en dehors de toute question d'intérêt autre que l'intérêt moral. (1) Mais, comme l'état est la source d'une série de droits pécuniaires pour l'individu, il arrivera le plus souvent dans la pratique, que la question d'état sera soulevée à l'occasion de l'exercice d'un de ces droits ; par exemple, c'est un enfant qui se prétend le fils légitime ou naturel d'une femme, afin de recueillir tout ou partie de sa succession.

Enfin, et en dernier lieu, la préoccupation de la loi d'assurer la conservation et la fixité de l'état des personnes se retrouve dans les précautions qu'elle prend pour la constatation des principaux faits qui influent sur l'état, le déterminent ou le modifient. Ces faits sont de deux sortes : les uns, purement physiques, indépendants de la volonté humaine, la naissance et la mort, marquent le commencement et la fin de la personnalité et par conséquent de l'état ; les autres, comme le changement de nationalité, le mariage, la recon-

---

(1) Cette observation est vraie d'une façon générale, mais non absolue. Ainsi, par exemple, l'action en désaveu de paternité, qui constitue un droit purement moral entre les mains du mari, devient exclusivement pécuniaire, quand elle passe à ses héritiers. Il en est de même pour l'action en réclamation d'état d'enfant légitime. — Voir Vigié, *op. cit.*, 2ᵉ édit., t. i, § 567 à 570.

naissance d'enfant naturel, la légitimation, l'adoption, le divorce sont volontaires et constituent de véritables actes juridiques.

Les faits les plus importants sont la naissance, le mariage et le décès, puisque deux d'entre eux se rencontrent inévitablement dans l'existence de tout homme, et que le troisième s'y retrouve habituellement. (1) Ces trois événements doivent être constatés dans des actes rédigés par l'officier de l'état civil et inscrits sur des registres appelés registres de l'état civil, suivant des formes déterminées par le Code. (2) Ce sont ces trois actes qui forment, d'après la terminologie du Code (livre premier, titre II), les actes de l'état civil. (3)

L'adoption, le jugement prononçant le divorce, doivent être aussi mentionnés sur les registres (4), et enfin la reconnaissance d'enfant naturel doit être faite par acte authentique,

---

(1) Beudant, *op. cit.*, I, n° 93.

(2) Art. 34 et suiv. Civ.

(3) Les autres actes, comme l'acte d'adoption, l'acte de reconnaissance d'un enfant naturel, sont bien aussi et sans aucun doute des actes de l'état civil, mais la loi réserve cette expression aux trois actes fondamentaux, les seuls dont le Code s'occupe, dans le titre deuxième du livre I, consacré aux actes de l'état civil. M. Beudant a très bien expliqué la raison historique de cette particularité : « Antérieurement à 1792, les actes de l'état civil ont été reçus dans les paroisses par les curés ou desservants. C'est à la pratique de ce temps qu'est due la coutume qui a survécu de ne considérer comme actes de l'état civil, que les actes de naissance, de mariage et de décès. En effet, les ministres du culte n'intervenaient qu'à propos de ceux-là, parce que c'était seulement à propos de la naissance, du mariage et de la mort que la religion intervenait par le baptême, le mariage et le service religieux des obsèques ; les actes constatant l'accomplissement de ces trois cérémonies religieuses furent regardés comme constatant en même temps les naissances, mariages et décès. L'usage s'est maintenu. Les registres de l'état civil ne sont établis que pour ces actes. On pourrait utilement généraliser l'emploi de ces registres, qui n'ont certainement pas aujourd'hui toute l'utilité pratique dont ils sont susceptibles, en y centralisant tous les faits relatifs à l'état des personnes et les actes constatant ces faits. » Beudant, I, n° 93. Voir aussi, sur les défectuosités de l'organisation de la publicité des actes concernant l'état des personnes, Baudry-Lacantinerie et Houques-Fourcade, *Des personnes*, t. I, n°s 790, 791, 792.

(4) Art. 251, 359 Civ.

et si l'acte est reçu par un officier de l'état civil, elle est également inscrite sur les registres. (1)

Ainsi se trouve assurée la conservation des actes constatant les principaux faits constitutifs de l'état des personnes. Ces faits seront facilement connus des tiers, car l'article 45 du Code décide que « toute personne pourra se faire délivrer par les dépositaires des registres de l'état civil des extraits de ces registres. »

Les actes de l'état civil sont le mode normal de preuve des faits intéressant l'état, et ce n'est que dans des hypothèses exceptionnelles, prévues par la loi, que les parties intéressées pourront employer d'autres modes de preuve, tels que la preuve par témoins ou la preuve par écrit. (2)

La naissance est le plus important de tous les événements qui déterminent l'état, puisque c'est elle qui fait apparaître la personnalité et que d'autre part elle rattache l'individu à une famille déterminée par la filiation. La filiation est le lien qui unit l'enfant à ceux qui lui ont donné le jour, et elle crée entre l'enfant et les père et mère toute une série de droits et d'obligations. La naissance prouve la filiation maternelle de l'enfant, mais elle n'établit pas sa filiation paternelle, laquelle n'est pas susceptible d'une preuve directe et positive. La loi a établi ici une présomption, pour le cas où la mère est mariée : L'enfant conçu pendant le mariage a pour père le mari. (3) La filiation paternelle légitime se déduit donc, par suite de

---

(1) Art. 334 Civ. Les décrets de naturalisation qui font acquérir à un étranger la qualité de Français ne sont pas mentionnés sur les registres de l'état civil.

(2) Voyez art. 46 Civ., art. 194 à 200 Civ.

(3) Art. 312 Civ. *Pater is est quem nuptiæ demonstrant.* Cette présomption ne s'applique qu'aux enfants qui ont été conçus pendant le mariage. La date de la conception de l'enfant n'est pas non plus susceptible de preuve directe, car la durée des gestations est variable; la loi a établi une seconde présomption pour fixer les limites extrêmes de la gestation. D'après cette présomption, la durée minima de la gestation est de six mois (180 jours), et sa durée maxima de 10 mois (300 jours), art. 312, 314, 315 Civ.

cette présomption légale, de la filiation maternelle. Mais il peut arriver que l'acte de naissance ne constate pas la filiation maternelle, par exemple, l'enfant a pu être inscrit sous de faux noms, ou comme né de père et mère inconnus, ou l'acte de naissance n'a pas été dressé. En prévision de ces différentes hypothèses, le Code a déterminé par quels modes de preuve l'enfant pourrait prouver de sa filiation. Il s'est inspiré, dans cette détermination, d'une double idée : il a voulu, en même temps, faciliter la preuve de l'état et protéger les familles contre les tentatives d'usurpation d'état qui pourraient se produire. (1) L'aveu et le serment ne peuvent pas être invoqués ; la preuve littérale, la preuve par témoins, la preuve par présomptions sont réglementées avec soin ; le commencement de preuve par écrit, qui doit accompagner et consolider la preuve testimoniale, est également défini et déterminé ; enfin, la loi admet un mode de preuve spécial, la possession d'état. (2)

---

(1) Art. 312 et suiv. Civ.

(2) Voir les art. 319, 320, 321, 322, 323, 324, 339, 340, 341 Civ. Quelques auteurs ont généralisé ces règles spéciales aux questions de filiation et, les joignant à celles qui se trouvent dans le titre II du livre Ier sur les actes de l'état civil et dans le titre V sur le mariage, en ont conclu que le législateur avait organisé, en matière de questions d'état, un système de preuves spécial et complet. Ce système de preuves, disent-ils, se suffit à lui-même. Il est vrai que, dans le livre troisième du Code, les rédacteurs ont consacré un chapitre tout entier à l'organisation des modes de preuve, mais c'est là un second système distinct du premier et qui ne se rapporte qu'au droit du patrimoine. (Voir Baudry-Lacantinerie, 6° édit., t. I, n°⁸ 119-120.)

Cette conclusion est inexacte. Les règles établies dans le chapitre VI du livre III constituent, malgré la rubrique trop étroite et incomplète de ce chapitre, le droit commun en matière de preuve, et s'appliquent, sauf dérogation, à tous les faits juridiques, c'est-à-dire à tous les faits susceptibles de produire des conséquences juridiques, soit quant au patrimoine, soit quant au droit de famille. A ce droit commun, la loi a apporté quelques dérogations nécessaires en matière d'état ; elle a restreint l'emploi de certains modes de preuve, elle en a écarté d'autres, elle en a autorisé de nouveaux, comme la possession d'état, enfin elle a établi des présomptions spéciales. Ces dérogations étaient nécessaires, à cause de l'importance des questions d'état, et aussi parce que les principaux faits constitutifs de l'état sont ordinairement constatés par des actes authentiques. Ce n'est

Les deux éléments principaux de l'état sont la nationalité et la famille ; il convient d'indiquer en quelques mots comment se déterminent l'un et l'autre, c'est-à-dire comment se forment les liens qui rattachent l'individu à ces deux collectivités.

Nationalité. — Tout individu, en venant au monde, acquiert une nationalité, car sa filiation, sa naissance, ses intérêts le rattachent à un groupe déterminé, et l'ordre public exige que, dès sa naissance, il fasse partie de ce groupe. L'étendue des droits d'une personne dépend, en effet, dans une certaine mesure, de la qualité de national ou d'étranger, et, d'autre part, il faut empêcher qu'un individu ne trouve le moyen de n'avoir pas de patrie, vivant à l'abri et sous la protection des lois d'un pays, sans supporter les charges qui incombent aux nationaux de ce pays : « Nul ne peut légitimement vivre en marge de la société. » (1)

La nationalité d'origine peut se déterminer soit d'après la nationalité des parents de l'enfant : c'est le système du *jus sanguinis*, qui apparut en France au xviiie siècle et fut consacré par le Code civil (2) ; soit d'après le lieu de naissance

---

donc qu'exceptionnellement qu'il y aura lieu de recourir à d'autres modes de preuve, et la loi devait naturellement se préoccuper de ces cas exceptionnels. Mais il ne résulte nullement de là que les règles des articles 1315 et suivants sont inapplicables à la preuve de l'état ; bien au contraire, elles doivent être appliquées en tant que la loi ne les a pas expressément écartées.

(1) Baudry-Lacantinerie et Houques-Fourcade, *Des personnes,* i, n° 318. On appelle *heimathlosat* (des mots allemands *heimat,* patrie, et *los,* privatif) l'état des individus qui n'ont pas de nationalité, et *heimathlos* l'homme sans patrie. — Chaque nation cherche à lutter contre cette tendance des individus qui vivent près des frontières de deux États voisins, à échapper aux charges incombant aux nationaux de l'un et de l'autre, en invoquant successivement dans chacun leur qualité d'étrangers, et surtout à éviter l'obligation du service militaire. « Le cosmopolitisme d'une part, l'heimathlosat de l'autre, sont les deux fléaux de la fin du dix-neuvième siècle. » (Beudant, *op. cit.,* t. i, n° 10.)

(2) Beudant, i, n° 13 ; Baudry-Lacantinerie et Houques-Fourcade, i, n°s 322 à 324.

de l'enfant, qui devient national du pays sur le territoire duquel il naît : c'est le système du *jus soli*, qui régna seul au moyen âge et qui, abandonné au XVIIIᵉ siècle, a retrouvé faveur en France pendant la seconde moitié du siècle ; soit, enfin, en combinant ces deux conceptions, et en tenant compte en même temps et suivant les cas du *jus sanguinis* et du *jus soli*. (1) La loi française actuelle a adopté ce troisième système : L'individu né de parents français est toujours Français, qu'il soit né en France ou à l'étranger (2) ; celui qui est né en France de parents étrangers est, suivant les cas, Français de plein droit ou jouit de grandes facilités pour le devenir. (3) Ainsi, les lois actuelles font une très large part au *jus soli*.

En second lieu, l'homme peut changer de nationalité, rompre les liens qui l'attachent à sa patrie et acquérir une nouvelle nationalité par la *naturalisation*. La naturalisation comprend donc tous les cas où un étranger est admis au nombre des nationaux ; elle s'opère de façon différente, suivant la situation dans laquelle se trouve l'intéressé. De droit commun, elle consiste en une faveur accordée, en une concession gracieuse faite librement et après examen des titres du postulant, par la puissance publique. (4) Dans quelques hypothèses particulières, elle change de caractère et constitue un véritable droit pour l'intéressé, qui devient Français s'il remplit certaines conditions ou accomplit des formalités déterminées ; cette naturalisation exceptionnelle,

---

(1) Beudant, I, nᵒˢ 12 et suiv.; Baudry-Lacantinerie et Houques-Fourcade, t. I, nᵒˢ 317 et suiv.

(2) Art. 8, 1ᵒ, Civ.

(3) Art. 8, 3ᵒ et 4ᵒ, Civ. Les dispositions du Code civil ont été, pendant le cours du siècle, l'objet de nombreuses modifications. Il y a là un phénomène qui s'est produit dans presque tous les pays. « Cette mobilité de la législation tient au développement qu'a pris l'émigration dans tous les pays à l'époque actuelle, au cosmopolitisme qui en est la conséquence. » Beudant, *op. cit.*, I, nᵒ 10 ; voir aussi, nᵒˢ 14 et suiv., le lumineux exposé des très nombreuses retouches faites aux règles du Code civil pendant la seconde moitié du siècle.

(4) Art. 8, 5ᵒ Civ.

de faveur, comme l'appelle la loi du 26 juin 1889 (1), n'est accordée qu'à des étrangers qui sont déjà unis à la France par des liens et sont présumés avoir de l'attachement pour elle. (2)

Enfin, en dernier lieu, certains événements entraînent la perte de la qualité de Français. Cette perte peut provenir de la volonté de l'intéressé (3), ou être prononcée à titre de déchéance contre l'individu jugé indigne. (4)

Conditions des étrangers quant aux droits civils.—Pendant longtemps l'étranger a été très rigoureusement traité. Dans les législations anciennes il est considéré comme un ennemi, et ne peut avoir aucune participation au droit de la cité, il est placé hors la loi. Dans notre ancien droit, les étrangers sont frappés de la double incapacité d'acquérir et de transmettre en France, par succession légitime ou par succession testamentaire. Quand un étranger mourait, tous les biens qu'il possédait en France étaient confisqués au profit du roi, en vertu du droit d'aubaine, et réciproquement, quand un Français mourait en laissant pour héritier ou légataire un étranger, ce dernier ne pouvait pas recueillir les biens du défunt. A beaucoup d'autres points de vue, la situation de l'étranger était encore inférieure à celle du national. (5)

---

(1) Art. 5, loi du 26 juin 1889.

(2) Art. 8, 5°, 4° al., 9, 10, 12 Civ. Voir aussi les art. 18, 19 du Code civil, qui établissent une espèce de naturalisation spéciale pour l'ex-Français qui veut recouvrer la nationalité française. Beudant, *op. cit.*, n°s 35 et suivants.

(3) Art. 17, 1°, 2° ; art. 19 Civ. L'acquisition ou le changement de nationalité peuvent être collectifs et s'appliquer en même temps à toute une catégorie de personnes ; cela se produit au cas d'annexion d'un territoire à un autre État.

(4) Art. 17, 3°, 4°, Civ.; art. 3 du décret du 27 avril 1848.

(5) L'étranger était incapable de figurer comme témoin dans les actes solennels, il devait payer en s'établissant en France le droit de chevage, il ne pouvait se marier qu'en payant le droit de for mariage. — Voir Viollet, *Précis de l'histoire du droit*, 1re édition, p. 311-320. A la fin de l'ancien régime, la situation de la plupart des étrangers s'était améliorée, grâce aux nombreux traités passés entre la France et les principaux États étrangers.

La Révolution abolit toutes ces incapacités, et la Constituante, animée des idées généreuses de la philosophie du XVIII° siècle, établit l'assimilation presque complète du Français et de l'étranger. Le Code civil a fait un pas en arrière et a inauguré le système de la réciprocité diplomatique, en vertu duquel l'étranger ne jouit en France des droits civils qu'autant qu'un traité conclu avec la nation à laquelle il appartient accorde au Français la jouissance des mêmes droits dans ce pays. (1)

L'étranger peut se trouver aujourd'hui dans l'une ou l'autre de ces situations :

1° Il peut avoir obtenu du gouvernement l'autorisation de fixer son domicile en France ; dans ce cas, il jouit de tous les droits civils, comme un Français. (2)

2° L'étranger qui n'a pas de domicile autorisé, jouit en France des mêmes droits civils que ceux qui sont accordés aux Français par les traités de la nation à laquelle il appartient. (3) Quelle est donc sa condition, lorsqu'il n'y a pas de traité entre la France et le pays dont il fait partie ? Cette question a soulevé de vives controverses ; les auteurs ne s'accordent pas sur le sens qu'il faut donner à l'expression de droits civils employée par l'article 11 Civ. Mais la question n'a pas grande importance et il n'y a qu'un nombre très res-

---

(1) **Art. 11 Civ.** Par application de ce système, le Code civil avait décidé que l'étranger ne pouvait recueillir des biens en France par voie de succession *ab intestat* et en recevoir par donation entre vifs ou testamentaire que dans la mesure où les Français le pouvaient eux-mêmes dans le pays de cet étranger, en vertu de conventions diplomatiques. (Art. 726 et 912 Civ.) La loi du 14 juillet 1819 a abrogé ces dispositions.

(2) Art. 13 Civ. Néanmoins il ne faudrait pas croire que l'étranger autorisé à fixer son domicile en France soit assimilé à un Français. D'abord nous ne nous occupons au texte que des droits civils ; d'autre part l'étranger ne conserve la jouissance des droits civils qu'autant qu'il réside en France ; enfin, il demeure régi par sa loi nationale pour tout ce qui concerne son état et sa capacité (art. 3, al. 3, Civ. par *a contrario*). Les tribunaux français sont donc obligés parfois d'appliquer la loi étrangère. A ce point de vue, on voit que la distinction du Français et de l'étranger a conservé une grande importance en matière de droit privé.

(3) Art. 11 Civ.

treint de droits au sujet desquels on se demande si, en dehors d'un traité, il faut en accorder ou en refuser la jouissance à l'étranger. Pour la plupart des droits civils, il n'y a pas de doute et de l'aveu de tous les auteurs, les étrangers en ont la jouissance en l'absence de tout traité. (1)

Toujours est-il que cet étranger est moins bien traité que celui qui a été admis au bénéfice du domicile. (2)

Famille. — La famille est l'agrégation des individus unis par la communauté du sang. C'est le groupe primordial, le plus fortement constitué, auquel se rattache l'individu. L'État est une réunion de familles. La famille exerce une influence considérable sur le droit privé ; les rapports de droit qu'elle crée entre les individus sont innombrables, rapports purement moraux, comme l'autorité paternelle, l'autorité maritale, rapports pécuniaires, comme le droit de succession. (3)

(1) Voir Beudant, *op. cit.*, I, nᵒˢ 83 et suiv.; Baudry-Lacantinerie et Houques-Fourcade, *op. cit.*, I, nᵒˢ 633 et suiv. Le Code civil et les lois postérieures ont accordé explicitement ou implicitement aux étrangers la jouissance d'un grand nombre de droits civils,

(2) L'étranger non admis à domicile est tenu de faire une déclaration à l'autorité, lorsqu'il veut établir sa résidence en France, et de renouveler cette déclaration chaque fois qu'il va résider en un nouveau lieu. (Décret du 2 octobre 1888, loi du 8 août 1893 relative au séjour des étrangers en France et à la protection du travail national.)
Nous n'avons envisagé la condition de l'étranger qu'au point de vue du droit privé. En dehors du droit privé, l'étranger ne participe pas aux droits politiques, ni aux droits accessoires qui s'y rattachent (ainsi il ne peut pas être officier ministériel, avocat, témoin dans un acte authentique, etc.). D'autre part, il peut être expulsé du territoire (art. 7, 8, 9, loi du 3 décembre 1849).

(3) Nous n'avons pas à nous occuper ici des différentes conceptions de la famille, conceptions qui peuvent varier au point de vue du degré de force des liens d'autorité et de subordination suivant l'âge et le sexe, et au point de vue de l'étendue du cercle de la famille, c'est-à-dire des personnes qu'elle embrasse. Sur la transformation de la famille, sur la comparaison de la famille patriarcale et de la famille moderne, Viollet, *Histoire du droit privé*, 1ʳᵉ édition, p. 325 et v. ; Summer Maine, *Ancient law* ; Glasson, *Éléments du droit français*, I, nᵒˢ 36 et suiv., nouv. édit.; Cauwès, *Cours d'Économie politique*, I, 3ᵉ édition, nᵒˢ 47 et suiv.

Les liens qui unissent les différentes personnes faisant partie de la famille sont la parenté et l'alliance ou affinité.

Parenté. (1) — La parenté repose sur la filiation, c'est-à-dire sur la communauté de sang. C'est le rapport existant entre personnes qui descendent les unes des autres, ou d'un auteur commun.

Il résulte de cette définition qu'il y a deux espèces de parenté : -

La parenté en ligne directe,

La parenté en ligne collatérale.

La ligne directe comprend la série des personnes qui sont nées les unes des autres, le grand-père, le père, le fils, le petit-fils, en d'autres termes, les ascendants et les descendants. (2) Elle est donc *ascendante* ou *descendante*, suivant que, par rapport à une personne déterminée, on considère les parents dont elle descend, c'est-à-dire ses auteurs, ou les parents auxquels elle a donné le jour, c'est-à-dire sa postérité.

La ligne collatérale se compose des parents qui, sans être nés les uns des autres, descendent d'un auteur commun ; par exemple, les frères et sœurs, oncles, tantes, neveux et nièces, cousins. La ligne collatérale est donc une ligne double qui a son point de départ dans la personne de l'auteur commun. (3)

Le mot *ligne* se prend aussi dans une autre acception ; il sert à désigner l'ensemble des parents qui sont unis à une personne par le père ou par la mère de cette personne. On dit alors la ligne paternelle, la ligne maternelle. Tous les parents de mon père sont également les miens ; par conséquent,

---

(1) La parenté a été également conçue suivant des vues très diverses ; nous ne parlons que de la parenté moderne, telle qu'elle est sortie du droit romain et du droit canonique. — Voir Viollet, *Histoire du droit privé*, 1re édit., p. 327 et suiv.; Summer Maine, *Études sur l'histoire des institutions primitives*, Paris, 1880, p. 81 et suiv.

(2) Art. 736 Civ.

(3) Il est d'usage de figurer la parenté collatérale au moyen d'une échelle double partant de l'auteur commun et dans laquelle chaque génération représente un degré de l'échelle. — Voir Baudry-Lacantinerie, *Précis de droit civil*, 6e édit., n° 130, p. 65.

la ligne paternelle comprend toutes les personnes qui sont
mes parentes par mon père, par exemple, les ascendants de
mon père, ses frères et sœurs, c'est-à-dire mes oncles et
tantes paternels, etc. De même, la ligne maternelle est
composée de tous ceux qui sont mes parents du côté de ma
mère.

Le lien de parenté qui unit deux personnes peut exister à
la fois dans les deux lignes paternelle et maternelle. L'exemple le plus simple qu'on en puisse donner est celui des enfants nés du mariage de deux personnes. Ces enfants sont
parents à la fois dans les deux lignes, puisqu'ils ont le même
père et la même mère ; on les appelle des frères et sœurs
germains.

Quand deux frères ou sœurs sont nés du même père, mais
non de la même mère, on dit qu'ils sont consanguins!

Quand ils ont la même mère, mais sont nés de pères différents, on dit qu'ils sont utérins.

Pour déterminer le rapprochement du lien de parenté qui
unit deux personnes, on compte le nombre de générations qui
les séparent. « La proximité de parenté s'établit par le nombre
de générations ; chaque génération s'appelle un degré. » (Art.
735 Civ.)

En ligne directe, le mode de computation est très facile,
car il suffit de compter combien il y a de degrés, c'est-à-dire
de générations, entre les deux parents. Ainsi, nous dit l'article 737, le fils est à l'égard du père au premier degré, le
petit-fils au second ; et réciproquement du père et de l'aïeul
à l'égard des fils et des petits-fils.

En ligne collatérale, le calcul est un peu plus compliqué,
parce qu'il faut remonter de l'un des parents jusqu'à l'auteur
commun et redescendre ensuite de l'auteur commun à l'autre
parent. (1) Mais il suffit, pour le simplifier, de figurer la parenté collatérale, comme nous le disions plus haut, par une
échelle double partant de l'auteur commun, en représentant

_____

(1) Art. 738 Civ.

chaque génération par un échelon. (1) Deux frères sont au deuxième degré ; l'oncle et le neveu sont au troisième ; les cousins germains au quatrième, et ainsi de suite. (2) La parenté continue à l'infini, mais il est un moment à partir duquel il devient difficile de l'établir, et la loi ne lui accorde effet, au point de vue civil, que jusqu'au douzième degré inclusivement. (3)

Différentes espèces de parentés. — La parenté dont nous venons de déterminer les effets, est la parenté légitime ; elle découle de la filiation légitime qui a sa source dans le mariage.

Il y a deux autres espèces de parentés : la parenté naturelle et la parenté adoptive.

La parenté naturelle résulte de la filiation illégitime, c'est-à-dire de la naissance d'un enfant par suite des relations de deux personnes qui ne sont pas unies par les liens du mariage. Les enfants naturels sont ou des *enfants naturels simples*,

---

(1) Voir Baudry-Lacantinerie, 6° édit., t. I, § 130, p. 65.

(2) Art. 738 Civ. — Le droit canonique compte la parenté en ligne collatérale d'une autre façon : il remonte de l'un des parents à l'auteur commun, mais ne redescend pas à l'autre ; donc, il ne compte les générations que d'un côté de l'échelle, en partant du parent qui est le plus éloigné de l'auteur commun. Lorsque les parents sont également distants de l'auteur commun, on compte les degrés d'un côté quelconque de l'échelle. Ainsi, deux frères sont parents au premier degré en ligne collatérale, deux cousins germains au second degré, et ainsi de suite. D'après le Code civil, au contraire, deux frères sont parents au second degré, deux cousins germains au quatrième degré. L'oncle et le neveu sont parents au deuxième degré (en droit civil, au troisième degré), le cousin germain et l'enfant du cousin germain au troisième degré (en droit civil, au cinquième).

On voit que, d'après cette façon de compter, les cousins germains, l'oncle et le neveu sont en même temps parents au deuxième degré ; pour éviter une confusion, on dit que les cousins germains sont parents au deuxième degré, *in linea collaterali æquali*, pour montrer qu'ils sont à la même distance l'un et l'autre de l'auteur commun, et l'oncle et le neveu, *in linea collaterali inæquali*.

Le mode de computation adopté par le Code est celui du Droit romain.

(3) Art. 755 Civ.: « Les parents au-delà du douzième degré ne succèdent pas. »

enfants nés de personnes qui auraient pu valablement contracter mariage au jour de la conception de l'enfant, ou des
enfants adultérins ou des *enfants incestueux*. Les enfants
naturels sont adultérins, lorsque l'un des père et mère était
marié au moment de la conception, ou que chacun d'eux
était marié de son côté. Dans les deux cas, la situation juridique de l'enfant né de leurs relations criminelles est la
même.

Les enfants incestueux sont ceux qui naissent de deux
personnes entre lesquelles existait, à l'époque de la conception, un empêchement au mariage résultant de leur parenté
ou de leur alliance, par exemple, l'enfant né d'un frère et
d'une sœur, d'un oncle et d'une nièce.

La filiation naturelle est traitée rigoureusement par la loi,
et les effets qu'elle produit sont bien différents de ceux de la
filiation légitime. La loi honore le mariage, qui est le véritable germe de la famille; elle voit au contraire avec défaveur les unions illégitimes, parce qu'elles sont instables et
incapables, par là même, de créer une affection assez solide,
assez persistante entre les parents et les enfants.

Ainsi, pour ne citer que les principales dispositions de la
loi :

1° La preuve de la filiation naturelle est plus difficile à
établir que celle de la filiation légitime. La loi veut que la
filiation naturelle résulte d'une déclaration spontanée de la
part de ceux qui en sont les auteurs. Cette déclaration s'appelle la reconnaissance. L'acte de naissance ne prouve ni la
paternité ni la maternité naturelles. Lorsque la filiation n'a
pas été volontairement reconnue par les parents de l'enfant
naturel dans un acte authentique (1), l'enfant ne peut faire
la preuve judiciaire de sa filiation qu'à l'égard de sa mère et
non à l'égard de son père. La recherche de la paternité naturelle est interdite. (2)

----

(1) Art. 334 Civ.

(2) Art. 340 Civ. Cette disposition est très rigoureuse et grosse de consé-

Tant que l'enfant naturel n'est pas volontairement reconnu ou n'a pas prouvé sa filiation maternelle, il n'a ni famille, ni parenté civile.

2° La parenté naturelle est beaucoup moins étendue que la parenté légitime. Elle ne crée de liens qu'entre l'enfant et ses père et mère ou celui d'entre eux qui l'a reconnu. Elle ne s'étend pas au-delà, l'enfant n'entre pas dans la famille de ses auteurs. (1)

3° Les droits que la filiation naturelle établit entre les père et mère et l'enfant reconnu sont moins complets, moins étendus que ceux qui résultent de la filiation légitime. Ainsi, la puissance paternelle est moins fortement organisée (2), et, d'autre part, l'enfant naturel reconnu n'est appelé à la succession de ses parents que pour une part inférieure à celle de l'enfant légitime. (3) Réciproquement, les père et mère

<hr>

quences. Elle a été introduite dans nos lois pour couper court aux scandales et aux procès abusifs qu'avait suscités la trop grande facilité avec laquelle l'ancien droit avait admis la preuve de la paternité naturelle. « Les recherches de la paternité, disait Bigot-Préameneu, étaient regardées comme le fléau de la société. » Il est difficile de nier que la réaction ait été trop complète, et que, pour éviter un mal, on soit tombé dans un autre. Aussi la règle trop protectrice et trop prévoyante de l'art. 340 Civ. a-t-elle été vivement attaquée. « La recherche de la paternité naturelle est interdite. Par conséquent, le sort de la femme et de l'enfant est abandonné à la générosité du père. Il est impossible d'ignorer (dirai-je : plus naïvement, ou : plus perfidement ?) les lâchetés du cœur humain et de sacrifier plus sûrement les bâtards dont on pense avoir pris la cause en main. » Viollet, *Histoire du droit*, édit. 1886, p. 393. — (Voir Glasson, *Éléments du droit français*, I, p. 267.)

(1) Art. 757 Civ. modifié par la loi du 25 mars 1896.

(2) Art. 383 Civ.

(3) A ce point de vue, le Code civil s'était montré très sévère pour les enfants naturels. La loi du 25 mars 1896 a augmenté la part que les enfants naturels peuvent recueillir dans la succession de leurs père et mère, sans toutefois les assimiler aux enfants légitimes, car l'assimilation absolue aurait porté une très grave atteinte au principe de la famille fondée sur le mariage. D'autre part, la loi nouvelle a supprimé les entraves que le Code civil apportait aux libéralités testamentaires faites par les père et mère à l'enfant naturel. D'après le Code civil, l'enfant naturel reconnu ne pouvait jamais recevoir, par donation ou testament, au-delà de la part qui lui était attribuée par la loi dans la succession *ab intestat*. La loi de 1896 a maintenu

naturels peuvent succéder à l'enfant qu'ils ont reconnu, mais, à la différence des ascendants légitimes, ils n'ont pas de réserve.

Les enfants naturels simples peuvent être légitimés par le mariage subséquent de leurs père et mère (1), ils acquièrent alors tous les droits des enfants légitimes.

Enfin, la loi traite très rigoureusement les enfants adultérins et incestueux, parce qu'ils sont le fruit de relations criminelles. Leur filiation doit rester ignorée au moins aux yeux de la loi : ils ne peuvent pas être reconnus par leurs père et mère (2); ils ne peuvent pas être non plus légitimés par mariage subséquent (3); enfin, ils sont exclus de la succession de leurs parents, la loi ne leur accorde que des aliments. (4)

Les enfants adultérins et incestueux n'ont donc pas de parenté civile.

En résumé, la filiation naturelle ne produit que des effets restreints et limités. La loi a voulu, en établissant cette distinction si marquée entre la situation de l'enfant naturel et celle de l'enfant légitime, protéger et encourager le mariage qui est la seule et véritable source de la famille, et détourner des unions illégitimes qui entraînent le désordre, l'avilissement pour la mère et trop souvent l'abandon et la misère pour l'enfant. (5)

---

cette interdiction pour la donation entre vifs, mais elle a permis au père et à la mère de donner par testament à l'enfant naturel une part de leurs biens égale à celle d'un enfant légitime, le moins prenant (art. 908 nouveau Civ.).

(1) Art. 331 et suiv. Civ.

(2) Art. 335, 342 Civ.

(3) Art. 331 Civ.

(4) Art. 762, 908 Civ. La loi du 25 mars 1896 n'a pas modifié les dispositions du Code civil relatives aux enfants adultérins et incestueux.

(5) La loi de 1896 a adopté les mêmes principes et elle n'a en rien modifié l'esprit du Code civil ; elle s'est contentée d'augmenter les droits héréditaires de l'enfant naturel que, de l'avis de tout le monde, le Code avait restreints à l'excès.

On a vivement attaqué de nos jours cette différence traditionnelle entre

Adoption. — L'adoption est un acte solennel qui crée une parenté fictive et artificielle entre l'adoptant et l'adopté. (1) Elle imite la filiation en ce sens qu'elle établit des rapports de droit entre l'adoptant et l'enfant adopté ; ce dernier prend le nom de son père adoptif, et acquiert sur ses biens les mêmes droits de succession qu'un enfant légitime. Mais l'adoption ne produit que quelques uns des effets de la parenté. D'abord, elle ne crée de lien qu'entre l'adoptant et l'adopté ; l'adopté n'entre pas dans la famille de l'adoptant (2), il reste dans la sienne et y conserve tous ses droits. Cette institution semble avoir joué un rôle considérable chez les peuples anciens (3) ; aujourd'hui elle offre peu d'utilité : elle ne sert guère qu'à légitimer, contre le vœu de la loi, des enfants naturels, et même des enfants adultérins. (4)

Alliance. — L'alliance ou affinité est le lien créé par le mariage entre un époux et les parents de l'autre époux.(5)

les effets des deux filiations. L'enfant naturel ne doit pas supporter le poids de la faute de ses parents, il n'est pas coupable de l'irrégularité de sa naissance, et le lien qui l'unit à ses père et mère est absolument le même, aux yeux de la nature, que celui qui serait consacré par le mariage. Mais ces considérations ne suffisent pas pour condamner le système du Code civil.

Il y a deux intérêts en présence, celui de l'enfant naturel, celui de la famille, et la question revient à savoir quel est celui qui doit l'emporter ; or, l'intérêt de la famille touche à l'ordre social tout entier, tandis que l'intérêt de l'enfant naturel est purement individuel et privé.

(1) Art. 343 et suiv. Civ.

(2) Cependant, l'adoption entraîne certains empêchements de mariage (art. 348 Civ.).

(3) Viollet, *Histoire du droit*, 1ʳᵉ édit., p. 401.

(4) On a proposé de faire disparaître du Code cette institution, qui ne répond dans les législations modernes à aucun besoin social, et qui sert, en pratique, à tourner les dispositions de la loi réglant les droits de succession des enfants naturels dans les biens de leurs père et mère.

V. Bélime, *Philosophie du droit*, II, p. 163, 164, Paris, 1848.

(5) Les époux ne sont pas de simples alliés, car le mariage crée entre eux une union intime, une communauté de vie, d'où résulte un lien plus fort que celui de l'alliance. (4, 3 D. *De grad.*, XXXVIII, 10.)

Ainsi, il n'y a pas de droit de succession entre les alliés ; au contraire, la loi appelle l'époux survivant à la succession de son conjoint (art. 767 Civ.). Voir Aubry et Rau, I, § 68, note 1.

L'alliance n'existe qu'entre l'époux et les parents de son conjoint, mais non entre les parents d'un époux et ceux de l'autre. Ainsi, Primus épouse Prima, il devient l'allié de tous les parents de Prima et réciproquement Prima devient l'alliée de tous les parents de Primus, mais les parents de Primus ne deviennent pas les alliés des parents de Prima. L'alliance se calcule comme la parenté; Primus est allié en ligne directe de tous les parents en ligne directe de Prima, il est allié en ligne collatérale de tous les collatéraux de Prima, et réciproquement.

L'alliance naît avec le mariage, mais elle ne finit pas avec lui, elle subsiste même lorsqu'il est dissous. Pourtant, si le mariage se dissout sans qu'il en reste d'enfants, la plupart des effets de l'alliance cessent de se produire. (1)

---

(1) Art. 206 Civ., 283, 378, 2°, Pr. civ. L'article 206 décide que l'obligation alimentaire que l'alliance a fait naître entre gendres et belles-filles d'une part, et beaux-pères et belles-mères d'autre part, cesse, lorsque celui des époux qui produisait l'affinité et les enfants issus de son union avec l'autre époux sont décédés. Certains auteurs ont conclu de cette disposition et de celle des articles 283 et 378, 2°, Pr. civ. que l'alliance cesse par la mort de l'époux qui la produit et des enfants issus du mariage. La question était déjà discutée dans notre ancien droit : Morte ma fille, mort mon gendre, disait Loisel (Instit. cout., livre I, titre II, règle 32), mais le droit canon disposait en sens contraire (Aubry et Rau, I, § 67, note 11), et l'ordonnance de 1667 (titre XXIV, art. 4) avait donné une solution intermédiaire. Elle décidait, en matière de récusation de juges, que l'affinité continuait à produire tous ses effets, malgré la dissolution du mariage, quand il y avait des enfants, et que, s'il ne restait aucun enfant, les effets de l'alliance étaient alors restreints au beau-père, au gendre et aux beaux-frères.

Les articles 283 et 378 Pr. civ. ont adopté un système analogue à celui de l'ordonnance ; ils ne disent pas que l'alliance sera rompue quand le mariage prendra fin sans enfants, ils se contentent, dans ce cas, de restreindre les effets qu'elle produit ordinairement. L'article 283 permet le reproche contre les témoins, après le décès du conjoint sans enfants, lorsque ces témoins sont beaux-frères ou belles-sœurs de l'une ou de l'autre des parties ; l'article 378, 2°, autorise la récusation du juge, s'il est beau-frère de la femme de l'une des parties, alors même qu'elle serait décédée sans enfants. Enfin, la loi reconnaît encore les conséquences de l'alliance, après le décès du conjoint sans enfants, en ce qui concerne les témoins en matière criminelle et la présence de deux juges alliés dans le même tribunal.

Il résulte certainement de ces différents textes que l'alliance survit tou-

Effets juridiques de la parenté et de l'alliance en général.
— La parenté fait naître toute une série de rapports de droit
qui varient, suivant le degré de proximité des parents ; il serait
trop long de les énumérer ici. Contentons-nous de dire qu'ils
sont de deux sortes : les uns sont d'ordre purement moral et
constituent plutôt des devoirs pour chaque partie, qu'ils ne
font naître de droits ; par exemple, l'enfant doit, à tout âge,
honneur et respect à ses père et mère et autres ascendants (1) ; les père et mère sont tenus d'élever leurs enfants,
de les nourrir et entretenir durant leur minorité (2) ; les autres sont des droits pécuniaires faisant partie du patrimoine ; parmi eux, le plus important est le droit de succession
que la loi établit entre parents jusqu'au douzième degré. (3)

L'alliance ne produit que des effets beaucoup plus restreints ; obligation alimentaire entre les proches alliés (4),
obligation de gérer la tutelle et de faire partie du conseil de
famille (5), empêchements au mariage. (6)

---

jours au mariage ; sinon, il faudrait dire que, la cause cessant, les effets
continuent. Reste l'article 206 Civ., mais cet article lui-même peut être in-
terprété en faveur du maintien de l'alliance, puisqu'il décide qu'un des
effets déterminés de l'alliance cessera de se produire.

Enfin, l'alliance crée entre les alliés un lien fondé sur l'affection qui doit
durer autant que ces alliés eux-mêmes. « Le maintien de l'alliance après
la dissolution du mariage est en harmonie avec les mœurs et les habi-
tudes de la société actuelle. » La jurisprudence se prononce ordinairement
en faveur de cette opinion qui est, du reste, adoptée aujourd'hui par la
grande majorité des auteurs. Paris, 18 mars 1850, S. 50, 2, 593 ; Caen,
14 août 1867, S. 68, 2, 146 ; Cass., 4 nov. 1868, S. 69, 1, 18 ; Bordeaux,
23 février 1881, S. 82, 2, 106 ; Orléans, 15 novembre 1893, S. 94, 2, 18 ;
Contra, Lyon, 21 février 1891, S. 94, 2, 99. — Voir note de M. Charmont,
Revue critique, 1895, p. 1.

(1) Art. 371 Civ.
(2) Art. 203 Civ.
(3) Art. 755 Civ.
(4) Art. 206, 207 Civ.
(5) Art. 407 à 410 Civ., 432 Civ.
(6) Art. 161, 162 Civ. — Consulter Aubry et Rau, I, § 68 ; VI, § 547, 548 à
553 ; pour l'énumération complète des effets de la parenté et de l'alliance.

§ 5. — *Capacité des personnes physiques. Jouissance et exercice des droits. Causes des incapacités d'exercice : Sexe, âge, infirmités. Influence des condamnations pénales sur la capacité.*

La capacité juridique est l'aptitude à devenir le sujet de droits et à les faire valoir. (1) Cette notion de capacité ainsi définie renferme deux éléments distincts et pour ainsi dire successifs. Devenir le sujet de droits, c'est acquérir des droits, en être titulaire, en avoir la jouissance ; faire valoir les droits, c'est les mettre en mouvement, pour retirer les avantages qu'ils sont susceptibles de procurer, ou pour les démembrer, les céder, les transmettre à des tiers, en un mot, les exercer. Il y a donc deux sortes de capacités, ou plutôt deux degrés dans la capacité, et il faut bien les distinguer : La capacité de jouissance et la capacité d'exercice. (2) La capacité d'exercice suppose nécessairement la capacité de jouissance, car pour pouvoir exercer un droit, en user, il faut être capable d'en devenir titulaire. Au contraire, la capacité de jouissance peut exister sans la capacité d'exercice. Celui qui a l'aptitude à devenir le sujet d'un droit,

_____

(1) On définit ordinairement la capacité, l'aptitude à devenir le sujet de droits et d'obligations (voir Aubry et Rau, I, § 52) ; mais cette définition est incomplète, car elle ne vise que la capacité de jouissance et non la capacité d'exercice qui sont l'une et l'autre comprises dans le terme à définir.

(2) Les Allemands emploient pour caractériser ces deux capacités deux termes plus expressifs que les nôtres : *Rechtsfähigkeit* et *Handlungsfähigkeit. Rechtsfähigkeit* désigne l'aptitude à être titulaire de droits, c'est-à-dire le fait d'avoir la personnalité juridique ; *handlungsfähigkeit*, c'est la capacité d'agir, de faire des actes juridiques qui produiront les conséquences légales qui y sont attachées. « La *handlungsfähigkeit*, dit Unger, *op. cit.* I, § 25, note 3, consiste dans la capacité pour une personne de former, de conclure elle-même les rapports de droit dans lesquels elle peut jouer un rôle. » La *handlungsfähigkeit*, c'est-à-dire la capacité de créer, modifier ou éteindre par ses actes des rapports de droits, suppose nécessairement la *rechtsfähigkeit*, c'est-à-dire la capacité de figurer dans les rapports juridiques susdits.

Unger, *op. cit.* I, § 25, II, § 76 ; Goudsmit, *op. cit.* § 49 ; Arndts, *Lehrbuch der Pand.*, I, § 28 et § 29 ; Savigny, *op. cit.*, II, § 60, III, § 106.

à en acquérir la jouissance, peut être, suivant les cas, capable ou incapable d'agir, d'exercer ce droit, d'en user. Il y a donc des personnes qui, tout en ayant la jouissance des droits civils, n'en ont pas l'exercice ; mais il ne peut pas y avoir de personnes ayant l'exercice de droits dont elles n'ont pas la jouissance. (1)

Nous avons dit ci-dessus que toute personne a la jouissance des droits civils, quels que soient son âge, son sexe, sa condition. Le mot même de personne entraine cette déduction : puisque avoir la personnalité, c'est être capable de devenir sujet de droits, or tous les hommes sont aujourd'hui des personnes. Par conséquent, la capacité de jouissance appartient en principe à tout le monde, et ce n'est qu'exceptionnellement et en vertu d'une disposition expresse de la loi qu'une personne sera privée de la jouissance de certains droits civils. Du reste, l'incapacité de jouissance, quand elle existe, ne peut être que spéciale, c'est-à-dire qu'elle ne peut enlever à l'incapable que la jouissance d'un ou de certains droits déterminés, et non de tous ses droits civils, car nous savons que la mort civile n'existe plus dans notre législation. Une personne n'est jamais privée de la jouissance de tous ses droits civils. Il existe des cas, assez rares, dans lesquels la loi enlève la jouissance de quelques droits civils :

1° Il y a des droits dont on n'acquiert la jouissance qu'à partir d'un âge déterminé : ainsi les mineurs ne peuvent se marier, faire leur testament que lorsqu'ils ont atteint l'âge fixé, ils ne peuvent pas faire de donations entre vifs avant leur majorité (2); de même, l'adoption n'est permise qu'aux personnes âgées de plus de cinquante ans (3).

_____

(1) « Celui qui a la capacité de droit *(rechtsfähigkeit)* est, suivant les circonstances, capable ou incapable d'agir *(handlungsfähigkeit)* ; celui qui n'a pas la capacité de droit est, par là même, incapable d'agir, car ses actes ne sauraient produire aucun effet. » Savigny, iii, § 106, trad. Guénoux, p. 22, note *a*.

(2) Art. 144, 904 Civ.

(3) Art. 343 Civ.

2° La privation de certains droits civils résulte parfois de la condition des personnes ou de leurs rapports avec d'autres personnes : ainsi l'étranger non autorisé à fixer son domicile en France est privé de certains droits civils (1) ; de même, la vente est interdite entre époux. (2)

3° La loi prononce dans certains cas des privations de jouissance à titre de peine contre un individu ; les condamnations pénales enlèvent au condamné la jouissance de certains droits civils, la loi du 24 juillet 1889 permet de prononcer la déchéance de la puissance paternelle contre les parents indignes. (3)

4° Enfin, nous verrons dans le chapitre suivant que les associations et fondations peuvent devenir sujets de droits, lorsque la personnalité morale leur a été reconnue par la loi.

Donc les associations et fondations, à la différence des individus, n'ont pas, *ipso jure*, la personnalité juridique, et par conséquent, tant que cette personnalité ne leur a pas été accordée, elles ne sont pas des personnes et ne peuvent jouir d'aucun droit.

Incapacités d'exercice. (4) — Les incapacités d'exercice sont au contraire nombreuses ; en effet, l'exercice d'un droit

---

(1) Art. 11 Civ.

(2) Art. 1595 Civ. ; voir aussi les art. 442, 450, 909, 1596, 1597 Civ.

(3) Consulter aussi les art. 299, 792, 1442 Civ.

(4) La distinction entre les incapacités de jouissance et les incapacités d'exercice est fort importante au point de vue théorique et doit être soigneusement faite, car elle résulte de l'analyse de la notion de personnalité. Cependant, le Code civil ne présente pas sur ce point la précision désirable et il confond dans l'article 7 les deux expressions de jouissance et d'exercice. « L'exercice des droits civils est indépendant de l'exercice des droits politiques, etc. » L'article veut parler, en réalité, de la jouissance. Du reste, la distinction offre aussi des intérêts pratiques : 1° La personne peut être représentée par un mandataire pour l'exercice de ses droits, mais non pour la jouissance ; 2° quand une personne, privée de la jouissance d'un droit civil, fait un acte juridique par lequel elle veut acquérir ou exercer le droit dont elle ne jouit pas, cet acte ne peut produire aucun effet, il est inexistant. Au contraire, l'incapacité d'exercice est seulement une condition de validité des actes juridiques, et le défaut de capacité chez l'auteur, entraîne simplement l'annulabilité de l'acte, pourvu,

suppose que la personne est *capable* d'user avec discernement, avec utilité de ce droit, sinon il convient de la protéger, de venir à son aide afin de la garantir contre les conséquences dommageables des actes imprudents qu'elle pourrait passer. « L'idée d'incapacité éveille alors celle de protection, de secours. » (1) A cet effet, la loi déclare certaines personnes incapables d'exercer elles-mêmes tous leurs droits civils, ou les plus importants de ces droits, et elle confie cet exercice à un tiers administrateur qui sera chargé de faire lui-même les actes intéressant l'incapable ou d'assister et d'habiliter l'incapable. Mais ces incapables conservent la jouissance de tous leurs droits.

Par exemple, un enfant vient de naître ; il a la jouissance des droits civils, c'est-à-dire que, dès à présent, il est titulaire de certains droits, tels que les droits de famille, et il a l'aptitude à acquérir les droits du patrimoine, il peut devenir propriétaire ou créancier. S'il acquiert des droits par donation ou testament, il est évident qu'il ne peut pas les exercer lui-même ; la loi charge son père de les exercer pour son compte, d'administrer son patrimoine, jusqu'au jour où l'enfant sera devenu capable, c'est-à-dire jusqu'au jour de sa majorité. (2)

Ainsi, les incapacités d'exercice sont les véritables incapacités, elles atteignent les personnes qui sont présumées, à cause de leur âge, de leur sexe, de leurs infirmités, ne pas pouvoir administrer utilement leurs biens. (3)

---

bien entendu, que l'incapable ait su ce qu'il faisait au moment où il passait l'acte. (Voir art. 1125 Civ.). Nous indiquons plus bas quel est le criterium qui permet, dans les cas douteux, de décider si la loi a entendu prononcer une incapacité de jouissance ou une incapacité d'exercice (pages 103 et 104).

(1) Beudant, *op. cit.*, I, n° 53.

(2) Art. 389 Civ.

(3) Dans l'intérêt de la clarté, et pour rendre plus saisissante cette distinction entre la privation de la jouissance et la privation de l'exercice, il conviendrait de réserver le terme d'incapacité pour désigner la situation d'une personne qui ne peut pas exercer elle-même ses droits, car, comme nous le faisons remarquer au texte, c'est seulement alors qu'il y a,

Quoique les incapacités d'exercice soient assez fréquentes, cependant, ici, comme en matière de jouissance, il faut poser le principe que la capacité est la règle, et l'incapacité l'exception. Le Code civil le déclare expressément à propos des contrats. (1) Chaque personne peut exercer librement les droits civils dont elle a la jouissance, à moins que, par mesure de protection, la loi ne lui enlève cet exercice. La capacité est la règle ; en effet, de droit commun, chaque personne doit être présumée capable d'administrer ses biens, et la protection de la loi ne doit aller qu'à ceux qui sont, vis-à-vis des autres hommes, dans un état d'infériorité.

Observation. — Il y a certains droits civils pour lesquels la distinction entre la jouissance et l'exercice est impossible, en ce sens que ces droits sont tellement inhérents à la personne du titulaire, que leur exercice ne peut pas être délégué à un tiers ; le titulaire seul peut apprécier s'il convient ou non de les exercer, et la loi veut qu'il les exerce lui-même, en personne. Tels sont le droit de se marier, le droit de faire son testament, le droit de reconnaître un enfant naturel. Il en résulte que les incapables qui sont privés de l'exercice sont, en réalité, privés de la jouissance même du droit, puisqu'ils n'ont aucun moyen de le faire valoir. Par contre, du moment qu'une personne recouvre la jouissance de ces droits, elle en a nécessairement l'exercice. (2)

à proprement parler, incapacité. On pourrait désigner par un autre terme la première série d'hypothèses où il y a défaut de jouissance ; on pourrait dire, par exemple, que, dans ces hypothèses, il y a, non plus incapacité, mais privation de droits.

(1) Art. 1123 Civ. — Voir aussi l'art. 902 Civ.

(2) Les auteurs se demandent en conséquence si les incapables, privés simplement de l'exercice de leurs droits civils, ne conservent pas exceptionnellement l'exercice de ces droits spéciaux. La question se pose à propos de l'interdit, et l'on discute sur le point de savoir si l'interdit peut, dans un intervalle lucide, se marier, faire son testament, reconnaître un enfant naturel. Voir Baudry-Lacantinerie, 6ᵉ éd., t. I, nᵒˢ 1205 et 1206. — Pour les mineurs, la loi a donné elle-même la solution (art. 144, 904 Civ.); pour la femme mariée, voir les art. 226, 905 Civ.

Différentes causes des incapacités d'exercice. — Les causes de ces incapacités sont les suivantes : L'âge, le sexe, les infirmités et certaines condamnations pénales. (1)

Age. — L'homme est incapable jusqu'à l'âge de vingt et un ans, âge auquel la loi française fixe d'une façon uniforme la majorité. (2) Jusqu'à cet âge, l'enfant est en état de minorité et la loi lui donne un protecteur chargé de veiller sur lui et sur son patrimoine. Le mineur est placé sous la puissance paternelle de ses père et mère, et tant que ceux-ci sont vivants, c'est le père qui exerce la puissance paternelle, à moins qu'il ne soit dans l'impossibilité physique, morale ou légale de l'exercer, auquel cas c'est la mère qui le remplace (3). Si l'enfant possède des biens, la loi en confie l'administration au père, comme chargé de la puissance paternelle (4).

Lorsque l'un des père et mère est décédé, l'enfant reste toujours sous la puissance du survivant, mais il est mis en tutelle. (5) En effet, la mort de l'un des parents modifie la situation de l'enfant ; la loi organise en sa faveur une nouvelle protection destinée à remplacer celle que lui assurait la présence de l'autre époux. De plus, l'enfant recueillera, à ce moment, tout ou partie des biens laissés par l'époux prédécédé et il faut pourvoir à leur administration. Le survivant des père et mère exerce donc, à la fois, la puissance paternelle et la tutelle. Comme tuteur, il est assujetti à certaines obligations établies dans l'intérêt de l'enfant. D'abord, il a, à côté de lui, un subrogé tuteur, pour surveiller sa gestion, et un conseil

---

(1) Nous ne rangeons pas l'absence parmi les causes d'incapacité, car la loi n'a pas déclaré l'absent incapable, elle a organisé en sa faveur un mode particulier de protection dont nous avons donné l'idée ci-dessus.

Les condamnations pénales entraînent à la fois des incapacités de jouissance et des incapacités d'exercice.

(2) Art. 488 Civ. « La majorité est fixée à vingt-un ans accomplis; à cet âge, on est capable de tous les actes de la vie civile. »

(3) Art. 373, 141 Civ. En cas de divorce, le droit de puissance paternelle subsiste, mais son exercice peut se trouver modifié (art. 302, 303 Civ.)

(4) Art. 389 Civ.

(5) Art. 389 Civ. et suiv.

de famille, composé de parents ou d'amis, sorte de tribunal domestique auquel il devra soumettre les questions les plus importantes concernant la personne ou les biens du mineur ; enfin ses pouvoirs sur les biens de l'enfant sont déterminés expressément par la loi et sont moins larges que ceux du père, administrateur légal pendant le mariage. Comme garantie de sa bonne administration, les immeubles du tuteur sont grevés d'une hypothèque légale au profit de son pupille. (1)

Après la mort du survivant des père et mère, l'enfant passe sous la puissance d'un autre tuteur, qui peut être un ascendant, ou le tuteur désigné par le testament du père ou de la mère, ou celui que le conseil de famille a choisi.

Le tuteur représente le mineur dans tous les actes de la vie civile. Il exerce les droits civils du mineur au nom et pour le compte de celui-ci, et les effets des actes qu'il passe se réalisent dans la personne du mineur, comme si ce dernier avait lui-même fait l'acte. (2)

A partir d'un certain âge, le mineur peut être émancipé, c'est-à-dire affranchi, soit de la puissance paternelle, soit de l'autorité tutélaire, ou de toutes les deux, lorsqu'il est soumis à l'une et à l'autre. (3) Le mineur est émancipé de plein droit par le mariage.

L'enfant émancipé jouit d'une demi-capacité ; cet état constitue la transition de l'incapacité à la majorité. C'est une espèce de stage pour arriver à la capacité complète. Il avait même été question, dans les travaux préparatoires du Code Civil, d'accorder de plein droit le bénéfice de l'émancipation à tous les mineurs arrivés à l'âge de dix-huit ans. (4)

---

(1) Art. 2121 Civ.

(2) D'après les principes du droit moderne, les actes juridiques peuvent être faits par représentation, c'est-à-dire par l'intermédiaire d'un tiers, et ils produisent leurs effets dans la personne du véritable intéressé. *Qui mandat, ipse fecisse videtur.* Voir ci-dessous, ch. V, sect. II, § 7.

(3) Art. 476 et suiv. Civ.

(4) Voir Locré, *Législ. civ.*, t. VII, p. 145, et Fenet, t. X, p. 564, 565, 594. « Il peut être très utile, nécessaire même, d'être affranchi d'une puissance

Le mineur émancipé est affranchi de la puissance paternelle et de la tutelle, il est mis à la tête de ses biens, il peut
faire seul les actes de pure administration de son patrimoine,
c'est-à-dire les actes qui ont pour objet la conservation du
patrimoine, la perception des fruits et revenus, l'organisation du ménage du mineur. (1)

Quant aux actes plus graves, qui peuvent avoir pour effet
de modifier la composition du patrimoine, le mineur émancipé
doit être assisté d'un curateur nommé par le Conseil de
famille, et même pour certains, il reste soumis à toutes les
conditions et formalités imposées au mineur en tutelle. (2)

Mais c'est toujours l'émancipé qui fait l'acte lui-même, en
personne, tantôt seul, tantôt assisté de son curateur, lequel
donne son consentement à l'acte, tandis que le mineur en
tutelle est représenté par le tuteur et ne prend pas part à la
conclusion des actes intéressant son patrimoine.

En résumé, un mineur peut se trouver dans quatre situations différentes :

1° Il peut être sous la puissance paternelle ;

---

qui devient une gêne et une entrave, quand elle n'est plus nécessaire. Celui
qui exerce une profession, un commerce, une industrie doit jouir d'une
certaine capacité juridique, sinon, le droit serait à chaque instant en conflit
avec le fait ; obligé de contracter, il serait néanmoins incapable de contracter. L'émancipation lui donne la capacité dont il a besoin ; pour
mieux dire, elle constate la capacité qu'il a acquise. Ce n'est pas encore
une entière capacité ; dans le système du Code civil, on n'est capable de
tous les actes civils qu'à la majorité ; jusque-là une présomption d'incapacité pèse sur tous les hommes ; elle ne cesse qu'en partie par l'émancipation. »

Mais « l'émancipation n'est qu'une mesure individuelle. Il résulte de
là un grave inconvénient. Jusqu'à 21 ans, le mineur reste entièrement
étranger à la gestion de ses affaires ; de cette incapacité absolue, il passe
subitement à une capacité complète. Ce n'est pas là la marche de la nature,
et les lois positives devraient toujours être l'expression des lois naturelles.
La nature procède par gradations. Le législateur devrait l'imiter. » Laurent, v, n° 192.

(1) Vigié, t. I, n° 851, 2ᵉ édit.

(2) Art. 481 à 484 Civ.

2° Il peut être en même temps sous la puissance paternelle et l'autorité tutélaire ;

3° Il peut être en tutelle seulement ;

4° Il peut être émancipé.

Quelle que soit la situation dans laquelle il se trouve, c'est un incapable, et il a un protecteur chargé de surveiller ses intérêts.

Le mineur acquiert, à partir d'un certain âge, le droit de faire certains actes : Il peut contracter mariage à partir de quinze ans révolus (pour les femmes), de dix-huit ans révolus (pour les hommes). Parvenu à l'âge de seize ans, il peut disposer par testament de la moitié des biens dont la loi permet à un majeur de disposer.

A partir de vingt-un ans, l'homme acquiert une pleine capacité (sauf certaines restrictions pour le mariage et l'adoption), et la capacité reste complète jusqu'à la fin de sa vie. (1)

Sexe. — Au point de vue du droit privé, la femme n'est frappée d'aucune incapacité à raison de son sexe : elle a la jouissance et l'exercice de tous les droits civils, comme l'homme lui-même. (2)

Mais, dès que la femme est mariée, elle devient incapable, et elle ne peut, en principe, faire aucun acte juridique, ni ester en justice sans l'autorisation de son mari. (3) L'incapacité de la femme commence et finit avec le mariage. (4)

_____

(1) La vieillesse fait accorder à l'individu certaines immunités. Ainsi, à soixante-cinq ans il est dispensé d'accepter la tutelle (art. 433 Civ.).

(2) Il y a bien quelques différences entre la situation de l'homme et celle de la femme, en matière de droit privé, mais elles ont peu d'importance. La femme ne peut pas être témoin dans les actes de l'état civil, ni dans les actes notariés (art. 37, 980 Civ.) ; elle est exclue des fonctions de tuteur, et des fonctions de curateur et de conseil judiciaire, à l'exception de la mère et des ascendantes (art. 442 Civ. et arg. de cet art.). Enfin, quand elle exerce la puissance paternelle sur ses enfants, elle est soumise à certaines obligations qui n'incombent pas au père (art. 381, 386, 391, 395, 399 et 400 Civ.; voir aussi art. 402 Civ.). En sens inverse, elle jouit de certaines faveurs fondées sur les intérêts et les devoirs particuliers à son sexe (art. 144, 148, 151, 152, 394 Civ.).

(3) Art. 215, 217 Civ.; art. 1124 Civ.

(4) Tous les auteurs disent que la femme mariée ne peut, en principe

Quel est le fondement de cette incapacité ? A-t-elle pour raison d'être l'inexpérience, la faiblesse de la femme, la nécessité de la protéger, comme la loi protège le mineur; ou bien s'explique-t-elle par l'état de soumission, de dépendance,

---

faire aucun acte juridique sans l'autorisation maritale. A notre avis, cette proposition est inexacte. L'incapacité de la femme mariée ressemble à celle du mineur émancipé, c'est-à-dire que la femme conserve le droit de faire les actes d'administration de son patrimoine, et elle n'a besoin de l'autorisation maritale que pour les actes qui ne sont pas d'administration. La preuve en est que, sous tous les régimes matrimoniaux qui laissent à la femme l'administration de ses biens (régime de séparation de biens, régime dotal quant aux biens paraphernaux), la loi décide que la femme a la libre administration de son patrimoine (art. 1449, 1576); il en est de même sous le régime de communauté, lorsque la femme s'est réservée, par contrat de mariage, l'administration d'une partie de ses biens propres. (Aubry et Rau, v, § 472, 2°, *in fine*.)

De même encore, l'article 124 Civ. dispose que, lorsque les époux sont mariés sous le régime de communauté et que le mari est en état d'absence, la femme peut opter pour la continuation de la communauté, et elle prend alors l'administration des biens, sans avoir besoin de l'autorisation de justice. L'article 217 Civ., qui établit l'incapacité de la femme mariée, énumère les actes qu'elle ne peut pas faire sans autorisation, et ce sont précisément des actes (donner, aliéner, hypothéquer, acquérir à titre gratuit ou onéreux) qui ne rentrent pas dans la notion de l'administration.

L'habitude de dire que la femme ne peut faire aucun acte sans autorisation vient de ce que le régime de droit commun est le régime de communauté, sous lequel l'administration des biens de la femme appartient au mari. Sous ce régime, il est vrai de dire que la femme ne peut passer aucun acte, puisque ce n'est pas elle qui administre ses biens. Mais faut-il conclure de là que l'incapacité de la femme mariée, abstraction faite de son régime matrimonial, s'applique à tous les actes juridiques ? Évidemment non, la femme mariée est capable de faire les actes d'administration, et la preuve en est que la loi le dit expressément dans tous les cas où la femme est mariée sous un régime matrimonial sous lequel elle conserve l'administration de ses biens.

Nous venons de parler de régime matrimonial. Les époux règlent, en se mariant, le sort de leurs biens comme ils jugent à propos (art. 1387 Civ.). Les combinaisons entre lesquelles ils peuvent choisir sont variées (régime de communauté, régime sans communauté, régime dotal, séparation de biens). Suivant le régime qu'ils auront adopté, la femme conservera tous ses droits sur son patrimoine, ou bien elle en abdiquera une portion plus ou moins étendue entre les mains du mari ; en particulier, sous la plupart des régimes, le mari acquiert l'administration et la jouissance de tout ou partie des biens de la femme. Ce second ordre d'idées est absolument

dans lequel le mariage place la femme vis-à-vis du mari ; est-
elle enfin établie dans l'intérêt du ménage, qui exige l'unité de
direction des affaires ? C'est une question indécise et presque
insoluble. « Les rédacteurs du Code, dit fort bien M. Beudant, n'ont pas eu d'idée bien arrêtée, de système bien défini.
Les prescriptions de la loi se rattachent à des traditions
d'origines diverses, qui, avec le temps, se sont combinées et
ont amené, en définitive, un système sans principe, sans
unité. » (1) Les deux idées de protection de la femme et de
subordination à l'autorité du mari ont certainement inspiré
l'une et l'autre les décisions de notre loi. (2) Il y a une tendance manifeste de nos jours à restreindre de plus en plus le
domaine de cette incapacité. (3)

---

distinct et indépendant de la question d'incapacité de la femme mariée, et
il importe beaucoup de ne pas confondre ces deux points de vue. L'incapacité de la femme mariée, pouvons-nous dire, est toujours la même, quel
que soit le régime matrimonial. Sans doute, tantôt la femme conserve l'administration de ses biens, tantôt elle la perd, mais, dans les deux cas, son
incapacité n'est pas modifiée ; on ne doit pas dire que, dans le second, elle
est incapable de faire les actes d'administration. Ce serait inexact; si elle
ne peut pas faire ces actes d'administration, ce n'est pas parce qu'elle est
incapable, mais tout simplement parce qu'elle n'a pas l'administration. Il
est vrai que, sous le régime dotal, la femme est frappée d'une incapacité
spéciale : elle ne peut pas, même avec l'autorisation du mari, aliéner les
immeubles constitués en dot (art. 1554 Civ.). Mais c'est là une incapacité
spéciale, inhérente au régime dotal et distincte de l'incapacité qui atteint
la femme en tant que femme mariée. En réalité, la femme mariée sous le
régime dotal est frappée de deux incapacités.

(1) Beudant, *op. cit.*, I, n° 343.

(2) Les art. 222, 224, 225, 1124 Civ. se rattachent certainement à l'idée
de protection de la femme, qui est une incapable au sens propre du mot,
c'est-à-dire qui est présumée n'avoir pas l'aptitude nécessaire pour exercer
ses droits. Mais beaucoup d'autres dispositions de la loi paraissent en
contradiction avec cette présomption. Ainsi, les femmes non mariées
jouissent de la même capacité que les hommes ; la femme mariée peut être
tutrice de son enfant, et même de son mari, s'il est interdit (art. 507 Civ.).

(3) Ce mouvement a provoqué quelques mesures législatives. La loi du
9 avril 1881, qui a créé la caisse nationale d'épargne postale, autorise les
femmes à faire des dépôts dans cette caisse ou à les retirer sans autorisation ; de même, la loi du 20 juillet 1886, relative à la caisse nationale des
retraites pour la vieillesse (art. 13). Une réforme très importante a été
apportée par la loi du 6 février 1893, en vertu de laquelle la femme sépa-

Infirmités physiques ou morales. — Les infirmités physiques n'ont, en principe, aucune influence sur la capacité juridique. Pourtant, elles peuvent par contre-coup agir sur elle, lorsque celui qui en est atteint ne remplit plus les conditions exigées par la loi pour faire certains actes. Ainsi l'aveugle ne peut pas faire de testament mystique, et le sourd-muet ne peut pas faire de testament public. (1)

Les infirmités morales placent celui qu'elles atteignent dans un état d'infériorité ou de faiblesse qui le rend incapable de gérer et d'administrer son patrimoine. La personne dont l'intelligence est affaiblie ne comprend plus la portée des actes qu'elle accomplit, elle peut être à la merci des intrigues et des manœuvres de gens de mauvaise foi, il faut que la loi lui accorde sa protection.

Ces infirmités sont : l'aliénation mentale, la faiblesse d'esprit, qui n'est qu'un diminutif de l'aliénation mentale, et la prodigalité.

L'aliénation mentale enlève au malheureux qu'elle frappe l'usage de la raison : peu importe qu'elle soit continuelle ou coupée par des intervalles lucides, dans les deux cas, surtout dans le second, il convient de prendre des mesures de protection en faveur de l'aliéné qui pourrait, par ses actes, compromettre gravement ses intérêts.

---

rée de corps recouvre le plein exercice de sa capacité civile. Voir Bridel, *Capacité civile de la femme mariée, extension qu'elle comporte, Revue générale de droit,* 1889, p. 385 et 481 ; 1891, p. 27.

(1) Art. 972, 978, 979 ; Aubry et Rau, t. I, § 86, texte et note 9 ; Baudry-Lacantinerie, II, 5e édit., nos 572, 573.

« A tous autres égards, disent Aubry et Rau, les sourds-muets jouissent d'une capacité pleine et entière, pourvu que, d'ailleurs, ils soient en état de manifester leur volonté, par écrit ou par signes, d'une manière précise et certaine. C'est ainsi que le sourd-muet peut contracter mariage et même faire une donation entre-vifs et accepter une pareille donation. Si l'infirmité physique, dont le sourd-muet se trouve atteint, avait affecté son intelligence au point de la rendre incapable de gouverner sa personne ou de gérer ses biens, il y aurait lieu de prendre à son égard l'une ou l'autre des mesures applicables aux personnes affligées d'une infirmité morale. »

La loi permet de prononcer l'interdiction de la personne atteinte d'aliénation mentale. (1) L'interdiction est une mesure par laquelle la justice, sur la demande des parents ou du conjoint, prive l'aliéné de l'exercice de ses droits civils et le range parmi les incapables. (2) L'interdit judiciaire est assimilé à un mineur, il est mis en tutelle, et cette tutelle est organisée comme celle du mineur. Le tuteur représente l'interdit dans tous les actes relatifs au patrimoine. (3)

Tous les aliénés ne sont pas frappés d'interdiction. La famille peut reculer devant cette mesure et se contenter de placer l'aliéné dans un établissement public ou privé, ou bien l'aliéné peut y être placé d'office par l'autorité publique. (4) Pendant la durée de l'internement, on nomme un administrateur provisoire chargé de gérer son patrimoine.

Enfin, si l'aliéné non interdit est soigné chez lui, à son domicile, la loi n'organise en sa faveur aucune mesure de protection. Il reste sous l'empire du droit commun. Si donc il passe un acte en état de folie, cet acte ne peut produire aucun effet, puisqu'il est l'œuvre d'un insensé ; si, au contraire, il agit dans un intervalle lucide, l'acte est valable. (5)

La faiblesse d'esprit et la prodigalité sont deux infirmités morales, moins graves sans doute que l'aliénation mentale, mais qui mettent celui qui en est atteint dans l'impossibilité de passer seul certains actes juridiques, dont les effets sont de nature à modifier la composition du patrimoine.

Chez le faible d'esprit, les facultés mentales sont troublées

---

(1) Art. 489 et suiv. Civ.

(2) C'est une mesure très grave, puisqu'elle modifie la capacité de la personne. Aussi la loi ne donne qu'aux parents de l'aliéné le droit de la provoquer et soumet la demande d'interdiction à une longue et minutieuse procédure. « On ne saurait trop multiplier les précautions, quand il s'agit d'enlever à une personne l'exercice de ses droits. » Glasson, *Éléments du droit français*, I, p. 96, nouv. édit.

(3) Art. 509 Civ.

(4) Loi du 30 juin 1838 sur les aliénés.

(5) Voir ci-dessous : *Des éléments nécessaires à l'existence des actes juridiques*, ch. v, sect. II, § 2.

ou insuffisamment développées ; chez le prodigue, il existe un penchant à dissiper son patrimoine en folles et excessives dépenses. La loi ne les frappe pas d'une incapacité générale, comme les interdits; elle proportionne la protection à la gravité de l'infirmité. Elle laisse donc aux prodigues et aux faibles d'esprit l'exercice de la plupart de leurs droits civils, elle leur laisse également l'administration de leur patrimoine, mais elle permet de faire désigner par la justice une personne appelée conseil judiciaire, qui devra les assister quand ils voudront passer certains actes, spécialement déterminés, qui offrent pour eux une gravité particulière à cause de leur état. (1) Les prodigues et les faibles d'esprit pourvus d'un conseil judiciaire ne sont donc pas atteints d'une incapacité générale, mais seulement partielle, et limitée aux actes énumérés par la loi.

Telle est la liste des personnes incapables d'exercer leurs droits civils ou les plus importants de ces droits, et qui doivent être représentées dans les actes juridiques ou habilitées par un tiers chargé de protéger leurs intérêts. Il nous reste à indiquer quelle est, au point de vue de la validité des actes accomplis, la conséquence de l'incapacité. Si l'acte juridique intéressant l'incapable a été fait régulièrement, conformément aux règles et aux formalités prescrites par le Code, il est valable comme s'il avait été accompli par une personne majeure maîtresse de ses droits. Si, au contraire, les mesures de protection édictées par la loi n'ont pas été observées, si l'incapable a agi tout seul, alors qu'il devait être assisté ou représenté, si les formalités ont été négligées, l'acte est frappé de nullité, mais cette nullité n'est établie qu'en faveur de l'incapable. (2)

Observation. — Lorsque la loi prononce contre une personne une privation de droits, elle déclare ordinairement s'il s'agit de la privation de la jouissance ou simplement de

(1) Art. 499 et 513 Civ.
(2) Art. 1125 Civ. V. ci-dessous, à propos des actes juridiques, ch. v, sect. II.

l'exercice de ces droits. Mais il y a des cas où il peut y avoir doute. Le critérium pour trancher la question est facile à établir. En effet, nous avons vu que les incapacités d'exercice sont toutes destinées à protéger la personne qu'elles atteignent, et la loi délègue toujours un tiers pour exercer les droits de l'incapable, ou pour l'habiliter. Quand donc la loi déclare qu'une personne sera privée d'un droit ou de certains droits, et qu'elle n'en délègue pas l'exercice à un tiers ou ne charge pas un tiers d'assister l'intéressé dans leur exercice, il faut en conclure qu'elle enlève non seulement l'exercice, mais la jouissance même du droit. (1)

Influence des condamnations pénales sur la capacité des personnes. — Les condamnations pénales prononcées contre les personnes qui se sont rendues coupables de crimes ou de délits ont pour conséquence de priver le condamné, dans une mesure plus ou moins étendue, de sa capacité civile.

D'abord, la loi enlève au condamné la jouissance de certains droits civils à titre de peine, parce qu'il est jugé indigne de les conserver.

Ainsi les condamnés à des peines perpétuelles sont atteints de la double interdiction de disposer et de recevoir à titre gratuit, c'est-à-dire qu'ils ne peuvent plus ni tester, ni faire de donations, ni, d'autre part, recevoir aucune libéralité. Cette déchéance enlève au condamné la jouissance même et non pas simplement l'exercice du droit. (2)

De même les peines criminelles et les peines correctionnelles, dans certains cas, entraînent privation de la jouissance de certains droits civils qui, presque tous, constituent des droits de famille, droit d'être tuteur, curateur, de faire partie d'un conseil de famille, d'être témoin dans les actes. (3)

(1) Cf. Boudant, *op. cit.*, I, n° 55. Ainsi, dans les art. 450, 1505, 1596, 1597, il s'agit de privations de droits entraînant la perte de la jouissance.
(2) Art. 3, loi du 31 mai 1854. Cette privation de droits a été empruntée à la mort civile. Elle est critiquable. Cf. Demolombe, I, p. 349, append., n° 21.
(3) Art. 34, 42 Pén. Les condamnations à des peines de simple police ne modifient pas la capacité civile.

En second lieu, les condamnations à des peines criminelles entraînent l'interdiction légale du condamné pendant l'exécution de sa peine. L'interdiction légale prive le condamné non plus de la jouissance, mais de l'exercice de ses droits ; elle le place dans une situation analogue à celle de l'interdit judiciaire. (1) Le condamné est mis en tutelle, le tuteur est chargé d'administrer son patrimoine et de le représenter dans tous les actes juridiques concernant ses biens. Cette tutelle est organisée d'après les mêmes règles que celle des interdits.

Le condamné à une peine criminelle est donc frappé d'une incapacité générale d'exercice, comme le mineur, l'interdit. Cela peut sembler étonnant. Les incapacités ont ordinairement pour but de protéger celui qu'elles atteignent; comment expliquer que la sollicitude de la loi se soit tournée vers l'individu coupable d'un crime ? Il faut reconnaître que l'incapacité qui atteint le condamné présente un caractère particulier : Dans une certaine mesure, elle est dirigée contre le condamné et prononcée à titre de répression ; son but est d'empêcher le condamné de se procurer des ressources pécuniaires, à l'aide desquelles il pourrait adoucir sa peine ou corrompre ses gardiens. Mais l'idée de protection reparaît aussi à côté de la première. Le condamné subit sa peine, il est en prison, ne faut-il pas pourvoir à l'administration et à la gestion de son patrimoine, puisqu'il est mis dans l'impossibilité matérielle de veiller lui-même à ses intérêts ?

Observation finale. — En dehors des conséquences que produisent les condamnations pénales sur la capacité, l'indignité, c'est-à-dire le fait de commettre des actes honteux et répréhensibles au point de vue de la morale, n'exerce aucune influence sur la jouissance et l'exercice des droits civils, tant que ces faits ne tombent pas sous le coup de la loi pénale et n'entraînent pas une condamnation.

Cependant, exceptionnellement, l'indignité emporte cer-

(1) Art. 29, 30, 31 Pén.

taines déchéances dans les cas où une personne a commis vis-à-vis d'une autre des actes répréhensibles.

Ainsi, en matière de successions et de donations entre-vifs ou testamentaire, celui qui s'est rendu coupable d'actes de violence ou d'injures graves envers le défunt, le testateur ou le donateur, est privé du droit de lui succéder, de recueillir le legs qui lui a été adressé, de conserver la donation qu'il a reçue. (1)

De même, la loi du 24 juillet 1889 sur la protection des enfants maltraités ou moralement abandonnés permet de prononcer la déchéance de la puissance paternelle contre les parents indignes et d'en confier l'exercice à d'autres personnes.

Résumé. — Les incapacités ou privations de droits sont de deux sortes :

Privations de la jouissance ou incapacités de jouissance ;

Privations de l'exercice ou incapacités d'exercice.

Les privations de jouissance enlèvent à celui qu'elles atteignent le droit lui-même. Elles sont fondées sur l'un ou l'autre de ces motifs. Les unes sont établies en vertu de considérations d'ordre supérieur (2) ; les autres sont de véritables déchéances que la loi prononce à titre de peine. (3)

Les incapacités d'exercice, au contraire, ne privent pas l'incapable de la jouissance du droit, elles ne visent que l'exercice du droit. Elles sont inspirées par une idée de protection, et la loi confie à un tiers le soin d'exercer lui-même les droits de l'incapable en son lieu et place, ou de l'assister et de l'habiliter.

---

(1) Art. 727, 955, 1046 Civ. De même, l'héritier appelé à une succession, qui divertit ou recèle des effets dépendant de cette succession, est déchu de la faculté d'y renoncer et de l'accepter sous bénéfice d'inventaire ; il demeure héritier pur et simple et est privé de la part qui devait lui revenir dans les objets divertis ou recélés (art. 792, 801, 1460, 1477 Civ.). Dans le même sens, consulter encore art. 299 Civ.

(2) Ex.: art. 144, 442, 450, 903, 1595, etc.

(3) Ex.: Privations de droits résultant de condamnations pénales, déchéance de la puissance paternelle, art. 792, 1442, etc.

Enfin, les privations de jouissance sont toujours spéciales et ne s'appliquent qu'à un ou à certains droits déterminés; au contraire, les incapacités d'exercice peuvent être générales et s'appliquer à tous les droits civils.

SECTION DEUXIÈME. — DES PERSONNES MORALES
OU DES PERSONNES JURIDIQUES. (1)

1° *Notions générales ; historique ; nature de la personnalité juridique.*

2° *Diverses espèces de Personnes morales.*

3° *Naissance et extinction des Personnes morales.*

4° *État et capacité des Personnes morales.*

5° *Des Associations qui n'ont pas la personnalité morale.*

---

(1) Bibliographie. — Consulter: Aubry et Rau, i, § 54 ; Laurent, t. i, § 288 à 316; Baudry-Lacantinerie et Houques-Fourcade, *Des personnes*, t. i, §205 à 310 ; Hauriou, *Précis de droit administratif*, 3° édit., *passim;* Ducrocq, *Cours de droit administratif*, 6° édit.; Aucoc, *Conférences sur le droit administratif;* Béquet, *Répertoire de droit administratif*, v° *Dons et legs;* Vauthier, *Études sur les personnes morales*, Bruxelles, 1887 ; Van den Heuvel, *De la situation légale des associations sans but lucratif*, 2° édit.; Giorgio Giorgi, *La dottrina delle persone giuridiche*, Florence, 1892.

Parmi les nombreux ouvrages allemands traitant cette matière, nous citerons seulement les suivants: Savigny, *Traité de droit romain*, t. ii, § lxxxv à cii ; Unger, *System des œsterreischischen allgemeinen Privatrechts*, t. i, § 42 à 44 ; Windscheid, *Lehrbuch des Pandektenrechts*, t. i, § 57 à 62 ; Goudsmit, *Pandectes*, t. i, § 31 à 38 ; Forster et Eccius, *Preussisches Privatrecht*, t. i, § 19, p. 102, et t. vi, § 280 et suiv.; Gierke, *Das deutsche genossenschaftsrecht ; Die genossenschafts Theorie und die deutsche rechtssprechung.* — Consulter aussi les nombreux articles de revues et les notes de jurisprudence cités dans les paragraphes suivants.

Principales thèses de doctorat : Géorg, *Étude sur la personnalité juridique*, Genève, 1890 ; Piébourg, *Condition des personnes civiles*, Paris, 1875 ; Cassagnade, *La personnalité des sociétés*, Paris, 1883 ; Tournon, *Personnalité civile des sociétés et des associations*, Bordeaux, 1895 ; Lot, *Des libéralités aux sociétés civiles et commerciales*, Paris, 1895 ; Gondy, *De la personnalité juridique*, Paris, 1896 ; Didier Rousse, *Capacité juridique des associations*, Paris, 1897 ; Truchy, *Des fondations*, Paris, 1888 ; Ravier du Magny, *Le contrat de fondation*, Grenoble, 1894 ; Geouffre de Lapradelle, *Théorie et pratique des fondations perpétuelles*, Paris, 1895.

§ 1er. — *Notions générales. Historique. Nature de la personnalité juridique.*

Jusqu'à présent, l'homme seul nous est apparu comme étant une personne, c'est-à-dire comme étant capable de devenir le sujet de droits et d'obligations. L'homme est un être doué de la vie physique, il a une individualité et une volonté naturelles, et le droit a précisément pour but de reconnaître sa personnalité. Mais le droit fait un pas de plus. Il ne se contente pas de donner la personnalité aux êtres physiques, il crée des sujets abstraits, des êtres de raison auxquels il accorde aussi la personnalité, et là où la volonté naturelle fait défaut, il suppose une volonté artificielle et établit ainsi la base nécessaire de la capacité juridique. (1) Ces nouveaux sujets de droit, ces êtres de raison, ces abstractions de l'esprit s'appellent des personnes morales, ou des personnes civiles, ou encore des personnes juridiques. (2) Comme l'homme, ils sont capables d'acquérir des droits, d'avoir un patrimoine, de devenir le sujet d'obligations.

Voici dans quels cas le droit élargit ainsi la notion de la personnalité :

L'homme vivant en société est naturellement porté à unir son activité à celle de ses semblables pour augmenter sa puissance, pour atteindre certains buts auxquels il ne pourrait pas parvenir tout seul. L'association est un besoin naturel à l'homme, et ce groupement des forces humaines se rencontre partout, depuis le groupement primordial, instinc-

---

(1) Cf. Unger, *op. cit.*, i, § 42.

(2) Les Allemands emploient ordinairement l'expression de personnes juridiques. (Savigny, *op. cit.*, ii, § lxxxv, *in fine;* Windscheid, *op. cit.*, i, § 49, *in fine;* Arndts, *Lehrbuch der Pandekten*, t, i, § 41.) Savigny rejette l'expression de personne morale. « D'abord, dit-il, elle n'atteint pas l'essence du sujet qui n'a rien de commun avec les rapports moraux ; ensuite, appliquée aux individus, elle désigne ordinairement l'opposition de la moralité à l'immoralité, ce qui reporte à un ordre d'idées tout différent. » Trad. Guénoux, p. 238.

Néanmoins, cette expression de personne morale est la plus fréquemment employée en France.

tif qui constitue l'État, jusqu'à la société formée entre deux ou plusieurs individus pour faire le commerce ou réaliser des bénéfices. Ces associations, ces corporations sont destinées à servir les intérêts d'un nombre plus ou moins étendu de personnes ; elles sont créées pour remplir une fonction propre, une mission qu'un homme seul ne pourrait accomplir. Elles peuvent être formées dans un but politique et administratif, ou dans un but religieux, charitable, artistique, scientifique, ou tout simplement pour faire fructifier un capital mis en commun et partager les profits.

L'individualité des éléments humains qui composent le groupement s'efface, s'absorbe dans une mesure plus ou moins complète, suivant que l'association est créée pour réaliser une œuvre d'ordre général ou qu'elle a simplement pour but l'intérêt des associés, et un être juridique nouveau apparaît, doué d'une vie propre, et aussi d'une volonté propre formée par le faisceau des volontés particulières qui se sont unies.

Ainsi la personne morale nous apparaît comme un composé, un groupement d'individus qui unissent leurs efforts pour un but commun. Mais elle se présente encore sous un autre aspect plus abstrait. Une œuvre d'intérêt général, comme un bureau de bienfaisance, un hôpital, une caisse d'épargne, n'est pas simplement une agglomération d'individus, elle est absolument indépendante des hommes qui l'administrent et qui lui prêtent leur concours ; à la différence de l'association, elle n'a pas pour substratum, pour base juridique une collectivité, mais bien une idée à réaliser, un but à atteindre. (1) C'est un établissement qui existe par lui-même, par

_____

(1) « Il serait inexact d'appliquer le titre de corporation à toutes les personnes juridiques. Prenons, par exemple, un hôpital. Quels sont les individus dont l'unité collective doit être regardée comme le sujet propriétaire des biens ? Ce ne sont pas les malades soignés dans l'hôpital, car ils sont uniquement les objets de la fondation pieuse, et ils ne participent pas aux biens qui en dépendent. Le véritable sujet du droit est donc une abstraction personnifiée, une œuvre d'humanité qui doit s'accomplir dans un certain lieu, d'après un certain mode et par des moyens déterminés. » Savigny, *op. cit.*, II, § LXXXVI, trad. Guénoux, p. 242, note *b*.

lui seul, et ses administrateurs ne sont que ses représentants, ses intermédiaires. A ces établissements qui sont fondés pour accomplir une fonction sociale, le droit accorde aussi la personnalité morale.

On donne quelquefois à cette deuxième catégorie de personnes morales le nom de fondations en prenant ce mot dans un sens large, mais en même temps très indécis ; à notre avis, il vaut mieux réserver cette expression pour désigner les hypothèses où une personne consacre une partie de son patrimoine à l'accomplissement d'une œuvre déterminée, soit qu'il en fasse don à une personne morale préexistante, soit qu'il veuille arriver à la création d'un être juridique nouveau qui sera chargé d'accomplir cette œuvre. (1)

Historique. — Dans toute législation un peu avancée, le développement et le perfectionnement des rapports de droit obligent le législateur à reconnaître l'existence d'êtres ab-

_____

(1) Comparer la définition que rapporte M. Geouffre de Lapradelle, *Théorie et pratique des fondations perpétuelles*, d'après le *Dictionnaire* de Trévoux : « Fondation se dit d'un fonds assigné pour être employé à perpétuité, conformément à l'intention du fondateur, pour des œuvres de piété ou pour l'utilité publique. »

Cette distinction entre les deux catégories de personnes morales est purement théorique et ne sert qu'à délimiter le domaine de la personnalité juridique. On a voulu lui donner une importance pratique qu'en réalité elle n'a pas. On a prétendu que, dans le cas d'association de personnes, au moment de la dissolution, les biens se partagent entre les associés, tandis que, chez les personnes morales de la seconde classe, ils sont dévolus à l'État. (Vauthier, *Études sur les personnes morales*, Bruxelles, 1887, p. 277 et suiv., 381 et suiv.; Baudry-Lacantinerie et Houques-Fourcade, *Des personnes*, I, nos 295 et 306.) Mais cette conséquence est inacceptable, car alors il faudrait ranger dans la deuxième catégorie toutes les associations faites dans un but désintéressé, comme les sociétés de patronage, sociétés d'anciens élèves, etc., dans lesquelles les membres associés qui payent une cotisation n'entendent acquérir aucun droit sur le patrimoine social, et pourtant ce sont bien là des personnes morales qui ont pour substratum une collectivité d'individus. Dans notre sens, Hauriou, *Précis de droit administratif*, 3e éd , p. 119, texte et note 3, et Laîné (*Des personnes morales en droit international privé, Journal de droit international privé*, 1893, p. 279), qui contestent la base même de cette distinction et prétendent que toutes les personnes morales, quelles qu'elles soient, reposent sur un groupement d'efforts.

straits à côté des personnes physiques. A Rome, il est vrai-
semblable que cette conception n'apparut qu'assez tard, mais
elle est certainement admise à l'époque classique.

En premier lieu, la personnalité morale est accordée à
l'État, aux communes, aux municipes et à de nombreuses
associations (1), telles que les collèges de prêtres de l'époque
païenne, les associations de fonctionnaires, les confréries
d'artisans, les sociétés de publicains. (2) On appelle ce premier groupe du nom d'*universitates personarum*, pour le
distinguer de la deuxième classe qu'on désigne sous le nom
d'*universitates bonorum*, dénominations commodes créées
par les interprètes. Les fondations ou *universitates bonorum*
n'ont acquis la personnalité morale qu'au Bas-Empire. « Elles
sont à peu près étrangères au droit païen, et ne se sont développées qu'à l'époque chrétienne où la personnalité est accordée soit aux établissements du culte, églises et couvents,
soit aux établissements de bienfaisance organisés au profit
des pauvres, vieillards, malades, enfants abandonnés *(piæ
causæ)*, soit enfin aux masses de biens directement affectés
à un office déterminé sans établissement grevé quelconque,
qui sont les fondations au sens le plus étroit du mot. » (3)

_____

(1) Girard, *Manuel de droit romain*, p. 225, 226 ; Savigny, *op. cit.*, II,
§ LXXXVII et suiv.; Goudsmit, *Pandectes*, § 32 ; Vauthier, *Des personnes
morales*, ch. 1, 2 et 3. En ce qui concerne l'État, M. Girard dit, p. 225,
op. cit.: « Les Romains ne semblent pas s'être posé la question théorique
de la reconnaissance de sa personnalité et paraissent l'avoir considéré
comme ayant eu, dès l'origine, des biens, des créances et des dettes et
comme ayant pu de tout temps, par l'organe de ses magistrats, procéder
à tous les actes de la vie juridique, même à ceux qui, comme l'acquisition
d'une succession, ont été le plus difficilement permis aux autres personnes
morales, sans même être obligé de suivre les formes qui s'imposent à la
vie juridique des autres personnes physiques et morales. »

(2) Les sociétés ordinaires, sociétés commerciales ou sociétés civiles,
n'étaient pas des personnes juridiques. Girard, *op. cit.*, p. 226 ; Vauthier,
op. cit., p. 43, 44 ; Piébourg, *Condition des personnes civiles en droit
romain*, p. 65.

(3) Girard, *op. cit.*, p. 226 ; Savigny, II, § LXXXVIII ; Brinz, *Lehrbuch der
Pandekten*, § 233 ; Vauthier, *op.cit.*, p. 73-74, 297-298. On admet ordinairement
qu'avant le christianisme, les libéralités destinées à un but religieux ou

Les associations ou *universitates personarum* ne pouvaient se former qu'en vertu d'une autorisation accordée par l'État, autorisation qui tantôt résultait d'une loi générale fixant un type déterminé d'associations reconnu licite à cause de son caractère d'utilité publique, ou qui, au contraire, devait être spéciale et intervenir avant la constitution de la corporation. (1)

Il parait résulter des textes que toute association licite et autorisée jouissait de plein droit de la personnalité morale et constituait un être juridique. La personnalité civile ne faisait pas l'objet d'une concession distincte du pouvoir, ce n'était pas une faveur que l'État accordait ou refusait aux associations. Aucun collège ne peut se former sans l'autorisation de la loi, mais, sous cette condition, tout collège est personne morale. (2)

Quant aux fondations pieuses, la question est fort discutée.

─────────

de bienfaisance ne constituaient pas des êtres juridiques, mais étaient simplement adressées à des personnes morales préexistantes avec l'obligation de les employer à un but déterminé. Une autre théorie soutient que la fondation n'a jamais joui à Rome de la personnalité morale, et qu'il n'était pas possible, en affectant un patrimoine à une œuvre déterminée, de donner à cette œuvre la personnalité. Les libéralités, dit-on, se sont toujours analysées en dons ou legs faits à des personnes morales préexistantes. Voir les auteurs cités par Arndts, § 46, obs. 1 ; Windscheid, *op. cit.*, I, § 57, note 5 ; Gierke, *Das genossenschaftsrecht*, t. III, p. 962 ; Geouffre de Lapradelle, *Théorie et pratique des fondations perpétuelles*, Paris, 1895, p. 26 et suiv., et p. 412 et suiv. D'après cette opinion, la notion de personnalité morale a toujours été étroitement unie à l'idée d'association, d'*universitas personarum*, et c'est seulement de nos jours que ces deux conceptions se sont séparées et qu'on est arrivé à étendre la personnalité morale aux *universitates bonorum*.

(1) Loi 1, pr. D. *Quod cujusc.*, III, 4.

(2) Loi 1, § 1, D. *Quod cujusc.*, III, 4 ; loi 20 D. *De reb. dubiis*, XXXIV, 5 ; consulter Girard, *op. cit.*, p. 227 ; Goudsmit, *op. cit.*, § 36, note 1 ; Windscheid, *op. cit.*, I, § 60 ; Arndts, *op. cit.*, I, § 44, obs. 4 ; Vauthier, *op. cit.*, p. 44 et suiv. ; Saleilles, *Annales de droit commercial*, *Étude sur l'histoire des sociétés en commandite*, 1895, p. 77. On a prétendu, au contraire, que les associations licites avaient besoin d'une autorisation spéciale pour acquérir la personnalité. Mais cette opinion est aujourd'hui abandonnée, elle provient d'une fausse interprétation de la loi, 1, 1 D. III, 4. — Voir Vauthier, p. 290.

Savigny a soutenu qu'elles ne pouvaient acquérir la personnalité qu'en vertu d'une autorisation de l'Etat. (1) D'autres, au contraire, ont affirmé qu'on pouvait créer une fondation (au moins une fondation pieuse) et en faire une personne juridique, en affectant un patrimoine à la réalisation d'un but, sans qu'il fût besoin de l'intervention du pouvoir. (2)

Ancien droit français. (3) — Il se peut que la notion de la personnalité morale ait sombré pendant la période de trouble qui suivit les invasions, par suite de la disparition de la culture juridique (4), mais elle dut reparaitre de bonne heure, grâce à la puissance de l'Eglise, au développement de son patrimoine et à l'action des communautés religieuses. Ce qui est certain, et c'est le point qu'il importe de mettre en lumière, c'est que, du jour où les associations et corporations se sont reformées et constituent de véritables personnes juridiques, acquérant des biens et possédant un patrimoine, le pouvoir royal cherche à les soumettre à son autorité, à les réglementer et à empêcher l'accroissement excessif de

---

(1) Savigny, *op. cit.*, II, § LXXXIX, trad. Guénoux, p. 274 et suiv.; Mühlenbruch, *Lehrbuch des Pandektenrechts*, § 196 à 202; voir Windscheid, *op. cit.*, I, § 60, note 2, pour l'énumération des différents auteurs qui se sont prononcés contre ou en faveur de cette opinion; voir aussi t. III, § 549, notes 3 et 4.

La question se posa en Allemagne à l'occasion d'une fondation laïque, faite par le banquier Stadel à la ville de Francfort; Mühlenbruch en contesta la légalité. Consulter Vauthier, p. 289, note 2.

(2) Goudsmit, *op. cit.*, § 37. Une autre théorie soutient, comme nous l'avons dit ci-dessus, p. 111, note 3, que la fondation, à Rome, n'a jamais joui de la personnalité morale.

(3) Nous n'avons pas la prétention de faire l'histoire des personnes civiles dans notre ancien droit. Ce serait sortir du plan que nous nous sommes tracé et oublier le but de cet ouvrage. Il s'agit simplement ici de mettre en lumière ce point, que notre ancien droit, pas plus que le droit romain, ne séparait la notion de corporation et celle de personnalité, comme l'a fait le droit moderne. Sur l'histoire de la personnalité civile, consulter Beaune, *Condition des personnes*, p. 375; Saleilles, *Annales du droit commercial*, 1895, p. 64, *Etude sur l'histoire des sociétés en commandite;* Vauthier, p. 91 et suiv.; Gierke, *Das deutsche genossenschaftsrecht*, t. III, ch. 2, § 7 et suiv.

(4) Saleilles, *loc. cit.*, p. 65 et suiv.; Meynial, note au Sirey, 92, 1, 408.

leurs biens, parce qu'elles ont, suivant la formule consacrée, la main toujours ouverte pour acquérir et morte pour aliéner (1), parce que leur patrimoine va toujours en augmentant et devient un véritable danger public. (2)

Les légistes trouvèrent dans les textes du Digeste la justification de cette prérogative, et ils déclarèrent, en se fondant sur l'autorité des jurisconsultes romains, que toute personne morale émane du roi et ne peut exister sans une expresse approbation du souverain sur la cause de l'utilité qui peut s'y trouver. « L'on ne se peut assembler pour faire corps de communauté sans congé et lettres du roi », dit Loysel (3), et à partir du xviiᵉ siècle, la royauté, qui redoute la puissance et le développement excessif des communautés et corporations et veut arrêter l'accroissement ininterrompu de leur fortune, les soumet à un régime sévère qui les place sous la dépendance directe du pouvoir, maître de leur donner la vie et de les dissoudre. L'édit du 16 novembre 1629 défend de faire aucun établissement de monastère dans le royaume sans l'expresse permission du roi ; l'édit du 7 juin 1659 décide que les communautés religieuses, séminaires et confréries ne peuvent se former qu'autant qu'ils ont été reconnus d'utilité évidente et ont obtenu des lettres patentes du roi. La lutte continue pendant un siècle ; l'édit de 1666 reproduit

---

(1) Pothier, édit. Bugnet, ix, p, 415, nᵒ 275, *Traité de la prescription.*

(2) Esmein, *Cours élémentaire d'histoire de droit*, p. 503. (Paris, 1892.)

(3) Loysel, *Institutes coutumières*, livre iii, titre iii, max. 23 ; Guy Coquille, *Coutume de Nivernais*, ch. viii, art. 15, édit. Dupin, p. 228 ; Loyseau, *Des offices*, livre v, ch. 7, nᵒ 73 ; Desmares, *Décision*, 40 ; Ferrières, *Dictionnaire de droit et de pratique*, vᵒ *Corps et communautés ;* Domat, *Droit public*, livre i, titre ii, sect. 2, nᵒ 15 ; Pothier, *Traité des personnes*, nᵒ 210, édit. Bugnet, t. ix, p. 78 ; Bourjon, *Droit commun de la France*, livre i, titre iv ; Tardif, *Étude historique sur la capacité civile des établissements ecclésiastiques*, *Revue de législation ancienne et nouvelle*, 1872, p. 492 ; Viollet, *Histoire du droit*, 2ᵉ édit., p. 753 : « Dès le commencement du xviiᵉ siècle, les théoriciens formulèrent cette règle dont les attaches sont très anciennes. Aucune nouvelle association, aucun établissement de monastère, ne peut avoir lieu sans la permission du roi. On disait de même, depuis bien longtemps, qu'aucune commune ne peut exister en France sans l'autorisation du roi. »

les mêmes dispositions; enfin, l'édit d'août 1749 triomphe définitivement des résistances et déclare que, dorénavant, les corps et communautés ecclésiastiques ou laïques ne pourront être créés sans autorisation du roi. La protection royale, si pesante, se manifeste non seulement au moment de la naissance, mais pendant toute la vie de la personne morale; l'édit de 1749 pose comme règle que les communautés ne pourront acquérir aucun héritage, soit à titre gratuit, soit à titre onéreux, si ce n'est pour causes justes et nécessaires, et encore à la charge d'obtenir, avant l'acquisition, l'autorisation royale.

Bien plus, il les déclare absolument incapables d'acquérir, par libéralité testamentaire, des biens immobiliers. (1)

Ainsi, de nouveau, dans notre ancien droit comme à Rome, nous voyons triompher le principe qui soumet les corporations à l'autorité de l'État et fait dépendre leur existence d'une autorisation du pouvoir. Mais ce qu'il importe de bien

---

(1) Sur le développement de la personnalité de l'Église, de la commune, consulter Vauthier, *op. cit.*

Pour les sociétés civiles et commerciales, voir Saleilles, *Annales de droit commercial*, février 1897, p. 29 : *Étude sur l'histoire des sociétés en commandite ;* Vauthier, p. 220 ; Viollet, *Histoire du droit*, 2ᵉ édit , p. 701 à 708.

En dehors de la société par actions, les sociétés de commerce n'étaient pas douées de la personnalité. L'ancien droit faisait, en effet, une distinction entre la simple association, où les individus continuent à jouer le rôle principal et prépondérant, et les corporations, dans lesquelles, au contraire, la personnalité des membres disparaît, s'efface entièrement pour faire place à un organisme nouveau; c'est à ces collectivités seules qu'il accordait la personnalité morale.

Dans les sociétés commerciales, les individualités ne disparaissent pas, elles restent au premier plan, et c'est pour cela que ces sociétés ne sont pas personnes morales. Le patrimoine demeure la copropriété des associés; mais, comme l'a très bien montré M. Saleilles, art. cité, il s'agit d'une copropriété présentant des caractères particuliers et aboutissant, dans la pratique, à des résultats analogues à ceux auxquels conduit l'idée de personnalité. C'est ainsi que le patrimoine social est constitué à l'état de patrimoine distinct, séparé, affecté à une entreprise spéciale ; il est le gage exclusif des créanciers avec lesquels on a contracté en vue de l'entreprise commerciale à laquelle il est affecté ; bien plus, il est indisponible pour tous ceux qui ne sont pas chargés de la gestion de l'entreprise. Voir l'article précité.

remarquer, c'est que, dans notre ancien droit comme à Rome, l'autorisation n'a pas pour but de conférer la personnalité morale à la corporation, elle est simplement destinée à rendre licite son existence. L'association ne peut vivre, fonctionner régulièrement et légalement qu'autant qu'elle est autorisée ; mais une fois qu'elle a obtenu cette autorisation, elle est douée de la personnalité civile. Les deux conceptions de corporation et de personnalité ne sont pas séparées ; la personnalité civile n'est pas quelque chose de distinct de la corporation ; par cela seul que la corporation existe légalement, elle est personne morale. L'autorisation ne constitue pas une concession faite par le pouvoir de la personnalité, mais seulement une reconnaissance juridique de la corporation. (1)

---

(1) Cf. Saleilles, *Annales de droit commercial*, 1895, p. 76 et suiv.; Vauthier, *op. cit.*, p. 230, 286 et suiv.; Hauriou, *Dr. adm.*, 3ᵉ édit., p. 126. Cette solution résulte des œuvres de nos anciens jurisconsultes, qui nous parlent de l'autorisation nécessaire pour qu'une « communauté », suivant l'expression qu'ils emploient, puisse fonctionner régulièrement, mais qui, nulle part, ne font allusion ni à la concession de la personnalité morale par le pouvoir, ni à la distinction des associations personnes morales et de celles qui ne le sont pas. Voir les passages de nos anciens auteurs cités plus haut. Consulter aussi le texte des édits de 1659, 1666, 1749. Voir Denizart, *Collection de décisions nouvelles*, Vᵒ *Gens de main-morte*.

MM. Baudry-Lacantinerie et Houques-Fourcade, *Des personnes*, I, nᵒ 298, contestent cette proposition et prétendent que déjà, dans notre ancien droit, la personnification avait été conçue comme un attribut distinct de l'association ; ils invoquent à l'appui de leur opinion un passage de Domat, *Droit public*, livre I, t. II, sect. II, nᵒ 15, ainsi conçu : « C'est une suite du droit de permettre les établissements des corps et communautés, de leur permettre aussi de posséder des biens meubles et immeubles pour leurs usages. Et cette permission est particulièrement nécessaire pour les immeubles. » Ce qui prouve, disent-ils, que le droit de s'associer n'implique pas par lui-même le droit de posséder. La conclusion est, à notre avis, inexacte. Domat, dans ce passage, ne fait pas allusion à la personnalité civile, mais à l'incapacité des associations, qui ne pouvaient acquérir de biens sans l'autorisation du roi ; et la preuve en est dans la fin du paragraphe, qui dit : « Ainsi les communautés ne peuvent posséder d'immeubles que par la permission du roi et à la charge de faire cesser ses intérêts et ceux des seigneurs. Et cette permission s'accorde par des lettres qu'on appelle d'amortissement. » M. Tardif explique très bien ce que c'était que ce droit d'amortissement. (*Revue de législation ancienne*

Quant aux fondations, c'est un point très obscur que de savoir si elles furent élevées à la dignité de personnes morales, ou si, au contraire, elles ne furent pas purement et simplement considérées comme des libéralités qui devaient être adressées à une personne morale préexistante. (1) Un seul point est certain, c'est que l'édit de 1749 les assujettit à la nécessité de l'autorisation préalable. (2)

En résumé, la caractéristique de l'ancien régime a été de développer le droit de l'État à l'encontre des personnes juridiques, en les pliant au contrôle de l'autorité royale, non seulement au moment de leur formation, mais aussi pour les principaux actes de leur vie.

Droit actuel. — En passant dans notre droit moderne, la notion de personnalité morale a revêtu un nouveau caractère. Elle s'est séparée de l'idée de corporation à laquelle elle était intimement jointe jusque là, et elle est devenue une qualité, un attribut distinct, que l'État peut, à son gré, concéder ou refuser aux associations et aux œuvres d'utilité publique. En

---

et nouvelle, 1872, p. 501 et suiv.) Voir Loisel, *Inst. cout.*, livre I, *Des personnes*, max. 57 et 58. Du reste, dans un autre passage, la pensée de Domat se manifeste d'une façon très claire, et les §§ 1 et 2, sect. II du titre XV (droit public) prouvent qu'il ne sépare pas les deux idées de personnalité morale et de communauté ; « La première règle de l'ordre et de la police des communautés est qu'elles soient établies pour un bien public, et par l'ordre ou la permission du prince ; car, comme il a été dit en son lieu, toutes assemblées de plusieurs personnes, sans cet ordre ou cette permission, seraient illicites. — Les communautés légitimement établies tiennent lieu de personnes, et leur union, qui rend communs à tous ceux qui les composent leurs intérêts, leurs droits et leurs privilèges, fait qu'on les considère comme un seul tout. »

(1) Consulter Vauthier, *op. cit.*, p. 73 et 74 ; Truchy, *Des fondations*, Thèse de doctorat, Paris, 1888, qui admettent que les fondations ont la personnalité morale, et Geouffre de Lapradelle, *op. cit.*, p. 56 et suiv., qui soutient l'opinion contraire.

(2) « Voulons qu'il ne puisse être fait aucun nouvel établissement de chapitres, collèges, séminaires, maisons ou communautés religieuses, *même sous prétexte d'hospices*, congrégations, confréries, *hôpitaux*, ni pareillement aucune érection de chapelles ou autres titres de bénéfices, dans toute l'étendue de notre royaume, si ce n'est en vertu de notre permission expresse portée par nos lettres patentes... »

d'autres termes, il ne suffit plus, comme dans l'ancien droit, qu'une corporation soit autorisée par l'État pour devenir personne morale, il faut, en outre, que la personnalité lui soit accordée par un acte spécial du pouvoir. L'autorisation administrative, qui permet à une association de se former, n'entraîne plus la personnalité, de telle sorte que, parmi les associations régulières et autorisées, il faut distinguer aujourd'hui celles qui sont douées de la personnalité morale et celles qui n'en sont pas douées. (1) Les deux notions de corporation régulière et d'être juridique ont été disjointes.

Comment donc est née cette nouvelle conception, dont nous n'avons trouvé l'origine ni dans le droit romain, ni dans notre ancien droit ?

Bien qu'elle soit moderne, on peut dire que cette théorie a découlé presque naturellement des idées admises dans notre ancien droit. Nous avons vu, en effet, que les corporations et les communautés étaient sous la dépendance directe et étroite du pouvoir royal, qui exerçait sur elles une autorité sans limites. De plus, à la fin de l'ancien régime, il y avait certainement des associations qui se constituaient sans autorisation et n'avaient pas la personnalité civile. Telle était en particulier la situation des sociétés commerciales et des sociétés civiles formées dans le but de réaliser un bénéfice. (2)

De là à distinguer entre le droit de s'associer et le droit de constituer une personne morale il n'y avait qu'un pas, et ce pas fut d'autant plus vite franchi que toute association douée de la personnalité morale était soumise à l'autorisation du

---

(1) La liberté d'association n'existe pas dans notre droit ; l'article 291 du C. pénal décide que nulle association de plus de vingt personnes ne peut se former qu'avec l'agrément du gouvernement et sous les conditions qu'il plaira à l'autorité publique d'imposer à la société. « Le principe sur lequel repose la législation française actuelle est que le droit d'association ne peut s'exercer que sous la surveillance et avec l'autorisation du gouvernement. » Garraud, *Droit pénal*, t. IV, n° 160. Paris, 1891.

(2) Voir, sur ce point, Vauthier, p. 235 et suiv.; Saleilles, *Annales de droit commercial*, 1897, p. 29 et suiv.

pouvoir. On en vint ainsi à considérer que l'autorisation avait pour effet de concéder à la corporation la personnalité civile. Cette confusion sera faite par le droit intermédiaire. La Constituante et la Convention supprimèrent successivement toutes les personnes de mainmorte ecclésiastiques et laïques et attribuèrent leur patrimoine à l'État. (1) En même temps, elles proclamaient à plusieurs reprises la liberté d'association. (2) Le législateur en vint ainsi tout naturellement à disjoindre le droit de s'associer et la personnalité juridique, et à considérer qu'il était maître d'accorder ou de refuser cette dernière à une association.

Cette nouvelle conception eut d'autant moins de peine à s'imposer que les corporations ont toujours été vues avec défaveur, considérées comme un danger permanent pour l'État, et comme devant être, pour cette raison, placées sous la dépendance directe du pouvoir.

A l'époque de la rédaction de nos Codes, la disjonction entre ces deux notions est réalisée, elle est complète. L'art. 291 C. pén. pose comme principe que le droit d'association ne peut s'exercer que sous la surveillance et avec l'autorisation du gouvernement. (3)

Mais les associations autorisées ne jouissent pas, de plein droit et en vertu de cette autorisation, de la personnalité juridique. Pour qu'elles acquièrent cette personnalité, il faut, en outre, qu'elles soient l'objet, de la part du gouvernement, d'une reconnaissance d'utilité publique. L'article 910 du Code

(1) Voir *Rép. du droit administratif* de Béquet, V° *Dons et legs*, par M. Tissier, n°s 27 et suiv.

(2) La loi des 13-19 novembre 1790 reconnaissait aux citoyens le droit de s'assembler paisiblement et de former entre eux des sociétés libres, à la charge d'observer les règles qui régissent tous les citoyens. Voir aussi la loi du 13 juin 1793 et la Constitution du 5 fructidor an III.

(3) Art. 291, 1°, Pén.: « Nulle association de plus de vingt personnes, dont le but sera de se réunir tous les jours ou à certains jours marqués pour s'occuper d'objets religieux, littéraires, politiques ou autres, ne pourra se former qu'avec l'agrément du gouvernement, et sous les conditions qu'il plaira à l'autorité publique d'imposer à la société. »

civil décide que les dons et legs faits au profit des hospices, des pauvres d'une commune, ou d'*établissements d'utilité publique,* n'auront leur effet qu'autant qu'ils seront autorisés par un décret. Il résulte de cet article que les établissements d'utilité publique peuvent seuls recevoir des libéralités, c'est-à-dire qu'ils ont seuls la personnalité, or, il n'est pas douteux que, par ces mots, les rédacteurs du Code ont voulu désigner les établissements légalement reconnus par le pouvoir. (1)

Cette règle, universellement admise, est devenue un principe de notre droit public (2), et plusieurs lois postérieures au Code l'ont implicitement consacrée. (3)

_____

(1) Voir aussi l'art. 937 Civ. Cf. *Répert. de droit adm.* Béquet : V° *Dons et legs,* n° 36.

(2) Aubry et Rau, i, § 54 ; Batbie, *Droit public et administratif,* t. v, n° 1, Paris, 1867 ; Ducrocq, *Cours de droit administratif,* 5° édit., ii, n° 1336 ; Hauriou, *Précis de droit administratif,* 3° édit., p. 136.

(3) Loi du 2 janvier 1817, art. 1er ; loi du 12 juillet 1875 sur la liberté de l'enseignement supérieur, art. 11 :« Les établissements d'enseignement supérieur fondés, ou les associations formées en vertu de la présente loi, pourront, sur leur demande, être déclarés établissements d'utilité publique, dans les formes voulues par la loi...»
L'influence de M. de Savigny a contribué à consolider chez nous et à rendre indiscutable ce principe, que la personnalité juridique est une qualité, un attribut qui doit être concédé par l'État. M. de Savigny avait été l'un des premiers à combattre dans son *Traité de droit romain* l'unité de conception jusqu'alors admise en matière de personnes morales, et à établir une distinction entre les *universitates personarum* et les *universitates rerum,* établissements ou fondations. En même temps, il avait soutenu qu'en droit romain, les fondations ne pouvaient être créées qu'avec l'autorisation du pouvoir (t. ii, § lxxxix) (voir ci-dessus, p. 113). Il en résultait tout naturellement que la personnalité morale apparaissait dès lors comme un attribut distinct de la corporation et de l'établissement, une qualité, une faveur qui doit faire l'objet d'une concession du pouvoir. L'association, l'établissement sont des réalités, des organisations matérielles qui se comprennent fort bien comme telles et indépendamment de toute personnalité. Cette notion de personnalité devient une conception distincte qui, dans certains cas, s'ajoute à l'association ou à l'établissement, lorsque l'État le permet, pour les élever à la dignité de sujets de droit. Aussi Savigny admettait-il que l'association comme la fondation n'acquérait la personnalité morale qu'en vertu d'une autorisation spéciale. Cette théorie fut répandue chez nous par le *Cours de droit civil de Zachariæ* (i, §§ 40 et 260) et y fut

Il faut, du reste, ajouter que la personnalité civile de l'État, de la commune, était reconnue et consacrée par le Code civil. (1)

En résumé, le principe admis par le droit moderne est le suivant : La personnalité morale est un attribut qui ne peut être concédé qu'en vertu d'un acte spécial de la puissance publique. (2)

Cette reconnaissance d'utilité publique peut intervenir soit en faveur d'une association, soit au profit d'un établissement, d'une œuvre fondés dans un but religieux, artistique, scientifique, charitable, etc.

Nous verrons plus loin (3) comment et dans quelles formes elle est accordée.

Nature de la Personnalité juridique. — Nous venons d'expliquer comment s'est formée la théorie moderne de la per-

---

universellement acceptée. En Allemagne, au contraire, elle fut vivement combattue et bientôt abandonnée comme reposant sur une fausse interprétation des textes.

Voir Saleilles, *op. cit., Ann. de droit comm.,* 1895, p. 78, 79; Vauthier, *op. cit.,* p. 286 et suiv.

(1) Art. 538 à 542, 2121, 2227 Civ.

(2) M. Saleilles critique cette conception, *Annales de droit commercial,* 1895, p. 77 : « De ce que l'idée de personnalité civile est quelque chose de plus large que le domaine de la corporation, cela ne veut pas dire que l'on doive admettre l'existence légale de corporations régulières et autorisées, et qui ne seraient pas douées de la personnalité. La formule exacte devrait être celle-ci : La personnalité civile existe d'abord partout où il y a corporation légalement existante, et elle peut exister en outre dans certains cas où il s'agit d'autre chose encore que de corporations proprement dites. En un mot, elle dépasse peut-être, rationnellement tout au moins, le champ d'application de la corporation, mais avant tout elle le couvre et s'y adapte en quelque sorte, en ce sens qu'elle existe, d'abord et partout, là où il y a corporation. Mais établir une sorte de divorce entre l'existence régulière des corporations et l'existence de la personnalité civile, c'est un système hybride et tout empirique... » Dans le même sens : Hauriou, *Précis de droit administratif,* 3ᵉ édit., p. 124; Acollas, *Manuel du droit civil,* 2ᵉ édit., I, p. 16; III, p. 443, 444.

Nous constaterons plus loin que, par une réaction instinctive contre ce principe, la jurisprudence tend aujourd'hui à reconnaître la personnalité civile à toutes les associations, par le seul fait qu'elles sont licites.

(3) § 3.

sonnalité morale, et comment l'État a acquis le droit absolu
de dispenser à son gré l'existence juridique aux corps et communautés. Il reste maintenant à analyser la nature de cet
être abstrait et à nous demander si elle n'est qu'une pure
et simple fiction imaginée par le législateur dans un but d'utilité pour faciliter l'éclosion et le fonctionnement des associations et des œuvres d'intérêt général, en leur permettant d'acquérir un patrimoine, ce qui justifierait la prérogative de
l'état moderne, ou si, au contraire, la personne morale n'est
pas un être collectif réel, doué d'une existence propre, incontestable, comparable à l'être humain, bien qu'elle soit
abstraite, que la loi ne crée pas de toutes pièces, mais qu'elle
se borne à consacrer, en constatant officiellement son apparition par la reconnaissance d'utilité publique.

En France, la théorie presque universellement admise est
celle de la fiction (1) ; c'est là la doctrine romaine, car les
Romains n'ont jamais fait de théorie générale des personnes
morales et les ont toujours considérées comme des êtres fictifs. En Allemagne, elle a été adoptée par Savigny, Arndts,
Puchta, Windscheid, etc.

L'homme seul est capable de volonté, et par conséquent,
seul il peut être sujet de droits, car le droit subjectif est une
puissance que la loi accorde à une volonté. Pour être titulaire
d'un droit, c'est-à-dire pour jouir de la personnalité, il faut
être doué de la faculté de vouloir. Quand donc la loi considère

---

(1) Consulter sur le caractère de la personne morale : Savigny, II, § LXXXV
et suiv. ; Laurent, *Droit civil*, I, p. 368, 373 ; Vauthier, *op. cit.*, p. 268 ; Cassagnade, thèse, Paris, *Personnalité des sociétés civiles et commerciales*, p. 113 ;
Georg, *Étude sur la personnalité juridique*, thèse, Genève, 1800 ; Geouffre
de Lapradelle, *op. cit.*, p. 423 ; Michoud, *De la responsabilité de l'État à
raison des fautes de ses agents*, *Revue du droit public*, 1895, nos 3 et suivants;
Saleilles, *Essai d'une théorie générale de l'obligation d'après le projet de
Code civil allemand*, p. 360 et suivantes ; Lainé, *Des personnes morales en
droit international privé*, *Journal de droit international privé*, 1893, p. 273
et suivantes ; Gierke, *Die genossenschaftstheorie und die deutsche rechtssprechung ; Das deutsche genossenschaftsrecht ;* Forster et Eccius, *Preuss-
sisches Privatrecht*, VI, § 280 ; Windscheid, I, § 60, note 8 ; Giorgio Giorgi,
La dottrina delle persone giuridiche o corpi morali, 1er vol.

et traite l'homme comme une personne, elle ne lui confère pas la personnalité, elle ne fait que reconnaître et confirmer la personnalité déjà existante. Au contraire, quand le droit accorde la capacité juridique à un être qui n'a en réalité ni pensée ni volonté, alors ce n'est que par une fiction qu'il supplée une condition naturellement indispensable, et cette fiction consiste à admettre que cet être pense et veut, bien qu'il en soit réellement incapable. (1)

Donc la personne juridique est un être artificiel que le législateur crée dans le but de faciliter le commerce juridique ; en d'autres termes, c'est une fiction destinée à éviter certains inconvénients qui proviennent de l'imperfection et de l'impuissance de l'homme.

Les auteurs qui analysent ainsi la personnalité civile et la considèrent comme une création artificielle de la loi, sont tout naturellement portés à admettre que ces êtres purement fictifs n'ont pas une capacité, une aptitude juridique comparables à celle des personnes physiques. Puisqu'il s'agit d'une simple fiction, ils reconnaissent au législateur le pouvoir d'y recourir dans les cas où il le juge nécessaire, et de la rejeter dans les autres hypothèses. La loi peut accorder la personnalité morale quand elle croit utile de la concéder, elle peut aussi la refuser, et, quand elle l'a concédée, elle a toujours le droit de la retirer postérieurement et de revenir à la réalité des choses. La fiction est un simple procédé juridique, un instrument commode dont le législateur use comme il l'entend. De même, quand le législateur accorde la personnalité à une association ou à un établissement, il ne crée pas un être juridique complet, comparable à l'homme, bien au contraire, il ne lui donne la capacité juridique que pour lui permettre de remplir plus facilement sa mission, d'accomplir la tâche qui lui incombe ; il n'en fait une per-

_____

(1) Voir Goudsmit, § 31, note 1, auquel cette phrase est empruntée. Laurent, I, p. 367 ; Aubry et Rau, I, § 54 ; Baudry-Lacantinerie et Houques-Fourcade, *Des personnes*, t. I, § 296.

sonne qu'on vue et dans les limites de sa destination. (1) Cette théorie, qu'on peut considérer comme encore presque universellement admise en France, a été très vivement attaquée en Allemagne et n'y compte plus que de rares défenseurs. Elle prête en effet le flanc à la critique.

Il est inexact de considérer la personne morale comme un être purement artificiel, créé uniquement par la loi. La première preuve qu'on en peut fournir, c'est que cette abstraction s'impose pour ainsi dire au législateur ; il ne dépend pas de lui de l'admettre ou de la rejeter. Dès qu'une législation se perfectionne, dès que la vie juridique se développe chez un peuple, la personnalité civile apparaît aussi nécessaire, aussi indispensable que la personnalité physique. Elle se manifeste d'abord en ce qui concerne l'État et les subdivisions de l'État, et cela de si bonne heure qu'il est presque impossible de retrouver l'époque à laquelle cette conception a pris naissance. Et à partir de ce moment, la notion de la personnalité morale s'étend, s'élargit et, de jour en jour, reçoit de nouvelles applications. On peut donc considérer cette notion comme un fait naturel, et la personne morale comme un être sinon réel, du moins comme une abstraction néces-

---

(1) M. Laurent est de tous les auteurs celui qui a poussé le plus cette théorie de la fiction (*Droit civil*, 2ᵉ édit., I, p. 367 et suiv.) : « Tout est fictif, dit-il, dans la conception de la personne morale. Ces prétendus êtres ne sont même pas des personnes. En réalité, la loi reconnaît quelques droits à certains corps ou établissements publics pour qu'ils puissent remplir leur mission, mais ces droits ne leur donnent pas la qualité de personne. »
L'auteur en conclut que les personnes appelées civiles n'ont ni droits véritables, ni obligations véritables ; le législateur leur accorde seulement les moyens nécessaires pour qu'elles puissent accomplir la fonction sociale dont il les investit (p. 388). De même, les personnes civiles n'existent pas en dehors de l'État où elles sont instituées, elles ne peuvent exercer aucun droit en dehors de ses limites. Le législateur étranger ne connaît pas et n'est pas tenu de respecter les fictions créées par d'autres que par lui. Une personne morale ne peut prétendre à cette qualité dans un État étranger, qu'autant que cet État lui accorde à son tour, sur son territoire, la personnalité.
Cette dernière conséquence de la théorie de la fiction est rejetée chez nous par la majorité des auteurs. (Voir ci-dessus, p. 143, 144.)

saire que la loi ne crée pas, mais qu'elle admet parce qu'elle ne peut pas ne pas l'admettre, parce que c'est un organisme indispensable de la société moderne. (1)

D'autre part, on peut dire que la doctrine de la fiction ne prouve rien, car elle ne peut rien créer. Si le législateur accorde la personnalité à certains êtres autres que les hommes, c'est que les droits et les obligations peuvent avoir un sujet autre qu'une personne physique, et c'est précisément parce qu'une association a des droits et des obligations en tant qu'association que la loi lui accorde la personnalité. Donc l'association n'est pas un être purement artificiel, puisqu'elle peut être le sujet de droits. Pour que la doctrine de la fiction fût exacte, il faudrait pouvoir affirmer deux choses :

1° Que la personnalité morale est une création pure et simple de la loi;

2° Que l'idée d'accorder des droits ou un patrimoine à un sujet autre que l'homme est également une fiction.

Or, cette seconde affirmation est inexacte, car c'est préci-

---

(1) « Il est incontestable, dit M. Hauriou, *Précis de droit adm.*, 3° édit., p.124, qu'une association, un établissement, une fondation, lorsqu'ils ont fonctionné pendant un certain temps, prennent aux yeux de tous une personnalité de fait. Une société de courses ou de concours hippiques, une société de patronage, une société de secours mutuels ne sont plus au bout de quelques années des comités composés de tels ou tels membres, ils sont *la société, le patronage, la mutuelle,* etc. Il ne faut pas dire que ce sont devenus des êtres abstraits ou fictifs, car ils ont une réalité concrète, quoiqu'en partie psychique; ils ont un local, un mobilier, un budget, un personnel, et de plus ils existent dans la pensée de tous ceux qui les connaissent ou qui y collaborent ; mais cette existence s'est séparée de celle des individus membres du comité ; la personnalité n'est pas fictive, mais elle n'est pas non plus physique : elle est sociale ou morale. La réalité de la personnalité sociale est tellement évidente que le droit est déjà obligé d'en tenir compte à certains égards. On sait que le gouvernement n'accorde la reconnaissance d'utilité publique qu'à des établissements qui ont fait leurs preuves par une existence de fait déjà prolongée ; si des libéralités sont adressées à l'un de ces établissements, alors qu'il n'est pas encore reconnu mais qu'il existe en fait, le droit administratif valide ces libéralités à condition que la reconnaissance d'utilité publique intervienne ensuite. Ainsi, l'établissement, qui n'est pas encore parvenu à la vie juridique par la reconnaissance d'utilité publique, a cependant une existence de fait qui ne saurait être qu'une existence morale. »

sément parce qu'un établissement ou une association a des droits et des obligations qui lui sont propres, que la loi lui reconnaît la personnalité. « Ce n'est pas la loi seule qui crée la personne morale. Le rôle du législateur consiste seulement à reconnaître, à sanctionner la volonté, manifestée par une ou plusieurs personnes déjà existantes, d'abdiquer une partie de leur personnalité juridique au profit du nouveau sujet de droits qu'il s'agit de créer. Il ne fait donc que régulariser une opération qui se fait en dehors de lui, qu'il ne pourrait pas faire seul, et le fondement de la personnalité, c'est bien toujours la volonté humaine, et non la toute puissance de la loi. » (1)

Aussi de nombreuses théories ont-elles été proposées pour remplacer la doctrine traditionnelle. La plupart sont d'une subtilité trop grande pour qu'il soit possible de les exposer ici. (2) La plus célèbre et, en même temps, celle qui a eu le plus de succès, a été exposée par Zitelmann, Beseler, et reprise et développée par Gierke. (3) Elle considère la personne morale comme un *être collectif réel*, capable de vouloir et d'agir. La personne morale a une volonté propre, qui est composée des volontés individuelles de ses membres, mais qui, en même temps, est distincte de chacune de ces volontés. (4) Donc elle est bien un être réel, un véritable sujet de droit, comme l'homme lui-même.

Le législateur ne crée pas la personne morale; il se contente de consacrer son existence, comme il le fait pour les personnes physiques. Il peut, il est vrai, refuser de reconnaître la personnalité d'une association ou d'une fondation,

---

(1) Michoud, *op. cit.*, p. 18.

(2) Voir Georg, p. 11 et suiv.; Cassagnade, p. 113 et suiv.; Geouffre de Lapradelle, p. 423 ; Forster et Eccius, *Preussisches privatrecht*, vi, § 280.

(3) *Das deutsche genossenschaftsrecht* et *Die genossenschafts theorie und die deutsche rechtspretchung ;* Van den Heuvel, *De la situation légale des associations sans but lucratif,* p. 32, 33, 2° édit.

(4) Gierke applique cette théorie à la fois aux associations et aux fondations, mais d'autres auteurs distinguent entre ces deux classes de personnes morales.

de même qu'autrefois il refusait de considérer l'esclave comme un homme ; il peut également, dans un but de police et d'intérêt général, restreindre, limiter sa capacité d'agir, mais la personne morale n'en existe pas moins par elle-même, indépendamment de toute reconnaissance légale. (1)

Les conséquences de cette doctrine sont toutes différentes de celles qui résultent de la théorie de la fiction.

Elle tend, en effet, à assimiler la personne morale à la personne physique. Nous n'insistons pas davantage, car notre but est seulement de signaler le mouvement d'idées que l'étude de la nature des personnes morales a suscité. (2)

En même temps qu'en Allemagne les jurisconsultes approfondissaient avec tant de soin la notion de la personnalité juridique et arrivaient à conclure que les corps moraux sont de véritables êtres, doués d'une vie propre, des organismes réels, quoique abstraits, en Belgique et en France, quelques auteurs, s'attaquant, au contraire, à cette conception, se sont efforcés de prouver que la personnalité morale est une fiction inutile, une hypothèse dont il faut débarrasser la science juridique ; car, d'après eux, les principes de droit commun suffi-

---

(1) Michoud, *op. cit.*, p. 16, 17.

(2) En France, quelques auteurs reconnaissent aujourd'hui que la personnalité morale n'est pas une simple fiction imaginée par le législateur, mais constitue une abstraction nécessaire. Voir Lainé, *Journ. de droit internat. privé*, 1893, p. 273, *Des personnes morales en droit internat. privé* ; Hauriou, *Précis de droit administratif*, 3º édit., p. 121 ; Michoud, *op. cit.*

Du reste, il ne faudrait pas croire qu'en admettant cette théorie, on sacrifie les droits de l'État et on le laisse désarmé en présence des personnes morales dont l'activité et la   rce d'expansion ne seraient plus arrêtées par aucun frein. Il n'en est rien. L'histoire montre que l'État a besoin de se défendre contre les collectivités qui peuvent devenir une menace pour sa sécurité ; il a le droit de prendre contre elles des garanties. Ces garanties peuvent consister, soit dans l'autorisation préalable que doit obtenir toute association pour se former, soit dans la législation de la mainmorte, en vertu de laquelle on frappe les collectivités de l'incapacité d'acquérir ou de recevoir sans autorisation. Ces dispositions de protection prises contre les personnes morales se justifient par le caractère de perpétuité de ces êtres juridiques.

raient à justifier les effets que l'on déduit ordinairement de l'idée de personnalité.

M. Van den Heuvel (1) a soutenu que la personnalité morale ne cache véritablement pas un être juridique qu'on puisse comparer aux êtres physiques ; « au lieu d'être le signe d'un sujet de droit, indépendant des divers individus qui composent l'association, elle n'est, en vérité, qu'*une manière d'être des droits individuels*, qu'une *forme particulière de la société ordinaire*, qu'un manteau destiné à couvrir, non pas une existence abstraite et fictive, mais des individus réels, vivants et pratiques. En d'autres termes, il n'y a dans l'association rien autre que les membres qui la constituent, et les droits qu'on attribue à celle-ci, ce sont, en réalité, tout simplement les droits de chacun de ces individus. Inutile de faire intervenir la présence d'un être fictif, il suffit de parler des droits des associés. » (2)

D'autre part, sans adopter une thèse aussi radicale, quelques jurisconsultes ont affirmé que les sociétés civiles et principalement les sociétés commerciales qui, les unes et les autres, sont constituées en vue de réaliser des bénéfices (3), ne sont pas de véritables personnes morales. (4)

Pour expliquer les effets que produit la société commerciale, il est inutile, disent-ils, de recourir à l'idée de person-

---

(1) Van den Heuvel, *De la situation légale des associations sans but lucratif en France et en Belgique*, 2ᵉ édit., voir p. 56. L'auteur limite son argumentation aux associations et ne l'étend pas aux personnes morales abstraites, comme les fondations faites dans un but charitable, artistique, religieux, etc. Contre la personnalité des fondations, voir Geouffre de Lapradelle, *op. cit.*, p. 406 et suiv.

(2) Voir ci-dessous, § 5.

(3) Art. 1832 Civ.

(4) Marcel Mongin, *Étude sur la situation juridique des sociétés dénuées de personnalité*, *Revue critique*, 1890, p. 607 ; Saleilles, *Étude sur l'histoire des sociétés en commandite*, 3ᵉ art., *Annales de droit comm.*, 1897, p. 29 ; Sauzet, *Nature de la personnalité morale des syndicats professionnels*, *Revue critique*, 1888, p. 319, note 1, et p. 338, note 1 ; Planiol, note au Dalloz, 1893, 2, 513.

nalité juridique, l'application des principes du droit commun suffit à en rendre compte. (1)

Il faudrait donc, d'après ces auteurs, distinguer entre les sociétés purement privées faites pour réaliser des bénéfices et les corporations proprement dites. Les premières ne sont pas des personnes morales, parce que les associés y jouent un rôle principal et prépondérant : leurs droits individuels subsistent, ce sont eux qui acquièrent, qui aliènent, qui agissent, et au jour où la société se dissout, ils se partagent le fonds social. Les corporations présentent un tout autre caractère ; ce sont de véritables êtres juridiques dans lesquels vient se fondre, s'absorber la personnalité des membres qui les composent ; ceux-ci ne sont que les éléments de la communauté, ils se sont unis pour constituer une personne nouvelle en faveur de laquelle ils ont abdiqué une partie de leur individualité. Sur le patrimoine commun, ils n'ont aucun droit, c'est la personne morale seule qui en est propriétaire et définitivement propriétaire. Vienne la dissolution, les sociétaires n'auront rien à prétendre sur ce patrimoine qui sera désormais un bien vacant et sans maître. (2)

Ainsi, cette théorie tend à restreindre le domaine de la personnalité morale.

A l'encontre de cette doctrine, la jurisprudence suit une voie toute différente. Elle s'attache de plus en plus à la conception de la personnalité morale, en élargit la sphère d'application et tend, d'une façon manifeste, à accorder à

---

(1) Ces effets sont les suivants : 1° Le fonds social forme un patrimoine distinct du patrimoine de chacun des associés, et les créanciers de la société ont sur ce fonds social un droit de préférence à l'encontre des créanciers personnels des associés ; 2° le droit des associés dans la société est purement mobilier, même si l'actif social est composé d'immeubles (art. 529 Civ.) ; 3° enfin, la société a le droit d'ester en justice. On les explique ordinairement en disant que les sociétés de commerce sont des personnes morales ayant un patrimoine propre.

(2) Rapprocher de cette théorie les solutions auxquelles arrive M. Saleilles dans son *Etude sur l'histoire des sociétés en commandite ;* dernier article, *Annales de droit commercial,* février 1897, p. 29 et suiv. (Voir ci-dessus, p. 115, note 1.)

toutes les associations, quelles qu'elles soient, certains attributs de la personnalité. C'est ainsi, d'une part, que, contrairement à la théorie précédente, elle décide que les sociétés
civiles comme les sociétés commerciales constituent des personnes morales et que, d'autre part, elle semble disposée à
reconnaître une personnalité restreinte aux associations qui
ont obtenu simplement l'autorisation administrative. (1)

Ces différentes analyses et les nombreux systèmes auxquels
nous avons fait allusion montrent que la notion de la personnalité morale est encore confuse ; elle se dégagera certainement un jour ou l'autre de l'obscurité dans laquelle elle est
plongée, grâce aux efforts des jurisconsultes qui se sont appli-
qués avec tant d'ardeur depuis quelques années à édifier une
théorie trop longtemps négligée. Dans tous les cas, rien ne
prouve mieux combien la notion de personnalité morale répond aux besoins de la vie moderne que le courant instinctif
qui entraîne la jurisprudence à réunir de nouveau les deux
idées d'association et de personnalité.

§ 2. — *Diverses espèces de personnes juridiques.* (2)

Nous avons dit ci-dessus qu'il y avait deux catégories de
personnes morales : les associations et les fondations ; mais
cette distinction, fondée sur la nature des personnes juridiques, n'offre pas d'intérêt au point de vue de notre droit
positif, et la classification la plus importante, la plus
féconde en intérêts pratiques est la suivante :

Personnes morales du droit public.

Personnes morales du droit privé.

_____

(1) Voir ci-dessous, § 5, p. 164, texte et note 2.
(2) Consulter Hauriou, *Précis de droit administratif.* J'ai fait, dans ce
paragraphe, de nombreux emprunts à cet ouvrage. Ducrocq, *Cours de
droit administratif* ; Béquet, *Répertoire de droit administratif,* V° *Dons et
legs,* par M. Tissier, titre I, ch. II. Cette partie du sujet rentre à proprement
parler dans le droit administratif ; nous ne faisons que donner les notions
indispensables.

A). Personnes morales du droit public. — On les appelle aussi *personnes administratives*; ce sont l'Etat et ses diverses manifestations, ses diverses émanations dans les multiples services qu'il doit organiser. Elles rentrent donc dans l'organisation politique et administrative du pays.

Il faut citer en première ligne l'État lui-même, le département (1), la commune (2), les colonies (3), qui forment les organes de gouvernement des agglomérations d'individus composant la nation. Ces organes de gouvernement ont à pourvoir chacun, dans l'étendue de leur circonscription, à tous les besoins généraux, et ils doivent organiser tous les services d'intérêt public et d'administration.

Pour certains services déterminés, tels que la bienfaisance, l'hospitalisation des malades et des vieillards, les cultes, au lieu de les laisser gérer par l'administration générale de l'État, du département, de la commune, on crée un organe spécial dont la fonction consistera uniquement à assurer la marche de ce service. En d'autres termes, on crée une personne morale qui est destinée à pourvoir à un besoin déterminé. Ces organes spéciaux, détachés du groupe central, s'appellent les établissements publics. (4)

(1) La personnalité morale des départements n'a été définitivement consacrée que par la loi du 10 mai 1838 sur les attributions des Conseils généraux.

(2) La commune a toujours été considérée comme une personne morale. En droit romain, les communes jouissaient de la personnalité, et quelques auteurs ont même prétendu que la personnalité de la commune remontait plus haut que celle de l'État.

(3) Ordonnances du 26 janvier 1825 et du 17 août 1825.

(4) Les établissements publics sont des émanations de l'État, du département, de la commune; « ils se rattachent comme des satellites à ces grandes personnes morales publiques, ils sont comme des fondations faites par celles-ci. » (Hauriou, *op. cit.*, 2e édit., n° 62). Ils tiennent leur existence de celle du corps dont ils sont émanés. Dans ces différents cas, la personne morale crée une nouvelle personne qu'elle détache d'elle-même, de même que plusieurs individus, en se réunissant et en s'associant, manifestent leur volonté de constituer un être nouveau. Les établissements publics sont donc bien de véritables personnes morales, qui, comme toutes les personnes morales, ont leur origine dans une manifestation de volonté d'un ou de plusieurs êtres préexistants. Ici, c'est l'État lui-même qui détermine

Il y a des établissements publics d'Etat, lesquels concourent à l'exercice des fonctions de l'État, en assurant sur tout le territoire un service public. Tels sont, par exemple, les établissements relatifs aux cultes, fabriques, consistoires protestants et israélites ; les établissements d'instruction publique, l'Institut et les différentes Académies dont il est composé, le Collège de France, les Facultés d'enseignement supérieur, les Universités, les Lycées et Collèges, etc.

En second lieu, il y a des établissements publics départementaux, et en troisième lieu des établissements publics communaux, tels que les hôpitaux, hospices, bureaux de bienfaisance, etc.

B.) **Personnes morales du droit privé.** — Elles se divisent en deux catégories : 1º Les associations et établissements créés dans un but d'utilité publique et avec un caractère désintéressé, par exemple, en vue de développer l'instruction publique, la bienfaisance, la religion, l'épargne, ou d'encourager le travail, l'industrie etc.;

2º Les associations d'ordre purement privé entre particuliers.

Les personnes morales de la première catégorie s'appellent des *établissements d'utilité publique.* On les range souvent parmi les personnes morales publiques, parce qu'elles agissent dans l'intérêt du public, mais c'est une erreur. «Aujourd'hui, et grâce en grande partie au Conseil d'Etat, la dis-

---

quels sont les différents services publics qui doivent être dotés de la personnalité.

« Pour mieux assurer l'accomplissement de quelques services publics, dit M. Aucoc, *Conférences sur l'administration*, 3º édit., t. 1, nº 198, p. 349, le législateur a cru utile d'en confier la gestion à des autorités spéciales, dans lesquelles il a espéré trouver une compétence et un zèle particuliers, et il a personnifié les intérêts spéciaux auxquels pourvoyaient ces autorités, comme il avait personnifié les intérêts généraux dans l'État, les intérêts locaux dans les départements et les communes. Ainsi, à côté de l'État, des départements et des communes, il y a d'autres personnes publiques qui ont une existence civile distincte, qui ont le droit d'avoir des propriétés, des ressources spéciales indépendantes de celles de l'État et des communautés territoriales. C'est ce que l'on appelle les établissements publics. »

tinction est faite. On reconnaît que les établissements d'utilité
publique sont des personnes morales privées. Elles rendent
des services au public, mais ce ne sont pas des services publics, ce sont des services privés. L'État n'a pas le monopole
de la satisfaction des intérêts généraux. » (1) Ils sont fondés et
entretenus par des particuliers, mais, comme ils présentent une
utilité générale ou locale, l'État leur accorde la personnalité.

Dans cette catégorie, rentrent les congrégations religieuses
de femmes légalement autorisées, certaines congrégations
d'hommes qui ont été reconnues par simple décret avant la
loi du 2 janvier 1817 (2), les caisses d'épargne, les sociétés
de secours mutuels approuvées ou reconnues d'utilité publique (3), les monts de piété, les institutions charitables, les
sociétés amicales, les sociétés savantes, les ligues, les facultés libres d'enseignement supérieur, les comités des habitations à bon marché, etc.

En principe, les sommes versées par les membres de ces
associations dans la caisse de l'association n'ont pas le ca-

_____

(1) Hauriou, op. cit., 2e édit., p. 220 ; Ducrocq, Cours de droit administratif, t. II, 5e édit. nº 1330 et suiv.; Aucoc, Conférences, nos 198 et suiv.;
Dalloz, Lois politiques et administratives, t. II, vº Établissements d'utilité
publique, nos 10, 13 ; Béquet, Répertoire de droit administratif, Vº Dons et
legs, nº 90.

« Les établissements d'utilité publique restent placés en dehors des diverses branches de l'administration française; ils ne font partie à aucun
titre de l'organisation publique du pays. Un acte de la puissance publique,
en leur reconnaissant le caractère d'établissements d'utilité publique, leur
confère seulement la personnalité civile, le droit de posséder et d'acquérir; c'est le caractère d'utilité générale qu'ils présentent, ce sont les services qu'ils peuvent rendre qui déterminent l'autorité publique à leur accorder cette faveur, sous la réserve du droit de révoquer cette mesure
quand elle le juge convenable. » Ducrocq, Cours de droit administratif,
5e édit., t. II, nº 1333.

Pour les ressemblances et les différences entre les deux classes d'établissements, voir Ducrocq, nos 1335 et suiv.

(2) « La Cour de cassation décide que, depuis la loi du 2 janvier 1817, un
acte législatif est indispensable pour constituer légalement une communauté religieuse d'hommes et lui donner le droit d'acquérir. » Ducrocq,
Cours de droit administratif, t. II, nº 1546, Béquet, Rép. de droit administratif, Vº Dons et legs, nº 210.

(3) Art. 7, loi du 15 juillet 1850 ; décret du 26 mars 1852.

ractère d'apports et ne donnent pas droit au partage du fonds social, lorsque l'établissement vient à disparaître. Elles ont été versées dans un but désintéressé. Chaque membre se dépouille définitivement de ce qu'il apporte, il l'aliène au profit de la personne morale.

Associations privées qui ne constituent pas des établissements d'utilité publique. (1) — Il faut ranger dans cette catégorie les sociétés qui sont créées en vue de réaliser un bénéfice. Dans ces associations, les bénéfices réalisés se partagent

---

(1) La distinction entre les sociétés purement privées et les établissements d'utilité publique n'est pas bien nettement établie. D'après la majorité des auteurs, les établissements d'utilité publique ne peuvent exister et fonctionner qu'en vertu d'un acte spécial et individuel de la puissance publique ; au contraire, les sociétés privées sont affranchies de toute ingérence administrative et existent légalement, à la seule condition de se conformer aux prescriptions de la loi. Ainsi, le critérium serait le suivant : Les établissements d'utilité publique ne peuvent exister qu'en vertu d'un acte de la puissance publique, Ducrocq, *Cours de droit administratif,* 5e édit., II, nos 1335, 1336, 1578 ; Béquet, *Rép. de droit administratif,* V° *Dons et legs,* n° 206. Les personnes morales privées, au contraire, sont celles qui peuvent se constituer librement.

On a proposé une autre base de distinction : Sauzet, *Nature de la personnalité civile des syndicats professionnels : Revue critique,* 1888, p. 296. Les établissements d'utilité publique sont les personnes morales qui poursuivent un but désintéressé, qui sont exclusives de toute idée de spéculation. A la dissolution, le patrimoine ne se partage pas entre les associés, il est sans maître. Les personnes morales purement privées sont faites pour réaliser des bénéfices ; les droits des associés subsistent et reparaissent le jour où la personne civile disparaît.

Suivant qu'on adopte l'un ou l'autre de ces systèmes, on rangera parmi les établissements d'utilité publique ou, au contraire, parmi les personnes purement privées, les syndicats professionnels (loi du 21 mars 1884) et les associations syndicales libres (lois 21 juin 1865 et 22 décembre 1888).

Les intérêts qu'il y a à déterminer, si une personne morale rentre dans la classe des établissements d'utilité publique, sont les suivants :

1° Les établissements d'utilité publique (art. 910 Civ.) ne peuvent accepter les dons et legs qu'avec l'autorisation de l'Etat ; on se demande, au contraire, si cette autorisation est nécessaire pour les associations privées ;

2° En cas de dissolution d'un établissement d'utilité publique, le patrimoine est sans maître. Au contraire, dans les associations purement privées, il se partage entre les membres de l'association. Ce second intérêt ne s'applique que dans le cas où les statuts n'auraient pas prévu d'avance l'affectation à donner au patrimoine en cas de dissolution.

entre les membres, et, en cas de dissolution, le patrimoine
social est également réparti entre eux. Les sociétés commerciales jouissent de la personnalité morale ; cette personnalité n'est expressément consacrée par aucun texte, mais
elle est admise par tous les auteurs et confirmée par des
articles de loi qui la présupposent par les conséquences
qu'ils en déduisent. (1) Les sociétés de commerce ne sont
pas soumises à l'autorisation (2) ; elles sont personnes morales
par le seul fait qu'elles sont constituées conformément aux
prescriptions de la loi et que les formalités de publicité destinées à prévenir les tiers ont été remplies.

Les sociétés civiles à forme commerciale sont aussi des
personnes morales. La loi du 1er août 1893 a levé toute hésitation sur ce point, car elle leur a imprimé le caractère
de sociétés commerciales. (3)

Quant aux sociétés civiles ordinaires (4), la question de
savoir si elles sont ou ne sont pas des personnes morales est
controversée. La Cour de cassation, dans de récents arrêts,
a déclaré que les textes du Code civil « personnifient la société d'une manière expresse, en n'établissant jamais des
rapports d'associé à associé et en mettant toujours les associés en rapport avec la société. » (5)

Observation. — Les associations qui ne rentrent pas dans
l'une des catégories ci-dessus ne constituent pas des per-

---

(1) Voir en particulier art. 529 Civ.

(2) Les tontines et les sociétés d'assurances sur la vie, mutuelles ou à
primes, restent soumises à l'autorisation du gouvernement. (Loi du
24 juillet 1867.)

(3) Art. 6, loi du 1er août 1893, portant modification à la loi du 24 juillet 1867 sur les sociétés par actions, *Annuaire de législation française*, 1894,
p. 214.

(4) Art. 1832 et suiv. Civ.

(5) Cass. 23 février 1891, S. 92, 1, 73 ; 2 mars 1892, S. 92, 1, 497, et les notes très-intéressantes de M. Meynial. Voir Aubry et Rau, iv, § 377, p. 546,
texte et note 16 ; Baudry-Lacantinerie, *Précis de droit civil*, iii, 5e édit.,
n° 760 ; Guillouard, *Traité du contrat de société*, p. 33, nos 23 et suiv.;
Boistel, *Précis de droit commercial*, 3e édit., n° 163 ; Lyon-Caen et Renault,
Traité de droit commercial, t. ii, p. 90, nos 126 et suiv., 2e édit.

sonnes morales. Ainsi les associations, formées dans un but désintéressé, de moins de vingt personnes qui n'ont eu à demander aucune autorisation, celles qui ont obtenu l'autorisation, mais n'ont pas été reconnues d'utilité publique (1), les congrégations religieuses non reconnues, et même les congrégations d'hommes dont le fonctionnement a été autorisé par décret ou ordonnance depuis la loi du 2 janvier 1817 (2), ne sont pas douées de la personnalité juridique.

§ 3. — *Naissance et extinction des personnes juridiques.*

La personne juridique est susceptible d'être, comme la personne physique, le sujet de droits et d'obligations. Mais il résulte de sa définition même que son domaine se borne exclusivement au droit patrimonial ; être abstrait, elle ne peut pas figurer dans des rapports de droit tels que ceux qui dérivent de la famille, puisque ces rapports de droit supposent comme condition indispensable l'existence effective de l'individu, que les liens du sang unissent à d'autres personnes non moins réelles.

La personnalité de la personne juridique commence au jour de sa naissance, c'est-à-dire au jour où intervient en sa faveur la reconnaissance d'utilité publique.

Naissance des Personnes juridiques. (3) — La personne morale ne peut exister qu'en vertu d'une concession formelle de l'État.

De droit commun, cette concession doit être accordée à

(1) Nous verrons cependant ci-dessous que la jurisprudence actuelle considère que la simple autorisation confère aux associations qui présentent un caractère d'intérêt public une demi-personnalité.

(2) Ces congrégations ne jouissent pas de la personnalité civile : Cass. 3 juin 1861, S. 61, 1, 615 ; *Rép. de droit administratif*, v° cit., n° 41. Voir *suprà*, p. 133, note 2.

(3) C'est encore au droit administratif qu'il appartient de déterminer sous quelles conditions la reconnaissance d'utilité publique peut être accordée et retirée ; nous nous contenterons donc de donner quelques notions élémentaires.

chaque œuvre ou association par une décision spéciale de
l'autorité publique, et elle prend le nom de reconnaissance
d'utilité publique ; elle peut émaner directement du législateur (1), ou bien du pouvoir administratif auquel la loi confère
à l'avance le droit de concéder la personnalité ; en principe,
elle résulte d'un décret rendu en Conseil d'État, après une
enquête sur l'utilité de l'œuvre. C'est à partir de la reconnaissance d'utilité publique que la personne morale commence à exister, et c'est seulement à partir de ce moment
qu'elle devient capable d'acquérir des droits. (2)

Par exception et dans un esprit de faveur, le législateur
accorde à l'avance et en bloc la personnalité morale à certaines associations, en autorisant par voie de disposition générale la création de collectivités auxquelles il confère par
anticipation la personnalité. Ainsi les lois du 21 juin 1865
et du 22 décembre 1888 autorisent la formation d'associations syndicales libres de propriétaires qui se constituent en

---

(1) En principe, les congrégations religieuses ne peuvent être dotées de
la personnalité que par une loi (loi du 2 janvier 1817 et loi du 24 mai
1825) ; il en est de même pour les établissements libres d'enseignement
supérieur (loi du 18 mars 1880, art. 7).

(2) Cependant on discute la question de savoir si un établissement ne
peut pas valablement recueillir un legs, bien qu'il n'ait été reconnu d'utilité publique qu'après la mort du testateur, et certains auteurs admettent
l'affirmative en se fondant sur l'art. 906 du C. civ. et en étendant aux personnes morales l'application de l'adage : « Infans conceptus pro nato habetur quoties de commodis ejus agitur. » Il y a pour les personnes morales,
disent-ils, comme pour les personnes physiques, une conception qui est antérieure de plusieurs mois à leur entrée dans la vie, et leur reconnaissance légale est précédée d'une existence de fait assimilable à celle d'un
enfant conçu. Béquet, *Rép. de droit administratif*, V° *Dons et legs*, n° 83 ;
Marguerie, *Étude sur les libéralités faites aux établissements non reconnus*, *Revue critique*, 1878, p. 513 et suiv. La jurisprudence du Conseil
d'État est favorable à cette solution et admet que le gouvernement peut,
par un même décret, reconnaître un établissement et l'autoriser à accepter
les libéralités qui lui ont été faites auparavant, Contra, Baudry-Lacantinerie et Colin, *Des donations*, t. i, n° 335 et suiv. L'art. 111 de la loi mu-
nicipale du 5 avril 1884 a admis que des libéralités pouvaient être adressées à un hameau ou quartier d'une commune qui n'est pas encore à
l'état de section ayant la personnalité civile.

dehors de tout contrôle administratif et qui sont dotées de la personnalité ; de même, la loi du 21 mars 1884 décide que les syndicats professionnels régulièrement constitués, c'est-à-dire conformément aux dispositions de cette loi, jouissent de la personnalité civile. Quand la loi permet ainsi aux personnes morales de se former librement, elle a soin de préciser l'objet des associations qui pourront bénéficier de cette faveur et de déterminer d'une façon très rigoureuse le domaine de leur activité. C'est ainsi que la loi de 1884 déclare que les syndicats professionnels ont exclusivement pour objet l'étude et la défense des intérêts économiques, industriels, commerciaux et agricoles. (1) Cette tendance du législateur à autoriser, par voie de disposition générale, la création d'associations qui peuvent se former librement et acquièrent ainsi, de plein droit, la personnalité, est intéressante à signaler, car elle est empreinte d'un caractère libéral et prouve que l'État moderne est enclin à se montrer moins rigoureux vis-à-vis des personnes juridiques. (2)

Enfin, pour le contrat de société, qui est une association faite entre personnes dans un but de spéculation, le législateur se montre encore plus large ; sans préciser autrement l'objet de ces associations, et sous la seule condition qu'elles soient faites en vue de réaliser des bénéfices et de les partager, il leur accorde la personnalité morale. Les sociétés à but lucratif sont donc très libéralement traitées par la loi. La raison en est qu'elles ne sont pas des personnes de main-

---

(1) Art. 3 de la loi du 21 mars 1884.

(2) *Répert. de droit adm.*, V° *Dons et legs*, n° 37. « Cette innovation, dit M. Tissier, n'a été appliquée encore qu'à quelques établissements, mais n'est-elle pas destinée à se généraliser ? C'est ce qu'il est encore impossible de prévoir. L'on peut se demander si le mouvement libéral qui a été imprimé à la législation au cours de ces dernières années se trouve maintenant enrayé, ou s'il est appelé à s'étendre ; et, s'il s'étend, aboutira-t-il simplement à la suppression universelle de la nécessité d'une reconnaissance individuelle, ou n'ira-t-il pas plus loin et n'arrivera-t-il pas à l'abolition de toute reconnaissance même ne s'appliquant qu'aux espèces et non aux individus ? »

morte et ne constituent pas un danger pour l'État. Elles ne doivent pas durer indéfiniment, et il n'y a pas à craindre de voir leur patrimoine grandir dans des proportions qui peuvent devenir inquiétantes pour le pouvoir. Les biens qu'elles acquièrent ne sont pas consacrés à un but désintéressé, ils sont destinés à être partagés entre les associés. Elles ne sont pas créées pour assurer le triomphe d'une idée, d'un principe, elles sont faites dans un but lucratif, et leur extension, bien loin d'être un péril, ne peut qu'augmenter la prospérité et la puissance économique de l'État.

Extinction des Personnes juridiques. — La plupart des personnes juridiques peuvent durer indéfiniment, puisqu'elles sont des êtres abstraits et que leur existence est indépendante de celle des individus qui les composent. Cependant il serait inexact de dire qu'elles sont perpétuelles, car l'autorité publique a toujours le droit de les supprimer. L'État qui accorde la personnalité morale peut également la retirer : « Tous les gens de mainmorte, disait Merlin, ont cela de commun qu'ils ne peuvent exister que par l'autorisation de la loi, et que la loi peut, quand il lui plaît, les anéantir en leur retirant l'autorisation qu'elle leur avait d'abord accordée. » (1)

Il y a entre les principes qui régissent la naissance et ceux qui régissent l'extinction des personnes juridiques une exacte corrélation. (2)

Celles qui peuvent se constituer de plein droit, en vertu de la loi, et sans requérir l'autorisation de l'État, meurent également sans qu'une décision expresse de la puissance publique soit nécessaire. Les sociétés civiles et commerciales se dissolvent lorsqu'elles ont atteint le but en vue duquel elles ont été constituées. Il en est de même pour les syndicats professionnels. En outre, les lois qui autorisent la

---

(1) Merlin, Rép., Vº Mainmorte.
(2) Piébourg, Revue de législation ancienne et moderne, 1876, p. 485.

constitution de ces personnes morales prévoient certains événements qui entraînent leur dissolution. (1)

Quant aux personnes morales qui ne peuvent naître qu'en vertu d'une décision spéciale du pouvoir, elles s'éteindront de la même façon, et il faudra, pour leur enlever la personnalité, un acte de même nature et émané de la même autorité que celui qui leur a donné l'existence. (2)

Que devient le patrimoine de la personne morale, lorsqu'elle cesse d'exister?

Pour les personnes du droit public, leurs biens reviennent nécessairement à l'État, puisqu'elles sont des organes de l'État détachés de sa personnalité.

Pour les établissements d'utilité publique, c'est encore l'État qui recueille leur patrimoine, en vertu du principe de l'article 713 du Code civil : « Les biens qui n'ont pas de maître appartiennent à l'État. » En effet, nous avons dit ci-dessus que les biens existant au jour de l'extinction ne peuvent pas se partager entre les membres qui composent la personne morale, parce que les sommes versées par eux n'ont pas eu le caractère d'apports. (3)

Les statuts de l'établissement peuvent aussi prévoir le cas de dissolution et déterminer à qui seront dévolus les biens composant le patrimoine. Dans la pratique, cette clause se rencontre fréquemment; les statuts décident que les biens seront attribués à des établissements similaires ou à des institutions de bienfaisance situés sur le territoire ou dans la commune où fonctionne l'œuvre. (4)

---

(1) En ce qui concerne les syndicats professionnels, la loi du 21 mars 1884 permet aux tribunaux de prononcer leur dissolution, lorsqu'ils ont commis des infractions aux dispositions de cette loi. Pic, *Législation industrielle*, 1ʳᵉ partie, p. 147, Paris, 1894.

(2) Hauriou, 3ᵉ édit., p. 141.

(3) Hauriou, 3ᵉ édit. p. 141 ; Plébourg, Thèse, p. 201 et suiv.; Laurent, *Droit civil*, 1, n° 316 ; Vauthier, *op. cit.*, p. 344.

(4) Les statuts-modèles adoptés par le Conseil d'État en 1887 contiennent un art. 18 ainsi conçu : « En cas de dissolution, l'actif de l'association est attribué, par délibération de l'assemblée générale, à un ou plusieurs éta-

Quant aux dons et legs qui ont été faits à la personne morale pendant son existence, on admet qu'ils seront restitués aux donateurs ou testateurs ou à leurs ayants cause. (1)

Enfin, dans les sociétés civiles et commerciales, la dissolution entraîne le partage des bénéfices et du fonds social entre les associés. (2)

Du domicile des Personnes morales. — La notion du domicile présente, au point de vue du droit privé, et principalement en matière de procédure civile, la même utilité pour les personnes morales que pour les personnes physiques, car il faut, pour les premières comme pour les secondes, qu'elles soient rattachées à un lieu déterminé où elles seront toujours censées présentes aux yeux des tiers. Le domicile de la personne morale est au lieu où elle a son principal établissement. (3) M. Laurent prétend que les personnes morales n'ont pas de domicile proprement dit, parce que, dit-il, le domicile suppose une habitation et l'intention d'y fixer son principal établissement; or, les personnes morales étant une fiction ne peuvent pas habiter un lieu déterminé, et elles ne sont pas susceptibles de volonté. Voilà où conduit la théorie de la fiction poussée à ses extrêmes limites. Il est facile de répondre à M. Laurent, d'une part, que le domicile est une abstraction et qu'il n'est pas douteux que la personne morale

blissements analogues et reconnus d'utilité publique. » Certaines lois prévoient la disparition de personnes morales déterminées et indiquent à quel but leur patrimoine sera affecté. Loi du 24 mai 1825 sur les congrégations et communautés religieuses de femmes, art. 7; loi du 15 juillet 1850, art. 10, et décret-loi du 26 mars 1852 sur les sociétés de secours mutuels, art. 15; loi des 12-27 juillet 1875 relative à la liberté de l'enseignement supérieur, art. 12; loi du 30 novembre 1894, art. 2, comités des habitations à bon marché.

(1) Arg., art. 7, loi du 24 mai 1825; art. 12, loi 12-27 juillet 1875.

(2) L'art. 10 de la loi du 15 juillet 1850 sur les sociétés de secours mutuels décide qu'en cas de dissolution, les sociétaires existant auront droit à la restitution de leurs apports et versements. Cette solution se justifie parfaitement, car dans ces sociétés les versements des sociétaires ne sont pas faits dans un but complètement désintéressé.

(3) Art. 102 Civ.

a son siège en un lieu déterminé, et, d'autre part, qu'elle a
des représentants ou administrateurs chargés de vouloir et
agir pour elle. (1)

§ 4. — *État et capacité des Personnes juridiques.*

Nous avons dit, dans le chapitre précédent, que l'état
était l'ensemble des attributs qui rattachent l'homme aux
groupes sociaux au milieu desquels il vit, lui assignent une
place déterminée dans la société et permettent de distinguer
son individualité de celle des autres. Les personnes morales
étant des êtres juridiques, doivent donc, elles aussi, nécessairement avoir un état. Cet état est moins complexe que
celui des personnes physiques, leur individualité est bien
moins difficile à établir, à cause de leur nombre relativement
restreint, et aussi parce que leur sphère d'activité est moins
étendue que celle de l'homme. Les personnes morales ne
sont rattachées qu'à un groupe unique, celui de la nation ;
elles ne sont pas susceptibles de figurer dans les rapports de
droit naissant de la famille.

Mais elles font partie d'une nation déterminée, et, au point
de vue des droits privés qu'elles peuvent acquérir, ce lien,
qui leur donne la qualité de sujets d'un État, présente le
même intérêt que pour les personnes réelles. Il est du reste
facile, en principe, de fixer leur nationalité, et la question

---

(1) Laurent, ii, § 70.
Les personnes morales ne peuvent pas avoir plusieurs domiciles, puisque
l'art. 102 Civ. l'interdit. Mais la jurisprudence est arrivée à tourner cette
règle fort gênante pour les grandes sociétés de commerce qui ont des établissements sur divers points du territoire ; il était impossible de forcer tous
ceux qui sont en rapport avec elles à les poursuivre en cas de procès, devant
le tribunal du lieu où est établi leur siège social ; aussi la jurisprudence a-
t-elle décidé que les compagnies de chemins de fer et les grandes sociétés
commerciales pouvaient être actionnées devant le tribunal de chaque
arrondissement où elles ont une succursale, pour l'exécution des actes
qu'elles y ont passés et la réparation du préjudice résultant des délits et
quasi-délits dont elles sont civilement responsables. Cf. Beudant, i, n° 102 ;
Baudry-Lacantinerie et Houques-Fourcade, *Des personnes*, i, n° 1014 ; Huc,
Commentaire du Code civil, t. i, n° 372 ; Demolombe, i, n° 374 *bis.*

est simple à résoudre. Sont françaises les personnes morales constituées en France et reconnues d'utilité publique par l'État français. Il n'y a pas à s'inquiéter de la nationalité des individus qui composent l'association, et il n'est pas nécessaire qu'ils soient tous Français, puisque la personnalité de ces individus s'efface, disparaît devant celle de la collectivité. (1)

Mais faut-il continuer l'assimilation entre les personnes morales et les personnes physiques, et doit-on traiter en France comme un étranger ordinaire les personnes morales qui ont été constituées et qui fonctionnent dans un État étranger? En d'autres termes, quelle est la condition en France des personnes morales étrangères? C'est une question fort discutée. Les auteurs qui considèrent la personnalité morale comme une pure et simple fiction créée par le législateur, en concluent ordinairement que cette fiction ne peut produire d'effets que sur le territoire sur lequel s'exerce la souveraineté dont la loi est l'organe : au-delà des frontières, la personne morale n'existe pas, c'est le non-être, le néant. (2) Sans doute, le but en vue duquel elle a été créée peut être considéré comme utile et digne d'encouragement, même à l'étranger; s'il en est ainsi, les États étrangers lui accorderont à leur tour sur leur territoire la personnalité, par une concession spéciale du pouvoir. L'État français a la faculté de reconnaître d'utilité publique une personne morale étrangère ; mais, tant que cette reconnaissance n'est pas intervenue, la personne morale ne peut acquérir aucun droit en France.

(1) La détermination de la nationalité des sociétés commerciales donne lieu à des difficultés que nous ne pouvons que signaler ici. Voir Arthuys et Surville, *Cours élémentaire de droit intern. privé*, 2ᵉ édit., nᵒˢ 455 et suiv.; Weiss, *Traité élément. de droit intern. privé*, Paris, 1885, p. 440, 441.

(2) Laurent, *Droit civil*, I, nᵒ 306 ; *Droit civil internat.*, IV, nᵒˢ 119 et suiv.; Weiss, *Droit internat. privé*, p. 145 et suiv.; Moreau, *Capacité des États étrangers pour recevoir par testament en France*, Journal de droit internat. privé, 1892, p. 342 ; Wœste, *Du droit pour une personne morale étrangère de recevoir par succession un immeuble situé en Belgique*, Journal de droit internat. privé, 1893, p. 1125 ; Baudry-Lacantinerie et Houques-Fourcade, *Des personnes*, I, nᵒ 308 ; *Répert. de droit administratif*, Béquet, Vᵒ *Dons et legs*, nᵒˢ 220 et suiv.

Néanmoins, la majorité de la doctrine et la jurisprudence admettent aujourd'hui que les personnes morales conservent en tout pays le bénéfice de la personnalité. (1)

A cette dernière opinion il convient cependant d'apporter un tempérament que presque tous les auteurs admettent. Les personnes morales étrangères ne peuvent pas être traitées en France mieux que les personnes morales françaises, par conséquent elles seront soumises aux mêmes restrictions de capacité que ces dernières, et, en particulier, à l'incapacité de l'art. 910 Civ. (2) D'autre part, l'État a toujours le droit d'édicter contre les personnes morales étrangères qui pourraient présenter un danger public des prohibitions, ou d'exiger d'elles des garanties. C'est ainsi que, d'après la loi du 30 mai 1857, les sociétés anonymes étrangères ne peuvent exercer leurs droits en France qu'à la condition d'avoir obtenu l'autorisation du gouvernement. (3)

---

(1) Lainé, *Des personnes morales en droit internat. privé, Journal de droit internat. privé*, 1893, p. 273 ; Michoud, *Revue générale de droit internat. public*, t. 1er, p. 193, *La situation en France des personnes morales étrangères et en particulier du Saint-Siège ;* Lyon-Caen, *De la condition légale des sociétés étrangères*, n° 7 ; Ducrocq, *De la personnalité civile en France du Saint-Siège et des autres puissances étrangères, Revue de droit public*, t. 1er, p. 47 ; Avis du Conseil d'État du 12 janvier 1854, S. 55, 2, 800 ; D. P., 56, 3, 16.

Bien entendu, si la personne morale a été créée pour remplir une fonction d'intérêt général, il ne peut être question pour elle d'accomplir les actes relevant de cette fonction à l'étranger ; comme le dit très justement M. Lainé (*loc. cit.*, p. 286) : « Les personnes civiles d'un pays ne peuvent pas agir à l'étranger pour l'accomplissement de leur fonction, lorsque cette fonction se rattache à un intérêt public ; à ce point de vue, elles sont enfermées dans le territoire de leur pays, et, d'ailleurs, elles ne demandent pas à en sortir ; c'est en tant que personnes privées, passant des contrats, acquérant des créances ou des biens corporels, estant en justice, comme les individus, qu'elles doivent, comme des individus aussi, conserver en pays étranger leur nationalité, leur état et leur capacité. »

(2) Avis du Conseil d'État du 12 janvier 1854 ; *Répert. de droit administratif ;* Béquet, V° *Dons et legs*, n° 360. Voir Lainé, Ducrocq, Michoud, art. cités plus haut.

(3) La loi de 1857 a permis au gouvernement d'accorder une autorisation générale pour toutes les sociétés d'un même pays.

Capacité des personnes juridiques. — Pour exposer clairement les principes de cette matière, il convient de distinguer,
comme nous l'avons fait pour les personnes physiques, la
jouissance et l'exercice des droits.

Il faut donc déterminer, en premier lieu, quels sont les
droits civils dont une personne morale peut être titulaire ;
nous nous demanderons ensuite si la personne morale est
capable d'exercer librement les droits dont elle a la jouissance,
par l'intermédiaire d'un représentant, bien entendu, puisque
c'est un être abstrait, ou si, au contraire, certaines d'entre
elles ne sont pas des incapables qui ont besoin d'être autorisées, habilitées pour agir.

1° *Jouissance des droits civils.* — Il ne peut être question
que des droits du patrimoine ; la personne morale, par sa
nature même, n'est pas susceptible d'acquérir les droits de
famille proprement dits, résultant, par exemple, du mariage,
de la parenté. (1)

Dans ces limites, quelle est la capacité des personnes morales ? faut-il les assimiler aux personnes physiques et dire
qu'elles peuvent être titulaires de tous les droits civils qui se
réfèrent au patrimoine ? Aucun texte ne tranche cette question d'une façon générale, mais la tradition et les principes
de notre droit permettent de la résoudre affirmativement et
de répondre : Les personnes juridiques ont la même capacité
que les personnes physiques. Nos anciens auteurs Domat,
Pothier, reproduisant la doctrine des jurisconsultes romains,
déclaraient qu'elles tenaient lieu de personnes et qu'à l'ins-
tar des personnes réelles, elles pouvaient aliéner, acquérir,

---

(1) Il faut faire exception pour la tutelle, qui peut appartenir aux
personnes morales. Ainsi les enfants trouvés et les enfants abandonnés
sont sous la tutelle des commissions administratives des hospices (loi 15
pluviôse an XIII ; décret du 19 janvier 1811) ; à Paris, les enfants trouvés et
les orphelins sont sous la tutelle de l'assistance publique (loi 10 janvier
1849, art. 3) ; enfin, la loi du 24 juillet 1889, sur la protection des enfants
maltraités ou moralement abandonnés, décide qu'en cas de déchéance de
la puissance paternelle prononcée contre les parents, la tutelle peut être
exercée par l'assistance publique (art. 11).

posséder des biens, plaider, contracter, s'obliger, obliger les
autres envers elles. (1) De son côté, le Code civil, s'il n'a pas
fait une théorie de la personne morale, a, à maintes reprises,
à propos des diverses institutions, réglementé la situation
des personnes juridiques et établi des limitations, un système
de contrôle, pour l'exercice de leurs principaux droits (2), ce
qui prouve bien qu'il a entendu leur conférer une capacité
pleine et entière. Le Code soumet la capacité des personnes
morales à certaines restrictions, montrant par là qu'il reconnaît implicitement cette capacité. Les lois postérieures, à leur
tour, enlèvent la jouissance de certains droits à diverses associations ; la loi du 24 mai 1825 décide que les congrégations
religieuses de femmes ne peuvent recevoir des libéralités
qu'à titre particulier ; d'après le décret du 26 mars 1852, les
sociétés de secours mutuels, lorsqu'elles ne sont autorisées
que par le Préfet, ne peuvent acquérir que des meubles ; les
syndicats professionnels ne peuvent posséder que les immeubles nécessaires aux réunions, bibliothèques et cours. (3)
Tous ces textes prouvent que les personnes morales ont en
principe la jouissance de tous les droits civils. Aussi cette
solution est-elle acceptée aujourd'hui par la majorité des
auteurs et par la jurisprudence. (4)

Elle a été cependant très-vivement contestée par un jurisconsulte de grande valeur, M. Laurent.(5) D'après lui, les corps
et établissements ne sont pas de véritables personnes, ils ne
doivent pas être assimilés aux personnes physiques ; bien
loin d'avoir une capacité analogue à la capacité de celles-ci,

---

(1) Pothier, *Traité des personnes et des choses*, n° 210, édit. Bugnet, t. ix ;
Domat, *Droit public*, livre i, titre 15, sect. 2, n° 2.

(2) Art. 537, 619, 910, 937, 1712, 2045, 2121, 2153, 2227 Civ.

(3) Loi 21 mars 1884, art. 6.

(4) Aubry et Rau, i, § 54 ; Lyon-Caen et Renault, *Droit commercial*,
2° édit., t. ii, § 119, p. 83 ; Planiol, note au Dalloz, 95, 1, 217 ; Thaller, note
D., 96, 1, 145 ; Piébourg, *op. cit.*, p. 170 et suiv.; Tournon, Thèse de doctorat,
1895, p. 36 et suiv.; Lot, *Libéralités aux sociétés civiles et commerciales*,
Thèse, Paris, 1895, p. 113 et suiv.; Trib. civ. Seine, 30 mars 1881, S. 81,2,249.

(5) Laurent, *Principes de droit civil*, t. i, p. 386 et suiv., § 299 et suiv.

ils n'ont en principe que les droits civils qui leur ont été expressément accordés par la loi ; êtres de fiction, créés par la loi, ils n'ont pas de droits par eux-mêmes. Pour eux, l'incapacité est la règle, et la capacité l'exception.

Cette opinion si rigoureuse est contraire à toute la tradition de notre droit, à la notion de la personnalité telle qu'elle a été transmise par les jurisconsultes romains et recueillie par nos anciens auteurs. Elle se heurte à la fois à l'histoire et aux textes de nos lois modernes.

Néanmoins, un certain nombre de jurisconsultes, sans aller aussi loin que M. Laurent, refusent de reconnaître aux personnes morales une capacité pleine et entière ; la question s'est présentée particulièrement à propos des sociétés de commerce. Peuvent-elles recevoir des libéralités ? Plusieurs auteurs se prononcent pour la négative et leur refusent ce droit (1) ; de même, on s'est demandé si les associations d'utilité publique pouvaient posséder des immeubles. Pour nous, avec la majorité de la doctrine et la jurisprudence, nous concluons que les personnes morales sont susceptibles d'acquérir tous les droits du patrimoine.

Observation. — Des dispositions de lois spéciales ont enlevé à quelques personnes morales la jouissance de certains droits civils. (2)

---

(1) Labbé, *Revue critique de législation et de jurispr.*, 1882, p. 345 ; Baudry-Lac. et Colin, *Donations et testaments*, I, nᵒˢ 228 et suiv ; Béquet, *Rép. de droit administratif*, vᵒ *Dons et legs*, nᵒ 87.
Pour l'affirmative, consulter Aubry et Rau, I, § 54 ; Lyon-Caen et Renault, *Traité de droit commercial*, 2ᵉ édit., t. II, § 119, p. 83 ; Lot, *Des libéralités aux sociétés civiles et commerciales*, thèse de doctorat, Paris, 1895 ; Planiol, note au Dalloz, 1895, 1, 217 ; Thaller, note au Dalloz, 1896, 1, 145.
Les syndicats professionnels peuvent-ils recevoir des dons et legs ? Voir César-Bru, *Les syndicats professionnels*, p. 53 ; Sauzet, *Revue crit. de législ.*, 1888, p. 302 à 305 ; Pic, *Traité de législ. indust.*, p. 134 ; Bry, *Cours élément. de législ. industr.*, p. 264 ; Raoul Jay, *La personnalité civile des syndicats professionnels*.

(2) Ces lois sont assez nombreuses ; nous ne pouvons que citer des exemples : Comme nous l'avons dit ci-dessus, la loi du 24 mai 1825, art. 4, ne permet aux congrégations religieuses de femmes de recevoir des libé-

Cette première question résolue, il reste un second point
de vue qu'il est nécessaire d'envisager. Les personnes morales sont constituées pour remplir une fonction déterminée,
avec des attributions précises. Elles sont instituées, soit pour
remplir une mission d'ordre politique, pour assurer le bon
fonctionnement d'un service public, soit pour accomplir une
œuvre d'intérêt général, de bienfaisance, de religion, de
science ou d'art, soit enfin dans un but d'intérêt privé et
particulier, comme les sociétés commerciales et civiles.
Lorsque l'État leur accorde la personnalité morale, il prend
en considération leur destination, et il ne leur concède la capacité juridique que pour leur faciliter l'accomplissement de
leur mission. Le domaine dans lequel s'exercera leur activité
est ainsi déterminé à l'avance. S'il s'agit d'une association
ou d'une œuvre à laquelle la personnalité est concédée par
un décret spécial de reconnaissance d'utilité publique, l'État
ne se prononce qu'après avoir pris connaissance des statuts,
du but poursuivi et après l'avoir approuvé. Si l'association
rentre dans la catégorie de celles qui sont autorisées à
l'avance par une loi générale, cette loi a toujours soin de définir et de préciser l'objet du type d'association auquel elle
accorde la personnalité et de délimiter exactement sa sphère
d'action. Ainsi, pour ne citer qu'un exemple, la loi du 21 mars
1884, qui décide que les syndicats professionnels régulièrement formés constituent des personnes morales, détermine
leur nature et leur mission; ce sont des associations de personnes exerçant la même profession ou des professions similaires, qui ont exclusivement pour objet l'étude et la défense
des intérêts économiques, industriels, commerciaux et agri-

---

ralités qu'à titre particulier; voir, en outre, l'art. 5 de la même loi; les
sociétés de secours mutuels simplement approuvées par le préfet ne peuvent
pas posséder d'immeubles (décret du 26 mars 1852, art. 8); les syndicats
professionnels ne peuvent acquérir d'autres immeubles que ceux qui sont
nécessaires à leurs réunions, à leurs bibliothèques et à des cours d'instruction professionnelle (loi du 21 mars 1884, art. 6); d'après l'art. 1er de la loi
du 30 nov. 1894, les comités des habitations à bon marché ne peuvent posséder, en fait d'immeubles, que celui qui est nécessaire à leur réunion.

coles. (1) Enfin, même pour les sociétés commerciales et
civiles, si la loi se montre beaucoup plus large, elle indique
néanmoins encore quel doit être leur objet, puisque l'article
1832 Civ. décide que ces sociétés sont celles dans lesquelles
les parties conviennent de mettre quelque chose en commun
en vue de partager le bénéfice qui peut en résulter; leur
objet est donc de faire des opérations pouvant rapporter un
bénéfice aux associés.

Ainsi, chaque personne morale est instituée pour remplir
une fonction, accomplir une œuvre vers laquelle tendront
tous ses efforts; elle est spécialisée en vue d'un but à atteindre; c'est, par exemple, un hôpital, un bureau de bienfaisance, une société de secours mutuels, un mont de piété,
une caisse d'épargne, etc.

Mais, une fois née à la vie juridique et ayant acquis la
jouissance de tous les droits civils du patrimoine, comme
nous l'avons montré ci-dessus, la personne morale sera-t-elle
libre de tourner son activité vers un autre but que celui pour
lequel elle a reçu la personnalité : établissement charitable,
pourra-t-elle ensuite fonder des écoles; société de commerce,
pourra-t-elle se transformer en société de secours mutuels;
syndicat professionnel, pourra-t-elle employer ses efforts à
créer des œuvres destinées à la propagande d'une idée ? (2)

Une semblable transformation est-elle possible? la personne morale a-t-elle le droit, comme une personne physique, d'employer ses forces comme elle le juge à propos, ou
bien au contraire ne faut-il pas dire qu'elle est nécessaire-

---

(1) Art. 3, loi 21 mars 1884.

(2) Ces exemples peuvent paraître purement théoriques, et, en fait, il
arrivera rarement qu'une personne morale cherche à accomplir une mission autre que la sienne. L'hypothèse n'est cependant pas impossible.
N'a-t-on pas vu, en Belgique, le Vooruit de Gand, société coopérative de
consommation, créer une série d'œuvres et devenir un puissant agent de
propagande socialiste ? Consulter sur le Vooruit un intéressant article de
M. Van den Heuvel, *La Réforme sociale*, 1er et 15 avril 1897. Voir aussi
l'espèce prévue dans l'arrêt de la Cour de Cassation du 18 février 1893,
S. 96, 1, 377.

ment et obligatoirement enfermée dans le domaine d'action qui lui a été assigné ?

On conçoit que, si la personne morale a le pouvoir de modifier, comme elle le veut, la direction de son activité, le droit de contrôle de l'État se trouve singulièrement diminué, pour ne pas dire annulé ; la surveillance du pouvoir devient illusoire, si l'œuvre autorisée peut ainsi se transformer. (1)

La question est grave, et l'on voit quelles conséquences peuvent en résulter. Dans la pratique, elle ne s'est jamais présentée d'une façon aussi catégorique que nous l'avons supposé : elle s'est posée à l'occasion des libéralités adressées aux personnes morales. Les personnes morales ont toujours été l'objet de nombreuses libéralités de la part des particuliers, et il arrive très fréquemment que ces libéralités sont accompagnées de conditions, de charges dont l'accomplissement ne rentre pas dans les attributions de la personne gratifiée : par exemple, une donation est faite à un hôpital sous la condition d'instituer une salle d'asile ; un legs est adressé à une fabrique, à charge de fonder ou d'entretenir une école. L'art. 910 du Code civil décide que les dons et legs faits aux établissements publics ou d'utilité publique doivent être autorisés par le gouvernement. Fallait-il accorder cette autorisation, ou au contraire, devait-elle être refusée, toutes les fois que les conditions mises à la libéralité tendaient à faire sortir la personne morale du cercle de ses attributions ? Le Conseil d'État a résolu cette question en posant un principe qui joue un rôle considérable dans la pratique administrative et qu'on désigne sous le nom de principe de la spécialité. On peut le formuler ainsi : Les personnes morales ne sont investies de la personnalité et ne peuvent recevoir des dons et des legs qu'en vue de la mission spéciale pour laquelle elles ont été instituées et dans les limites des attributions qui en dérivent.

(1) Il est vrai que l'État conserve toujours le droit de retirer la personnalité morale.

Ce principe a été mis en lumière dans le cours du siècle par la jurisprudence du Conseil d'État et est appliqué aujourd'hui d'une façon constante. (1) L'État, usant du pouvoir que lui accorde l'art. 910 Civ., refuse d'autoriser les établissements publics et d'utilité publique à accepter les libéralités qui tendraient à les faire sortir des limites de leurs fonctions légales, de telle sorte que ces libéralités sont caduques.

Les explications que nous venons de fournir sur la capacité de jouissance des personnes morales peuvent se résumer en ces deux propositions :

1° Les personnes morales ont la jouissance de tous les droits civils compatibles avec leur nature d'êtres abstraits ;

2° Les personnes morales sont spécialisées dans leurs attributions et ne peuvent sortir du domaine que l'État leur assigne en leur accordant la personnalité.

Ce second principe n'a-t-il pas pour effet de restreindre considérablement la portée du premier ? La question revient à se demander quelle est la nature de la règle de la spécialité. Est-ce une règle d'ordre purement administratif, destinée à assurer le contrôle de l'État sur les établissements d'utilité publique, étrangère au droit civil et ne modifiant en aucune façon la capacité juridique de ces établissements? ou bien, au contraire, n'est-ce pas à la fois un précepte administratif et une règle du droit civil? Si ce dernier point de vue est exact, il faut en conclure que les personnes morales diffèrent profondément des personnes physiques; elles n'ont qu'une personnalité restreinte, incomplète, limitée au domaine d'activité qui leur a été assigné. En un mot, elles sont personnes uniquement et exclusivement pour remplir le but en vue duquel elles ont été autorisées, et, pour tout ce qui est hors de ce domaine, étranger à ce but, elles n'existent pas, elles ne peuvent acquérir aucun droit. Par conséquent, et

_____

(1) Voir, pour les principales et les plus fréquentes applications, M. Ducrocq, *De la personnalité civile en France du Saint-Siège*, *Revue de droit public*, t. I, p. 69, et *Rép. de droit administratif*, Béquet, V° *Dons et legs*, nᵒˢ 226 et suiv.

pour envisager le côté pratique de la question, les libéralités qui leur sont faites moyennant l'accomplissement de charges étrangères à leurs attributions ne peuvent produire aucun effet, elles sont inexistantes, puisqu'elles ne s'adressent pas à un être juridique capable d'acquérir des droits.

Cette conclusion si importante, si grave, est adoptée aujourd'hui par un grand nombre d'auteurs, et elle paraît assez naturelle, si l'on réfléchit que, d'après la théorie dominante, la personne morale est une fiction imaginée par le législateur. C'est la puissance publique qui crée la personnalité juridique, et elle la confère dans la mesure qui lui plaît, avec les attributs qu'elle croit devoir accorder. La personnalité juridique n'est rien en dehors de la loi, et la loi fixe son étendue comme elle le veut. Il n'y a donc pas une personnalité civile unique, comme il y a une seule personnalité qui est la même pour tous les hommes ; bien au contraire, la personnalité civile varie quant à son étendue et quant à ses effets avec chaque personne à laquelle elle est accordée.

Cependant, de bons esprits combattent vigoureusement cette solution et soutiennent que la règle de la spécialité est simplement une règle de police administrative étrangère au droit civil. La personne morale, disent-ils, est une vraie personne, douée d'une capacité juridique analogue à celle de l'homme. La personnalité civile est une, elle donne l'aptitude à acquérir tous les droits civils. L'État, qui accorde la reconnaissance d'utilité publique, ne confère pas une personnalité plus ou moins étendue, il donne la personnalité à l'établissement qu'il autorise. Ils font remarquer que la pratique ancienne ne connaissait pas cette règle et que le Code n'admet aucune cause d'incapacité propre aux établissements. Le principe de la spécialité n'était pas encore inventé et ne s'était pas introduit dans les traditions administratives à l'époque où le Code a été rédigé; non-seulement les rédacteurs du Code ne l'ont pas formulé, mais ils n'ont pas pu le prévoir. Spécialité et capacité sont deux ordres d'idées complètement indépendants : la capacité des personnes morales est réglée par la loi civile, elle est toujours la même, elle comprend le faisceau des droits civils dont une personne morale est, par sa nature, susceptible de jouir; la spécialité est une règle de police administrative qui a pour but de maintenir les personnes morales sous le contrôle et la surveillance du pouvoir. (1)

2° *Exercice des droits.* — La question que nous avons à examiner est celle de la capacité de fait des personnes morales. Les personnes juridiques ont nécessairement un ou plusieurs représentants, qui agissent pour elles, en leur nom, qui sont, pour employer une expression plus exacte, leurs organes, de telle sorte que les actes qu'ils passent sont considérés comme émanant de la corporation elle-même. La personne morale ne peut pas exercer ses droits autrement que par un intermédiaire, puisqu'elle est un être abstrait; mais il ne faudrait pas conclure de là qu'elle est frappée d'incapacité, comme le mineur, qui, lui aussi, a un représentant, le tuteur. Les deux situations sont complètement différentes ; les personnes morales ont des personnes physiques pour représentants, non parce qu'elles sont incapables, mais parce que, par la force même des choses, elles ne peuvent pas agir directement.

Nous avons dit, dans le chapitre précédent, que la capacité d'agir constituait la règle générale, et l'incapacité, l'exception. Toute personne peut exercer ses droits civils, à

_____

(1) Consulter, dans ce sens, Planiol, note au Dalloz, 1895, 1, 217 ; Marqués di Braga et Camille Lyon, *Comptabilité de fait*, n° 187 ; Meynial, note au Sirey, 96, I, p. 130, dernière col. et début de la page 131 ; Hauriou, *op. cit.*, 3° édit., p. 128 et 818 ; voir aussi Aubry et Rau, I, § 54, p. 191. En sens inverse : Ducrocq, *Revue du droit public*, t. I, p. 70, 71 ; Béquet, *Répert.*, V° *Dons et legs*, n°ˢ 262 et suiv.; Geouffre de Lapradelle, *op. cit.*, p. 164, 165, 187.

La Cour de cassation paraît admettre que la règle de la spécialité n'est pas un principe de droit civil. Voir les arrêts du 31 janvier 1893, D. P. 93, 1, 513, et S. 93, 1, 345, et du 26 mai 1894, S. 96, 1, 129. Mais ces arrêts ne tranchent pas la question d'une façon bien formelle, et on en a contesté la portée. Voir Béquet, *Répert.*, V° *Dons et legs*, n° 264. Consulter aussi un arrêt très formel de Toulouse, 9 août 1894, S. 95, 2, 77.

moins qu'elle n'ait été déclarée incapable par la loi. Ce principe est absolu, et il ne faut pas hésiter à l'appliquer aux personnes morales aussi bien qu'aux personnes physiques. Par conséquent, les personnes morales ne doivent être rangées dans la classe des incapables qu'autant que la loi le dit expressément.

Il faut donc faire application de cette règle aux diverses espèces de personnes juridiques.

Personnes morales publiques. — A l'exception de l'État, les personnes administratives sont toutes des incapables. Elles sont soumises à la *tutelle administrative*, et elles ne peuvent passer les actes les plus importants de la vie civile qu'en obtenant une autorisation qui est ordinairement donnée par l'État.

M. Hauriou remarque judicieusement que le mot de curatelle conviendrait mieux pour caractériser cette situation, car « le nom de tutelle éveille dans notre droit l'idée d'un incapable qui n'agit pas du tout par lui-même, pour le compte duquel agit un tuteur. » (1) La situation juridique des personnes publiques se rapproche, en effet, de celle des mineurs émancipés. Elles exercent elles-mêmes leurs droits, mais elles ont besoin, pour certains actes, de l'autorisation d'un curateur, qui est le plus souvent l'État. Ces actes sont à peu près les mêmes que pour le mineur émancipé : aliéner leurs immeubles, emprunter, ester en justice, accepter une donation ou un legs. Il ne faut voir, du reste, dans ce rapprochement qu'une comparaison, qui ne doit pas être poussée trop loin.

Établissements d'utilité publique. — Aucun texte ne prononce leur incapacité, et on doit en conclure qu'en principe ils sont capables d'exercer tous les droits civils sans avoir besoin d'aucune autorisation. A ce principe il n'y a qu'une exception générale (2), qui résulte des articles 910 et 937 du

(1) Hauriou, *Précis de droit administratif*, 3e édit., p. 557-558.
(2) Une autre incapacité résulte souvent des statuts de l'établissement

Code civil. Ils ne peuvent accepter les donations ou les legs qui leur sont adressés qu'avec l'autorisation du gouvernement.

Cette incapacité s'explique par deux considérations : En premier lieu, l'intérêt de la famille du donateur ou du testateur, qui mérite d'être protégée contre les excès d'une générosité inspirée parfois par des sentiments de pure vanité, et en second lieu, le danger de l'accroissement exagéré des biens de mainmorte. (1)

Sociétés civiles et commerciales. — Elles ont pleine et entière capacité, comme les personnes physiques, pour acquérir, aliéner, administrer leurs biens, ester en justice, etc. Elles n'ont pas besoin d'autorisation pour accepter les dons et legs qui leur sont adressés. (2)

---

d'utilité publique ; dans ces statuts l'État exige ordinairement l'insertion d'une clause déclarant que les acquisitions et ventes immobilières faites par ces établissements seront soumises aux mêmes formalités que les dons et legs. Voir le projet de statuts modèle, art. 4, publié par le Ministère de l'intérieur. (Dalloz, *Lois politiques et administratives*, V° *Établissements publics et d'utilité publique*, t. II, p. 1239, note 1.) Mais, d'après la jurisprudence administrative la plus récente, les statuts peuvent être approuvés, bien qu'ils ne contiennent aucune clause exigeant l'autorisation du gouvernement pour les acquisitions et ventes immobilières, et l'on ne saurait suppléer au silence des statuts pour imposer à des établissements reconnus une tutelle qui ne dérive d'aucune loi. Dalloz, *op. cit.*, V° cit., n° 7.

(1) Aux termes de la loi du 2 janvier 1817, les congrégations religieuses d'hommes reconnues ne peuvent acquérir des immeubles ou des rentes qu'avec l'autorisation de l'État. Pour les congrégations de femmes reconnues, voir la loi du 24 mai 1825, art. 4.

(2) Certains auteurs prétendent que les sociétés ne peuvent recevoir des libéralités qu'avec l'autorisation du gouvernement. Mais cette opinion donne à l'article 910 une portée qu'il n'a pas. L'art. 910 ne s'applique qu'aux établissements publics et d'utilité publique, et il n'est pas possible d'en étendre l'application à une catégorie de personnes qu'il ne vise pas. L'art. 902 décide, en effet, que toutes personnes peuvent recevoir, soit par donations entre-vifs, soit par testament, excepté celles que la loi en déclare incapables. Voir Sauzet, *Revue crit. de législ.*, 1888, p. 340 et suiv. Voir la note de M. Labbé, S. 81, 2, 249.

L'art. 910 est-il applicable aux dons adressés aux syndicats professionnels ? La réponse dépend du point de savoir si on considère les syndicats comme des établissements d'utilité publique ou si on les assimile à des sociétés civiles. Voir Sauzet, *loc. cit.* Voir cependant Pic, *op. cit.*, p. 135 et suiv.

§ 5. — Des associations qui n'ont pas la personnalité morale. (1)

Nous avons déjà dit ci-dessus qu'un certain nombre d'associations ne jouissaient pas de la personnalité morale, ce sont toutes celles qui ne font pas partie des catégories énumérées, c'est-à-dire les associations qui ne sont pas des sociétés au sens juridique du mot, parce qu'elles ne rentrent pas dans la définition de l'article 1832 du Code civil (mise de quelque chose en commun, *dans la vue de partager le bénéfice qui pourra en résulter*), et qui, d'autre part, n'ont pas été reconnues d'utilité publique. Telles sont les associations faites dans un but désintéressé quelconque, sociétés de courses, d'anciens élèves, de sport, de patronage, sociétés littéraires, artistiques, les congrégations religieuses non autorisées, etc.

Ces corporations ne peuvent pas, en principe, se constituer librement; la liberté d'association n'existe pas dans l'état actuel de notre législation, et l'article 291 du Code pénal décide que nulle association de plus de vingt personnes ne peut se former qu'avec l'agrément du gouvernement et sous les conditions qu'il plaît à l'autorité publique d'imposer à la société. (2)

Quelle est donc, au point de vue du droit civil, la situation des associations licites, c'est-à-dire qui ne tombent pas sous le coup de l'article 291 du Code pénal, mais qui ne sont pas

---

(1) Consulter : Aubry et Rau, I, § 54 ; de Vareilles-Sommières, *Du contrat d'association*, Paris, 1893 ; Van der Heuvel, *De la situation légale des associations sans but lucratif en France et en Belgique*, 2º édit.; Laisné-Deshayes, *Du régime légal des communautés religieuses en France ;* Marcel Mongin, *Étude sur la situation juridique des sociétés dénuées de personnalité civile, Revue crit. de législation*, 1890, p. 697 ; Notes de M. Beudant, D. 79, 2, 225 ; D. 94, 2, 329; notes de M. Lyon-Caen, S. 88, 1, 461; S. 94, 1, 129 ; S. 95, 1, 65 ; Didier-Rousse, *Capacité juridique des associations*, Thèse de doctorat, Paris, 1897.

Voir aussi la bibliographie placée en tête de l'étude de M. de Vareilles-Sommières, citée ci-dessus.

(2) Voir ci-dessus, p. 118, note 1.

personnes morales, parce qu'elles n'ont pas été l'objet d'une reconnaissance d'utilité publique ?

A ne consulter que les principes, la réponse ne fait aucun doute : Les personnes seules peuvent devenir des sujets de droits, car le mot personne désigne, comme nous l'avons montré plus haut, tout être capable d'avoir des droits. Donc, l'association qui n'a pas la personnalité n'existe pas aux yeux de la loi, elle ne peut devenir titulaire d'aucun droit, pas plus que l'enfant qui n'est pas conçu ou l'homme qui est décédé. Elle n'est qu'une agglomération de fait, sans existence, sans valeur au point de vue juridique.

Les conséquences qui en résultent sont les suivantes : Ces associations ne peuvent avoir un patrimoine ; elles ne peuvent ni acquérir à titre onéreux, ni à titre gratuit, ni contracter, ni ester en justice.

En second lieu, les membres qui composent l'association ne peuvent pas agir pour le compte de la communauté, car ils ne sauraient être mandataires d'un être qui n'a pas d'existence légale. Donc, tous les actes faits par l'un des associés ou par un prête-nom quelconque, dans l'intérêt et au nom de l'association, doivent être annulés. (1)

Ces conséquences sont rigoureuses, mais elles sont parfaitement logiques, elles découlent nécessairement du principe que nous avons posé ci-dessus. Il semble en résulter que les associations licites ne pourront pas fonctionner, puisque tout acte juridique leur est interdit. Mais il n'en est rien, car il y a une autre face de la question, à laquelle nous arrivons maintenant.

Les personnes qui se réunissent pour former une association permise par la loi, font un acte licite, elles passent un contrat valable ; l'article 1134 Civ. proclame le principe de la liberté des conventions. Ce contrat ne donne pas naissance à une nouvelle personne juridique distincte de la per-

_____

(1) Voir note de M. Beudant, D. 79, 2, 225, sous un arrêt de Paris du 21 février 1879.

sonne des communistes ; mais, en tant que contrat, il doit produire des effets entre les parties.

Quels sont donc ces effets ? La difficulté qu'on éprouve à les déterminer vient de ce que le Code civil ne les a nulle part spécialement étudiés et n'a consacré aucun article à cette convention. Cependant, à deux reprises, le Code a prévu le cas où des personnes forment une association d'un genre particulier. Le premier cas est celui de la communauté légale ou conventionnelle entre gens mariés (1); le second, celui de la société proprement dite (2), c'est-à-dire du « contrat par lequel deux ou plusieurs personnes convien- » nent de mettre quelque chose en commun, dans la vue de » partager le bénéfice qui pourra en résulter ».

La loi détermine longuement les conséquences juridiques que cette communauté d'intérêts crée entre les époux et entre les associés.

Pouvons-nous étendre par analogie les règles établies en matière de communauté ou de société au contrat d'association ?

En ce qui concerne la communauté légale ou conventionnelle, l'hésitation est impossible et la négative s'impose immédiatement. Il s'agit, en effet, d'une situation toute spéciale, de personnes unies par un lien perpétuel, le mariage, et qui complètent l'association de leurs êtres en mettant leurs biens en commun. Toutes les règles qui régissent la communauté s'expliquent par cette idée que les communistes sont des époux, et, dès lors, il est impossible de les appliquer en dehors du mariage.

La société se rapproche beaucoup plus de l'association. On peut dire que c'est une association d'un genre particulier ; c'est une association faite dans le but de réaliser des bénéfices et de les partager, et il pourrait sembler logique d'appliquer les règles contenues dans les articles 1832 et suiv.

(1) Art. 1300 et suiv. Civ.
(2) Art. 1832 et suiv. Civ.

au contrat d'association. C'est, en effet, ce qu'on a proposé.
« Chaque contrat innommé, a-t-on dit, est soumis aux règles
communes à tous les contrats, établies par le Code dans le
titre III du 3ᵉ livre, sur les contrats ou les obligations conventionnelles en général, et aux règles particulières posées
pour le contrat nommé dont il se rapproche le plus. » (1) Or,
c'est « au contrat nommé de société que le contrat d'association ressemble visiblement ».

Mais cette conclusion ne résiste pas à un examen sérieux.
Elle revient en effet à assimiler le contrat d'association au
contrat de société, en appliquant à l'un et à l'autre les mêmes
dispositions, et cette solution est manifestement contraire
à l'intention des rédacteurs du Code, qui ont eu soin, dès le
premier article du titre neuvième (livre III), de distinguer la
société de l'association, en la caractérisant par le but qu'elle
suppose. A quoi bon cette précision, cette exacte détermination de la nature de la société, si les rédacteurs du Code
avaient entendu appliquer à toutes les associations les règles
qu'ils allaient poser !

J'ajoute qu'on peut soutenir que la société civile constitue
une personne morale et que, dès lors, elle diffère profondément de l'association. Mais je n'insiste pas sur cette considération, parce que beaucoup d'auteurs se prononcent
contre la personnalité.

Enfin, où est écrit le prétendu principe que chaque contrat
innommé est soumis aux règles particulières du contrat
nommé dont il se rapproche le plus ? Si ce principe est exact,
pourquoi les rédacteurs du Code, à propos de l'échange, qui,
certes, ressemble singulièrement à la vente, ont-ils cru nécessaire de dire expressément que toutes les règles prescrites pour le contrat de vente s'appliquent à l'échange ? (2)
L'art. 1107 lui-même ne fait-il pas une distinction assez nette

(1) De Vareilles-Sommières, *Du contrat d'association*, p. 7. Voir les
conséquences que l'auteur tire de cette doctrine, pages 8 et 9 de son
étude.
(2) Art. 1707 Civ.

entre les règles générales qui sont communes à tous les contrats et celles qui sont particulières à certains contrats ? Enfin, d'où viendrait ce principe d'interprétation ? Du droit romain sans doute ; or, chacun sait qu'il fut proposé par les Sabiniens, à l'époque où la théorie des contrats innommés était en voie de formation, mais qu'il ne triompha pas. (1)

Quoi qu'on fasse, l'article 1832 est bien clair. La société n'est pas l'association, et ce n'est pas sans motif que les rédacteurs du Code ont établi cette distinction. Concluons donc que les règles du titre neuvième sont inapplicables au contrat d'association.

Nous revenons ainsi à notre point de départ : Quels sont les effets que produira le contrat d'association ?

Il semble que la réponse résulte tout naturellement de l'article 1134 Civ. Le principe qui domine toute la matière des conventions est le principe de la liberté des parties, pourvu qu'elles restent dans les limites de l'article 6, c'est-à-dire qu'elles n'adoptent aucune clause contraire à l'ordre public.

Mais, en matière d'association, la liberté des parties qui veulent s'associer rencontre précisément deux obstacles infranchissables qui la restreignent singulièrement. Le premier résulte de l'article 815 du Code civil : « Nul ne peut être contraint à demeurer dans l'indivision, et le partage peut être toujours provoqué, nonobstant prohibitions et conventions contraires. On peut cependant convenir de suspendre le partage pendant un temps limité : cette convention ne peut être obligatoire au-delà de cinq ans, mais elle peut être renouvelée. »

Nous ne pouvons pas ici exposer des motifs qui ont inspiré l'article 815, il suffit de constater que c'est un texte d'ordre public, que les parties sont obligées de respecter, qu'il ne dépend pas de leur volonté d'écarter, et à l'application du-

(1) Accarias, *Précis de droit romain*, 3º édit., t. II, nº 651, p. 579, 580.

quel elles ne peuvent échapper que dans les cas où la loi le dit expressément. (1)

Le second obstacle, contre lequel la liberté des parties se heurtera, résulte de ce que l'association qu'elles vont former n'est pas un être juridique; par conséquent, elles ne pourront pas agir dans l'intérêt et au nom de cette association, qui n'est qu'un fait sans existence légale.

Entre ces deux limites, les personnes qui forment une association conserveront toute leur liberté.

Nous pouvons maintenant, en appliquant ces idées, énumérer les effets que produira le contrat d'association :

Première idée. — En principe, les parties sont libres, tant qu'elles ne violent pas les règles ci-dessus indiquées. Donc, les associés peuvent contracter, soit en agissant tous, soit par l'intermédiaire de l'un d'entre eux; de même, ils peuvent acquérir à titre onéreux pour le service de la communauté. Les biens qu'ils acquièrent ainsi deviennent indivis entre eux et forment leur copropriété. Ils peuvent recevoir personnellement des dons et legs. (2) Enfin, si un procès intéresse l'as-

---

(1) Il en est ainsi, par exemple, en matière de mitoyenneté, (art. 653 et suiv.), de communauté entre époux, de contrat de société.

M. de Vareilles-Sommières prétend que l'indivision pure et l'association sont deux choses différentes : « Qui oserait soutenir que le contrat d'indivision et le contrat d'association sont le même contrat ? » (p. 73). Nous avouons, pour notre part, ne voir aucune différence entre les deux. Tout contrat d'association entraîne l'indivision des choses apportées par les associés, et l'art. 815 s'applique à toute indivision. Il est vrai que le même auteur soutient que cet article 815 ne s'applique pas à l'indivision contractuelle, mais seulement à l'indivision fortuite, résultant d'une circonstance indépendante de la volonté des parties. Cette interprétation est inadmissible, elle méconnaît ouvertement le caractère d'ordre public de la règle posée dans cet article. Quelle que soit la source de l'indivision, nul ne peut être contraint à y demeurer, sauf dans les cas où la loi le permet expressément.

(2) L'art. 911 Civ. déclare que toute disposition au profit d'un incapable est nulle, lorsqu'elle est faite sous le nom de personnes interposées. Donc, toutes les fois qu'une libéralité sera adressée à l'un des communistes pour le compte de l'association, elle tombera sous le coup de l'art. 911 Civ. La jurisprudence a maintes fois décidé que les ventes, dons ou legs sont nuls, dès qu'il est établi qu'ils sont faits, fût-ce par l'intermédiaire d'un tiers,

sociation qu'ils ont formée, ils peuvent ester en justice, mais
à la condition qu'ils figurent tous en nom dans les actes de
la procédure, à cause de la règle : Nul en France ne plaide
par procureur. (1)

Deuxième idée. — Les parties doivent respecter le principe de l'art. 815. Par conséquent :

Elles ne peuvent pas convenir que l'association durera plus
de cinq ans.

Si elles ont fait l'association sans indiquer de durée, chacune des parties peut demander à chaque instant le partage
des choses qui ont été acquises indivisément et arrêter ainsi
la marche de l'association.

Troisième idée. — Tous les actes faits par les communistes
au profit de l'association, considérée comme un être distinct
d'eux-mêmes, sont nuls, puisque l'association n'est qu'un fait
sans existence légale.

Sans doute, les communistes conservent le droit d'agir
dans leur intérêt commun, en vue du but pour lequel ils ont
uni leurs efforts ; car, sans cela, le contrat d'association deviendrait impossible. Mais les conséquences des actes qu'ils
passent se produiront nécessairement sur leur tête et rien

dans l'intérêt et au nom d'une communauté non reconnue. Aubry et Rau,
vii, § 640, p. 24; Demolombe, *Donations et testaments*, i, nᵒˢ 585, 630 ; Cass.,
3 juin 1861, S. 61, 1, 615 ; Poitiers, 9 décembre 1876, D. 77, 2, 220; Boudant,
note au Dalloz, 79, 2, 225 ; Paris, 1ᵉʳ décembre 1892, D. 93, 2, 496.

On a prétendu que les dons ou legs, faits au profit d'un membre de la
communauté, devaient être présumés, jusqu'à preuve contraire, adressés à
la communauté elle-même. (E. Ollivier, *Revue pratique*, t. v, p. 112.) Cette
solution est inadmissible. La fraude ne se présume pas tant qu'elle n'est
pas prouvée.

Plusieurs arrêts ont reconnu la validité des libéralités adressées à une
personne faisant partie d'une communauté. Orléans, 18 avril 1844, D. 46,
2, 80; Paris, 23 nov. 1877, S. 77, 2, 330.

(1) Sur le sens et la portée de cette règle, consulter Garsonnet, *Traité
de procédure civile*, t. 1ᵉʳ, nᵒ 119; Rousseau et Laisney, *Dictionnaire de
procédure*, Vᵒ *Exploit*, nᵒ 83 ; Naquet, *Revue critique de législation*, 1875,
p. 653 et suiv.

Cass., 25 mai 1887, S. 88, 1, 101, note de M. Lyon-Caen.

que sur leur tête ; en d'autres termes, ils ne peuvent pas s'abstraire et agir pour le compte de la communauté envisagée comme un être réel, ayant une existence et des intérêts propres.

Cette règle entraîne d'importantes conséquences : En effet, quand les communistes acquièrent un bien, ils n'ont pas le droit de déclarer que ce bien restera indéfiniment affecté au service et aux besoins de l'association.

Donc, chaque associé a toujours la faculté de réclamer sa part dans le bien commun, et, de même, les héritiers de l'associé pourront également toujours demander le partage des biens, en vertu du droit de copropriété qui appartient à leur auteur.

De même encore, lorsqu'une personne fait une donation aux communistes, elle ne peut pas déclarer que cette donation restera perpétuellement au service de l'association, car cette clause équivaudrait à donner à l'association elle-même qui n'existe pas.

Ainsi, tout acte fait au nom et pour le compte de l'association, qu'il s'agisse d'acte à titre onéreux ou à titre gratuit, est nul d'une nullité radicale, ou inexistant, ce qui revient au même, lorsqu'il a été fait en vue d'empêcher que la chose acquise entrât vraiment dans le patrimoine de chacun des communistes, avec toutes les conséquences qu'entraîne la propriété, et dans le but que cette chose fût consacrée définitivement au service de la communauté.

Telles sont les conséquences qui nous paraissent résulter de l'application des principes. (1) Ces conséquences sont loin d'être satisfaisantes, et il est évident que la situation des associations licites, non reconnues d'utilité publique, est

---

(1) M. de Vareilles-Sommières, *op. cit.*, a proposé une autre théorie qui conduit à des résultats tout différents de ceux que nous avons indiqués. M. de Vareilles-Sommières part de ce point de vue que les associations non reconnues ne sont pas personnes morales et ne peuvent pas posséder, mais il assimile le contrat d'association au contrat de société et applique au premier les règles des articles 1832 et suiv.

très précaire, et que leur développement se trouve considérablement entravé. (1)

La jurisprudence est assez obscure et indécise sur toutes
ces questions. Liée par les principes que nous avons déve-
loppés, elle se trouve, d'autre part, portée, par de puissantes
considérations pratiques, à favoriser le fonctionnement des
associations licites et à faciliter la réalisation du but qu'elles
poursuivent. Aussi peut-on constater dans les décisions judiciaires une tendance de plus en plus accentuée à leur reconnaître une sorte de demi-personnalité. (2)

---

(1) Voir les observations de M. Beudant, D. 70, 2, 225 ; D. 94, 2, 329 ; et
de M. Lyon-Caen, S. 88, 1, 161 ; S. 94, 1, 129 ; S. 95, 1, 65. « Dans un système rationnel et digne d'un peuple libre, dit M. Lyon-Caen (S. 95, 1, 66),
toutes les associations ayant un but licite devraient jouir de la personnalité en remplissant les formalités de publicité prescrites pour les sociétés.
Cela n'empêcherait pas, bien entendu, de restreindre leur capacité d'acquérir à titre gratuit, spécialement des immeubles, pour éviter les abus et
les inconvénients de la mainmorte. C'est le système adopté par les lois
anglaises de 1862 (art. 21) et de 1867 (art. 23) sur les sociétés, et par le
Code fédéral suisse des obligations. » (Voir aussi S. 88, 1, 161.) Il y aurait
peut-être inconvénient à permettre aux particuliers de faire naître, librement et sans intervention du pouvoir, des personnes juridiques. La perpétuité de ces personnes, la puissance qu'elles peuvent acquérir par
l'accumulation de capitaux entre leurs mains toujours ouvertes pour recevoir et fermées pour retenir, les inconvénients très sérieux de la mainmorte, voilà autant de raisons qui justifient le droit pour l'État de
surveiller la naissance de ces êtres juridiques. On tiendrait compte de ces
considérations et, en même temps, on améliorerait beaucoup le régime
actuel, en revenant à la règle de l'ancien droit, en vertu de laquelle l'autorisation administrative, qui était nécessaire pour qu'une association pût
se former légalement, entraînait *ipso facto* la reconnaissance de la personnalité civile. Cela n'empêcherait pas de prendre des dispositions
légitimes pour empêcher les abus de la mainmorte.

(2) Ainsi plusieurs arrêts ont dénié à des associés le droit de revendiquer leur part dans les immeubles acquis par eux, sous le prétexte que
ces immeubles avaient été acquis pour le compte de l'association ; cette
tendance est très nettement caractérisée dans les notes de M. Beudant
(D. 79, 2, 225 ; D. 94, 2, 329). Req., 1er juin 1869, D. 69, 1, 313 ; Civ. rej.,
30 mai 1870, D. 70, 1, 277 ; Cass., 4 mai 1859, D. 59, 1, 314 ; Paris, 21 février 1870, D. 70, 2, 225 ; Cass., 19 juillet 1882, D. 82, 1, 451. En même
temps, comme nous l'avons dit ci-dessus, maints arrêts ont annulé les
ventes, dons ou legs faits dans l'intérêt des communautés non reconnues, fût-ce par l'intermédiaire d'un prête-nom. De même, plusieurs

Au point de vue juridique, ce système est inacceptable.
« Une association est ou n'est pas une personne civile, il
n'y a pas de milieu. » (1) La distinction entre la personnalité
complète et la personnalité incomplète, ou personnalité de
fait, qui ressort de nombreuses décisions, ne repose sur
aucun texte. Tant qu'il n'y a pas eu reconnaissance d'utilité
publique, l'association n'existe pas, il n'y a que des communistes, copropriétaires purs et simples des biens acquis
par eux. Mais ces efforts de la jurisprudence, inspirés par
le désir de faciliter le développement des associations présentant une utilité générale, et auxquelles l'autorité publique a donné son adhésion, montrent combien le régime
actuel est défectueux et critiquable.

Ainsi, peu à peu et sous la pression des faits, la jurisprudence revient, comme nous le disions au début, au système
de l'ancien droit et rapproche, réunit ces deux notions d'association et de personnalité morale que le droit moderne a
séparées.

---

arrêts ont déclaré que les associations instituées avec l'approbation de
l'autorité publique ont une sorte de demi-personnalité qui leur permet
d'ester en justice par l'intermédiaire de leurs représentants. Toulouse,
6 mars 1884, S. 87, 2, 187 ; Cass., 25 mai 1887, S. 88, 1, 161 ; Cass., 2 janvier 1894, S. 94, 1, 120.

(1) Lyon-Caen, note S. 94, 1, 120.

CHAPITRE IV

Des objets des droits : Les choses et les biens. (1)

1° *Notions générales.*
2° *Division des biens.*
3° *Des choses considérées comme objets du commerce privé.*
4° *Du patrimoine.*

§ 1er. — *Notions générales.*

Le mot chose, dans son acception la plus étendue, désigne tout ce qui existe autour de nous et tout ce que l'esprit peut concevoir par abstraction.

Le mot bien a un sens plus précis et plus limité; on désigne sous ce nom toutes les choses susceptibles d'être soumises à la puissance de l'homme et de lui procurer quelque utilité. *Bona dicuntur ex eo quod beant, hoc est beatos faciunt; beare est prodesse.* (2)

Tous les biens sont des choses, toutes les choses ne sont pas des biens. La chose est le genre, le bien est l'espèce. (3) En effet, toutes les choses ne sont pas susceptibles de faire partie du patrimoine d'une personne. Ainsi, le soleil, l'air, l'eau courante, la mer sont des choses dont l'usage est commun à tous les hommes; mais ce ne sont pas des biens, parce

---

(1) Voir: Goudsmit, *op. cit.,* ch. IV, § 30 et suiv.; Windscheid, *op. cit.,* t. I, § 137 et suiv.; Unger, *op. cit.,* t. Ier, § 45 et suiv.; Valette, *De la propriété et de la distinction des biens,* Paris, 1870; Demolombe, *Traité de la distinction des biens,* t. Ier, *passim;* Demante et Colmet de Santerre, *Cours analyt. de droit civil,* t. II, nos 334 et suiv.; Aubry et Rau, *op. cit.,* t. II, § 162 et suiv.; Baudry-Lacant. et Chauveau, *Des biens;* Huc, *Commentaire du Code civil,* t. IV, Paris, 1893.

(2) 40 D. *De verborum signific.,* n. 16.

(3) Demolombe, *De la distinction des biens,* t. Ier, § 9.

que ces éléments ne sont pas susceptibles de possession exclusive.

Les biens comprennent, en premier lieu, tous les objets
corporels qui peuvent être soumis à la puissance d'une personne. D'autre part, il y a des biens incorporels (1), c'est-à-
dire des biens abstraits, qui ne tombent pas sous les sens :
quæ tangi non possunt. (2) Cette distinction remonte au droit
romain. Parmi ces biens incorporels, il faut ranger, d'abord,
les universalités, c'est-à-dire l'agglomération d'un certain
nombre d'objets qui, par une conception analogue à celle de
la personne morale, forme un tout distinct de chacun des
éléments dont elle est composée. Ainsi, un fonds de commerce, une hérédité sont des biens, indépendamment des
choses spéciales qui les constituent.

Il y a encore d'autres abstractions qui sont de nature à
présenter pour l'homme une utilité économique, une valeur
pécuniaire et qui, à ce titre, forment des biens susceptibles
de faire partie du patrimoine : telle est, par exemple, la propriété intellectuelle, qui consiste dans le droit, pour l'auteur
d'une œuvre d'art ou d'un livre, de profiter des avantages
pécuniaires que cette œuvre peut procurer.

Comme les choses n'ont de valeur pour l'homme qu'en
vertu des droits qu'il peut exercer sur elles, les jurisconsultes
ont été amenés à ranger dans la catégorie des biens incorporels tous les droits du patrimoine (3), droits réels et droits

---

(1) Pour être complet et exact, il faut ranger parmi les biens, même les
faits et les abstentions; car les droits personnels peuvent avoir pour objets, non-seulement des choses, mais aussi des faits et des abstentions qui,
dans cette mesure, présentent une certaine valeur, une certaine utilité.
Exemple : Vous me promettez de voyager pour placer les produits que je
vends; ou bien, un commerçant vend un fonds de commerce et s'engage
envers l'acquéreur à ne pas entreprendre un nouveau commerce du même
genre, dans la même ville. Dans le premier exemple, l'objet du droit de
créance est un fait ; dans le second, c'est une abstention. Ce fait et cette
abstention rentrent donc dans la classe des biens incorporels.

(2) *Inst.,* ii, 2, *De rebus corporalibus et incorporalibus.*

(3) Les droits de famille ne peuvent pas être rangés dans la classe des
biens, puisque, comme nous l'avons dit, ce sont des rapports de personne

personnels. C'est ainsi que les Institutes s'expriment (1) : *In-corporales autem sunt, quæ tangi non possunt: qualia sunt ea quæ in jure consistunt, sicut hereditas, ususfructus, usus, obligationes quoque modo contractæ.* De même, les articles 526, 529, 530 du Code civil comprennent dans la division des biens en immeubles et meubles, l'usufruit, les servitudes, les créances.

Cette tendance à classer les droits parmi les biens s'explique très facilement, car la notion de bien est elle-même une abstraction ; elle désigne « l'utilité qu'une personne peut retirer des objets sur lesquels elle a des droits à exercer, et par conséquent une simple qualité de ces objets, ou, si l'on veut, le résultat des droits dont ils sont la matière. » (2) Les choses ne peuvent nous procurer quelque avantage que par les droits que nous avons sur elles ; ces droits représentent une valeur, une utilité économique, et c'est cette valeur qui constitue le bien. (3) Il est donc naturel, logique, de ranger les droits dans la catégorie des biens incorporels. Mais il semble alors que tous les droits, quels qu'ils soient, doivent être nécessairement compris dans cette classe, puisqu'ils constituent, au premier chef, une abstraction. Cependant, il n'en est rien, et de tout temps, en droit romain comme de nos jours, le droit de propriété a été rangé dans la catégorie des biens corporels. Voici quelle est l'explication de cette anomalie : La propriété est le droit le plus étendu, le plus complet que nous puissions avoir sur une chose, et comme

à personne qui ne représentent en eux-mêmes aucune utilité pécuniaire, aucune valeur appréciable en argent.

Voir Demolombe, *De la distinction des biens*, i, n° 10.

(1) 2 *Inst.*, ii, 2, *De rebus corporal. et incorporal.*

(2) Aubry et Rau, ii, § 162, note 3.

(3) Il ne faut pas dire, comme on le fait quelquefois, que les biens sont les droits que nous pouvons avoir sur les choses, car c'est confondre deux notions distinctes. Les biens sont, non pas les droits, mais les choses elles-mêmes ; seulement, ce sont les choses envisagées à un point de vue particulier, considérées comme étant susceptibles de nous procurer quelque utilité, comme ayant une valeur à nos yeux.

il procure à son titulaire toute l'utilité que cette chose est susceptible d'offrir, les jurisconsultes romains en étaient arrivés à confondre le droit avec son objet, à les identifier. Ils considéraient que « la chose représentait, pour ainsi dire matériellement, le droit dont elle est l'objet direct et immédiat. » (1)

C'est de là qu'est venu l'usage de désigner le droit par la chose elle-même : Au lieu de dire : J'ai le droit de propriété sur cette maison, sur ce cheval, on dit : Ma maison, mon cheval. Ainsi le droit de propriété et la chose se sont si étroitement confondus, qu'on ne les a plus distingués, et que le droit de propriété a été considéré comme étant corporel.

Au contraire, les autres droits ne peuvent pas être confondus avec la chose qu'ils ont pour objet, car ils ne m'assurent pas l'avantage exclusif, absolu de cette chose, et pour les désigner il est indispensable de les nommer expressément; par exemple, on dit: J'ai un droit d'usufruit, d'usage, d'hypothèque sur cette maison, j'ai un droit de créance de 1,000 francs contre Pierre.

Observation. — Les textes du Code civil citent encore parmi les biens, les actions. (2) Nous avons déjà dit que l'action était le moyen de faire valoir le droit, que c'était le droit lui-même en exercice.

Les biens sont de plusieurs espèces; ils diffèrent, soit par leur nature et leurs qualités physiques, soit par les caractères que la loi leur attribue, afin de rendre leur usage plus utile ou plus productif, ou de faciliter leur transmission. Ces distinctions des biens sont importantes, « on les retrouve pour ainsi dire à chaque pas dans la science du droit ; elles ne sont pas seulement doctrinales : elles présentent une grande utilité pratique; car les différentes espèces de biens ne sont pas toutes, à beaucoup près, gouvernées par les mêmes règles. » (3)

---

(1) Demolombe, *Traité de la distinction des biens*, t. 1er, § 35.
(2) Art. 526, 529 Civ.
(3) Demolombe, *Traité de la distinction des biens*, t. 1er, no 27.

Le Code civil n'a fait nulle part cette énumération, mais il s'y réfère dans plusieurs passages. La seule distinction qu'il ait mise en lumière est celle des meubles et des immeubles.

§ 2. — *Division des biens.*

A. — Meubles et immeubles.

La division des biens en meubles et en immeubles est la division fondamentale : elle s'applique, dans notre droit, à tous les biens corporels et incorporels ; c'est la seule que le Code civil énonce dans le titre consacré à la distinction des biens. (1)

Nous avons dit que les biens sont les choses considérées au point de vue de l'utilité économique qu'elles peuvent nous procurer. Cette utilité économique constitue la valeur de la chose, et elle s'estime au moyen de l'argent, qui est la commune mesure des choses. La valeur des choses peut varier beaucoup, suivant le degré d'utilité qu'elles présentent pour l'homme et suivant que leur nombre plus ou moins restreint en rend l'acquisition plus ou moins difficile.

Il était donc tout naturel que l'homme établit une première distinction des biens fondée sur leur valeur respective, et qu'il cherchât à grouper dans une même classe les biens les plus précieux, à la possession desquels il attache le plus grand prix, et, dans une autre catégorie, tous ceux qui ont une valeur de moindre importance, pour les soumettre à des règles de droit différentes au point de vue de leur acquisition et de leur transmission.

C'est en partant de cette idée que le droit romain avait d'abord adopté la division en *res mancipi* et *res nec mancipi*, plaçant dans la première catégorie les choses qui constituent les éléments essentiels de la fortune pour un peuple agricole, les fonds de terre italiques, les servitudes prédiales rustiques

---

(1) Art. 516 Civ.

existant au profit de ces fonds, les esclaves et les bêtes de somme et de trait. (1)

Mais cette catégorie était trop étroite, et avec le développement du commerce et la transformation de la vie économique, la distinction ne tarda pas à se trouver en contradiction avec les faits, et elle s'effaça peu à peu pour faire place à une nouvelle classification : les immeubles, c'est-à-dire les choses non susceptibles d'être déplacées sans altération de leur substance, et les meubles, ou les choses qui, au contraire, peuvent, tout en conservant leur substance, être déplacées, soit par leur propre force, soit par l'effet d'une force extérieure.

Cette nouvelle distinction correspondait à une différence réelle dans la nature des objets, et elle est restée depuis lors la distinction fondamentale admise dans toutes les législations. (2) En même temps, elle correspondait à l'idée de différence de valeur, car les immeubles sont considérés comme étant les biens les plus précieux, les plus importants à cause de leur fixité et de leur stabilité, et on voit déjà poindre en droit romain l'idée de la prépondérance des immeubles sur les meubles. (3) Néanmoins, jamais cette distinction n'a eu,

---

(1) Cf. Girard, *Manuel élém. de droit romain*, p. 239.

(2) Cauwès, *Cours d'économie polit.*, t. III, n° 1014 : « La propriété immobilière représente le capital fixe par excellence, car, en général, on n'achète pas un immeuble pour le revendre. Un immeuble a pour destination normale le faire valoir ou l'amodiation. La spéculation immobilière demeure, dans l'ensemble des transactions, un fait exceptionnel : c'est à cause de cela même que la loi commerciale, selon le droit commun européen, gouverne la propriété mobilière seule. Dans le patrimoine, l'immeuble est un élément stable, permanent. Au contraire, les meubles, pris dans leur ensemble, correspondent aux capitaux circulants, c'est-à-dire aux capitaux soumis d'une manière régulière et normale au jeu des échanges. »

(3) Ainsi la loi *Julia* défend au mari d'aliéner les immeubles de sa femme sans le consentement de celle-ci; de même, un sénatus-consulte de Septime Sévère et Antonin Caracalla interdit au tuteur d'aliéner les immeubles du mineur ; pr., Inst. II, 8 ; loi 1, pr. et 2, *D. de rebus eorum*, XXVII, 9.

à Rome, l'importance et l'étendue qu'elle a acquises dans notre droit moderne.

Dans nos pays coutumiers, elle fut généralisée et appliquée à tous les biens, même incorporels, aux droits réels et aux droits de créance, et son domaine comprit toutes les choses qui peuvent faire partie du patrimoine. En même temps, les jurisconsultes négligeaient la base logique de cette division, qui est fondée sur une différence de nature incontestable entre les choses fixes, stables, et celles qui sont, au contraire, susceptibles de se mouvoir, et préoccupés surtout par l'idée de classer les biens d'après leur valeur respective, ils firent entrer artificiellement dans la catégorie des immeubles tous les droits qui présentaient une certaine importance et créèrent ainsi, à côté des immeubles réels, des immeubles fictifs, comme les rentes et les offices ministériels.

Dès lors, les immeubles constituent les biens par excellence, ils forment la partie vraiment solide et durable du patrimoine et représentent la véritable fortune; dans la classe des meubles, au contraire, sont rangées les choses de peu de valeur et d'utilité, et de là les adages maintes fois cités par les anciens auteurs :

Vilis mobilium possessio ; res mobilis, res vilis. (1) Aussi

(1) Brodeau, *sur l'art. 170 de la Coutume de Paris,* édit. 1669, II, p. 465. Voir les auteurs cités par M. Barthou, *De l'origine de l'adage Vilis mobilium possessio,* Thèse de doctorat, Paris, 1885, p. 1.
Consulter aussi : Jacques, *Histoire de la distinction des biens en meubles et immeubles à Rome, en pays coutumier et dans le Code civil,* Thèse de doctorat, Paris, 1884; Viollet, *Précis de l'histoire du droit.*
Cette prépondérance de la fortune immobilière et le dédain avec lequel était traitée la fortune mobilière, a son origine première dans la féodalité et dans l'organisation hiérarchique des terres et des personnes sur laquelle elle était fondée. La propriété foncière acquit à cette époque une importance exagérée, elle devint le principal élément de la puissance et de la richesse. C'est elle qui donne la souveraineté, et le seigneur qui concède un fief à ses vassaux, retient sur la terre une série de droits réels qui tous ont le caractère immobilier. En second lieu, la théorie des biens propres, qui se forma vers l'époque de la féodalité, contribua aussi à donner aux immeubles une place prépondérante dans le patrimoine. Les propres sont les biens que l'on tient de la famille et qu'il faut con-

y avait-il toute une série de règles spéciales applicables
seulement aux immeubles et destinées à assurer la conservation de ces biens dans les familles. (1)

Ainsi, en pays coutumiers, la distinction des immeubles
et des meubles embrassait tous les biens ; elle avait pris en
même temps un caractère artificiel et reflétait la très-grande
différence d'importance existant entre ces deux catégories
de biens. En résumé, elle ne correspondait plus exactement
à la nature des choses, et s'était transformée en une classification des biens suivant leur valeur.

Le droit intermédiaire atténua dans une certaine mesure
les différences entre les deux classes de biens ; avec l'ancien régime, en effet, disparaissaient les deux institutions qui avaient
contribué à la naissance de l'adage *Vilis mobilium possessio :*
la multiplicité des droits seigneuriaux, issus de la féodalité,
et la théorie des biens propres, fondée sur l'idée de leur conservation dans la famille. La fortune mobilière gagnait donc
en importance par ce fait que la supériorité incontestable
accordée aux immeubles tendait à diminuer, et, d'autre part,
elle commençait à prendre un développement inconnu
jusque là.

Aujourd'hui, la distinction des meubles et des immeubles
s'applique, comme dans notre ancien droit, à tous les biens,

---

server aux parents de la ligne d'où ils viennent ; pour assurer la conservation de ces biens dans la famille, le droit coutumier établit tout un
ensemble de mesures. Sous l'influence des idées dominantes à cette époque
et par suite des avantages que la féodalité avait attribués à la propriété
foncière, on fut conduit à n'accorder la qualité de propres qu'aux immeubles, parce que, seuls, ils représentaient les biens ayant une valeur
réelle. (Pothier, *Traité des propres,* section 1re, art. 1, § 3.) Enfin, à
l'époque où la féodalité déclinait, de nouveaux biens incorporels appa-
rurent, les offices et les rentes constituées. A cause de leur importance,
et pour les conserver dans les familles, on leur donna la qualité de
propres. C'est ainsi qu'on fut conduit à les ériger en immeubles. Cf. Barthou, *op. cit.,* et M. Lefebvre, à son *Cours de droit coutumier.*

(1) Voir, pour l'intérêt pratique de la distinction dans notre ancien
droit, Viollet, *Précis de l'histoire du droit,* p. 527, 1re édit., et Barthou,
op. cit., p. 128 et suiv.

c'est-à-dire à toutes les choses susceptibles de faire partie du patrimoine. (1) D'autre part, elle correspond d'une façon plus exacte à la véritable nature des choses, et la classe des immeubles fictifs créés par notre ancien droit a disparu, le Code ayant rangé les rentes et les offices ministériels dans la catégorie des meubles.

Néanmoins, la distinction n'a pas dépouillé ses anciens caractères, l'idée de différence de valeur entre les deux catégories de biens a persisté, et les rédacteurs du Code n'ont pas su se soustraire à l'empire de la règle : *Vilis mobilium possessio*. Dans bien des cas, ils ont laissé la fortune mobilière sans protection suffisante, alors qu'ils édictaient des dispositions minutieuses pour la conservation de la fortune immobilière.

En effet, les différences que le Code a établies entre le régime des meubles et celui des immeubles se rattachent à deux idées :

Les unes, très faciles à justifier, sont basées sur la diversité de nature qui existe entre ces deux espèces de biens : Les immeubles ont une assiette fixe, et ils représentent dans le patrimoine l'élément stable, permanent; les meubles, au contraire, susceptibles de se déplacer aisément, sont faits pour circuler et pour changer de mains. Le régime de la propriété immobilière ne peut donc pas être organisé comme celui de la propriété mobilière.

Les autres, au contraire, s'inspirent de l'idée que les meubles sont choses de peu de valeur; or, ce second point de vue est aujourd'hui complètement erroné :

D'abord, tandis que la classe des meubles ne comprenait, dans l'ancien droit, que des objets de peu d'importance, les rédacteurs du Code ont considérablement accru son étendue en y rangeant des valeurs comme les rentes et les offices ministériels.

En second lieu et surtout, la fortune mobilière a acquis

_____

(1) Art. 516 à 536 Civ.

pendant le cours de ce siècle un accroissement considérable, grâce à l'évolution économique qui s'est produite par suite du développement du commerce, de l'apparition et des progrès merveilleux de la grande industrie. Cet accroissement s'est manifesté principalement par la création de meubles incorporels, qu'on appelle les valeurs mobilières, et qui comprennent en dehors des effets publics, rentes sur l'Etat, obligations émises par les villes, les actions et obligations des sociétés de commerce, de finance et d'industrie. (1) Sous ces influences, la fortune mobilière a pris une telle extension qu'aujourd'hui, elle égale presque la richesse immobilière. (2)

Il en résulte que le Code civil a édicté toute une série de règles qui sont en contradiction avec l'état économique de notre société, parce qu'elles sont inspirées par l'idée que la

---

(1) Cependant, en 1804, l'accroissement de la fortune mobilière avait déjà commencé et Treilhard le constatait dans son rapport sur la distinction des biens : « Il fut un temps où les immeubles formaient la portion la plus précieuse du patrimoine des citoyens, et ce temps, peut-être, n'est pas celui où les mœurs ont été le moins saines. Mais, depuis que les communications devenues plus faciles, plus actives, plus étendues, ont rapproché entre eux les hommes de toutes les nations ; depuis que le commerce, en rendant, pour ainsi dire, les productions de tous les pays communes à tous les peuples, a donné de si puissants ressorts à l'industrie, et a créé de nouvelles jouissances, c'est-à-dire de nouveaux besoins, et peut-être des vices nouveaux, la fortune mobilière des citoyens s'est considérablement accrue, et cette révolution n'a pu être étrangère ni aux mœurs ni à la législation. On n'a pas dû attacher autant d'importance à une portion de terre, autrefois patrimoine unique des citoyens, et qui, aujourd'hui, ne forme peut-être pas la moitié de leur fortune. Ainsi ont disparu les affectations des biens aux familles, sous la désignation de propres, propres anciens, retrait lignager ; et les transactions entre les citoyens, comme les lois sur les successions, se trouvent bien moins compliquées. » Fenet, *Travaux préparat. du Code civil*, t. xi, p. 34.

(2) A l'heure actuelle, les statisticiens estiment à 200 milliards ou 210 au plus l'ensemble de la fortune des Français, qui se répartissent ainsi : 70 pour les propriétés rurales ; 40, ou 50 d'après quelques-uns, pour la propriété bâtie, et 90 à 100 pour la fortune mobilière de toute nature. (*L'Économiste français*, 23 novembre 1895, p. 666, article de M. Paul Leroy-Beaulieu.) Voir de Foville, *La France économique*, année 1887, p. 442; Léon Say, *Dictionnaire des finances*, V° *Richesse*, ch. ii, § 5.

propriété mobilière a peu de valeur. Cela est surtout frappant en ce qui concerne les mesures de protection prises par la loi en faveur du mineur en tutelle et de la femme mariée. Ces mesures ne s'appliquent qu'aux immeubles, tandis que l'aliénation des meubles est permise au tuteur ou au mari sans restrictions et sans garanties. (1)

Mais ces critiques n'atteignent pas la distinction en elle-même.

La division des biens en meubles et en immeubles est rationnelle et presque nécessaire, et il est logique que le législateur édicte pour ces deux catégories des règles distinctes. (2)

« La propriété immobilière représente le capital fixe par excellence, car, en règle générale, on n'achète pas un im-

---

(1) Consulter l'art. 457 Civ. et l'art. 1428 Civ. pour les pouvoirs du tuteur et du mari ; voir aussi l'art. 128 relatif aux envoyés en possession provisoire des biens de l'absent. En matière de communauté légale, tous les meubles que les époux possèdent au jour du mariage tombent dans l'actif de la communauté, tandis que les immeubles restent propres (art. 1401). Cf. les art. 826, 1422, 1449, 1471, 1674, 2206, etc.; cons. Barthou, *op. cit.*, p. 187 et suiv.

Plusieurs lois postérieures ont modifié, à ce point de vue, les règles du Code civil : La plus importante est la loi du 27 février 1880 qui a restreint considérablement les pouvoirs du tuteur relativement à l'aliénation des valeurs mobilières du pupille. D'autre part, la jurisprudence est arrivée, par une interprétation un peu audacieuse, à concilier sur plusieurs points la loi avec les exigences de la pratique. En réalité, on peut dire que, comme le préteur à Rome, elle a plié le texte aux besoins nouveaux. Voir en particulier le système admis par elle sur l'inaliénabilité de la dot mobilière : Aubry et Rau, v, § 537 *bis*, p. 597.

Voir sur cette question de la contradiction entre l'état économique actuel et les règles de la loi, Rossi (*Le droit civil considéré dans ses rapports avec l'état économique de la société*) *Revue Wolowski*, t. xi (1840), p. 5 et suiv.

(2) Cependant, on a proposé de ramener cette classification des biens à la portée qu'elle avait en droit romain, et de laisser en dehors d'elle les choses incorporelles pour les considérer comme une troisième espèce de biens. Il n'y a, en effet, aucune raison d'appliquer les mêmes règles aux meubles corporels et aux valeurs incorporelles, car ce sont des biens de nature très différente qui doivent être soumis à un régime distinct. Cauwès, *Économie pol.*, iii, nº 1014, page 431 *in fine*, 3ᵉ édit., Barthou, *op. cit.*, page 182.

meuble pour le revendre... Dans le patrimoine, l'immeuble est un élément stable, permanent. Au contraire, les meubles pris dans leur ensemble correspondent aux capitaux circulants, c'est-à-dire aux capitaux soumis d'une manière normale et régulière au jeu des échanges. » (1)

Seulement, cette division doit reposer exclusivement sur la différence de nature des meubles et des immeubles, abstraction faite de l'idée de valeur.

B. — Choses qui se consomment et choses qui ne se consomment pas par l'usage, et accessoirement, choses fongibles et choses non fongibles.

Les choses consomptibles sont celles dont on ne peut pas user sans les détruire, ou sans les faire sortir de son patrimoine, c'est-à-dire sans les consommer physiquement ou juridiquement. Il en est ainsi des denrées, les grains, le vin, l'huile, les comestibles, etc., et de l'argent monnayé, car celui qui fait usage de l'argent, le dépense, c'est-à-dire le transmet à autrui.

Les choses non consomptibles sont, au contraire, celles qui ne cessent pas d'exister par l'usage qui en est fait. (2)

Cette division conduit tout naturellement à une seconde, plus importante par ses applications : Choses fongibles, choses non fongibles.

Les choses fongibles sont celles qui ne sont pas considérées individuellement, mais seulement dans leur nature,

_____

(1) Cauwès, *Cours d'économie politique*, t. ii, n° 562 ; t. iii, n° 1011.
(2) L'intérêt de cette distinction se présente au point de vue suivant : L'usufruit est un droit réel qui consiste dans le droit d'user et de jouir d'une chose dont un autre a la propriété, *à la charge d'en conserver la substance* (art. 578 Civ.). Il résulte de cette définition que l'usufruit ne peut pas porter sur les choses consomptibles, puisqu'on ne peut pas jouir de ces choses sans les consommer. Cependant, les Romains avaient trouvé un moyen détourné d'établir sur elles un droit analogue à l'usufruit, et l'art. 587 Civ. consacre ce procédé : L'usufruitier de denrées ou d'une somme d'argent devient plein propriétaire de ces choses, mais, en retour, il contracte l'obligation de restituer à la fin de l'usufruit des choses de même qualité et quantité que celles qu'il a reçues.

qualité et quantité, de telle sorte que toutes les choses appartenant au même genre sont l'équivalent exact les unes des autres, et que l'une peut être indifféremment livrée à la place de l'autre. P. ex. : Je vous prête 10,000 francs. Les pièces de monnaie que je vous remets constituent, dans notre intention, des choses fongibles, et vous êtes seulement tenu de me rendre la même somme, mais non les mêmes pièces. De même, je vous vends un hectolitre de vin de tel domaine, de la récolte de l'année présente. Je m'acquitterai de mon obligation en livrant un hectolitre quelconque de cette récolte.

Les choses non fongibles, au contraire, sont celles qui sont considérées dans leur individualité, et ne peuvent être remplacées par un équivalent.

Il ne faut pas confondre cette distinction avec la précédente. Il est vrai que les choses consomptibles sont ordinairement considérées comme fongibles, parce qu'elles sont susceptibles d'être remplacées les unes par les autres, et que, au contraire, les choses qui ne se consomment pas par l'usage, sont ordinairement des choses non fongibles, mais cela n'est pas toujours exact. C'est l'intention des parties qui détermine souverainement si, dans l'acte juridique dont elle forme l'objet, telle chose doit être considérée ou non comme fongible. Par exemple : Je vous prête des pièces de monnaie qui sont rares, et nous convenons que vous me rendrez les pièces mêmes que je vous ai prêtées. — Un libraire emprunte à un confrère l'exemplaire d'un ouvrage qu'il n'a pas, et promet de lui rendre un autre exemplaire de cet ouvrage ; dans ce second cas, le livre prêté est considéré comme chose fongible.

Ainsi, ce qui distingue les choses consomptibles des choses fongibles, c'est que le premier caractère dépend de la nature de la chose, tandis que le second résulte de l'intention des parties. (1)

_____

(1) Les choses fongibles ne peuvent pas faire l'objet d'un prêt à usage (art. 1878 Civ.) ; au contraire, le prêt de consommation ne peut avoir pour ob-

Cette division en choses fongibles et choses non fongibles se ramène à une idée capitale, qui est la suivante :

La chose qui est l'objet d'un droit peut être déterminée d'une façon plus ou moins précise. Elle peut être déterminée seulement quant à son genre, par exemple, un cheval, un hectolitre de blé, de vin, etc. Elle peut l'être quant à son individualité propre, de telle sorte qu'elle forme un objet distinct de tous autres appartenant au même genre, un corps certain : tel cheval, ce tas de blé, etc.

En matière de droits de créance, la détermination variera suivant l'intention des parties, car ces droits ne portent pas directement sur une chose, ils ont pour objet une prestation. Quant à la propriété et aux autres droits réels, au contraire, ils ne peuvent porter que sur une chose individuellement déterminée. En effet, les droits réels donnent à leur titulaire le pouvoir de se servir de la chose dans une mesure plus ou moins large, et il faut nécessairement pour cela que la chose soit individualisée. Vous me vendez un des chevaux qui sont dans votre écurie, je ne puis en devenir propriétaire que le jour où nous aurons déterminé quel est le cheval que vous m'avez vendu. Ainsi, la division des choses en fongibles et non fongibles ne trouve son application que dans la matière des droits de créance.

C. — Choses divisibles, choses indivisibles.

Les choses sont divisibles ou indivisibles, suivant qu'elles sont ou non susceptibles de division matérielle ou intellectuelle. Tous les objets corporels sont divisibles, puisque ceux qui ne sont pas susceptibles d'être divisés matériellement peuvent toujours être divisés intellectuellement en parties aliquotes. Le caractère d'indivisibilité ne peut donc appartenir qu'à des objets incorporels, et il y a, en effet, certains

---

jet que des choses fongibles (art. 1802 Civ.). De même, la compensation n'est possible qu'autant que les deux dettes sont des dettes de choses fongibles (art. 1291 Civ.).

droits qui sont indivisibles, comme les servitudes prédiales. (1)

D. — Choses principales, choses accessoires.

Cette division repose sur une idée de connexion étroite,
qui peut exister entre deux choses, de telle sorte que l'une
est considérée comme une dépendance de l'autre, et les
droits qui portent sur la chose principale portent aussi sur la
chose accessoire : *Accessorium sequitur principale.*

L'accession d'une chose à une autre peut se comprendre
de deux façons :

1° Ou bien elle suppose une union telle entre les deux
choses que la seconde a été produite par la première, ou est
venue s'incorporer avec elle. C'est en ce sens qu'on dit que
les fruits produits par une chose en sont les accessoires ; de
même, une plantation, une construction deviennent l'accessoire du fonds sur lequel elles sont faites. Il en est de même,
enfin, quand deux choses mobilières sont unies l'une à l'autre
par suite d'un mélange ou d'une adjonction.

Dans ce premier cas, les deux choses n'en forment plus
qu'une, et les droits qui portent sur l'une frappent également
l'autre.

2° Ou bien la chose accessoire reste distincte, séparée de
la chose principale, mais elle est destinée à lui servir d'aide
et d'auxiliaire. Dans ce cas, tant que le lien juridique subsiste entre les deux choses, il faut appliquer la règle *Accessorium sequitur principale.* (2) On trouve une application de
cette idée dans la théorie des immeubles par destination. (3)

Des fruits. — Dans l'acception ordinaire, les fruits sont les
produits naturels qu'une chose peut fournir, tels que les
petits d'un animal, les fruits d'un arbre. Mais, entendu au
point de vue juridique, le mot fruit a un sens à la fois plus

---

(1) Aubry et Rau, II, § 167 ; Demolombe, IX, nos 50 et suiv.
(2) Cf. art. 546 Civ.
(3) Art. 522 et suiv. Civ.

étroit et plus étendu : plus étroit, car on ne comprend parmi les fruits que les produits donnés périodiquement par la chose, conformément à sa destination ; plus étendu, car on fait rentrer dans cette notion, des choses telles que les pierres extraites d'une carrière, ou les revenus produits par une somme d'argent.

Les produits qui peuvent provenir d'une chose ne constituent des objets distincts de celle-ci qu'autant qu'ils en ont été séparés ; jusque là, ils n'ont pas une existence propre, et ils ne peuvent faire l'objet d'un acte juridique qu'en tant que choses futures. (1)

Les produits que fournit une chose n'ont pas tous le caractère de fruits. Ce qui caractérise les fruits, c'est la périodicité, c'est-à-dire le fait de la reproduction à certains intervalles déterminés. (2)

Les produits, au contraire, entendus *sensu stricto*, sont les objets qu'une chose fournit, mais qui ne sont pas destinés à reparaître périodiquement. (3)

Comme les fruits sont des produits que la chose est susceptible de fournir d'une façon régulière et à des époques déterminées, il en résulte que leur production ne diminue pas, n'altère pas la substance de la chose, laquelle reste intacte et n'est pas épuisée par cette création renouvelée.

---

(1) Aubry et Rau, ii, § 192, p. 187 ; loi 44 D., *De rei vind.*, vi, 1 : *Fructus pendentes pars fundi videntur.* Il en résulte que les fruits pendants par branches et racines appartiennent toujours au propriétaire du fonds ; mais, si les frais nécessaires pour leur production ont été faits par un tiers, le propriétaire doit rembourser ces frais (art. 548 Civ.).

(2) « Les fruits proprement dits sont les produits réguliers, ordinaires, annuels ou périodiques de la chose ; ceux qui se reproduisent, qui reviennent, soit d'année en année, soit à d'autres intervalles : d'où le mot *reditus*, revenus. » Demolombe, *De la distinction des biens*, t. i, n° 577.

(3) « Les produits, au contraire, sont les objets que la chose n'est pas destinée à produire et à reproduire régulièrement, qui en forment, pour ainsi dire, une partie intégrante, et que l'on en détache accidentellement, extraordinairement. » Demolombe, *loc. cit.* Cette distinction entre les fruits et les produits présente de nombreux intérêts ; ainsi, l'usufruitier a droit aux fruits de la chose, mais non aux simples produits (art. 582 Civ.).

C'est là un second caractère qui découle du premier, et la
définition que les auteurs donnent ordinairement l'indique :
Les fruits, disent MM. Aubry et Rau(1), sont les objets qu'une
chose produit et reproduit annuellement ou à des intervalles
périodiques plus éloignés, sans altération ou diminution de
sa substance.

Mais ce second caractère n'existe pas toujours, et le vrai,
le seul signe distinctif des fruits, c'est qu'ils sont susceptibles
d'être reproduits périodiquement. Les pierres d'une carrière,
le minerai extrait d'une mine, les arrérages d'une rente viagère sont considérés comme des fruits, bien que, cependant,
ils soient des parties constituantes de la chose et que leur
production entraîne une diminution de la substance.

Il faut donc s'attacher uniquement au caractère de périodicité pour déterminer quelles sont les choses qui doivent
être rangées dans la catégorie des fruits.

Il résulte de là que les simples produits peuvent devenir
des fruits suivant la destination que le propriétaire donne à
sa chose. Ainsi, quand un bois de haute futaie n'est pas mis
en coupes réglées, les arbres qui sont coupés constituent des
produits extraordinaires (2), et il en est de même des pierres
extraites d'une carrière non exploitée. (3) Mais si le propriétaire aménage le bois de haute futaie et met la carrière
en exploitation, les produits qu'il en retire prennent le caractère de périodicité et deviennent dès lors des fruits. (4)

La notion de fruit a été étendue aux avantages pécuniaires
que l'on peut retirer d'une chose périodiquement, en la
louant ou en la prêtant ; ainsi, les loyers d'une maison, les
fermages d'une terre, les intérêts d'une somme d'argent, les
arrérages des rentes. On les appelle *fruits civils*, par opposition aux autres qu'on nomme *fruits naturels*.

Les fruits naturels se divisent en fruits *naturels* et fruits

---

(1) Aubry et Rau, II, § 102, p. 186.
(2) Art. 592 Civ.
(3) Art. 598 Civ.
(4) Demolombe, *Dist. des biens*, t. Iᵉʳ, nᵒ 578.

industriels. (1) Les premiers sont ceux qui sont produits
spontanément par la chose, comme l'herbe des prairies naturelles, les fruits des arbres ; les seconds sont ceux qu'on
obtient par la culture, comme les céréales, les légumes (2),
etc.

Les fruits ne deviennent des objets distincts de la chose
qui les produit que lorsqu'ils ont été perçus ; jusque là, ils
font partie de cette chose. A quel moment la perception est-
elle censée faite aux yeux de la loi ? Pour les fruits naturels
et industriels, la perception s'opère lorsqu'ils sont séparés
de la chose, même s'ils ne sont pas encore enlevés, et ils
s'acquièrent par le fait même de cette séparation.

Les fruits civils, au contraire, se perçoivent en réalité par
le paiement fait par le débiteur à l'ayant-droit, mais ici la loi
a établi une règle particulière : elle décide que les fruits
civils s'acquièrent jour par jour (3) et non par le paiement. Il
en résulte que si le droit aux fruits vient à passer d'une personne à une autre, chacune d'elles a droit à une part des
fruits civils proportionnelle à la durée de sa jouissance, sans
que celle qui, en réalité, les a touchés, puisse les conserver en totalité. Ainsi, « quand un immeuble affermé est
vendu au milieu de l'année, le prix de location se partage
par moitié entre le vendeur et l'acheteur. » (4)

§ 3. — *Des biens considérés comme objets du commerce privé.*

Nous savons déjà que tous les objets ne sont pas des biens,
parce que certaines choses ne peuvent en aucune façon être
soumises au pouvoir de l'homme, à cause de leur étendue
ou de leur fluidité, comme l'air, l'eau courante, la mer. Ces

(1) Cette distinction ne présente plus aucun intérêt, les mêmes règles
régissent les uns et les autres. En droit romain, le possesseur de bonne
foi n'avait droit qu'aux fruits industriels. Loi 45 D. *De usuris,* xxii, 1.
Voir Pothier, *Traité du droit de domaine de propriété,* n° 337 *in fine.*

(2) Art. 583 Civ.

(3) Art. 586 Civ.

(4) Aubry et Rau, ii, § 192, p. 187.

choses sont communes à tout le monde, elles ne sont pas susceptibles de propriété privée. (1)

Il n'est donc pas ici question de ces choses, puisqu'elles ne rentrent pas dans la classe des biens.

Parmi les biens, c'est-à-dire les objets du monde extérieur que l'homme peut s'approprier privativement, il y en a qui sont soustraits au commerce privé, en vertu de dispositions légales, de telle sorte qu'ils ne sont pas susceptibles de faire partie du patrimoine d'un particulier. (2)

Telles sont, en premier lieu, les choses comprises dans le domaine public national, communal ou départemental. (3) Ces choses sont affectées à un usage ou à un service publics, et c'est pour cela qu'elles sont exclues du commerce privé. Aussi, elles y rentrent dès que leur destination d'utilité publique vient à cesser.

En second lieu, les fonctions publiques sont hors du commerce (4), car elles sont une délégation de la puissance publique.

Enfin, certaines choses, tout en étant dans le commerce, sont soumises à des restrictions au point de vue de leur aliénation. Par ex. : Les immeubles dotaux sont imprescriptibles et inaliénables pendant la durée du régime dotal (5); la vente des substances vénéneuses n'est autorisée qu'avec d'importantes restrictions (6), etc.

(1) Bien entendu, l'homme peut s'approprier une fraction, une parcelle de ces choses communes et acquérir sur cette parcelle un droit privatif de propriété.

(2) Art. 538, 1128, 1598, 2226 Civ.

(3) Voir ci-dessous, p. 204. Cf. art. 538 Civ.

(4) Les charges d'officiers ministériels sont également hors du commerce, mais l'art. 91 de la loi de finances du 28 avril 1816 a autorisé certains officiers ministériels (avocats à la cour de cassation, notaires, avoués, greffiers, huissiers, agents de change, commissaires priseurs) à présenter un successeur à l'agrément du gouvernement, et ils peuvent stipuler un prix de cession de leurs charges, à l'occasion de cette présentation.

(5) Art. 1554, 1561 Civ.

(6) Loi du 19 juillet 1845; décret du 28 juillet 1850.

§ 4. — *Du patrimoine.* (1)

1. — Notion du patrimoine. — Fongibilité des éléments
du patrimoine.

La notion de patrimoine se déduit de celle de personnalité.
La personnalité est l'aptitude à devenir le sujet de droits.
Ces droits sont de deux sortes : les uns sont fondés sur des
rapports de famille et consistent dans des relations d'homme
à homme qui ont leur base dans la communauté de sang et
le mariage ; les autres ont pour objet des choses qui représentent une valeur pécuniaire et qui, envisagées ainsi dans
leur soumission à la puissance de l'homme, constituent des
biens. Cette seconde sorte de droits comprend les droits réels
qui portent directement et immédiatement sur des objets du
monde extérieur, et les droits de créance. L'ensemble des
droits réels et des droits de créance forme le patrimoine.
Le patrimoine représente donc une partie de la personnalité
de l'homme ; c'est, suivant une expression très exacte (2), la
personnalité même de l'homme considérée dans ses rapports
avec les objets extérieurs sur lesquels il peut ou pourra avoir
des droits à exercer ; c'est aussi, peut-on dire, l'aptitude de
l'homme à acquérir des droits réels et des droits de créance.

Le patrimoine comprend donc tout d'abord l'ensemble des
droits réels et des droits de créance qui appartiennent à une
personne, c'est-à-dire les biens que ces droits ont pour objet,
et il comprend en outre les biens à venir, c'est-à-dire les
biens que l'homme est susceptible d'acquérir. (3)

---

(1) Aubry et Rau, vi, § 573 à 583.

(2) Aubry et Rau, *loc. cit.*, p. 230, note 6.

(3) Les Allemands ont un terme assez heureux pour désigner le patrimoine, c'est le mot *Vermoegen*, c'est-à-dire le pouvoir, la puissance, qui
montre bien le caractère abstrait de cette notion et qui indique en
même temps qu'elle embrasse non-seulement les biens présents, mais ceux
qu'on peut acquérir. Les Romains employaient quelquefois l'expression
facultates (16 pr. D. *Ad Snt. Trebellianum*, xxxvi, 1,) et nous disons encore aujourd'hui les facultés d'une personne pour désigner l'ensemble de
ses biens.

Cet ensemble de biens forme l'actif du patrimoine. L'homme peut, d'autre part, être tenu d'obligations vis-à-vis des tiers, obligations en vertu desquelles il sera contraint de livrer un objet, de faire quelque chose ou de s'abstenir de faire quelque chose. L'ensemble des obligations qui pèsent sur une personne et de celles qu'elle peut contracter constitue la contre-partie de ses biens et forme le passif du patrimoine.

Ainsi, la notion du patrimoine est une abstraction juridique qui désigne non-seulement la masse des droits et des obligations ayant une valeur pécuniaire, dont une personne est titulaire ou dont elle est tenue, mais aussi l'aptitude à en acquérir ou à en contracter d'autres.

Le patrimoine représente une universalité juridique indépendante des éléments qui le composent. Les modifications qui se produisent dans le nombre de ces éléments, les fluctuations qui augmentent ou réduisent le passif ou l'actif, n'altèrent pas le caractère de cette universalité et ne l'empêchent pas de subsister comme une entité distincte. Les droits qui composent le patrimoine peuvent s'éteindre et être remplacés par d'autres, les dettes peuvent également disparaître et faire place à de nouvelles dettes ; il peut même arriver que la somme des obligations dépasse la valeur du montant des biens, que le passif soit supérieur à l'actif : toutes ces transformations ne modifient pas l'unité et l'existence du patrimoine. Bien plus, il subsiste même quand il n'y a ni droits ni obligations ; l'enfant qui vient de naître a un patrimoine. Ainsi toute personne a nécessairement un patrimoine.

On peut se demander quel intérêt il y a à envisager ainsi l'ensemble des obligations et des biens présents et futurs d'une personne, et à en faire une unité, une entité, au lieu de considérer seulement chacun des biens et chacune des obligations.

Cet intérêt se présente à deux points de vue principaux :

En premier lieu, nous verrons que les créanciers ont un

droit de gage général sur tout le patrimoine de leur débiteur, c'est-à-dire qu'ils ont un droit qui plane sur tous les
biens qu'il possède ou qu'il acquerra;

En second lieu, au moment de la mort de la personne, le
patrimoine se trouve définitivement fixé; il n'est plus susceptible de s'accroître ni de diminuer, il va passer tel quel
aux héritiers du défunt, et se fondre dans leur patrimoine
propre.

Fongibilité des éléments du patrimoine. — Les éléments
qui composent le patrimoine revêtent, les uns à l'égard des
autres, le caractère de choses fongibles, parce qu'ils se ra-
mènent tous, en qualité de biens, à l'idée commune d'une
valeur pécuniaire. (1) La nature propre, les caractères distinctifs de chaque droit particulier disparaissent et tous se
réduisent à une quantité pure d'éléments identiques. Il importe peu, par conséquent, que ces éléments changent; les
nouveaux biens acquis entrent dans le patrimoine, ceux qui
sont aliénés cessent d'en faire partie, et si l'aliénation a été
faite à titre onéreux, le prix remplace le bien aliéné. (2)

De ce caractère de fongibilité, la plupart des auteurs ont
tiré une règle, dont on fait remonter l'origine au droit romain,
et qu'on exprime ainsi :

*In judiciis universalibus, pretium succedit loco rei et res
loco pretii*; ou encore : *Subrogatum capit naturam subrogati.*

Ces adages signifient que, dans les *judicia universalia*,
c'est-à-dire dans les universalités de droit, comme le patri-

---

(1) Aubry et Rau, vi, § 575 au début. Cf. Savigny, *op. cit.*, t. i, § lvi,
p. 370, 371, trad. Guénoux.

(2) C'est par ce caractère de fongibilité des éléments du patrimoine que
s'explique la théorie des dommages-intérêts. L'art. 1142 Civ. décide que
lorsqu'une personne est tenue d'une obligation de faire ou de ne pas
faire et qu'elle ne l'exécute pas, cette obligation se résout en dommages-
intérêts. Le créancier a donc le droit de demander aux tribunaux des
dommages-intérêts en réparation du préjudice que lui cause l'inexécution.
Ces dommages-intérêts consistent en une somme d'argent qui représente
l'équivalent de la valeur que l'exécution de l'obligation aurait fait entrer
dans le patrimoine du créancier. Cf. Aubry et Rau, vi, § 576, p. 235.

moine, lorsqu'un objet est vendu, le prix vient prendre la place de l'objet, et réciproquement, lorsqu'une chose est achetée, elle est subrogée au prix qui a servi à l'acquérir. En d'autres termes, il s'opère de plein droit une *subrogation réelle* entre les biens qui sortent du patrimoine et ceux qui sont acquis en retour. Qu'entend-on donc par cette expression de *subrogation réelle* ? MM. Aubry et Rau la définissent en ces termes :

« La subrogation réelle est une fiction par suite de laquelle un objet vient en remplacer un autre pour devenir la propriété de la personne à laquelle appartenait ce dernier et pour revêtir sa nature juridique. » (1)

D'après ces auteurs, il y a deux sortes de subrogation réelle :

Il peut y avoir subrogation à titre particulier ou subrogation à titre universel : La subrogation à titre particulier est celle qui consiste à donner à une chose acquise les qualités juridiques de la chose qu'elle remplace ; elle est à titre particulier, parce qu'on considère l'objet qui est sorti du patrimoine, non pas simplement comme un élément de ce patrimoine, c'est-à-dire comme une chose fongible, mais comme un corps certain, un objet déterminé ayant des qualités propres, doué de certains caractères juridiques, p. ex.: meuble ou immeuble, propre ou acquêt, dotal ou paraphernal. Ex. : L'art. 1407 Civ. décide que, sous le régime de communauté, lorsqu'un immeuble ayant le caractère de bien propre, c'est-à-dire de bien ne faisant pas partie de la communauté, est échangé contre un autre, le nouvel immeuble ne tombe pas dans la communauté, mais se trouve de plein droit subrogé en qualité de propre à l'immeuble échangé. (2)

---

(1) Aubry et Rau, VI, § 575, p. 235. Consulter Paulmier, *De la subrogation réelle*, Thèse de doctorat, Paris, 1882, introduction ; Flach, *De la subrogation réelle, Revue historique de droit français*, 1868, p. 418 s., 551 s., 1869, p. 369 s, 497 s. Voir note de M. Saleilles, S. 94, 2, 185. Consulter aussi Merlin, *Répertoire*, V° *Subrogation de choses*.

(2) De même, l'art. 1559 Civ. décide que l'immeuble reçu en échange d'un immeuble dotal devient dotal ; voir aussi art. 1434, 1435 Civ.

La subrogation à titre universel est celle qui se produit quand une chose vient prendre dans le patrimoine la place d'une autre. Ici, il ne s'agit plus de transférer au nouveau bien les qualités juridiques de l'ancien, il faut au contraire faire abstraction de leur nature propre et ne les considérer que comme étant des éléments d'un même patrimoine et, par conséquent, comme étant des choses fongibles susceptibles de se remplacer dans l'universalité. (1)

Le seul effet que produit la subrogation réelle à titre universel, c'est que la chose acquise en remplacement de celle qui a été aliénée entre dans l'universalité à titre de nouvel élément. (2)

Quel intérêt y a-t-il donc à dire que, dans le patrimoine, la subrogation réelle s'opère de plein droit entre les choses qui sortent de ce patrimoine et celles qui les remplacent?

Cet intérêt se présente, dit-on, lorsqu'une personne a des droits à faire valoir sur la totalité du patrimoine appartenant à un tiers : Par exemple, les créanciers chirographaires, qui ont un droit de gage général sur tous les biens de leur débi-

---

(1) Flach, *op. cit., Revue hist.*, 1868, p. 455.

(2) La subrogation étant une fiction de droit en vertu de laquelle une chose nouvelle vient prendre la place et certaines qualités juridiques d'une autre chose qu'elle représente, ne peut s'opérer *ipso jure*, dit-on, que dans les universalités de droit, puisque chacun des objets qui composent l'universalité est chose fongible par rapport aux autres.

Si, au contraire, il s'agissait de l'exercice d'une action portant non point sur une universalité de droit ou ses éléments, mais sur un ou plusieurs biens considérés individuellement, la subrogation ne pourrait plus s'opérer de plein droit, elle ne se réaliserait que dans les cas où un texte de loi la prononcerait expressément. (Ex.: art. 1407, 1559, 1434, 1435 Civ.)

En effet, un objet déterminé ne peut revêtir les caractères juridiques d'un autre que lorsque la loi le déclare formellement. D'où l'adage suivant qu'on oppose au premier : *In judiciis singularibus, pretium non succedit loco rei, nec res loco pretii. In judiciis singularibus*, c'est-à-dire dans les cas où il s'agit d'une action portant sur une ou plusieurs choses particulières, prises en elles-mêmes. (Aubry et Rau, v, p. 238.)

On peut constater combien ces adages sont difficiles à expliquer et combien la pensée qu'ils enveloppent reste obscure. Ce serait déjà une raison suffisante pour les faire disparaître de la langue juridique. Mais il y en a une autre plus sérieuse, c'est qu'ils n'ont aucune utilité.

teur (1), peuvent poursuivre non-seulement les biens qui se trouvaient dans le patrimoine au moment où est né leur droit de créance, mais tous ceux qui y sont entrés postérieurement et qui y figurent encore au jour où ils réclament leur paiement; dès qu'un bien sort du patrimoine du débiteur, il est soustrait à leur droit, et celui-ci se transporte sur le nouveau bien acquis en remplacement.

Mais il est absolument inutile de recourir à la notion de subrogation réelle pour exprimer ce résultat, et cette prétendue explication ne nous apprend rien de nouveau et n'explique rien du tout. A quoi sert-il de parler de subrogation réelle? Ne suffit-il pas pour justifier ces conséquences de se reporter aux caractères juridiques du patrimoine? Le patrimoine comprend l'ensemble des biens qui appartiennent à une personne ou peuvent lui appartenir, tout ce qu'elle possède et tout ce qu'elle peut acquérir. Quand donc un tiers a un droit sur le patrimoine d'autrui, pour savoir sur quelles choses il pourra l'exercer, il faut se placer au jour où il fait valoir ce droit et considérer quels sont les éléments dont le patrimoine se compose à ce moment. Avoir un droit sur un patrimoine, ce n'est pas avoir un droit sur tels et tels biens déterminés qui s'y trouvent aujourd'hui, mais sur tous les biens qui en feront partie le jour où le droit sera exercé. On dit que c'est par l'effet d'une subrogation réelle que les objets nouveaux viennent prendre dans le patrimoine la place laissée vide par ceux qui en sont sortis, n'est-il pas plus simple et plus logique de dire que c'est en vertu même de la conception du patrimoine que ce résultat se produit?

La théorie de la subrogation réelle appliquée au patrimoine est donc inutile et doit être abandonnée.

Elle doit l'être d'autant plus que les auteurs ont été tout naturellement portés à en étendre l'application à toutes les universalités juridiques, à tous les *judicia universalia* autres que le patrimoine, sur la foi de l'adage traditionnel : *In ju-*

---

(1) Art. 2092 Civ.

diciis universalibus pretium succedit loco rei et res loco pretii. Toutes les fois qu'on est en présence d'une masse de biens considérée comme formant une universalité distincte des autres biens composant le patrimoine d'une personne, il faudrait décider, d'après l'opinion commune, que la subrogation réelle s'opère de plein droit entre les éléments qui constituent cette universalité.

On conclut de là que les personnes qui ont des droits à faire valoir sur cet ensemble de biens, et qui peuvent en exiger soit la restitution, soit la délivrance, sont autorisées, en vertu de la maxime précitée, à exiger la remise des objets qui sont venus remplacer, dans cette petite universalité, ceux qui ont été aliénés. Le résultat de cette subrogation serait donc d'empêcher que la chose acquise en remplacement aille se confondre dans la masse générale des biens constituant le patrimoine et de la faire entrer dans une masse à part, formant comme un petit patrimoine distinct.(1)

Cette application de la subrogation réelle à tous les cas où il y a universalité de biens, n'est fondée sur aucun texte, mais est exclusivement basée sur l'autorité de la règle *In judiciis universalibus.* Or, cette prétendue règle n'est reproduite nulle part dans le Code civil, et, quoi qu'on en ait dit, il est inexact de soutenir que le Code en ait fait plusieurs applications. (2) Bien plus, il paraît démontré aujourd'hui

---

(1) La principale application de cette théorie a été faite à propos du droit de retour légal de l'ascendant donateur. L'art. 747 Civ. décide que l'ascendant donateur succède aux choses qu'il a données à son descendant mort sans postérité, lorsque ces objets se retrouvent en nature dans la succession. Le Code considère ces biens comme formant une universalité juridique, distincte de l'hérédité générale. En conséquence, certains auteurs appliquent à ce cas la maxime : *In judiciis universalibus...* et en concluent que l'ascendant peut exercer son droit de retour non-seulement sur les objets qui existent encore en nature au jour du décès, mais aussi sur ceux qui s'y sont trouvés subrogés. Cf. Aubry et Rau, VI, § 608, p. 352, 353.

(2) Les dispositions du Code dans lesquelles on prétend trouver des applications certaines de la maxime *In judiciis universalibus...* sont en particulier les deux suivantes :

1° Art. 132 Civ.: Envoi en possession définitif des biens de l'absent. Si

que cette ancienne maxime repose uniquement sur une
fausse interprétation de textes du Digeste, et l'on peut tenir
pour certain que jamais les jurisconsultes romains n'ont
connu ni appliqué ce prétendu principe. (1) Ce sont les glossateurs qui ont les premiers formulé cet adage dont ils avaient
cru trouver l'application dans quelques lois des titres *De
hereditatis petitione* et *De legatis*, 2°. (2)

---

l'absent reparaît, les envoyés en possession doivent lui restituer les biens
dans l'état où ils se trouvent, le prix de ceux qui auraient été aliénés,
ou les biens provenant de l'emploi qui aurait été fait du prix des biens
vendus. — Pour expliquer cette solution, il est inutile de recourir à la
théorie de la subrogation réelle ; elle se justifie bien plus simplement
en partant de cette idée que les envoyés en possession sont propriétaires
des biens et doivent restituer à l'absent tout ce dont ils se trouvent
enrichis à ses dépens.

2° Art. 1696, 1697 Civ.: Cession de droits successifs. La vente d'une hérédité comprend tout ce qui provient de l'hérédité, les objets existants en
nature, les fruits et revenus perçus par l'héritier avant la cession, le montant des capitaux qu'il a touchés, le prix des immeubles qu'il a aliénés,
la valeur des choses dont il a disposé à titre gratuit. MM. Aubry et Rau
(t. VI, § 575, nos 4 et 5) voient dans cette disposition une application de
la maxime précitée. Mais l'explication est bien plus simple : L'héritier
vend l'hérédité qu'il a recueillie, donc il doit livrer, en vertu même de
l'obligation qu'il a contractée, tout ce qui en fait partie. L'étendue de
son obligation résulte du contrat de vente et non de la subrogation
réelle qui n'a rien à voir ici. Bien plus, comment pourrait-il, en vertu de
cette théorie, être tenu de restituer la valeur des choses dont il a
disposé à titre gratuit ? Évidemment, si on appliquait cette maxime, il ne
devrait pas la restituer à l'acquéreur.

(1) L'inexactitude de cet adage a été démontrée en Allemagne par
Hasse, *Archiv. für die civilistische Praxis*, t. v, p. 1, et par Mühlenbruck,
Ueber die s. g. juris und facti universitates, *Archiv. für die civilistische
Praxis*, t. XVII, p. 321. Tous les jurisconsultes de l'École allemande ont
depuis lors signalé l'erreur sur laquelle elle reposait ; voir en particulier
Vangerow, *Lehrbuch der Pandekten*, § 71 ; Unger, *op. cit.*, I, § 57 ; Goud-
smit, § 39. Voir sur ce point: Flach, *op. cit.*, *Rev. hist.*, 1868, p. 461 et suiv.;
Paulmier, Thèse de droit romain, Paris, 1882. Dans son répertoire, V°
Subrogation de choses, sect. I, Merlin avait déjà soutenu que les textes
sur lesquels on fondait cet adage ne consacraient pas en réalité le principe de la subrogation réelle.

(2) Lois 16, 1 ; 20, 6 ; 22 D. *De hered. petit.*, V, 2 ; lois 70, 3 ; 71 ; 72 D.
De leg., 2°, XXXI.

Presque tous nos anciens auteurs ont répété cette règle à la suite des
glossateurs, et en ont fait plusieurs applications, surtout en matière de

En résumé, la théorie de la subrogation réelle générale ou à titre universel n'a aucun fondement dans la loi ; exclusivement établie sur la foi d'un adage dont l'origine remonte à une erreur d'interprétation, elle doit être rejetée.

N'y a-t-il pas, du reste, quelque contradiction à parler de subrogation réelle à propos du patrimoine ? MM. Aubry et Rau, qui consacrent à cette théorie de longs développements, commencent par déclarer que la subrogation réelle est une fiction par l'effet de laquelle l'objet subrogé prend la place de celui auquel il est substitué et revêt la nature juridique de ce dernier. Voilà bien le résultat de la subrogation réelle, et c'est pour cela qu'on dit qu'elle est une fiction ; elle transporte au nouveau bien les caractères juridiques de celui qu'il remplace. Or, par cela même qu'il s'agit du patrimoine et des éléments qui le constituent, il ne saurait être question ni de la nature, ni des caractères juridiques des objets qui le composent, puisque tous ces objets, considérés comme éléments de l'universalité, sont, les uns par rapport aux autres, des choses fongibles.

2. — Droits de la personne sur son patrimoine. (1)

La personne étant titulaire de tous les droits qui composent son patrimoine, on peut dire qu'elle est propriétaire de cette abstraction, de cette universalité, et ce droit de propriété lui confère les facultés suivantes :

---

propres de succession. Renusson, *De la subrogation*, ch. 1 : « Il y a subrogation de choses quand une chose est subrogée à une autre chose, c'est-à-dire quand une chose prend la place de l'autre et est réputée de même nature et qualité pour appartenir aux mêmes personnes auxquelles celle-là appartenait. Mais il y a grande différence à faire entre les jugements où il s'agit d'universalités de biens et de droits universels, et les jugements où il ne s'agit que de droits particuliers. Quand il s'agit d'universalités de biens et de droits universels, la subrogation se fait indistinctement, soit des personnes l'une à l'autre, soit des choses, et la subrogation a toujours lieu de plein droit, elle est naturelle et conforme au droit commun. »

(1) Zachariæ, *Le droit civil français*, ii, § 266 et suiv.; Aubry et Rau, vi, § 578.

1° Elle a le droit d'administrer son patrimoine, c'est-à-dire de prendre toutes les mesures et de faire tous les actes juridiques tendant à le conserver, à l'augmenter et à en retirer les avantages qu'il est susceptible de procurer.

Les actes d'administration s'opposent aux actes de disposition, qui sont les actes par lesquels on modifie la composition du patrimoine en aliénant les droits qui s'y trouvent compris. La distinction entre les actes d'administration et les actes de disposition n'offre pas d'intérêt, lorsque le propriétaire du patrimoine est capable, mais elle présente au contraire une très grande importance dans les cas où il s'agit d'un incapable (1), que cet incapable conserve l'administration de son patrimoine, comme le mineur émancipé et la femme séparée de biens, ou que l'administration soit confiée à un représentant. Dans ces différentes hypothèses, l'incapable ou le représentant ne peuvent accomplir librement que les actes d'administration, et non les actes de disposition pour lesquels la loi exige des garanties spéciales. Il importe donc de savoir ce qu'il faut entendre exactement par actes d'administration, mais la loi n'a nulle part déterminé la sphère d'application de ces actes. Du reste, il résulte de la comparaison des différents textes du Code où il est parlé d'administration (2), qu'il n'est pas possible de donner une définition générale, et la question ne peut être tranchée que *secundum subjectam materiam*. (3)

2° Le droit de disposer de tout ou partie de son patrimoine

(1) La distinction entre ces deux espèces d'actes présente la même importance toutes les fois que le patrimoine est confié à un mandataire général dont les pouvoirs n'ont pas été spécialement déterminés. Art. 1988 : « Le mandat conçu en termes généraux n'embrasse que les actes d'administration. »

(2) Art. 125, 389, 450, 481, 803, 1428, 1449, 1536, 1576, 1988 Civ.

(3) Aubry et Rau, VI, § 578, note 1. — Voir Saleilles, *De l'aliénation des valeurs mobilières par les administrateurs du patrimoine d'autrui*, Thèse de doctorat, 1883 ; Penet, *Administrateurs et actes d'administration d'après le Code civil*, Thèse de doctorat, Grenoble, 1884 ; Cuche, *Étude sur le pouvoir et les actes d'administration*, Thèse de doctorat, Caen, 1891.

par testament ou par donations faites par contrat de mariage
ou pendant le mariage, pour l'époque de sa mort. (1)

Pendant sa vie, la personne ne peut pas aliéner son patrimoine, ni même une quote-part de ce patrimoine. Cela se
comprend aisément, puisque le patrimoine est une abstraction inhérente à la personne et qui ne peut pas en être déta-
chée. (2) La personne peut disposer des biens qui composent
ce patrimoine, les aliéner à titre gratuit, mais son patrimoine reste néanmoins le sien. En particulier, les obligations
qui en constituent le passif demeurent fixées sur sa tête
et ne passent pas sur celle du donataire. Ainsi, quand une
donation entre-vifs comprend tous les biens présents du
donateur, elle ne porte que sur des objets individuellement
déterminés, et elle n'entraîne pas de plein droit l'obligation
pour le donataire de payer les dettes du donateur. (3)

3° Le droit de réclamer au moyen d'une action personnelle,
dite action de *in rem verso*, la restitution d'une valeur appartenant au patrimoine, lorsqu'un autre patrimoine s'est
trouvé, sans cause légitime, enrichi au détriment du premier. L'action de *in rem verso* est la sanction de ce principe
d'équité que nul ne doit s'enrichir aux dépens d'autrui. Elle
doit être donnée dans tous les cas où la personne, au préjudice de laquelle l'enrichissement s'est effectué, ne jouit d'aucune autre action pour réclamer ce qui lui appartient ou ce

---

(1) Art. 1081 et suiv. Civ.

(2) Le Code civil n'énonce pas expressément cette règle, mais il en contient plusieurs applications ; en particulier, il interdit les pactes sur succession future (art. 791, 1130, 1600), et de cette interdiction il résulte
qu'une personne ne peut pas, par acte entre-vifs, disposer de son hérédité. Baudry-Lacantinerie et Barde, *Des oblig.*, t. 1er, n° 263 ; Aubry et
Rau, vi, § 577, 2°. « Les dispositions du Code, disent Aubry et Rau, qui
frappent d'inefficacité les actes entre-vifs par lesquels une personne dispose de son hérédité future, ont, indépendamment des considérations
morales et d'économie politique qui les ont dictées, leur fondement juridique dans l'inaliénabilité du patrimoine. »

(3) Demolombe, *Traité des donations*, t. III, n° 454 ; Aubry et Rau, vii,
§ 706, note 2.

qui lui est dû. Le Code contient de nombreux cas d'application de cette règle. (1)

4° La faculté de revendiquer le patrimoine. En principe, cette revendication ne peut se produire qu'à la mort, parce que, pendant sa vie, la personne ne peut pas être privée de son patrimoine. (2) Après la mort, l'héritier ou le légataire appelé à recueillir l'hérédité peut revendiquer le patrimoine contre ceux qui en sont détenteurs. Cette action prend le nom d'action en pétition d'hérédité. (3)

3. — Droits des créanciers sur le patrimoine de leur débiteur.

Les obligations dont une personne est débitrice pèsent sur son patrimoine : quiconque s'est obligé personnellement est tenu de remplir son engagement sur tous ses biens présents et à venir. (4) On exprime cette règle en disant que les créanciers ont un droit de gage général sur le patrimoine de leur débiteur. Ce droit de gage permet aux créanciers de saisir et de faire vendre les biens de leur débiteur, si celui-ci n'exécute pas les obligations qu'il a contractées. Ce droit de gage ne constitue pas un droit réel, il plane sur tout le patrimoine et s'exerce sur les éléments dont il est composé. Par conséquent, si un de ces éléments sort du patrimoine, le droit s'éteint quant à cet élément. Ainsi, toutes les modifications qui s'opèrent dans la composition du patrimoine sont opposables aux créanciers. Le débiteur peut vendre ses biens, les donner, en acquérir d'autres. Les éléments du patrimoine sont choses fongibles, et les créanciers ne peuvent saisir que ceux qui s'y trouvent au moment où ils agissent. (5)

---

(1) Art. 555, 570, 571, 1241, etc.; Voir Aubry et Rau, vi, § 578, 4°. Voir note de M. Labbé, S. 91, 1, 252.

(2) Toutefois, lorsque l'absent reparaît après l'envoi en possession, il a une action pour réclamer ses biens aux envoyés en possession. Aubry et Rau, vi, § 578, *in fine.*

(3) Aubry et Rau, vi, § 616.

(4) Art. 2092 Civ.

(5) Il n'y a qu'un cas où le créancier pourrait attaquer l'acte passé par son débiteur modifiant la composition de son patrimoine, c'est celui où le débiteur a agi en fraude des droits du créancier (art. 1167 Civ.).

Il résulte de là que tous les créanciers d'un débiteur ont des droits égaux sur son patrimoine, sans qu'il y ait à tenir compte ni de l'époque à laquelle leur créance est née, ni de la façon dont le patrimoine était composé à cette époque. Donc, si le prix des biens est insuffisant pour les payer intégralement, ils viendront tous en concurrence, au marc le franc de leurs créances respectives. (1)

Quand les dettes qui grèvent le patrimoine sont supérieures à l'actif, on dit que le débiteur est en état de déconfiture. (2)

Parmi les créanciers, il en est qui peuvent avoir un droit de préférence sur un ou plusieurs biens ; ce sont les créanciers privilégiés et hypothécaires. Ils seront payés sur le prix de ces biens avant les autres créanciers.

Les créanciers qui n'ont aucune cause de préférence s'appellent les créanciers chirographaires. (3)

---

(1) Art. 2093 Civ.

(2) Il ne faut pas confondre la déconfiture avec la faillite, c'est-à-dire avec l'état du débiteur commerçant qui a cessé ses paiements (art. 437 Com.). Voir, sur les différences entre la faillite et la déconfiture, Aubry et Rau, VI, § 580 ; Boistel, *Cours du droit commercial*, 3° édit., § 890, p. 655, 656 : "« La faillite est caractérisée par un fait précis, la cessation des paiements, et déclarée par un jugement qui a une autorité générale, *erga omnes*, et établit un régime complet et tout spécial. Elle est organisée d'ensemble par la loi, qui prend elle-même l'initiative des mesures destinées à assurer l'égalité proportionnelle la plus rigoureuse entre les créanciers... La déconfiture ne fait pas l'objet d'une constatation officielle et générale ; elle résulte seulement des voies d'exécution partielles exercées par les divers créanciers, des saisies opérées par ceux-ci... La déconfiture n'a pas non plus, dans le droit civil, d'organisation générale ; la loi ne prend pas de précautions d'ensemble pour assurer l'égalité proportionnelle entre tous les créanciers. Le Code civil se contente d'en poser le principe dans l'article 2093, mais il laisse à chacun d'eux le soin d'en assurer l'application en faisant des diligences à cet effet. Le débiteur peut les payer à mesure qu'ils se présentent (art. 808, 2°, Civ.) ; les premiers peuvent être payés intégralement, et les derniers ne rien toucher ; c'est seulement entre ceux qui ont fait opposition dans les mains du débiteur, que la répartition au marc le franc est assurée (art. 808, 1°, Civ.). » Boistel, *loc. cit.*

(3) Les créanciers ne peuvent pas poursuivre le débiteur insolvable et le faire emprisonner pour le forcer à payer ses dettes. La contrainte par

4. — Transmission du patrimoine au décès de la personne.

Au décès de la personne, le patrimoine ne disparaît pas, il conserve son unité, et, sous le nom d'hérédité, il va passer entre les mains des successeurs du défunt.

Les jurisconsultes romains avaient imaginé une fiction pour expliquer que l'hérédité pût ainsi se maintenir et conserver son unité, son caractère de chose abstraite, après la mort du propriétaire et jusqu'au jour où elle était dévolue à un héritier. Ils la considéraient comme une personne morale, de telle sorte que, durant la période où elle était sans maître, elle devenait elle-même le sujet des droits et des obligations dont elle était composée. *Hereditas personam domini sustinet ; dominus hereditas habebitur.* (1)

Dans notre droit, cette fiction est devenue inutile, parce que la transmission du patrimoine s'opère immédiatement et, au jour de la mort, de la tête du défunt sur celle de ses successeurs.

L'hérédité peut être dévolue à une ou plusieurs personnes. Cette dévolution s'opère, soit par voie de succession *ab intestat* ou légitime, soit par voie de succession testamentaire.

Dans la succession *ab intestat*, c'est la loi elle-même qui, tenant compte de l'affection présumée du défunt, détermine quelles sont les personnes qui seront appelées à recueillir son hérédité. Ces personnes peuvent être, soit des héritiers légitimes, c'est-à-dire les parents, les membres de la famille légitime du défunt, soit des successeurs irréguliers, qu'on appelle ainsi parce que leur titre de succession ne réside pas dans la parenté légitime. (2)

corps était autorisée dans un certain nombre de cas par le Code civil (art. 2059 et suiv.), mais elle a été abolie par la loi du 22 juillet 1867, dont l'article 1er porte : « La contrainte par corps est supprimée en matière commerciale, civile et contre les étrangers. » Elle n'est maintenue qu'en matière criminelle, correctionnelle et de simple police.

(1) Lois 13, 2 D. *Ad leg. aquil.,* t. IX, 2 ; 31, 1 D. *De hered. inst.,* XXVIII, 5 ; 9 C. *Dep.* IV, 34, etc.

(2) Les successeurs irréguliers étaient, d'après le Code civil, les enfants

Dans la succession testamentaire, c'est le propriétaire lui-même qui désigne les personnes auxquelles il veut transmettre ses biens.

La succession *ab intestat* est toujours, en principe, un mode de transmission universel ou à titre universel, c'est-à-dire que le successeur *ab intestat* est appelé à recueillir toute l'hérédité ou, s'il y a plusieurs héritiers en concours, une quote-part des biens.

Au contraire, le successeur institué dans le testament peut être appelé à recueillir, soit la totalité des biens, soit une quote-part, soit enfin certains biens déterminés. Il peut être légataire universel, à titre universel, ou à titre particulier.

Comme le patrimoine s'identifie avec l'idée de la personne, ceux qui recueillent l'hérédité deviennent les continuateurs du défunt, ses représentants. Ils le remplacent, en un mot, au point de vue du patrimoine, et non-seulement ils recueillent tous les droits qui s'y trouvent compris, mais ils sont également tenus de toutes les obligations dont ce patrimoine est grevé. Ils en sont tenus comme le défunt lui-même, c'est-à-dire pour la totalité, et quand même le montant des dettes dépasserait l'actif héréditaire. On exprime cette idée en disant qu'ils sont tenus *ultra vires hereditatis*, même sur leurs propres biens. Le patrimoine du défunt vient se fondre dans le leur propre ; il n'y a plus qu'un patrimoine unique ayant un seul actif, un seul passif.

Cette conception, qui fait de l'héritier un représentant et un continuateur de la personne juridique du défunt, vient du droit romain. (1)

---

naturels, les père et mère naturels, les frères et sœurs naturels, le conjoint survivant et l'État (art. 756 et suiv. Civ.).

La loi du 27 mars 1896 a rangé les enfants et les père et mère naturels dans la classe des héritiers et, sous le nom d'héritiers naturels, les a assimilés aux héritiers légitimes.

(Consulter les articles 723, 724 nouv. et la section VI du chapitre III, art. 756 et suiv.)

(1) Elle dérive probablement de l'union intime que l'ancien droit qui-

En droit romain, tous les héritiers, qu'ils fussent appelés à la succession en vertu de la loi ou en vertu d'un testament, étaient mis aux lieu et place du *de cujus ;* le patrimoine de celui-ci se fondait dans le leur, et, en particulier, ils étaient tenus des dettes du défunt comme des leurs propres, *in infinitum, ultra vires hereditatis.* (1)

Ces règles de transmission du patrimoine se maintinrent dans les pays de droit écrit de notre ancienne France. (2)

Au contraire, dans les pays du nord, dans les pays de

---

ritaire avait établie entre la continuation des *sacra* par l'héritier et la charge des dettes. (Voir Esmein, *Nouv. Revue histor.,* 1887, p. 61.)

Dans les autres législations primitives, il semble qu'on ait considéré l'héritier comme recueillant simplement les biens laissés par le défunt, mais non comme représentant sa personnalité. (Lehr, *Éléments de droit germanique,* t. II, nos 1395, 1432; Dareste, *Code musulman de Khâlil, Journal des savants,* 1882.)

(1) Le testateur qui instituait un héritier dans son testament pouvait également faire des legs à d'autres personnes. Mais le legs est une pure et simple libéralité; le légataire n'est pas un héritier, un continuateur de la personne, même quand le legs embrasse une quote-part des biens héréditaires (legs partiaire). Le légataire partiaire ne devient pas copropriétaire des biens de la succession, « il n'est pas plus créancier des créances » héréditaires qu'il n'est débiteur des dettes héréditaires : l'héritier et » lui, devant tenir compte des unes et des autres pour déterminer la » part qui lui revient, procèdent, par suite, à des stipulations réciproques » par lesquelles l'héritier promet de lui donner ce qui lui revient sur le » produit des créances et de lui rembourser ce qu'il doit supporter sur » les dettes. » Girard, *Manuel élémentaire de droit romain,* p. 904.

(2) Dans les pays de droit écrit, le légataire universel ou à titre universel fut assimilé à l'héritier institué dans le testament et considéré comme un véritable héritier. On a contesté ce point et prétendu, au contraire, que le légataire, à la différence de l'héritier institué, ne représentait point la personne du testateur et n'était tenu des dettes que dans la limite de son émolument, *intra vires emolumenti* (voir notamment Mourlon, *Répétit. écrites sur le Code civil,* 11e édit., t. II, no 824); mais cette affirmation est inexacte. Il résulte de plusieurs passages de nos anciens auteurs qu'en pays de droit écrit, le légataire universel était tenu des dettes *ultra vires,* comme l'héritier. (Consulter Boutaric, *Institutes,* II, 23, § 9; Maynard, *Questions notables,* livre VI, ch. X.; Furgole, *Des testaments,* ch. X, sect. 3, no 102, et ch. VII, sect. 1re, no 62; consulter aussi un intéressant article de M. Marcel Mongin : *De la situation du légataire dans le droit moderne et dans l'ancien droit à l'égard des dettes de la succession, Revue critique,* 1888, p. 222.)

coutume, qui avaient moins profondément subi l'influence du droit romain, la dévolution héréditaire reposait sur des principes différents : Les héritiers légitimes, appelés par la loi à la succession *ab intestat*, étaient seuls considérés comme les continuateurs et représentants de la personne juridique du défunt, et à ce titre, ils étaient seuls investis de la saisine et tenus des dettes *ultra vires*. Le testateur, au contraire, ne peut pas faire de véritables héritiers dans son testament; *Deus solus heredes facere potest, non homo : institution d'héritier n'a point de lieu* (1) ; il ne peut faire que des legs, et les légataires ne sont pas des héritiers, ce sont de simples successeurs aux biens, qui recueillent tout ou partie des biens compris dans le patrimoine, mais qui, en réalité, ne reçoivent pas le patrimoine lui-même et ne continuent pas la personne du défunt. En particulier, il résulte de là que, si les légataires universels ou à titre universel sont tenus de payer les dettes, c'est seulement parce qu'ils reçoivent tout ou une quote-part des biens, et qu'il n'y a de biens qu'une fois que les dettes ont été payées (2); et par conséquent, ils

_____

(1) Loysel, *Institutes coutumières*, livre II, titre IV, *Des testaments*, max. 5.

(2) *Bona non sunt nisi deducto œre alieno.* Pour bien marquer la différence qu'il y avait entre la situation des héritiers légitimes et celle des légataires universels, nos anciens auteurs déclarent que les premiers seuls sont de vrais successeurs universels, parce que, seuls, ils recueillent la masse du patrimoine, tandis que les seconds ne sont, en réalité, que des successeurs particuliers appelés à recueillir l'actif net et qui ne supportent les dettes que parce qu'il faut les déduire pour déterminer cet actif. (Lebrun, *Successions*, livre IV, ch. II, section 1re, nos 3 et suiv.; Ricard, *Donations*, 3e partie, nos 1505 et suiv.)
Dans le très-ancien droit coutumier, on avait même soutenu que les légataires universels n'étaient pas soumis, de plein droit, à l'obligation, vis-à-vis de l'héritier, de contribuer au paiement des dettes et charges de la succession. (Loysel, *Institutes coutumières*, liv. II, titre IV, max. 14.) Pendant longtemps, on refusa aux créanciers le droit d'agir contre les légataires, précisément parce que les créanciers ne peuvent pas poursuivre les successeurs particuliers. On ne finit par donner aux créanciers le droit d'action directe contre eux que pour des raisons pratiques et afin d'éviter le recours de l'héritier, qui était tenu, après avoir payé, de leur réclamer leur part contributive. Ces considérations montrent bien que les légataires n'étaient pas considérés comme des successeurs universels.

ne sont obligés que dans la mesure de ce qu'ils recueillent, jusqu'à concurrence de l'actif, *intra vires successionis* et non plus *ultra vires.*

On peut se demander si le Code civil a entendu maintenir cette distinction entre les héritiers, continuateurs de la personne et représentants du défunt, et les simples successeurs universels ou à titre universel.

La question se pose à la fois en matière de succession *ab intestat* et en matière de succession testamentaire. En matière de succession *ab intestat*, les héritiers légitimes sont certainement des continuateurs de la personne, et on peut affirmer, depuis la loi du 27 mars 1896, que les héritiers naturels ont la même qualité. Mais les successeurs irréguliers sont-ils de simples successeurs aux biens ? La question est controversée.

De même, en matière de succession testamentaire, on se demande si les légataires à qui le testateur lègue l'universalité de ses biens ou une quote-part de cette universalité doivent être assimilés à des héritiers, ou si, au contraire, ils ne sont eux aussi que des successeurs aux biens.

Le Code civil n'a pas tranché la question, et la difficulté

C'est pour cette raison qu'ils n'étaient tenus qu'*intra vires bonorum :* « Le légataire universel, ou d'une quotité de biens, ou d'une certaine espèce de biens du défunt, comme des meubles, du quint des propres, etc., s'oblige, en acceptant le legs, à l'acquittement des dettes ou de la part des dettes dont est chargée la part des biens qui lui est léguée ; car il sait ou doit savoir que les biens d'une personne renferment la charge de ses dettes, *cùm bona non intelligantur nisi deducto ære alieno...* Au reste, il n'est tenu que jusqu'à concurrence des biens. » Pothier, Cout. d'Orléans, introd. au titre des *Testaments*, n° 120, édit. Bugnet, t. I, p. 414 ; voir aussi *Successions*, ch. V, art. II, § 3, édit. Bugnet, t. VIII, p. 206.

Les successeurs irréguliers qui, à défaut d'héritiers légitimes, recueillaient les biens laissés par le défunt, n'étaient pas non plus des héritiers. Pothier dit expressément qu'ils sont ainsi nommés *parce qu'ils ne succèdent pas à la personne, mais seulement aux biens ;* « d'où il suit qu'ils sont tenus des dettes comme charges des biens et seulement jusqu'à concurrence de la valeur des biens. » *Successions*, ch. VI, édit. Bugnet, t. VIII, p. 223 ; Lebrun, *Traité des successions*, livre III, ch. IV, n° 70, et livre IV, ch. II, sect. 2, n° 50.

que l'on éprouve à la résoudre tient précisément à ce que
notre législation moderne est le résultat des deux conceptions diverses issues, l'une du droit romain, l'autre du droit
coutumier. La jurisprudence tend aujourd'hui à revenir au
système romain, et elle considère que tous ceux qui succèdent *in universum jus defuncti* sont de véritables héritiers,
des représentants et des continuateurs de la personne, qu'ils
soient des héritiers légitimes ou des successeurs irréguliers,
ou qu'ils soient appelés à succéder en vertu d'un testament. (1)

Observation finale. — Par exception, certains droits sont
intransmissibles et meurent avec le titulaire. Ce sont les
droits réels d'usufruit, d'usage, d'habitation et la rente
viagère.

5. — Patrimoine des personnes morales publiques.

Le patrimoine des personnes morales publiques demande
quelques explications spéciales.

D'abord, les biens qui appartiennent à ces personnes sont
soumis à des règles particulières, le régime qui leur est
applicable est déterminé par le droit administratif. (2)

En second lieu, « les personnes administratives ont une
double personnalité et jouissent de deux espèces de droits :
elles ont d'abord une personnalité de personne privée, qui
leur donne la jouissance des droits privés ; elles ont, en
outre, une personnalité de puissance publique, qui leur donne
la jouissance de droits exorbitants, que l'on appelle droits de
puissance publique. » (3)

En tant que personnes privées, ces personnes ont un patrimoine composé comme celui des particuliers et qui constitue

---

(1) Cass., 13 août 1851, S. 51, 1, 657 ; D. 51, 1, 281 ; Toulouse, 16 mars
1882, S. 83, 2, 73, note de M. Labbé ; Demolombe, *Successions*, t. I, nos
160 et suiv.; Marcel Mongin, *Revue critique de législation*, 1888, p. 222 ;
Aubry et Rau, VI, § 582-583.

(2) Art. 537 Clv.

(3) Hauriou, *Droit administratif*, no 63, 2e édit.

ce qu'on appelle les dépendances du domaine privé. Les
biens qui y sont compris sont dans le commerce, ils sont
aliénables et prescriptibles comme ceux d'une personne
physique.

D'autre part, les personnes administratives, autres que les
établissements publics, possèdent une seconde catégorie de
biens, affectés à un usage ou à un service publics et qui ne
peuvent pas, par suite, être l'objet d'une appropriation privée. Ces biens forment les dépendances du domaine public.
Ils sont inaliénables et imprescriptibles. Ce droit de domaine
public constitue un droit de propriété au profit de la personne civile, mais un droit de propriété modifié, limité dans
ses effets par la destination d'utilité publique de la chose qui
en est l'objet. (1)

Ainsi, l'État, les départements, les communes, les colonies ont deux catégories de biens :

1° Les biens formant leur domaine privé ;

2° Les biens formant leur domaine public.

Le Code civil fait la distinction entre ces deux catégories
de biens, dans les articles 538 et suivants, mais d'une façon
assez confuse et seulement en ce qui concerne l'État.

____

(1) Hauriou, *Droit administratif*, 3e édit., p. 613 et suiv. Ce point est
contesté : d'après une autre opinion, les choses du domaine public ne
sont dans le patrimoine de personne, ce sont des *res nullius* soumises à
la garde des personnes morales publiques. Aubry et Rau, ii, § 169 ; Demolombe, *Distinction des biens*, i, n° 457.

CHAPITRE V

De la Naissance et de l'Extinction des Droits. (1)

SECTION PREMIÈRE. — Naissance et extinction des droits
en général: Faits juridiques.

La naissance ou l'acquisition d'un droit peut se réaliser
de deux façons distinctes : 1° Ou bien, le droit naît en faveur
de la personne d'une façon directe et indépendante de tout
droit existant au profit d'une autre personne ; on dit alors
qu'il y a acquisition originaire. Exemple : Je deviens propriétaire d'une chose qui n'appartient à personne ou qui a
été abandonnée ; je m'empare de la chose d'autrui et j'en ac-
quiers la propriété par l'usucapion ; 2° Ou bien le droit appartenait à une personne déterminée, et ce droit est transmis à un nouveau titulaire, soit par suite d'un acte volontaire, soit par l'effet de la loi. Exemple : J'achète votre maison ; Primus me lègue son cheval ; ou il meurt et je suis son
héritier. Dans cette seconde hypothèse, il y a acquisition dé-
rivée ; le droit est transféré d'un sujet à un autre. Il y a donc
transformation plutôt que naissance du droit, puisque ce
droit préexistait et que c'est la personne du titulaire seule qui
est changée.

L'extinction d'un droit peut également se réaliser, soit par
l'anéantissement complet, définitif du droit, soit par sa transmission à autrui. Exemple : Je suis créancier de Pierre de
1.000 fr. Pierre me paye cette somme ; mon droit de créance
est éteint. Je cède mon droit à Paul; je cesse également d'être

_____

(1) Consulter Savigny, *Traité de droit romain*, t. III; Goudsmit, *op. cit.*,
ch. v, § 47 et suiv.; Windscheid, *op. cit.*, t. I, § 63 et suiv.; Puchta, *Institutionen*, t. II, § 198 et suiv.; Unger, *op. cit.*, t. II, § 71 et suiv.; Forster
et Eccius, *op. cit.*, t. I, livre I, ch. II, § 24 et suiv.

créancier, mais mon droit de créance continue à subsister, seulement il a changé de titulaire.

Cette transmission du droit d'une personne à une autre s'appelle *succession*. Le titulaire précédent prend le nom d'*auteur*, et le nouveau le nom d'*ayant cause*. La succession est à titre particulier, lorsque l'ayant cause acquiert seulement un ou plusieurs droits déterminés, à titre universel, lorsqu'il recueille tout le patrimoine ou une quote-part du patrimoine. La succession à titre universel ne peut s'opérer qu'au moment de la mort du titulaire du patrimoine. Elle diffère de la succession à titre particulier en ce qu'elle s'applique à la fois aux droits et aux obligations du défunt. (1) Au contraire, le successeur à titre particulier n'est pas tenu, comme tel, des obligations personnelles de son auteur. (2)

La transmission d'un droit d'une personne à une autre ne modifie ni le contenu, ni l'étendue du droit; celui-ci ne subit aucune modification dans sa nature et dans ses effets, il reste ce qu'il était entre les mains du précédent titulaire. On exprime cette règle sous la forme suivante: *Nemo plus juris ad alium transferre potest quam ipse habet*. (3) Exemples:

1° J'achète une maison grevée d'une hypothèque ou d'une servitude au profit du fonds voisin; je suis obligé de respecter l'existence de ces droits réels qui diminuent l'étendue du droit de propriété; 2° J'ai un droit de créance contre Pierre, mais ce droit est soumis à une condition résolutoire, je le cède à Paul. Le droit de créance, bien qu'étant passé sur la tête de Paul, reste toujours atteint de la même modalité; 3° enfin, une personne qui n'est pas propriétaire ou qui a déjà cédé son droit de propriété, vend une chose à un tiers. Cette aliénation ne transférera aucun droit à l'acquéreur, elle ne

---

(1) Voir ci-dessus, ch. IV, § 4, n° 4.

(2) Aubry et Rau, t. II, § 175 et 176.

(3) Plusieurs articles du Code consacrent implicitement cette règle, art. 1604, 2125, 2182.

peut pas, par elle-même, préjudicier aux droits du légitime propriétaire ou du précédent acquéreur. (1)

En principe, tous les droits peuvent être transmis d'une personne à une autre. Par exception, certains droits ne peuvent pas changer de titulaire. Ce sont d'abord les droits de famille, parce qu'ils constituent des rapports purement personnels fondés sur la situation particulière dans laquelle se trouvent deux personnes unies par les liens du sang, et certains droits patrimoniaux, qui sont établis, constitués en vue d'une personne déterminée et ne peuvent pas passer sur la tête d'une autre, parce que ce transfert dénaturerait le droit ou le modifierait dans ses éléments essentiels; tels sont l'usufruit, l'usage, l'habitation. (2)

Les événements qui font naître les droits, les transmettent ou les modifient, constituent *des faits juridiques*. « J'appelle faits juridiques, dit de Savigny (3), les événements en vertu desquels les rapports de droit commencent ou finissent.

_____

(1) Cette règle : *nemo plus juris ad alium transferre potest quam ipse habet*, forme le pivot de notre droit actuel. En matière de mutations de la propriété et de constitutions de droits réels, elle a l'inconvénient de laisser planer une certaine instabilité sur l'effet de ces actes, puisque le droit de l'acquéreur est soumis en principe à toutes les charges qui grevaient le droit de son auteur, à toutes les causes de résolution ou de nullité qui existaient contre ce dernier. Cette incertitude est de nature à jeter le trouble dans le commerce juridique, aussi la loi l'a-t-elle écartée dans une très large mesure, principalement en ce qui concerne les mutations de la propriété et constitutions de droits réels :

1° En premier lieu, en matière mobilière, l'acquéreur de bonne foi d'un meuble corporel peut invoquer la maxime de l'art. 2279 Civ.: En fait de meuble possession vaut titre, maxime qui le protège contre toute revendication du chef du précédent propriétaire ;

2° En second lieu, la loi a soumis à la publicité les principaux actes entre-vifs de transfert de la propriété des immeubles et les constitutions de droits réels sur les mêmes biens, et même les concessions de certains droits personnels de jouissance, comme les baux de plus de 18 ans. Grâce à cette publicité, tout acquéreur d'un immeuble peut vérifier l'existence du droit de l'aliénateur, son étendue, les charges qui grèvent le bien, etc.

(2) Art. 617, 631, 634 Civ. Le droit d'usufruit n'est pas incessible (art. 595 Civ.), mais il reste fixé sur la tête de l'usufruitier et meurt avec lui. Consulter Aubry et Rau, t. iv, § 359, p. 421 et 422 et note 16.

(3) *Traité de droit romain*, iii, § civ, trad. Guénoux, p. 3.

Ainsi, tous les faits juridiques ont pour caractère commun d'apporter dans le temps un changement aux rapports de droit de personnes déterminées. » « Tous les faits juridiques, dit Unger, ont pour effet de produire une modification dans la sphère juridique d'une personne déterminée. » (1)

Ces faits juridiques sont de deux sortes :

Les uns sont des actes volontaires émanés d'une personne ; ils ont leur source dans un fait accompli par une personne capable de vouloir, comme les contrats, les quasi-contrats, les délits, les quasi-délits, etc.;

Les autres sont des événements accidentels, indépendants de la volonté de l'homme ; ces événements sont très divers. Par exemple, la mort d'une personne donne à ses parents le droit de succéder aux biens qu'elle a laissés, la naissance fait acquérir des droits à l'individu ; de même, le fait du voisinage crée entre les propriétaires des rapports de droit. (2)

Les actes volontaires forment la classe la plus importante et la plus nombreuse. On peut les subdiviser en deux catégories : La première comprend les actes juridiques proprement dits, c'est-à-dire les actes qui sont faits dans le but de créer, de modifier ou d'éteindre un droit, comme les conventions, les quasi-contrats, la renonciation, le testament ; la deuxième se compose des actes illicites, c'est-à-dire des

---

(1) Unger, ii, p. 2, § 71.

(2) L'art. 1370 Civ. fait une distinction analogue à propos des événements qui font naître une obligation ; il distingue deux catégories d'engagements : ceux qui dérivent de la volonté ou du fait personnel de l'obligé (contrats, quasi-contrats, délits, quasi-délits), et ceux qui sont formés involontairement ou résultent de l'autorité seule de la loi. Sous cette dénomination d'engagements résultant de l'autorité seule de la loi, l'article réunit tous les événements, autres qu'un fait de l'homme, qui donnent naissance à des obligations. Voir : Mourlon, *Répétitions écrites sur le Code civil*, 11º édit., t. ii, nº 1600 ; Demolombe, *Traité des engagements qui se forment sans convention*, nᵒˢ 1 à 31.

Nous pouvons dire, conformément à la terminologie adoptée par les rédacteurs du Code, que les droits résultent : 1º de la volonté de l'homme ; 2º de l'autorité de la loi.

actes prohibés par la loi qui causent un dommage à autrui, les délits et les quasi-délits.

Nous étudierons successivement ces deux espèces d'actes ; quant aux faits accidentels, ils sont trop nombreux et variés pour qu'il soit possible d'en faire l'objet d'une exposition générale, comme c'est ici notre but.

SECTION DEUXIÈME. — Des actes juridiques.

1° *Notion et principales divisions des actes juridiques.*

2° *Conditions requises pour l'existence et la validité des actes juridiques :*

A. *Volonté des parties. Vices qui peuvent entacher la manifestation de volonté : Erreur, dol, violence, lésion ;*

B. *Capacité d'agir ;*

C. *Objet ;*

Appendice : *Cause.*

3° *Forme des actes juridiques. Déclaration simulée de volonté.*

4° *Conséquences de l'absence de l'une des conditions requises pour l'existence et la validité des actes juridiques. Inexistence et annulabilité. Intérêts de la distinction des actes inexistants et des actes annulables. De l'action en nullité et de l'action en rescision pour cause de lésion.*

5° *Modalités des actes juridiques. Condition, terme, mode.*

6° *Interprétation des actes juridiques.*

7° *De la représentation dans les actes juridiques.*

§ 1ᵉʳ. — Notion et principales divisions des actes juridiques.

On appelle actes juridiques les déclarations de volonté qui ont spécialement pour but de créer, de modifier ou d'éteindre des droits : tels sont, par exemple, le contrat, le testament, la renonciation à un droit, l'acceptation d'une succession, etc.

Ce qui caractérise ces actes, c'est, d'une part, qu'ils sont faits avec l'intention de produire un effet juridique, et, d'autre part, que l'effet juridique est intimement lié à la volonté de l'auteur de l'acte et ne peut pas se réaliser indépendamment de cette volonté. La déclaration de volonté est donc l'élément essentiel de tout acte juridique. (1)

Ainsi le délit, c'est-à-dire l'acte par lequel je cause injustement un dommage à autrui, n'est pas un acte juridique, parce que la volonté ne joue plus ici un rôle prépondérant. L'auteur du délit est obligé, non pas parce qu'il l'a voulu, mais parce qu'il a commis un acte illicite; même s'il avait agi involontairement, non intentionnellement, l'obligation serait née, par conséquent l'effet juridique se produit indépendamment de sa volonté. (2)

Les actes juridiques tiennent la première place parmi les faits juridiques. Aussi, « le droit les a, soit individuellement pour quelques-uns, soit du moins par classification générale pour d'autres, prévus à l'avance, réglementés dans leur nature, dans leur forme, dans leurs effets. » (3)

Les principales classifications des actes juridiques sont les suivantes :

1° Actes exigeant le concours de deux volontés (actes bilatéraux).
Actes exigeant seulement une volonté (actes unilatéraux).

Les actes exigeant le concours de deux volontés sont les *conventions.* La convention suppose donc l'accord de volontés de deux ou plusieurs personnes en vue de produire un

---

(1) La volonté de l'auteur de l'acte peut avoir été dirigée aussi et en même temps vers un but non juridique, mais cela n'enlève pas à l'acte son caractère, même si l'auteur a eu principalement en vue ce dernier but. Ainsi, l'acquisition du gibier ou du poisson par la chasse ou la pêche constitue un acte juridique. De même, quand je gère les affaires d'un de mes amis qui est absent, j'accomplis un acte juridique, bien que je sois principalement guidé par l'intérêt que je porte à mon ami. Cf. Goudsmit, § 53, note 1.

(2) Unger, *op. cit.,* II, § 78, note 4; Goudsmit, *op. cit.,* § 53, p. 133, note 2; Savigny, *op. cit.,* t. III, trad. Guénoux, III, page 6, note h; Windscheid, *op. cit.,* I, § 69, p. 176 et note 1. Dans l'acte délictuel, la manifestation de volonté a pour but de produire un fait matériel et non pas une conséquence juridique. C'est là ce qui distingue le délit de l'acte juridique.

(3) Ortolan, *Explication historique des institutes,* 10° édit., t. 1er, p. 620.

effet juridique, de créer, de transformer ou d'éteindre un rapport de droit ; cet accord de volontés s'appelle le consentement *(consentire est in unam eamdemque sententiam concurrere).*

Toute espèce de rapports de droit peut faire l'objet d'une convention : « Il peut exister des conventions en droit international, en droit public, en droit privé. Les alliances, les traités de paix, la soumission d'un État indépendant à un autre État sont des contrats de droit international... » (1) En matière de droit privé, la convention s'applique à toutes les institutions juridiques. Les conventions peuvent créer, modifier, éteindre des droits de créance ou des droits réels. La tradition, dans les cas exceptionnels où elle est nécessaire pour transférer la propriété d'une chose, constitue aussi une convention. En effet, le *tradens* consent à livrer la chose à l'*accipiens* pour le rendre propriétaire, et celui-ci accepte cette livraison ; il y a donc accord des volontés des deux parties. De même, dans le droit de famille, le mariage, l'adoption sont de véritables conventions.

L'art. 1101 du Code civil distingue le contrat de la convention. Le contrat est, en effet, une convention d'une espèce particulière ; il a pour but de créer ou de transmettre un droit, soit un droit de créance, soit un droit réel, soit un droit de famille ; ou, en d'autres termes, de former un rapport de droit entre deux ou plusieurs personnes. On réserve donc le nom de convention aux accords de volontés destinés à modifier ou à éteindre des droits. Ainsi, le paiement fait par le débiteur au créancier est une convention. « La convention est le genre, et le contrat l'espèce. » (2)

Au surplus, la distinction entre les contrats et les conventions n'a qu'un intérêt de terminologie, les mêmes règles générales s'appliquent aux uns et aux autres. A plusieurs

---

(1) Savigny, trad. Guénoux, t. III, p. 325.
(2) Cf. Aubry et Rau, IV, § 340 : « L'espèce de convention qui a pour objet de former quelque engagement est celle qu'on appelle contrat. » Pothier, *Traité des obligations,* n° 3.

reprises, le Code civil emploie indifféremment ces deux expressions.

Les actes unilatéraux sont l'œuvre d'une seule personne ; la volonté de cette personne suffit alors pour produire un effet juridique. Tels sont le testament (1), qui est l'acte par lequel le testateur dispose, pour le temps où il n'existera plus, de tout ou partie de ses biens ; les quasi-contrats. (2) Le quasi-contrat est tout fait volontaire et licite, susceptible de créer un rapport de droit entre deux personnes, par exemple, la gestion d'affaire, l'acceptation d'une succession ou d'un legs par un héritier ou un légataire. On peut encore citer, dans la classe des actes unilatéraux, la renonciation à une succession ou à un legs, l'occupation, l'abandon, et dans le droit de famille, l'émancipation, la reconnaissance d'un enfant naturel.

2° Actes à titre gratuit, actes à titre onéreux.

Les actes à titre gratuit sont ceux qui procurent un avantage sans qu'on soit obligé de fournir un équivalent, ce sont les actes qui sont faits dans un but de bienfaisance, par exemple, la donation, le testament, le contrat de dépôt, le prêt sans intérêt, etc. (3)

Les actes à titre onéreux sont ceux qui imposent un sacrifice équivalent à l'avantage qu'ils procurent, comme la vente, le prêt à intérêt.

3° Actes entre-vifs, actes à cause de mort.

Les actes à cause de mort ou actes de dernière volonté sont ceux par lesquels une personne dispose pour le temps où elle n'existera plus, et qui ne produiront leur effet et ne deviendront irrévocables qu'à ce moment. Dans notre droit

---

(1) Art. 895 Civ.

(2) Art. 1371 Civ.

(3) Les art. 1105, 1106 Civ. indiquent cette division, mais en la restreignant aux contrats.

actuel, les dispositions à cause de mort ne peuvent être faites que par testament. Tous les autres actes sont des actes entre-vifs, qui produisent leur effet du vivant de leurs auteurs. (1)

§ 2. — Conditions requises pour l'existence et la validité des actes juridiques. (2)

Tout acte juridique est constitué par la réunion de certains éléments essentiels qui doivent nécessairement s'y rencontrer. Si l'un de ces éléments fait défaut, l'acte est incomplet, il ne peut produire aucun des effets que la loi attache à

---

(1) Certaines donations entre-vifs autorisées par le Code civil ressemblent aux actes à cause de mort, en ce sens qu'elles ne produisent leur effet principal qu'au moment du décès du donateur. Ce sont les donations de biens à venir et de biens présents et à venir faites aux futurs époux par contrat de mariage, ou entre époux pendant le mariage. (Art. 1082, 1084, 1091 et suiv. Civ.)
Elles ont pour objet tout ou partie des biens que le donateur laissera à son décès, et c'est seulement à cette époque que le donataire les recueillera. En outre, lorsque ces donations sont faites par l'un des époux à l'autre pendant le mariage, elles sont révocables (art. 1096 Civ.).
Malgré ces caractères qui les rapprochent des actes à cause de mort, ce sont de véritables donations entre-vifs. Leur nature contractuelle les distingue profondément du testament, qui est l'œuvre du testateur seul. (Cons. Aubry et Rau, t. viii, § 739, 2°; 740; 744, 4°, texte et notes 7 et suiv.)
(2) Le Code civil n'a consacré aucun chapitre à l'étude générale des actes juridiques et des conditions requises pour leur existence et leur validité. Il s'est contenté, à propos des obligations conventionnelles, d'étudier les éléments essentiels à la validité des contrats, les causes d'annulabilité et les modalités qui peuvent y être insérées. Ce silence constitue une grande difficulté pour l'exposé des notions générales, qui chez nous ne sont pas ordinairement abordées, à cause même de la méthode suivie par les rédacteurs du Code. Néanmoins, cet exposé général trouve un point d'appui dans les textes du titre des obligations conventionnelles. Un grand nombre d'articles de ce titre ont une portée très-large, et les règles qui y sont édictées s'appliquent non-seulement aux obligations qui ont leur source dans un contrat, mais à celles qui découlent d'une autre cause, c'est-à-dire aux obligations qui se forment sans convention, en vertu d'un acte unilatéral. Il suffit pour s'en convaincre de comparer l'étendue des deux titres 3 et 4 du livre troisième du Code civil ; le second ne comprend que quelques articles, et il est indispensable

sa formation, on dit qu'il est *inexistant*. C'est un pur fait sans existence légale. Par exemple, d'après la définition ci-dessus donnée, tout acte juridique suppose une manifestation de volonté effective de la part de son auteur. Si donc cette manifestation de volonté fait défaut, soit parce que la personne a agi dans un accès d'aliénation mentale, soit parce qu'elle était trop jeune pour comprendre ce qu'elle faisait, l'acte ne peut pas naître, il n'existe pas aux yeux de la loi.

Quand, au contraire, ces éléments constitutifs sont tous présents, l'acte juridique est régulièrement et légalement formé et produit tous ses effets. Cependant, cet acte valablement constitué peut se trouver entaché de vices qui le rendent imparfait et qui permettent à certaines personnes d'en faire prononcer la nullité par les tribunaux. On dit alors que l'acte est *annulable*. Exemple : Lorsqu'un incapable contracte un engagement sans que les mesures de protection édictées par la loi en sa faveur aient été observées, cet acte, bien que réunissant d'autre part les éléments essentiels à sa formation, peut être attaqué par l'incapable ou par son représentant. (1)

L'acte annulable, à la différence de l'acte inexistant, est un acte normalement constitué, susceptible de produire des effets légaux, mais qui, étant atteint d'une cause de nullité, est menacé de disparaître.

Nous justifierons plus loin cette distinction et nous expliquerons les conséquences qu'entraînent l'inexistence et l'annulabilité ; il nous suffit, pour le moment, d'en connaître les termes.

Pour déterminer quels sont les éléments essentiels d'un

---

pour le compléter de faire des emprunts au précédent titre. Voir Aubry et Rau, IV, page 92 ; Laurent, t. XX, nº 308 ; Guénée, *Revue critique*, 1887, p. 326.

Nous pouvons donc nous appuyer sur les dispositions du titre troisième pour en déduire des règles générales applicables à tous les actes juridiques, sous la condition, bien entendu, d'agir avec prudence et de tenir compte des caractères particuliers de chaque catégorie d'actes juridiques.

(1) Art. 1125 Civ.

acte juridique, il faut envisager successivement les personnes qui font cet acte et son objet. (1)

1° Des personnes qui sont parties à l'acte.

A ce premier point de vue, nous rencontrons deux conditions :

1° La volonté effective de passer l'acte ;

2° La capacité d'agir.

I. — *Volonté des parties.*

Nous avons dit que l'acte juridique est un acte volontaire, donc il faut que l'auteur soit capable de *vouloir*, c'est-à-dire de comprendre les conséquences de l'acte qu'il passe, et il faut aussi qu'il ait voulu accomplir cet acte même. L'absence de volonté entraîne l'inexistence de l'acte juridique.

Les personnes incapables de comprendre ce qu'elles font ne peuvent pas passer un acte juridique : tels sont les aliénés, les enfants encore privés de discernement, les personnes dont la raison est momentanément égarée par un état complet d'ivresse, les associations qui n'ont pas la personnalité morale. (2)

---

(1) En dehors des éléments essentiels qui doivent se rencontrer dans tout acte juridique quel qu'il soit, il y a des conditions spéciales à certains actes déterminés, conditions dont la présence est exigée par la nature et le caractère de ces actes. Ainsi, pour donner quelques exemples, le paiement suppose nécessairement l'existence d'une dette antérieure qu'il est destiné à éteindre (art. 1235 Civ.) ; de même, la novation est une convention qui a pour but d'éteindre une obligation et de la remplacer par une nouvelle (art. 1271 Civ.) ; donc, la novation n'est possible qu'autant qu'il y a une dette préexistante ; de même encore, le contrat d'hypothèque ne peut être valablement fait que si le constituant est propriétaire de l'immeuble (arg. art. 2124 Civ.). Nous ne nous occupons pas ici, bien entendu, de ces éléments spéciaux, lesquels ne peuvent être étudiés qu'à propos de chaque acte juridique.

(2) Au point de vue théorique pur, ces solutions sont incontestables ; cependant, beaucoup d'auteurs soutiennent que l'oblitération permanente ou passagère des facultés mentales résultant de la folie ou de l'ivresse n'empêche pas la formation de l'acte juridique, mais fait seulement obstacle à sa validité et ne donne lieu qu'à une action en nullité. Ils invo-

De même, l'acte est inexistant, si la personne a agi par erreur, croyant accomplir un autre acte que celui qu'elle faisait en réalité, parce que, dans ce cas, elle n'a pas réellement voulu.

Lorsque l'acte juridique est une convention, il faut qu'il y ait accord des volontés des personnes qui forment cette convention, et cet accord des volontés s'appelle le consentement. Chacune des parties contractantes doit consentir, c'est-à-dire que sa volonté doit concourir avec celle des autres pour la conclusion de la convention (art. 1108 Civ.).

En principe, la volonté ou le consentement peuvent se manifester d'une façon quelconque. Nous verrons plus bas que les actes juridiques ne sont, en règle générale, soumis à aucune forme particulière. La manifestation de volonté peut même être, dans certains cas, tacite, c'est-à-dire, résulter d'actes ou de faits qui supposent nécessairement l'intention de faire l'acte juridique. Ainsi, l'acceptation d'une succession est tacite, nous dit l'art. 778 Civ., quand l'héritier fait un acte qui suppose nécessairement son intention d'accepter, et

---

quant à l'appui de leur opinion la doctrine des anciens jurisconsultes, les articles 503, 504 du Code civil et l'art. 39 de la loi du 30 juin 1838 sur les aliénés. Aubry et Rau, t. IV, § 343, p. 290. Cette opinion, très contestable, n'est pas admise, du reste, par tous les interprètes ; voir *contra* : Marcadé, sur l'art. 1108, n° 3 ; Demolombe, *Traité des contrats*, t. I, n° 81 ; Huc, *Commentaire du Code civil*, t. VII, n° 11 ; Laurent, t. XV, n° 464. Il est vrai que les actes passés par l'aliéné interdit ou placé dans un établissement sont seulement frappés d'une nullité relative, qui ne peut être invoquée que par l'incapable. Mais cela prouve tout simplement que la loi a entendu placer ces deux catégories de personnes en dehors du droit commun, dans un but de faveur spéciale. En effet, de droit commun, il aurait fallu prouver que l'interdit ou l'aliéné placé dans un établissement étaient en état de démence au moment où ils ont passé l'acte : preuve difficile à fournir. Aussi la loi pose une présomption plus simple, elle présume que ces personnes, par le fait même de l'interdiction ou du placement dans une maison d'aliénés, sont inaptes à contracter et décide qu'elles pourront demander l'annulation des actes qu'elles ont passés pendant le temps de l'interdiction ou de l'internement. Vigié, *Cours élém. de droit civil*, 2e édit., n° 917. Cependant tous les auteurs n'admettent pas l'existence de cette présomption pour l'aliéné non interdit placé dans un établissement. Cf. Baudry-Lacantinerie, *Précis de droit civil*, 6e édit., t. I, n° 1224.

Voir, en faveur de l'opinion que nous avons admise, Rennes, 6 juin 1881. D. 81, 2, 248 ; Toulouse, 21 janvier 1885, D. 86, 2, 73.

qu'il n'avait le droit de faire qu'en sa qualité d'héritier. De même, la reconduction tacite est un accord tacite de volontés par lequel deux personnes qui ont fait un contrat de bail le renouvellent à son expiration. (1)

Vices qui peuvent entacher la manifestation de volonté. — Les vices qui peuvent altérer la volonté sont: l'erreur, le dol, la violence (2) et, dans certains cas, la lésion. Il faut voir dans quelle mesure ils enlèvent son efficacité à la déclaration de volonté de l'auteur de l'acte juridique.

A. — Erreur.

L'erreur est une croyance qui n'est pas conforme à la vérité (3), ou bien, suivant la définition donnée par Doneau, elle consiste à croire vrai ce qui est faux, ou à croire faux ce qui est vrai.

L'erreur ne vicie pas toujours la déclaration de volonté; en effet, elle est trop fréquente pour qu'il soit possible d'en tenir compte dans tous les cas. *Errare humanum est.* Aussi, le législateur a-t-il déterminé quelles sont les erreurs qui sont assez graves pour influer sur la validité de l'acte juridique.

Lorsque l'erreur porte sur un des éléments essentiels de l'acte juridique, elle le rend inexistant, puisqu'une des conditions exigées pour sa formation fait défaut.

1° Erreur sur la nature de l'acte. Nous passons ensemble un contrat: Je veux vous vendre ma maison et vous croyez que je veux vous la louer. L'erreur empêche le concours de volontés de se produire; par conséquent, le contrat ne se forme pas.

2° Erreur sur l'objet de l'acte. J'accepte une hérédité autre que celle que je voulais accepter; un testateur veut léguer une chose et il la confond avec une autre qu'il désigne dans

---

(1) Art. 1738 Civ.
(2) Art. 1109 Civ.
(3) Mourlon, II, n° 1010.

son testament. (1) Je veux vendre ma maison A à Paul, qui croit acheter la maison B. Dans ces différents cas, il n'y a pas d'acte juridique, parce que l'erreur détruit en réalité la volonté, puisque l'auteur ou les auteurs de l'acte avaient en vue un autre objet.

Le Code civil ne parle pas des hypothèses dans lesquelles l'erreur anéantit l'acte juridique lui-même ; il ne s'occupe, à propos des conventions, que des cas où elle rend la convention simplement annulable. Mais cette distinction n'en est pas moins certaine, elle résulte de l'application des principes généraux, et Pothier, que les rédacteurs du Code ont suivi pas à pas dans la rédaction du titre des obligations, explique très nettement que tantôt l'erreur détruit le consentement, tantôt, au contraire, annule simplement la convention. (2)

D'après l'art. 1110 Civ., l'erreur n'est une cause de nullité de la convention que dans deux cas : 1° Lorsqu'elle porte sur la substance même de la chose qui en fait l'objet ; 2° lorsqu'elle tombe sur la personne avec laquelle on a l'intention de contracter, mais seulement dans le cas où la considération de cette personne est la cause principale de la convention.

1er cas. Erreur sur la substance de la chose. — La détermination de ce qu'il faut entendre par la substance de la chose donne lieu à quelques difficultés. D'après Pothier (3), la substance, c'est la qualité de la chose que les contractants ont eue principalement en vue, et il donne l'exemple suivant : Voulant acheter une paire de chandeliers d'argent, j'achète de vous une paire de chandeliers que vous me présentez à vendre, que je prends pour des chandeliers d'argent, quoiqu'ils ne soient que de cuivre argenté. Cet exemple montre que l'erreur sur la substance est une erreur sur une qualité principale de la chose, et, par qualité principale, on

---

(1) Savigny, *op. cit.*, trad. Guénoux, III, p. 285.

(2) Pothier, *Traité des obligations*, nos 17 et 18, édit. Bugnet, t. II, p. 13.

(3) *Traité des obligations*, no 18, édit. Bugnet, t. II, p. 13.

doit entendre celle que les parties avaient principalement en vue, au moment où elles contractaient, qualité en l'absence de laquelle l'une d'elles n'eût point contracté. (1)

Cette espèce d'erreur est de nature à se rencontrer également dans les actes unilatéraux, et, en principe, elle produira le même effet qu'en matière de conventions et entraînera la nullité de l'acte. Il en est autrement, toutefois, pour l'acceptation ou la répudiation d'une succession ou d'un legs. L'erreur sur la substance consiste ici dans une fausse appréciation des forces de l'hérédité ou de la valeur de la libéralité. Elle constitue donc une lésion ; or, la lésion, ainsi que nous le verrons plus bas, ne vicie pas, en thèse générale, le consentement. (2)

En dehors de cette exception, il faut revenir à la règle : Lorsque l'erreur porte sur une qualité substantielle de l'objet de l'acte unilatéral, c'est-à-dire sur une qualité que l'auteur avait principalement en vue, elle est une cause de nullité. (3)

2ᵉ cas. *Erreur sur la personne.* — Art. 1110, 2° : L'erreur n'est point une cause de nullité, lorsqu'elle ne tombe que sur la personne avec laquelle on a l'intention de contracter, à

---

(1) Dans ce sens : Laurent, t. xv, n° 488 ; Baudry-Lacantinerie et Barde, *Des obligations*, i, n° 54. — Voir une autre interprétation dans Aubry et Rau, iv, § 343 *bis*, 1° ; Colmet de Santerre, t. v, n° 16 *bis ;* Demolombe, *Des contrats*, t. i, n°ˢ 88 et suiv.; Huc, t. vii, n° 22.
On discute aussi sur le point de savoir si l'erreur doit exister chez les deux parties contractantes, mais on admet ordinairement que l'erreur de la part d'une seule des parties suffit à annuler le contrat, puisqu'elle vicie le consentement de cette personne. Baudry-Lacantinerie et Barde, *op. cit.*, i, n° 60.

(2) Art. 1118 Civ. Ainsi l'art. 783 Civ. décide que l'héritier qui a accepté une succession ne peut jamais réclamer sous prétexte de lésion, sauf dans un cas déterminé. Cf. Baudry-Lacantinerie et Wahl, *Traité des successions*, t. ii, n°ˢ 2301, 2361.

(3) En matière de testament, cette espèce d'erreur pourra donc entraîner la nullité du legs ; mais on comprend qu'elle sera très difficile à établir, car il faudra prouver que le testateur n'aurait pas fait la libéralité, si la vérité lui eût été connue. Cf. Demolombe, *Donations et testaments*, t. i, n° 389.

moins que la considération de cette personne ne soit la cause
principale de la convention.

Pour que l'erreur rende l'acte annulable, il faut donc que
la considération de la personne ait été principale et déterminante. C'est le juge qui déterminera, d'après la nature de la
convention et d'après les circonstances particulières du fait
et l'intention des parties, si ce caractère de personnalité
existe ou non. L'appréciation de fait qui appartient au juge
est subordonnée à la nature de la convention. En effet, dans
les conventions à titre gratuit, la considération de la personne
est principale et déterminante. Cela est évident pour la donation, et il en est presque toujours de même dans les contrats
de bienfaisance, le dépôt, le commodat, le prêt gratuit, le
mandat, le cautionnement, « qui sont inspirés, de part et
d'autre, par des sentiments, évidemment personnels, de confiance et d'amitié, de bienveillance et de dévouement. » (1)

Pour la plupart des contrats à titre onéreux, au contraire,
la considération de la personne est indifférente. Ainsi, un
libraire vend un livre qu'on lui paie comptant, qu'importe
que ce soit à Pierre ou à Paul ? S'il s'est trompé sur la personne de l'acheteur, cette erreur ne produira aucun effet. (2)
Mais il y a des contrats à titre onéreux dans lesquels le
talent, l'industrie, la réputation, le crédit de la personne sont
pris en principale considération, de telle sorte que l'erreur sur
la personne devient une cause d'annulabilité. Ainsi, je veux
acheter une œuvre d'art à un artiste connu et, par erreur, je
traite avec un autre. Il en est de même dans le contrat de
société, dans le bail à colonat partiaire.

Il ne faut, du reste, pas oublier que les circonstances de
la cause devront être prises en considération par le juge et
pourront modifier la solution qui résulterait de la considération de la nature seule du contrat. (3)

---

(1) Demolombe, *Des contrats*, t. I, n° 111. Voir Pothier, *Traité des
oblig.*, n° 19, édit. Bugnet, t. II, p. 14.
(2) Baudry-Lacantinerie et Barde, *Des oblig.*, t. I, n° 62.
(3) Certaines conventions sont soumises à des règles spéciales en ce

Les actes unilatéraux ont, comme les actes bilatéraux, pour effet de créer, de modifier ou d'éteindre un rapport de droit, et dans ce rapport de droit, la considération de la personne peut être également prédominante ; ainsi, il est évident que, dans le testament, l'erreur commise par le testateur sur la personne du légataire sera une cause de nullité.

Pour que l'erreur sur la personne soit une cause de nullité, il n'est pas indispensable qu'elle porte sur la personne physique, il suffit qu'il y ait erreur sur une qualité que l'on avait principalement en vue et qui a été le motif déterminant de l'acte juridique. (1) Cette observation présente surtout de l'intérêt pour les donations entre-vifs et les libéralités testamentaires. On admet ordinairement que, dans les donations et les testaments, l'erreur sur les qualités de la personne est une cause de nullité, quand la considération de ces qualités a été le motif déterminant de la libéralité. (2)

En ce qui concerne le mariage, l'art. 180 du Code civil décide qu'il peut être annulé, lorsqu'il y a eu erreur dans la personne. L'interprétation de ce texte a soulevé de profondes divergences dans la doctrine ; la jurisprudence avec

qui concerne l'erreur : Lorsqu'une personne a acheté une chose atteinte à son insu de vices cachés, elle a le droit de recourir en garantie contre son vendeur (art. 1641 à 1648 Civ.) ; le partage n'est pas annulable en général pour cause d'erreur (art. 887 Civ.) : Cf. Aubry et Rau, *Droit civil français*, t. vi, § 626, p. 574 ; Valette, *Théorie générale de l'erreur et du dol dans les divers actes juridiques*, Thèse de doctorat, Paris, 1895.

(1) M. Demolombe, *Traité des contrats*, t. ier, no 121, donne l'exemple suivant : « Je contracte avec Paul, croyant faussement qu'il est mon neveu ; si cette qualité naturelle a été, en effet, la cause déterminante de mon consentement, le contrat sera rescindable, comme il le serait si j'avais contracté avec Paul, parce que je le croyais faussement héritier de Pierre dans la succession duquel je trouvais une prétention litigieuse contre moi. »

(2) Aubry et Rau, vii, § 651, p. 56, § 654, p. 66 ; Demolombe, *Donations et testaments*, t. ier, nos 390 et suiv.; Laurent, *Droit civil*, 2e édit., t. xi, no 128 ; Baudry-Lacantinerie et Colin, *Donations et testaments*, t. ier, no 261.

la majorité des auteurs admettent aujourd'hui que l'erreur qui porte simplement sur les qualités de la personne ne suffit pas pour entraîner la nullité du mariage, il faut qu'il y ait erreur sur la personne physique ou civile (1), ou, en d'autres termes, qu'il y ait erreur soit sur l'individu lui-même, soit sur les éléments constitutifs de son état.

Cas où l'erreur est sans influence sur la validité de l'acte juridique. — Lorsque l'erreur porte sur les motifs de l'acte juridique, ou sur les qualités non substantielles de l'objet de cet acte, elle ne produit aucun effet. Cela résulte de l'article 1110 Civ., qui énumère les cas où l'erreur est une cause de nullité des conventions. Il est facile, du reste, de justifier cette solution.

L'erreur sur les qualités non substantielles de l'objet n'a pas pu exercer une influence déterminante sur la volonté, puisqu'elle ne porte que sur des qualités secondaires de la chose, qualités que l'auteur n'a pas eu principalement en vue au moment où il agissait.

Il en est autrement, il est vrai, de l'erreur sur les motifs. Je suppose, par exemple, que j'achète un cheval parce que je crois faussement que le mien a péri ; bien que cette erreur m'ait déterminé à contracter, elle n'annule pas le contrat. En effet, les motifs qui font passer un acte ne sont ordinairement pas connus d'autrui et peuvent varier à l'infini ; le vendeur qui me vend un cheval ignore, dans la plupart des cas, pourquoi je l'achète. On peut ajouter que cette erreur ne porte sur aucun des éléments essentiels du contrat, ni sur le consentement, ni sur l'objet, ni sur la personne ; elle est, pour ainsi dire, à côté du contrat, et, dès lors, on comprend qu'elle n'exerce aucune influence sur sa validité. (2)

_____

(1) Cass. ch. réunies, 24 avril 1862, S. 62, 1, 341.

(2) Il faut bien reconnaître que cette solution s'accorde mal avec celle que nous avons donnée plus haut à propos de la substance de la chose. L'erreur sur la substance de la chose vicie le contrat, alors même qu'elle n'existe que chez l'un des contractants. Mais on peut dire, pour justifier cette différence, que l'erreur sur la substance de la chose porte sur un

Les mêmes principes s'appliquent aux actes à titre gratuit, donations et testaments ; cependant, on admet que l'erreur sur le motif entraînerait la nullité de la disposition, si le donateur ou le testateur avaient fait de ce motif une condition de la libéralité, ou s'il résultait clairement des termes de l'acte qu'il a entendu en subordonner l'efficacité à l'existence de ce motif. (1) Cette solution traditionnelle a été maintenue par les auteurs, malgré le silence du Code.

Lorsque l'erreur est une cause de nullité de l'acte juridique, il n'y a pas à distinguer si c'est une erreur de fait ou une erreur de droit. L'erreur de droit est celle qui porte sur une disposition de la loi. Exemple : Paul, mineur de moins de 16 ans, est mort après avoir fait un testament. Je suis son héritier et j'exécute les legs contenus dans ce testament, ignorant qu'un mineur de 16 ans ne peut pas tester. (2)

Cette assimilation des deux espèces d'erreurs se comprend très-bien, car les dispositions de la loi qui annulent les actes juridiques entachés d'erreur sont fondées sur cette idée que le consentement de l'auteur de l'acte a été déterminé par l'erreur qu'il a commise, et il mérite aussi bien protection quand l'erreur est de droit que quand elle est de fait. (3)

élément essentiel du contrat, sur l'objet, et c'est pour cela qu'elle est une cause de nullité. Voir Laurent, t. xv, nos 503, 504.

(1) Aubry et Rau, vii, § 651, p. 57, et § 654, p. 66 ; Demolombe, *Donations et testaments*, t. i, no 393 ; Pothier, *Donations testamentaires*, no 82, édit. Bugnet, t. viii ; Paris, 9 février 1867, S. 67, 2, 129 ; Furgole, *Des testaments*, ch. v, sect. 4, nos 2 et suiv. et nos 21 et suiv.
Le disposant n'aurait pas fait la libéralité, s'il avait connu la fausseté du motif qui l'a déterminé, et comme il a manifesté son intention de ne donner qu'à cause du motif qu'il indiquait, l'erreur détruit le consentement, car le donateur ou le testateur n'a entendu s'engager que conditionnellement, et, la condition faisant défaut, l'acte juridique ne se forme pas.

(2) Art. 903, 904 Civ.

(3) Cette solution peut paraître en opposition avec la maxime : *Nemo censetur ignorare legem; nemo jus ignorare censetur.*— Mais cette maxime, basée sur une raison d'ordre public, en vue d'assurer l'application des lois, serait détournée de son but, si la personne qui a commis une erreur essentielle ne pouvait plus demander la protection de la loi, sous

B. — Du Dol.

« On appelle dol, dit Pothier (1), toute espèce d'artifice dont quelqu'un se sert pour en tromper un autre : *Labeo definit dolum, omnem calliditatem, fallaciam, machinationem, ad circumveniendum, fallendum, decipiendum alterum, adhibitam.* » (2)

Le dol suppose donc des manœuvres frauduleuses, des agissements, des affirmations mensongères employés pour faire naître l'erreur dans l'esprit d'une personne et la déterminer à passer un acte.

L'article 1116 du Code civil décide que le dol est une cause de nullité de la convention, lorsque les manœuvres pratiquées par l'une des parties sont telles qu'il est évident que, sans ces manœuvres, l'autre partie n'aurait pas contracté.

Il faut donc que le dol ait exercé une influence déter-

---

prétexte que son erreur porte sur le droit. Voir Bressolles, *Revue de législation et de jurisprudence* (Wolowski), t. xvii, p. 602, et t. xviii, p. 158 ; Pochonnet, *Revue critique de législation*, t. viii (année 1856), p. 165, et t. ix, p. 178 ; de Vareilles-Sommières, thèse de doctorat, année 1871 ; Laurent, t. xv, n° 505 ; Boudant, *Cours de droit civil*, INTRODUCTION, n° 118.

Par exception, dans certains cas particuliers, l'erreur de droit n'est pas une cause de nullité. Voir art. 1356 et 2052 Civ.

(1) Pothier, *Traité des obligations*, n° 28, édit. Bugnet, t. ii. Nous n'étudions ici le dol qu'au point de vue de la formation des actes juridiques et de l'effet qu'il produit sur la volonté de l'auteur de l'acte. La loi emploie le mot dol dans un sens beaucoup plus large : elle entend par dol tout acte fait de mauvaise foi par une personne dans l'intention de causer un préjudice à autrui. Ainsi, les art. 1150, 1151 Civ. supposent que le débiteur tenu d'une obligation refuse par dol de l'exécuter. De même, l'art. 1167 Civ. nous parle des actes faits par le débiteur en fraude des droits de ses créanciers. Mais il ne s'agit plus, dans ces divers cas, de dol à proprement parler et tel que nous l'entendons au texte. Il s'agit bien d'actes de mauvaise foi, mais ces actes ne sont pas accomplis pour faire naître une erreur dans l'esprit d'une personne et la déterminer à passer un acte juridique. Il y a donc là deux notions distinctes, qu'il serait préférable de séparer en réservant le mot dol pour désigner les manœuvres qui ont pour but de pousser une personne à passer un acte, et en qualifiant de fraude les actes par lesquels les débiteurs frustrent leurs créanciers. Baudry-Lacantinerie et Barde, *Obligations*, i, n° 106.

(2) Loi 1, 2 D. *de dolo malo*, iv. 3.

minante sur le consentement de la victime. Cette règle doit être certainement appliquée à tous les actes juridiques ; le dol ne peut être une cause de nullité qu'autant qu'il a vicié et dénaturé la déclaration de volonté, de telle sorte que la victime n'aurait pas passé l'acte, si elle avait connu la vérité.

On appelle ce dol, dol *principal*, et on l'oppose au dol *simplement incident* qui n'entraîne pas la nullité de l'acte. Le dol incident est celui qui n'a pas déterminé la victime à passer l'acte, mais qui a eu pour résultat de l'amener à le faire dans des conditions désavantageuses. Mais cette distinction ne présente aucune utilité, c'est le juge seul qui appréciera si le dol a été ou non la cause déterminante de l'acte, et c'est seulement quand il aura décidé, qu'on pourra dire si le dol était principal ou incident. (1) Le dol incident permet à celui qui en a été victime d'intenter une action en dommages-intérêts contre l'auteur.

Le dol a pour résultat d'induire en erreur la personne contre laquelle il est dirigé. Mais il ne faut pas confondre ces deux causes de nullité.

L'erreur sans dol n'est une cause de nullité que dans les cas prévus par l'article 1110 Civ., c'est-à-dire lorsqu'elle porte sur la substance de la chose ou sur la personne, quand il s'agit d'un acte fait *intuitu personæ*. Au contraire, l'erreur provoquée par le dol est toujours une cause de nullité, lorsqu'elle a eu une influence déterminante sur la volonté. Par exemple, il en sera ainsi de l'erreur sur les motifs. J'achète un cheval parce que mon vendeur a usé de dol pour me faire croire que le mien était mort. Je peux demander la nullité de la vente, tandis que, si cette erreur n'avait pas été le résultat de manœuvres dolosives, je ne le pourrais pas. (2)

_____

(1) Laurent, t. xv, n° 523 ; Huc, t. vii, n° 37.

(2) L'erreur sur les qualités non substantielles de la chose ne sera jamais une cause de nullité, même si elle est provoquée par le dol, du moins dans le sens que nous avons donné aux mots « erreur sur la substance de

Observation. — Lorsque l'acte juridique est une convention, l'article 1116 exige une condition particulière : il faut que le dol ait été pratiqué par l'une des parties contre l'autre ou, tout au moins, que l'une des parties en ait été complice. Si le dol a été l'œuvre exclusive d'un tiers, la victime peut bien réclamer des dommages-intérêts au coupable, mais elle ne peut pas demander la nullité de la convention. Le motif en est le suivant : Lorsque l'auteur du dol est un des contractants, il est juste et équitable que l'autre partie, victime de ces manœuvres, puisse faire annuler la convention, « c'est la réparation aussi adéquate que possible du préjudice causé par le dol, et elle est obtenue aux dépens du coupable. » (1) Mais, si le dol a été commis par un tiers, la victime n'a rien à reprocher à son cocontractant, qui est innocent de toute faute et qui ne doit pas subir, par l'annulation du contrat, les conséquences d'actes dolosifs auxquels il est resté absolument étranger.

L'article 1116 paraît exiger cette condition toutes les fois que l'acte entaché de dol est une convention. Cependant, on admet ordinairement qu'elle n'est pas applicable aux donations entre-vifs et que celles-ci sont annulables lorsqu'elles ont été inspirées par des manœuvres dolosives, même si le coupable est un tiers autre que le donataire. Cette distinction entre la donation et les autres contrats est traditionnelle (2) et se justifie aisément. La donation doit procéder uniquement de l'esprit de bienfaisance ou d'affection, et dès que la volonté du donateur a été égarée par des manœuvres frauduleuses, l'acte perd toute sa valeur. De plus, le donataire n'est pas dans la même situation qu'un contractant ordinaire : il reçoit, mais il ne donne rien ; l'acte est pour lui

la chose ». En effet, nous avons dit que les qualités non substantielles sont les qualités d'importance secondaire, que la partie n'a pas eues principalement en vue au moment où elle passait l'acte ; or, le dol n'entraîne la nullité que lorsqu'il a eu pour résultat certain, évident (1116 Civ.), de déterminer la victime à contracter.

(1) Baudry-Lacantinerie et Barde, *Des obligations*, I, n° 109.

(2) Furgole, *Traité des testaments*, ch. v, sect. 3, n° 27.

essentiellement gratuit et, par conséquent, l'annulation de cet acte ne lui cause pas un préjudice analogue au dommage que subirait celui qui contracte à titre onéreux. Ce dernier a un droit acquis au maintien du contrat, qui peut être avantageux pour lui, et dont on ne doit pas lui enlever le bénéfice, puisqu'il n'a commis aucune faute. Toute autre est la situation du donataire, qui ne peut pas alléguer les mêmes moyens de défense, quand on lui prouve que la donation qu'il a reçue est le résultat de manœuvres frauduleuses. (1)

La condition exigée par l'article 1116 ne s'applique certainement pas aux actes unilatéraux, puisqu'ils émanent de la volonté d'une seule partie. Ceux-ci restent donc sous l'empire du principe d'après lequel le dol est une cause de nullité toutes les fois qu'il a déterminé une personne à passer un acte. Il n'y a pas à s'inquiéter de savoir quel est l'auteur du dol. Ainsi l'art. 783 Civ. déclare que l'acceptation d'une succession peut être attaquée dans le cas où elle a été la suite d'un dol pratiqué envers l'héritier. Peu importe que le dol soit l'œuvre d'un créancier de la succession ou d'un légataire ou de toute autre personne. Il faut donner la même solution pour la renonciation et pour les libéralités testamentaires. Lorsque le testateur a été l'objet de manœuvres frauduleuses qui l'ont déterminé à faire un legs, la nullité de ce legs peut être prononcée, quand même les manœuvres émanent d'un tiers autre que le légataire.

Preuve du dol. — Le dol ne se présume pas et doit être prouvé. (2) *Actori incumbit onus probandi :* C'est à celui qui prétend qu'il y a eu dol à en rapporter la preuve.

Observation. — Par exception, le dol n'est pas une cause de nullité du mariage, il n'exerce aucune influence sur sa

---

(1) Aubry et Rau, VII, § 651, p. 57 ; Baudry-Lacantinerie et Colin, *Donations et testaments*, I, n° 267 ; Demolombe, *Donat. et test.*, t. I, n° 383 ; Laurent, t. XI, n° 130 ; Cassation, 2 janvier 1878, S. 78, 1, 103 ; 27 juin 1887, S. 87, 1, 419.

(2) Art. 1116, 2°.

validité. (1) C'est une règle traditionnelle destinée à assurer la stabilité du mariage. « On dit communément qu'en mariage, il trompe qui peut ; ce qui procède de ce que nos maîtres nous apprennent que *dolus dans causam contractui matrimonii, non reddit illum ipso jure nullum.* » (2)

C. — De la violence.

La violence est une contrainte exercée sur un individu pour le déterminer à passer un acte. Cette contrainte peut être physique ou morale. La contrainte physique peut réduire la victime à un état purement passif. Par exemple, « si on contraint un homme à signer en lui tenant la main, il n'y a pas là de consentement, tout au plus une fausse apparence de consentement, comme dans le cas où l'on aurait contrefait la signature. » (3)

Il n'est ici question que de la violence morale, qui, par les menaces dirigées contre un individu, fait naître dans son esprit une crainte insurmontable. La violence ne détruit pas la liberté de vouloir. « Dans le domaine du droit, dit de Savigny, nous considérons la liberté sous une apparence visible, c'est-à-dire comme faculté de choisir entre plusieurs déterminations. Or, il n'est pas douteux que celui qui est contraint, ou plutôt menacé, conserve cette faculté. En effet, il peut choisir entre trois déterminations : accomplir l'acte qui lui est dicté, repousser par la résistance, ou, enfin, accepter le mal dont on le menace. S'il prend la première de ces résolutions, il a eu évidemment la liberté de choisir et de vouloir ; dès lors, nous devons reconnaître qu'il y a déclaration de volonté, non pas apparente, mais réelle, et, si, par exemple, il s'agit d'un contrat, que ce contrat doit avoir tous ses effets juridiques. » (4)

___

(1) L'art. 180 Civ. décide, en effet, que le mariage ne peut être attaqué que dans les cas où il y a eu erreur dans la personne ou violence.
(2) Loysel, *Instit. coutumières*, livre I, t. II, max. III.
(3) Savigny, *Traité de droit romain*, III, § cxiv, trad. Guénoux, p. 105.
(4) *Traité de droit romain*, III, § cxiv, p. 106, trad. Guénoux.

Cette doctrine est celle des jurisconsultes romains, et elle a toujours été acceptée dans notre droit. (1)

Mais la volonté de la personne violentée se trouve altérée par la crainte sous l'empire de laquelle elle a agi, la loi doit venir à son secours et la protéger contre les conséquences préjudiciables de l'acte. Notre droit lui permet de demander l'annulation de cet acte.

Quelles sont les conditions que doit réunir la violence pour produire cet effet ? Les art. 1112 à 1114 Civ. les déterminent :

1° Elle doit être de nature à faire impression sur une personne raisonnable. Le droit romain se montrait plus sévère, il exigeait que la violence fût capable d'émouvoir l'homme le plus courageux : *Metum non vani hominis, sed qui merito et in hominem constantissimum cadat.* (2)

L'article 1112 tempère lui-même la règle qu'il a d'abord posée, en déclarant qu'on aura égard à l'âge, au sexe et à la condition des personnes ; tempérament équitable, car il est évident que l'intensité de la crainte produite par la violence variera suivant la personne contre laquelle elle est exercée.

L'article 1112 ajoute, à titre d'explication, que la violence doit être telle qu'elle inspire la crainte d'exposer sa personne ou sa fortune à un mal considérable et présent, ou plutôt *imminent*. En effet, le mot présent qu'emploie l'article 1112 n'est pas exact. « Celui qui veut exercer une pression sur la volonté d'autrui procède nécessairement par voie de menaces, il fait naître la crainte d'un mal futur. Un intervalle sépare nécessairement la menace et le fait. » (3)

La violence est une cause de nullité, non-seulement lorsqu'elle a été exercée sur la personne que l'on veut déterminer à faire un acte, mais aussi lorsqu'elle a été dirigée contre son conjoint, ses descendants ou ses ascendants. (4) L'affection qui l'unit à ces personnes lui rend aussi insupportable le

---

(1) Pothier, *Traité des obligations*, n° 21, édit. Bugnet, t. II.
(2) Loi 6 D. *quod metus causa*, IV, 2.
(3) Demante et Colmet de Santerre, t. V, n° 22 *bis*, II.
(4) Art. 1113 Civ.

mal qui peut les atteindre que celui qui la menace elle-même. (1)

2° Il faut que la violence soit injuste, ou illégitime. L'exercice d'un droit ne constitue pas un acte de violence. Ainsi, un créancier menace son débiteur de le saisir, s'il refuse de lui donner une garantie. De même, un patron menace son employé de le faire arrêter, s'il se refuse à signer une reconnaissance de dette souscrite par lui en réparation de détournements qu'il avoue avoir commis au préjudice du patron. (2) Mais, ici encore, il faut tenir compte des circonstances, et l'engagement pourrait être annulé pour cause de violence, si les menaces avaient été employées dans le but d'arracher à la personne un engagement excessif.

La seule crainte révérentielle envers le père, la mère, ou autre ascendant, sans qu'il y ait eu de violence exercée, ne suffit point pour annuler le contrat. (3) La crainte révérentielle, inspirée par le respect des ascendants et le désir de ne pas leur déplaire, ne peut pas, en effet, être considérée comme paralysant la liberté du descendant.

Les deux conditions que nous venons d'exposer sont nécessaires, quel que soit l'acte juridique entaché de violence, qu'il s'agisse d'une convention ou d'un acte unilatéral.

Il convient, cependant, de faire une observation relative aux actes à titre gratuit, donations entre-vifs et libéralités testamentaires. Les auteurs s'accordent à dire que ces actes

---

(1) Quelques auteurs considèrent cette énumération comme limitative et en concluent que la violence exercée contre un collatéral ou contre un ami n'est pas une cause de nullité. Mais la question de savoir si la violence a eu une gravité suffisante est une question de fait, et il serait contraire à l'esprit de l'article 1112 Civ, de décider que dans aucun cas les menaces adressées au frère, à l'allié, à l'ami ne seront considérées comme suffisantes pour vicier la volonté. Tout ce qui résulte de l'énumération de l'art. 1113, c'est que, dans ces hypothèses, la violence produit le même effet que si elle avait été dirigée contre la personne elle-même qui a passé l'acte. Demante et Colmet de Santerre, v, n° 23 *bis*; Demolombe, *Des contrats*, t. 1, n° 162. *Contrà:* Aubry et Rau, iv, § 343 *bis*, 2°; Huc, t. vii, n° 31.

(2) Douai, 7 mai 1889.

(3) Art. 1114 Civ.

peuvent être annulés pour cause de violence, sans qu'il soit
nécessaire que les menaces présentent le caractère de gravité que l'on exige pour les actes à titre onéreux. (1) Cette
observation s'applique surtout aux testaments, mais elle
offre peu d'intérêt; il suffit de dire qu'en matière d'actes à
titre gratuit, il faudra surtout avoir égard à l'âge, au sexe,
à l'état de maladie. Ce sont les juges qui, dans tous les cas,
apprécient souverainement si la violence a paralysé la liberté de la volonté.

Observation. — Lorsque l'acte entaché de violence est une
convention, l'action en nullité est recevable, alors même que
l'auteur de la violence est un tiers et que le cocontractant a
ignoré les menaces qui ont déterminé l'autre partie à agir. (2)
Nous avons vu qu'il en est autrement quand il s'agit de dol. (3)
Quelle est la raison de cette différence? C'est que la violence
est un vice plus grave, plus difficile à éviter. La victime de
la violence ne peut pas s'y soustraire, tandis que la victime
du dol aurait pu, avec plus de prudence et de perspicacité,
découvrir les manœuvres frauduleuses. En outre, l'auteur de
la violence sera souvent insolvable, et, si la loi s'était bornée
à concéder à la personne violentée un recours contre le coupable, elle ne lui aurait accordé qu'une protection illusoire.

D. — Lésion.

La lésion est le préjudice qu'une personne peut éprouver,
quand elle passe certains actes juridiques. Elle est de nature
à se rencontrer dans les contrats à titre onéreux. Exemple :
Je vous vends ma maison pour une somme de 20.000 francs,
qui est bien inférieure à sa valeur. De même, elle peut se produire dans certains actes unilatéraux, comme l'acceptation

---

(1) Furgole, *Testaments*, ch. v. sect. 1, n° 3 ; Aubry et Rau, vii, § 654 ;
Demolombe, *Donat. et test.*, t. i, n° 380 ; Laurent, xi, n° 180 ; Baudry-
Lacantinerie et Colin, *Donations et testaments*, i, n° 264. Bordeaux, 8 mai
1860, S. 60, 2, 433.
(2) Art. 1111 Civ.
(3) Art. 1116 Civ.

d'une succession, d'un legs universel ou à titre universel, ou leur répudiation.

La lésion suppose que la personne lésée s'est trompée sur la véritable valeur de la chose, ou qu'elle a contracté sous l'empire d'un pressant besoin d'argent, qui lui a fait accepter des conditions très désavantageuses. Elle constitue donc un vice de la volonté, puisque, sans l'erreur ou la pression des circonstances extérieures, la personne n'aurait pas fait l'acte. Néanmoins, la loi décide qu'en principe la lésion n'est pas une cause de nullité. L'article 1118 Civ. le déclare pour les conventions, et cette solution doit être certainement étendue aux actes unilatéraux. (1) La personne qui a fait un acte lésionnaire en est seule responsable, elle n'avait qu'à agir avec plus de prudence et plus de soin. Dans les contrats intéressés, en particulier, chaque partie cherche son intérêt, et il y a toujours un des contractants qui fait un meilleur marché que l'autre. Si on avait permis à ce dernier d'invoquer la lésion, on aurait porté atteinte à la stabilité des contrats qui est indispensable pour la sécurité des relations juridiques. Enfin, la détermination de la lésion aurait été une opération délicate et difficile, car la valeur des choses est variable. La lésion n'est une cause de nullité que dans deux séries de cas :

1° Dans certains actes : le partage (art. 887 Civ.); la vente volontaire d'immeubles (art. 1674 Civ.); l'acceptation de succession dans le cas prévu par l'art. 783 Civ.;

2° A l'égard de certaines personnes : ce sont les mineurs.

II. — *Capacité d'agir.*

Toute personne est capable de faire un acte juridique, si elle n'est pas déclarée incapable par la loi. (2) Ce principe, déjà antérieurement énoncé, n'a pas besoin de justification, car tout homme a, en vertu de sa seule qualité d'homme, l'aptitude à devenir le sujet de droits.

(1) Cons. art. 783 Civ.
(2) Voir l'art. 1123 Civ. pour les contrats.

Il y a dans la capacité deux degrés : la capacité de jouissance et la capacité d'exercice. C'est une distinction qui a été précédemment expliquée (1); nous avons énuméré les principaux cas dans lesquels une personne peut être privée, soit de la jouissance, soit de l'exercice de ses droits, et les causes qui justifient ces mesures d'exception.

Il suffira donc ici de déterminer quel est l'effet produit sur l'acte juridique par ces différentes incapacités.

Incapacités de jouissance. — Lorsqu'une personne est privée de la jouissance d'un droit, elle ne peut pas devenir titulaire de ce droit, elle n'est pas apte à en recueillir le bénéfice; elle ne peut donc ni l'acquérir, ni l'exercer, ni le transmettre. Il en résulte que, si cette personne, malgré son incapacité, fait un acte juridique qui a pour objet l'exercice du droit dont elle est privée, cet acte ne produit aucun effet: il est inexistant, car il manque d'un élément essentiel, l'objet. Par exemple: un mineur fait une donation entre-vifs, un condamné à une peine perpétuelle dispose de ses biens par testament. (2)

Il en est de même, lorsqu'une association non personne morale reçoit une donation ou achète un bien, puisqu'elle n'a pas l'aptitude légale à devenir le sujet de droits. (3)

---

(1) Voir ci-dessus, p. 90 et suiv.

(2) Il faut faire une observation en ce qui concerne les actes de dernière volonté. Le testateur doit avoir la capacité de disposer par testament, non-seulement au moment où il fait son testament, mais encore à l'époque de son décès, parce que c'est seulement au jour du décès que cet acte produit son effet. En conséquence, serait inexistant le testament fait par une personne qui serait plus tard condamnée à une peine afflictive perpétuelle.

(3) Cette solution est incontestable, bien que le Code ne l'ait pas expressément indiquée, et qu'il n'ait pas clairement marqué cette différence d'effet entre la privation de jouissance et la privation d'exercice du droit. Cependant, on pourrait soutenir qu'il l'a implicitement consacrée dans les art. 1108 et 1123 à 1125 Civ. Le premier énumère les éléments essentiels à l'existence des conventions et, parmi eux, il cite la capacité de contracter, c'est-à-dire la capacité de jouissance ; les autres, au contraire, font allusion à la capacité d'exercice, laquelle est, non pas un élément essentiel, mais simplement une condition de validité des conventions. Voir dans ce sens : Vigié, *Cours de droit civil*, 2e édit., t. ii, nos 1122 et 1196.

Incapacités d'exercice. — Les incapacités d'exercice sont naturelles ou légales. Les incapacités naturelles sont celles qui atteignent les personnes privées de discernement, par suite de leur jeune âge ou d'un état de maladie, comme les jeunes enfants qui n'ont pas encore l'âge de raison, ou les aliénés. Il est évident que ces personnes ne peuvent pas figurer elles-mêmes dans un acte juridique, puisqu'elles ne comprennent pas ce qu'elles font, et l'acte qu'elles accomplissent est frappé d'inexistence, car elles n'ont pas la faculté de vouloir. En réalité, il n'y a pas à parler dans ces hypothèses d'incapacité, mais de défaut de volonté. A l'occasion de chaque acte, il convient d'examiner si celui qui l'a fait a agi avec discernement, et si sa déclaration de volonté est sérieuse. (1)

Les incapacités légales sont générales ou spéciales. Sont frappés d'une incapacité générale les mineurs émancipés ou non, les interdits judiciaires, les interdits légaux, les femmes mariées non séparées de corps. Les prodigues et les faibles d'esprit ne sont pas frappés d'une incapacité générale, mais la loi énumère certains actes pour la validité desquels ils doivent être assistés de leur conseil judiciaire.

Les actes passés par ces incapables, sans l'observation des règles prescrites par la loi, ne sont pas inexistants, ils sont atteints d'un vice qui réside dans l'incapacité de leur auteur et peuvent être annulés. Ils ne sont pas inexistants, parce qu'ils ne manquent d'aucun élément essentiel.

Le défaut de capacité ne supprime pas, en effet, la faculté

---

(1) La loi fait une exception pour l'aliéné qui a été frappé d'interdiction. Les actes passés par l'interdit seul postérieurement à l'interdiction sont nuls de droit, d'après l'art. 502 Civ., et cette formule signifie que ces actes sont, non pas inexistants, mais frappés d'une nullité relative. Pourtant il se peut que l'aliéné les ait passés sous l'empire de la folie et n'ait pas su ce qu'il faisait. Mais la loi n'a pas voulu qu'on pût rechercher si l'interdit a ou non agi dans un intervalle lucide ; du moment que l'interdit agit lui-même, au lieu d'être représenté par son tuteur, elle décide que, dans tous les cas, sans distinction, l'acte sera annulable. Voir, pour l'aliéné non interdit placé dans un établissement, l'art. 30 de la loi du 30 juin 1838.

de vouloir ; l'incapable a une volonté, il comprend ce qu'il fait, et, quand il agit, la manifestation de sa volonté est sérieuse. Seulement, cette déclaration de volonté, la loi ne la considère pas comme parfaite ; elle estime que l'incapable a besoin d'être protégé, soit par l'intervention de son représentant, soit par l'emploi de formes déterminées. Si ces prescriptions n'ont pas été observées, la déclaration de volonté, bien qu'existant réellement et ayant sa valeur, est incomplète : elle est entachée d'un vice analogue à l'erreur, au dol, à la violence, et ce vice entraîne l'annulabilité de l'acte.

Ainsi, au point de vue logique, il est exact de considérer les actes passés par les incapables comme simplement annulables.

Nous verrons plus loin que, d'une façon générale, l'annulabilité ne peut être invoquée que par ceux en faveur desquels elle a été établie. Il en résulte que les incapables seuls peuvent, en principe, attaquer les actes qu'ils ont passés.

Ces solutions sont consacrées par l'article 1125 Civ.: « Le mineur, l'interdit et la femme mariée ne peuvent attaquer, pour cause d'incapacité, leurs engagements que dans les cas prévus par la loi. Les personnes capables de s'engager ne peuvent opposer l'incapacité du mineur, de l'interdit ou de la femme mariée, avec qui elles ont contracté. » (1)

L'article 1125 Civ. ne parle que des contrats, mais il n'est pas douteux qu'il faut étendre la règle à tous les actes juridiques, même unilatéraux. Par exemple, le mineur qui accepte une succession ou y renonce contrairement à la loi

---

(1) L'incapacité de l'interdit légal doit normalement produire les mêmes effets que celle de l'interdit judiciaire. Cependant, un certain nombre d'auteurs décident que la nullité qui frappe les actes passés par l'interdit légal peut être invoquée non seulement par lui, mais par les tiers avec lesquels il traite, parce que, disent-ils, l'incapacité dont il est atteint n'est pas une mesure de protection, mais bien au contraire, une peine prononcée contre lui pour l'empêcher de se procurer des ressources pécuniaires. Pour que le but de la loi soit atteint, il faut donc que les tiers puissent se prévaloir de la nullité comme l'interdit lui-même. Aubry et Rau, I, § 85, p. 354, note 6 ; Demolombe, I, no 103 ; Baudry-Lacantinerie et Houques-Fourcade, Des personnes, I, no 738. Contrà : Demante, I, no 72 bis, II.

peut faire annuler son acceptation ou sa renonciation. En effet, dans tous les actes juridiques, l'incapacité produit le même effet, elle vicie la déclaration de volonté et la rend imparfaite. (1)

D'autre part, le même article 1125 ne cite que le mineur, l'interdit et la femme mariée, mais il n'est pas douteux non plus qu'il faut ajouter les prodigues et les faibles d'esprit pourvus d'un conseil judiciaire. Si l'article ne les mentionne pas, c'est qu'ils ne sont atteints que d'une incapacité spéciale.

Lorsqu'il s'agit d'un contrat, la partie qui a traité avec un incapable est à sa merci. Ce dernier peut opter pour l'exécution du contrat, ou, au contraire, en demander l'annulation. Il prendra l'un ou l'autre de ces partis, suivant que le contrat sera avantageux ou lui causera préjudice.

L'incapable ne peut pas, du reste, scinder les effets du

---

(1) Les règles relatives à la capacité des personnes, que nous venons d'énoncer, s'appliquent à tous les actes juridiques, c'est-à-dire à tous les actes volontaires. On a cependant prétendu que ces règles étaient spéciales aux contrats et inapplicables en matière de quasi-contrats. La question s'est présentée relativement à la gestion d'affaires entreprise par un incapable. Celui-ci ne peut pas, dit-on, invoquer son incapacité pour se soustraire aux conséquences de la gestion. Il est tenu vis-à-vis du maître, de la même manière que s'il était capable, de toutes les obligations qui résultent de la gestion d'affaires. Toullier, XI, nos 39 et 40 ; Laromblère, *Obligations*, t. VII, art. 1374, no 9, nouv. édit.

Mais cette théorie est repoussée par la majorité des auteurs. Les quasi-contrats sont des actes volontaires comme les contrats, et, pour qu'ils produisent des effets légaux, il faut que la volonté présente les mêmes caractères que dans les contrats. Au surplus, ainsi que nous l'avons fait ci-dessus remarquer, le laconisme du ch. 1er du titre IV (livre III) prouve que le Code a voulu simplement, dans ce chapitre, énoncer les règles propres aux quasi-contrats et renvoyer, pour les principes généraux, aux dispositions très complètes du titre précédent. Cons. Aubry et Rau, IV, § 441, p. 722, note 1 ; Demolombe, *Des engagements qui se forment sans convention*, nos 92 et suiv.; Laurent, t. XX, no 312 ; Demante et Colmet de Santerre, V, no 347 *bis*, II et III ; Guénée, *De la capacité de s'obliger dans les quasi-contrats*, *Revue critique*, 1887, p. 326.

Mais, si l'incapable a joué dans le quasi-contrat un rôle passif, par exemple si c'est un tiers qui a géré les affaires de l'incapable, ce dernier se trouve obligé, car, dans ce cas, le rapport qui se forme ne dépend pas de sa volonté ; son obligation a pour cause l'autorité de la loi.

contrat, c'est-à-dire conserver à son profit les avantages qui
en résultent, tout en se déliant des engagements qu'il a pris.
Le contrat sera annulé pour le tout, et, comme il ne faut pas
qu'une personne s'enrichisse injustement aux dépens d'autrui, l'incapable devra restituer tout ce qu'il a reçu en vertu
du contrat et dont il a profité. Exemple : Un mineur vend
une maison à un tiers, sans observer les formalités prescrites
par la loi. Le tuteur demande la nullité de cette vente. Si
l'acheteur a déjà payé le prix, le mineur devra le restituer ;
mais, si le mineur a dissipé le prix en dépenses inutiles, il
ne sera pas tenu de le restituer, parce qu'il ne s'est pas enrichi. (1)

Observation. — Les propositions ci-dessus ne s'appliquent
que dans les cas où l'acte passé par l'incapable n'a pas été
fait conformément aux règles prescrites par la loi. Lorsque
ces règles ont été observées, l'acte est valable et inattaquable
comme s'il émanait d'une personne capable, puisqu'il a été
entouré de toutes les mesures de protection ordonnées.

Règles spéciales à l'incapacité du mineur émancipé ou non.
— La situation du mineur présente certaines particularités,
par où elle diffère de celle des autres incapables.

En règle générale, ainsi que nous venons de le dire, lorsqu'un incapable fait un acte, seul, contrairement à la loi,
sans être représenté ou assisté par celui qui est chargé de
veiller à ses intérêts, l'acte est annulable ; au contraire,
quand le mineur accomplit un acte sans être représenté par
son tuteur, tantôt cet acte pourra être attaqué par l'action en
nullité, tantôt il ne pourra être rescindé que pour cause de
lésion, c'est-à-dire seulement quand il causera un préjudice
au mineur. Il y a donc, suivant les cas, deux actions : l'action en nullité, l'action en rescision pour cause de lésion. (2)

La première s'applique quand il s'agit d'actes graves,

(1) Art. 1312 Civ.

(2) Art. 1124, 1305 Civ.

importants, pour lesquels la loi exige l'accomplissement de
formalités particulières, comme la vente des immeubles,
l'acceptation d'une succession ;

La seconde vise, au contraire, les actes plus fréquents et
moins dangereux, qui constituent des actes d'administration,
comme faire un bail, recevoir le paiement d'une créance,
actes que le tuteur aurait pu valablement accomplir lui-même,
sans être soumis à l'observation d'aucune formalité. Sur quels
motifs repose cette distinction, et pourquoi la loi a-t-elle créé
pour les mineurs un mode de protection spécial ?

Dans le droit actuel, la règle relative à la gestion des biens
du mineur est la suivante : Le mineur n'agit pas lui-même
avec l'autorisation de son tuteur, c'est ce dernier qui le représente et qui gère les biens, en son nom. Mais, en pratique,
il arrive très-souvent que le mineur, parvenu à un certain
âge, passe lui-même les actes nécessaires pour l'administration de ses biens, qui sont des actes de nature à se renouveler fréquemment, comme le fait de percevoir les fruits, de
les vendre, de toucher les intérêts des sommes d'argent, de
les placer, de recevoir même le paiement du capital des
créances qui lui sont dues. En agissant lui-même, le mineur
apprend à gérer son patrimoine, qu'il devra administrer tout
seul quand il sera majeur. Cet apprentissage a son utilité et
il était sage de le permettre. Or, il n'aurait pas été possible,
si la loi avait décidé que tous les actes passés par le mineur
seul pourraient être attaqués par l'action en nullité, car les
tiers n'auraient pas osé contracter avec lui, dans la crainte
qu'il ne fasse ensuite annuler les contrats qu'il aurait passés.
L'action en rescision pour lésion ne présente pas cet inconvénient, elle est plus souple et protège le mineur d'une façon
plus intelligente. Elle ne peut être intentée que dans le cas
où l'acte a causé un préjudice appréciable au mineur. De là,
cet adage : *Minor restituitur non tanquam minor, sed tanquam læsus.*

Quand il s'agit, au contraire, d'actes plus graves, plus importants, comme les actes de disposition, la vente, l'hypo-

thèque, etc., le mineur ne doit jamais les accomplir seul,
parce qu'ils peuvent entraîner des conséquences désastreuses
pour son patrimoine. Du reste, le tuteur lui-même ne doit
faire ces actes qu'en observant certaines formes : autorisation du conseil de famille, homologation du tribunal, et
toutes les fois que ces formes n'ont pas été respectées, l'acte
est entaché d'un vice et peut être annulé.

Le secours de l'action en rescision pour cause de lésion est
également accordé au mineur émancipé. Mais, comme le mineur émancipé jouit d'une demi-capacité qui lui permet de
faire librement les actes de pure administration (1), il ne
pourra invoquer le bénéfice de cette action et se prévaloir de
la lésion qu'il a pu subir, qu'autant qu'il aura accompli seul
un des actes pour lesquels l'assistance du curateur était nécessaire et suffisante. (2)

2° Objet des actes juridiques.

Que faut-il entendre par l'objet d'un acte juridique? Les
actes juridiques ont pour objet de créer, de modifier, de
transmettre ou d'éteindre des droits : tel est leur objet propre. Il semble donc qu'il n'y ait rien de particulier à en dire,
et que l'acte juridique, sérieusement fait, c'est-à-dire conte-
nant une manifestation de volonté consciente, aura toujours
et nécessairement un objet. Par exemple, le contrat a pour
objet de créer des obligations et, par conséquent, de faire

---

(1) Art. 481 Civ.

(2) Art. 482, 1305 C. Il faut donc pour le mineur émancipé distinguer
trois espèces d'actes :

1° Les actes de pure administration : le mineur ne peut pas en demander la rescision pour cause de lésion, car ces actes n'excèdent pas les limites de sa capacité ;

2° Les actes pour lesquels l'assistance du curateur et nécessaire et suffisante : Si le mineur les a accomplis seul, il peut intenter l'action en rescision au cas où ils lui ont causé un préjudice ;

3° Les actes pour lesquels la loi exige l'accomplissement de certaines
formalités, autorisation du conseil de famille, homologation du tribunal.
L'absence de ces formalités entraîne l'annulation sans qu'il soit besoin de
prouver que l'acte est lésionnaire.

naître des droits; le distrat a pour objet de les éteindre; de même, le testament a pour objet de transmettre les droits qui reposaient sur la tête du testateur aux légataires qu'il a institués.

Mais, à côté de l'objet de l'acte juridique, il faut placer l'objet du droit lui-même, et ces deux notions ne doivent pas être confondues. L'objet du droit, quand il s'agit de droits de famille, est une personne : ainsi, l'adoption, le mariage établissent des droits entre deux personnes. Quand il s'agit de droits du patrimoine, c'est nécessairement une chose ou un fait, et pour employer l'expression propre, c'est un bien. Il suffit, en effet, de se rappeler la définition des biens : Les biens sont les choses susceptibles de faire partie de notre patrimoine. Les droits du patrimoine ont toujours pour objet une chose ou un fait. Exemple : J'ai un droit de propriété ou d'usufruit, ce droit porte nécessairement sur une chose déterminée ; j'ai un droit de créance, l'objet de ce droit peut être, soit une somme d'argent, soit une chose d'un autre genre, ou bien enfin il peut consister dans l'obligation pour mon débiteur de faire ou de ne pas faire. (1)

Une bonne analyse doit donc nécessairement distinguer l'objet de l'acte juridique et l'objet du droit. Cependant, la confusion que l'on fait souvent entre ces deux notions n'a

---

(1) On a souvent confondu l'objet de l'acte juridique avec l'objet du droit lui-même. Ainsi, à propos de la théorie générale des contrats, l'article 1126 Civ. déclare que tout contrat a pour objet une chose qu'une partie s'oblige à donner, ou qu'une partie s'oblige à faire ou à ne pas faire. D'après cette définition, l'objet du contrat est le même que l'objet de l'obligation, tandis que, comme nous l'avons dit, à proprement parler, l'objet du contrat est de créer un droit, et l'objet de ce droit ou de l'obligation qui en est la contre-partie consiste toujours dans une chose ou un fait.

Dans son *Traité des obligations*, Pothier n'avait pas fait la même confusion que les rédacteurs du Code, et il étudiait, non pas l'objet du contrat, mais l'objet des obligations : « L'objet des obligations peut être, ou une chose proprement dite que le débiteur s'oblige de donner, ou un fait que le débiteur s'oblige de faire ou de ne pas faire. » *Traité des obligations*, n° 130, édit. Bugnet, t. II, p. 61.

pas beaucoup d'inconvénients, même au point de vue théorique, car dans tout acte juridique il faut nécessairement se préoccuper de l'objet du droit, et il est évident que, si l'objet du droit n'existe pas ou ne présente pas les qualités requises, l'acte lui-même ne produira aucun effet. Exemple : Je vous lègue mon cheval. Cet acte a pour objet de vous rendre propriétaire, et le droit de propriété a lui-même pour objet le cheval. Si donc le cheval n'existe pas, s'il était mort à mon insu au jour où j'en disposais, le legs est inexistant, il est non avenu. Ainsi, pour que l'acte juridique produise des effets, il faut nécessairement que le droit qui forme la matière, le contenu de cet acte ait lui-même un objet.

Dans le chapitre précédent, nous avons étudié les choses qui sont susceptibles d'être l'objet d'un droit. Il resterait maintenant à déterminer quels sont les caractères que doit réunir la chose à l'occasion de laquelle intervient l'acte juridique et qui en forme l'élément matériel, pour que cet acte soit valablement formé; mais cette étude trouve sa place naturelle dans la théorie des obligations.

APPENDICE. — De la cause. (1)

L'article 1108, qui énumère les conditions essentielles pour la validité des conventions, cite, en quatrième et dernier lieu, une cause licite dans l'obligation, et les articles 1131 à 1133 sont consacrés à l'étude de cet élément. Cette notion de la cause est une notion subtile, à l'occasion de laquelle on a beaucoup discuté, les uns soutenant qu'elle constitue bien

---

(1) Consulter : Brissaud, Thèse de doctorat, *De la notion de cause dans les obligations conventionnelles*, année 1879, Bordeaux ; Artur, *Étude sur la cause*, Thèse de doctorat, Paris, année 1878 ; Timbal, *De la cause dans les contrats et les obligations*, Thèse de doctorat, Toulouse, 1882 ; Bourgeon, *Distinction de l'inexistence et de l'annulabilité des actes juridiques*, Thèse de doctorat, Dijon, 1885, p. 111 ; Gauly, *Essai d'une définition de la cause dans les obligations*, Revue critique, 1886, p. 44 ; Tarbouriech, *De la cause dans les libéralités*, Paris, 1894 ; Huc, *Droit civil*, VI, nos 38 à 43 ; Bergis, *De la cause dans le transfert conventionnel de la propriété*, Thèse de doctorat, Toulouse, 1886.

un élément distinct des autres et indispensable à la validité des contrats, les autres, au contraire, et en assez grand nombre, prétendant que c'est une notion artificielle, qui n'ajoute rien de nouveau aux trois autres éléments exigés par l'article 1108 Civ., et dont il convient de débarrasser la science juridique.

Nous n'avons pas à aborder ici cette discussion, ni à élucider la pensée des rédacteurs du Code. C'est à propos de la théorie des obligations, c'est-à-dire à propos de l'étude des droits personnels proprement dits ou droits de créance, que la notion de la cause doit être étudiée. Les articles du Code civil précités parlent tous de la cause de l'obligation, et non de la cause de la convention. La convention donne naissance à une ou plusieurs obligations, et chacune de ces obligations doit avoir une cause.

Telle est l'analyse exacte de la conception qui a présidé à la rédaction de ces articles.

Il résulte évidemment de là que, si l'obligation n'a pas de cause, le contrat ne peut produire aucun effet, puisque le lien qu'il fait naître, le rapport de droit qu'il établit, est purement factice, apparent; et, à ce point de vue, on peut dire, en abrégeant, que tout contrat doit avoir une cause licite.

Mais tous les actes juridiques ne sont pas productifs d'obligations : certains d'entre eux, comme la renonciation, ne font pas naître d'obligations à proprement parler; d'autres, enfin, comme l'occupation, la possession, donnent naissance à des droits réels et ne créent pas de droits de créance. Il n'y a donc pas à parler de la cause des actes juridiques; en d'autres termes, la cause, même si elle existe réellement comme institution juridique, ne doit pas se rencontrer dans tous les actes juridiques, mais seulement dans ceux qui sont productifs d'obligations. Encore faut-il ajouter que les articles 1108 et suivants ne mentionnent la cause qu'à l'occasion des obligations conventionnelles, et il y a lieu de se demander si elle constitue aussi un élément essentiel des obligations qui ont leur source dans un acte autre que la convention : le quasi-contrat, le délit ou la loi. (1)

Ces considérations suffisent à prouver que, logiquement, la notion de la cause doit être étudiée dans la théorie des obligations.

§ 3. — *Forme des actes juridiques.* (2)

La forme des actes juridiques, c'est la figure extérieure que revêt la déclaration de volonté des parties. En principe, les parties sont libres d'exprimer leur volonté comme elles l'entendent, elles ne sont pas astreintes à l'obligation d'observer des formes déterminées. L'absence de formes est la règle, le formalisme est l'exception. (3)

Cependant, la loi impose l'obligation d'observer des formes déterminées pour l'accomplissement de certains actes. « Le but de ces formalités peut être : 1° de favoriser la réflexion mûre et calme, principalement quand il s'agit d'actes importants, qui, une fois passés, sont de fait ou de droit irrévocables (4) ; 2° de donner à l'acte la publicité. » (5)

I. Les actes pour lesquels la loi prescrit l'observation de certaines formalités s'appellent des actes solennels ou formels. Ils sont en petit nombre. (6)

---

(1) Voir Brissaud, *op. cit.*, p. 26, 27 ; Timbal, *op. cit.*, p. 112, 113.

(2) Savigny, *Traité de droit romain*, III, § cxxx, p. 240, trad. Guénoux ; Windscheid, I, § 72 ; Unger, *System*, II, § 86 ; Goudsmit, § 55 ; Ihering, *Esprit du droit romain*, III, p. 156 et suiv., trad. Meulenaere ; Aubry et Rau, IV, § 313, p. 293 ; Laurent, XV, p. 502 et suiv.

(3) Dans toutes les législations primitives, le formalisme joue un rôle important, et peu à peu, il disparaît pour faire place à la libre volonté des parties. Consulter Savigny et Ihering, *loc. cit.;* Viollet, *Histoire du droit*, livre III, ch. III, 1re édit., p. 505.

(4) Comme les donations entre-vifs.

(5) Goudsmit, § 55.

(6) Dans certains cas, la loi, sans imposer une forme déterminée, restreint la liberté des parties dans le choix de ses moyens, en exigeant, par exemple, que la manifestation de volonté soit expresse (1250, 1°, 1275, 2015 Civ.). Il y a, en pareil cas, « restriction de forme, mais non acte formel. La forme dont il a plu à l'auteur de revêtir son acte est sa propre œuvre, malgré les restrictions apportées à son choix: elle a toutes les qua-

Les formes exigées par la loi peuvent être de différentes sortes, elles peuvent consister :

1° Dans l'écriture (1) ;

2° Dans l'obligation de passer l'acte devant certains officiers publics (2), ou en un lieu déterminé (3) ;

3° Dans la nécessité de témoins instrumentaires qui doivent assister à l'acte (4) ;

4° Dans l'intervention de la justice pour les actes de juridiction gracieuse. (5)

En principe, lorsqu'un acte est soumis à des formes déterminées par la loi, l'inobservation de ces formes entraîne l'inexistence, et non pas simplement l'annulabilité : *Forma dat esse rei.* En effet, la forme prescrite par la loi constitue le seul moyen par lequel les parties peuvent exprimer leur volonté, et, si la déclaration de volonté a été faite contrairement à la loi, elle est non avenue. (6) La forme devient un

---

lités de la forme libre ou individuelle, tandis que l'acte formel, dont la validité dépend d'une forme légalement déterminée, est sévèrement lié à cette forme et ne comporte aucune liberté, aucun choix dans son mode d'expression. » Ihering, *Esprit du droit romain*, III, p. 161.

(1) Art. 970 Civ. Le testament olographe doit être écrit en entier, daté et signé de la main du testateur.

(2) Ainsi, le contrat de mariage (art. 1394 Civ.), la donation (931), le contrat d'hypothèque (2127), la subrogation dans l'hypothèque légale de la femme mariée (art. 9, loi 23 mars 1855), la subrogation conventionnelle consentie par le débiteur (1250, 2°), le testament public (971), le testament mystique (976) doivent être passés devant notaire. Le mariage est célébré par l'officier de l'état civil (art. 165) ; l'adoption doit être faite devant le juge de paix (art. 353 Civ.), etc.

(3) Art. 784, 793 Civ.

(4) Les actes notariés doivent être rédigés en présence de deux témoins (art. 9, loi du 25 ventôse an XI) ; pour le testament public, voir art. 971 ; pour le testament mystique, art. 976.

(5) Le contrat d'adoption doit être homologué par le tribunal (art. 353-358 Civ.).

(6) Les commentateurs admettent ordinairement qu'en droit romain l'acte qui n'avait pas été passé dans les formes prescrites ne produisait aucun effet. Windscheid, I, § 72 ; Maynz, *Cours de droit romain*, 4° édit., I, p. 466, § 34. Plusieurs articles du Code civil prouvent que ses rédacteurs ont également adopté cette solution. (Art. 931 et 1339 Civ., à propos des donations entre-vifs ; art. 359 pour l'adoption ; art. 2127.)

élément essentiel de l'acte juridique; du moment que le législateur décide que tel acte ne pourra être passé qu'en observant certaines formalités, il résulte de là que, toutes les fois que ces formalités auront été violées, l'acte ne vaudra rien, ne produira aucun effet.

II. Certains actes doivent être soumis à l'observation de formalités qui sont destinées à les porter à la connaissance des tiers, c'est-à-dire des personnes qui n'y ont pas été parties, et auxquelles ils pourraient être un jour opposés. Il en est ainsi notamment des principaux actes entre-vifs de transfert de la propriété des immeubles, des constitutions de droits réels sur les mêmes biens, des concessions de certains droits personnels de jouissance et de la cession des droits de créance. (1)

Ces mesures de publicité consistent, pour les actes relatifs à la propriété immobilière, dans la transcription ou la mention sur un registre public, et, pour les cessions de droits de créance, dans la signification du transport au débiteur cédé, ou l'acceptation du débiteur faite par acte authentique. (2)

Ces formalités d'un nouveau genre n'ont pas le même effet que les précédentes, elles ne sont pas requises pour la validité intrinsèque de l'acte, mais seulement au point de vue de son opposabilité aux tiers. Lorsqu'elles n'ont pas été observées, l'acte reste valable, mais il ne produit aucun effet

---

(1) Nous avons dit ci-dessus que le régime de la propriété immobilière doit être basé sur la publicité.

De même, en matière de cession de créances, le débiteur, les créanciers du cédant, les tiers auxquels le créancier offrirait de nouveau de céder la même créance, sont intéressés à connaître le premier acte de transport.

La loi soumet également à la publicité les faits qui sont de nature à modifier la capacité des personnes, comme l'interdiction, la nomination d'un conseil judiciaire (art. 501 Civ.); mais je ne m'occupe ici que de la publicité des actes relatifs au droit du patrimoine. La publicité des faits concernant, soit l'état, soit la capacité des personnes, est soumise à des règles particulières qui n'ont rien de commun avec celles que nous énonçons au texte.

(2) Art. 1690 **Civ.**

vis-à-vis des personnes en faveur desquelles les mesures de publicité ont été édictées.

La très-grande majorité des actes juridiques relatifs au droit du patrimoine n'est soumise à aucune forme par la loi. Les parties peuvent exprimer leur volonté comme elles l'entendent. Ordinairement, si l'acte est important et, surtout, s'il s'agit d'une convention, elles rédigeront un écrit. Elles pourront se contenter de faire un acte sous seing privé, c'est-à-dire un acte signé par elles, sans intervention d'un officier public. Mais, si la convention porte sur un chiffre important, elles décideront souvent de faire constater le contrat par un acte notarié. La rédaction d'un acte écrit procure aux parties le moyen de prouver l'existence de l'acte qu'elles ont passé, au cas où il serait plus tard dénié ou contesté. (1)

L'écrit que les parties conviennent de rédiger constitue donc un moyen de preuve, indépendant de l'acte juridique lui-même ; ce dernier est formé et produit ses effets du jour où il y a eu déclaration de volonté ou accord de volontés, même si la rédaction de l'écrit n'est pas encore intervenue. Cependant, il pourrait en être autrement et les parties pourraient décider que l'acte ne sera valable qu'autant qu'il aura été passé dans une forme déterminée. Dans ce cas, elles transforment l'acte en un véritable acte formel. Mais il n'en est ainsi qu'autant que l'intention des parties a été clairement exprimée. (2)

_____

(1) L'article 1341 Civ. prohibe la preuve par témoins de tout acte juridique présentant un intérêt supérieur à 150 francs. Cette règle a pour but de restreindre le nombre des contestations, en obligeant les parties à se procurer une preuve écrite des actes qu'elles passent. Il résulte de là que, si un acte dont l'objet a une valeur supérieure à 150 francs n'a pas été fait par écrit, et que son existence soit plus tard contestée, les parties n'ont aucun moyen de prouver la réalité de cet acte.

(2) Aubry et Rau, IV, § 343, p. 293 ; Pothier, _Traité des obligations_, n° 11 : « Quoique le seul consentement des parties suffise pour la perfection des contrats consensuels, néanmoins, si les parties, en contractant une vente,

Observation. — La loi recourt quelquefois à l'emploi de formalités pour protéger les incapables. Ainsi, elle décide que le représentant des mineurs en tutelle ou émancipés et des interdits ne pourra accomplir certains actes importants, comme les actes d'aliénation des immeubles, ou des meubles incorporels, l'acceptation d'une libéralité ou d'une succession, la transaction, etc., qu'en observant des formalités qui consistent ordinairement dans l'autorisation du conseil de famille et l'homologation du tribunal. Si ces formalités n'ont pas été observées par le tuteur ou le curateur, l'acte fait en violation de la loi ne sera pas inexistant, mais simplement annulable (arg. art. 1311). Cette solution paraît en contradiction avec celle que nous avons ci-dessus donnée et qui se résume dans l'adage : *Forma dat esse rei.* Il n'en est rien. Les formalités prescrites en pareil cas ont pour but de protéger l'incapable, et l'incapacité n'engendre qu'une annulabilité. Ces formalités ne font plus partie intégrante et essentielle de l'acte lui-même, elles en sont indépendantes. Elles sont établies, non pas parce qu'il s'agit de tel acte déterminé, mais parce que cet acte intéresse un incapable. Il en résulte que, bien qu'elles n'aient pas été accomplies, l'acte n'en est pas moins complet, parfait en tant qu'acte juridique. Il existe, mais il est vicié d'autre part par l'incapacité de son auteur. (1)

---

ou un louage, ou quelque autre espèce de marché, sont convenues d'en passer un acte pardevant notaires, avec intention que le marché ne serait parfait et conclu que lorsque l'acte aurait reçu sa forme entière, par la signature des parties et du notaire, le contrat ne recevra effectivement sa perfection que lorsque l'acte du notaire aura reçu la sienne ; et les parties, quoique d'accord sur les conditions du marché, pourront licitement se dédire avant que l'acte ait été signé... Observez que la convention qu'il sera passé acte devant notaires d'un marché ne fait pas par elle-même dépendre de cet acte la perfection du marché il faut qu'il paraisse que l'intention des parties, en faisant cette convention, a été de l'en faire dépendre. »

(1) Aubry et Rau, iv, § 334, p. 251, note 14 : « Les nullités de forme ne sont plus des nullités absolues, lorsque les formes violées n'ont pas été établies pour la régularité de l'acte juridique considéré en lui-même, mais pour garantir, d'une manière plus efficace, les intérêts de personnes incapables de s'obliger. » Cass., 7 mars 1876, S. 76, 1, 291.

APPENDICE. — *Déclaration simulée de volonté.* (1) — Les parties sont libres de faire les actes juridiques dans la forme qu'elles veulent, le nombre des actes soumis à une forme déterminée constituant l'exception. La volonté de l'auteur de l'acte seule importe, la forme est indifférente. Il peut même arriver que cette volonté ait été dissimulée et que les parties aient passé un acte apparent destiné à cacher aux tiers leur véritable intention. Il y a alors un désaccord entre la volonté des parties et la façon dont elle a été exprimée, et ce désaccord s'appelle simulation. Cette simulation se rencontrera surtout en matière contractuelle, mais elle peut aussi apparaître dans les actes unilatéraux, par exemple dans les testaments. Son but peut être de cacher l'acte véritable qu'on a l'intention de faire, ou de dissimuler sous un nom apparent le véritable bénéficiaire de l'acte. (2) Exemple : Je veux faire une libéralité à Pierre ; mais, pour éviter que cette libéralité ne soit connue des tiers, nous simulons une vente, ou bien je déclare dans mon testament que je lui donne une somme de 1.000 fr., et j'ajoute que j'étais son débiteur de la même somme. De même, je veux faire une libéralité à Pierre, et je l'adresse à Paul, en le chargeant secrètement de la restituer au premier.

La simulation n'est pas une cause de nullité. L'acte apparent n'a aucune valeur, il est inexistant, parce qu'il ne correspond pas à la volonté réelle, effective des parties : il manque donc d'un élément essentiel ; au contraire, l'acte réel dissimulé est, en principe, valable, comme s'il avait été fait directement. (3) La forme de cet acte est indifférente, puisque

---

(1) Windscheid, I, § 75 ; Goudsmit, § 50 ; Unger, II, § 88 ; Aubry et Rau, *Droit civil*, I, § 35, p. 114 ; Fourcade, Thèse de doctorat, *De la simulation*, Nancy, 1887.

(2) Il peut même arriver que les parties aient fait un acte apparent, alors qu'en réalité elles ne voulaient faire aucun acte. Par exemple, un débiteur cède ses biens à un tiers, pour les soustraire à l'action de ses créanciers.

(3) Il y a quelques exceptions à cette règle : Ainsi, en matière de cession d'offices ministériels, les contre-lettres, c'est-à-dire les actes secrets des-

les parties sont libres d'exprimer leur volonté comme elles l'entendent.

Mais il arrivera souvent que les parties auront recours à la simulation, pour faire ce que la loi interdit, ou pour frauder les tiers. Par exemple, c'est un donateur qui adresse une donation à un incapable par personne interposée, ou sous la forme d'un acte à titre onéreux ; c'est un débiteur qui veut faire une libéralité aux dépens de ses créanciers et qui la dissimule sous l'apparence d'une vente. Lorsqu'il en est ainsi, l'acte dissimulé est nul, comme fait en violation de la loi, et les intéressés peuvent prouver la simulation pour le faire annuler.

Observation. – En principe, les actes solennels ne peuvent pas être dissimulés sous l'apparence d'un autre acte, puisqu'ils doivent être passés dans une forme déterminée par la loi, et que cette forme constitue un élément essentiel, en l'absence duquel ils sont inexistants. Cependant, la jurisprudence admet depuis longtemps la validité des donations déguisées sous la forme de contrats à titre onéreux. Cette solution n'est pas en

---

tinés à modifier les conditions insérées dans l'acte apparent de cession, sont nulles comme étant contraires à l'ordre public, et c'est l'acte de cession apparent qui seul est obligatoire pour les parties. En effet, la loi du 28 avril 1816, en reconnaissant aux officiers ministériels le droit de présenter des successeurs à l'agrément du gouvernement, exige par là même que les conditions de la cession soient entièrement et complétement connues par l'administration.

De même, le testament dont la date est simulée est nul par le seul fait de cette simulation (arg. art. 970 Civ.).

Il convient d'ajouter, d'autre part, que la loi a pris soin de protéger les tiers intéressés contre les conséquences d'un acte qu'ils ont ignoré et qu'on leur opposerait au moment voulu. Aussi l'art. 1321 Civ. décide-t-il que les contre-lettres, c'est-à-dire les clauses secrètes et dissimulées qui modifient les dispositions d'un contrat ostensible, n'ont point d'effet contre les tiers. Les tiers peuvent donc déclarer qu'ils s'en tiennent à l'acte apparent, simulé. Exemple : Primus a vendu un immeuble à Secundus moyennant un prix apparent de 60,000 fr ; un acte secret déclare que le prix réel est de 100,000 fr. Le vendeur ne peut pas opposer aux créanciers de Secundus, si celui-ci tombe en faillite ou en déconfiture, l'acte secret, pour exiger le paiement de la somme de 100,000 fr.; il ne peut réclamer que 60,000 fr.

contradiction avec le principe que nous venons d'énoncer, parce que la jurisprudence déclare que le Code n'a soumis à l'authenticité que les donations directes faites par un acte destiné à constater la libéralité. (1)

§ 4. — *Conséquences de l'absence de l'une de ces conditions. Inexistence et annulabilité.* (2)

A. — Notion.

Nous arrivons à la distinction, à laquelle nous avons déjà fait plusieurs fois allusion, de l'inexistence et de l'annulabilité des actes juridiques. Toutes les explications précédentes reposent sur cette distinction, et il importe maintenant de la justifier et de montrer que les rédacteurs du Code l'ont consacrée.

Un acte juridique peut être inexistant ou simplement an-

_____

(1) Cet argument est tiré de l'article 931 Civ., qui s'exprime ainsi : « Tous actes portant donation entre-vifs », d'où l'on a conclu que les donations qui ne sont pas faites par un acte constatant la libéralité, c'est-à-dire les donations déguisées, sont valables. Cons. Aubry et Rau, *Droit civil*, t. VII, § 659, p. 84.

(2) Biret, *Traité des nullités de tous genres*, Paris, 1821; Solon, *Théorie sur la nullité des conventions et des actes de tous genres en matière civile*, Paris, 1835; Windscheid, *Zur Lehre des Code Napoléon von der ungültigkeit der Rechtsgeschäfte;* Aubry et Rau, I, § 37; IV, § 333; Baudry-Lacantinerie, *Précis de droit civil*, 6e édit., I, no 400; II, no 1147; Vigié, *Cours de droit civil*, 2e édit., I, no 388; II, no 1642; Larombière, *Des obligations*, art. 1304, nos 12 et suiv.; Demolombe, *Du mariage*, t. I, no 240; *Des contrats*, t. VI, nos 21 et suiv.; Laurent, I, p. 106, no 71; II, p. 341, nos 269, 270; XIII, p. 506; XV, p. 507, nos 450 et suiv.; Mortet, *Étude sur la nullité des contrats*, Thèse de doctorat, Paris, 1878; Bourgeon, *Distinction de l'inexistence et de l'annulabilité des actes juridiques*, Thèse de doctorat, Dijon, 1885; Hartemann, *Étude sur la distinction des actes inexistants et des actes annulables*, Thèse de doctorat, Nancy, 1889.

Nous ne parlerons qu'incidemment de la théorie des nullités de mariage, car elle est soumise à des règles particulières exposées dans les art. 180 et suiv. du Code civil. Cette théorie n'est pas susceptible d'être appliquée aux autres actes juridiques. De même, la matière des nullités des sociétés de commerce est l'objet de dispositions spéciales qui, dans une certaine mesure, dérogent au droit commun. (Voir art. 7, 41, 56, 3e al. de la loi du 24 juillet 1867, et art. 3 de la loi du 1er août 1893.)

nulable. L'acte inexistant ne produit aucun effet, il est le néant, et du néant rien ne peut sortir. Il n'a que l'apparence d'un acte; en réalité, il n'a pas d'existence légale.

L'acte annulable, au contraire, réunit les conditions exigées pour vivre, les divers éléments nécessaires à son existence; il est né viable. Mais il est entaché d'un vice qui ouvre à certaines personnes le droit d'en demander l'annulation. Ce droit de faire annuler l'acte vicié se justifie par des considérations d'équité et de protection de l'intérêt privé de ces personnes. C'est un incapable, par exemple, qui a passé un acte seul, sans être assisté de celui que la loi charge de veiller à ses intérêts ou de le représenter.

En se plaçant au point de vue des principes, et sauf discussion possible sur les limites précises du domaine de l'inexistence et de l'annulabilité (1), il est facile de démontrer l'exactitude de cette distinction. De même qu'un être vivant est constitué par la réunion de certains organes essentiels, indispensables à son existence, de même, l'acte juridique, dont nous avons fait l'analyse dans les pages précédentes, est un composé d'éléments constitutifs, aussi nécessaires et essentiels à sa formation que les organes à l'existence des êtres animés. Si l'un de ces éléments fait défaut, l'acte juridique ne peut pas naître.

Si, au contraire, ces éléments se trouvent réunis, l'acte est régulièrement formé et susceptible de produire ses effets. Mais il peut arriver que cet acte ait été passé dans des circonstances telles que le rapport de droit qui en est la conséquence ne soit plus conforme à l'équité, et cause à l'une des parties un préjudice immérité. Si ce préjudice ne provient pas d'une faute lourde commise par cette personne, il faut qu'il soit réparé et que l'équité violée reçoive satisfaction,

---

(1) A propos de l'erreur, on peut discuter sur le point de savoir si l'erreur n'est pas exclusive de la volonté dans tous les cas où elle a été déterminante, ou si, au contraire, elle ne fait que vicier la déclaration de volonté, tout en la laissant subsister dans son principe. On sait que le Code a adopté ce dernier point de vue.

et ce résultat sera obtenu en donnant à l'intéressé le droit de faire prononcer par la justice l'annulation de l'acte. L'annulation est donc la condamnation, la mise à mort de l'acte. Elle est fondée sur la protection que mérite, aux yeux de la loi, l'intérêt privé injustement lésé. Par exemple, une personne a passé un acte sous l'empire de l'erreur, de la violence, ou sous l'influence du dol dont elle a été victime. Dans ces différents cas, elle en pourra demander l'annulation. Le juge appréciera les circonstances dans lesquelles il est intervenu, et décidera si le vice qui entache l'acte est de telle importance, que celui-ci doive être annulé.

Du reste, cette distinction est traditionnelle, on en retrouve les origines dans le droit romain (1), et nos anciens auteurs la mentionnent et l'appliquent à différentes reprises, bien qu'elle soit restée assez confuse et assez incertaine même chez les plus célèbres jurisconsultes, comme Pothier. « Nos anciens auteurs, dit le président Bouhier (2), distinguent deux sortes de nullités ; les unes ont pour principe l'intérêt public, que l'acte soit contre les bonnes mœurs ou qu'il ait mérité d'être prohibé par quelque autre considération politique. Par exemple, si on avait traité de la succession d'un homme vivant ; si on avait testé contre les formalités prescrites par les lois ; en un mot, s'il était question de choses qui ne tombassent point dans le commerce des hommes, ou de contractants qui ne fussent pas en état de consentir. De telles nullités sont appelées absolues, en ce sens qu'elles peuvent être opposées par toutes sortes de personnes et qu'elles anéantissent l'acte essentiellement et radicalement, en sorte qu'on le regarde comme non fait et non avenu. Les autres nullités sont celles qui ont été introduites en faveur de certaines personnes, comme celles qui ont donné lieu au secours

(1) Goudsmit, § 67 ; Windscheid, I, § 82 ; Van Wetter, *Cours élémentaire de droit romain*, 2ᵉ édit., I, § 81.
Consulter les thèses citées plus haut.
(2) Bouhier, *Observations sur les coutumes de Bourgogne*, ch. XIX, § 12 et 13.

du Velléien pour les femmes et à celui du Macédonien pour
les pères et fils de famille, à celui de la restitution pour les
contrats des mineurs et autres semblables. Comme ces nullités ne regardent que l'intérêt des particuliers, elles sont
appelées respectives ou, selon d'autres, causatives, parce
qu'elles ne peuvent être opposées que par ceux au profit de
qui elles ont été établies. » (1)

A l'époque de la rédaction du Code, la distinction man-
quait de netteté, les contours en étaient mal délimités, et il y
avait de nombreuses divergences sur l'étendue du domaine
de l'inexistence et de l'annulabilité ; mais il est certain que le
principe même en était généralement reconnu par les auteurs.
On trouve dans le Code des traces de ces incertitudes et de ce
défaut de précision. Les rédacteurs ont assurément maintenu
la distinction traditionnelle, qui leur était familière ; les travaux préparatoires et divers articles en font foi. (2) Mais ils

---

(1) Voir Pothier, *Traité des obligations* nᵒˢ 17, 18, 19, 21, 42, 43. Consulter Mortet, *op. cit.*, p. 89 à 142 ; Bourgeon, *op. cit.*, p. 150 à 181 ; Hartemann, p. 103 à 236 ; Laurent, t. xv, nᵒˢ 458 et suiv.

(2) Consulter sur ce point Laurent, xv, nᵒˢ 461 et suivants ; Baudry-Lacantinerie, *Précis de droit civil*, 6ᵉ édit., i, nᵒ 400 ; Mortet, p. 148 et suiv. ;
Bourgeon, p. 181 et suiv. ; Hartemann, p. 239 et suiv.
La distinction de l'inexistence et de l'annulabilité a été plusieurs fois
exposée dans les travaux préparatoires : d'abord, à propos du mariage et
de la rédaction de l'article 146 Civ. (Fenet, ix, p. 99 ; Locré, *Législation de
la France*, iv, p. 312, 324, 326) ; ensuite dans la discussion du titre des obligations conventionnelles. Le rapport présenté par Jaubert rappelle très
nettement la distinction entre les contrats inexistants et les contrats
annulables (Locré, xii, p. 491). « Une cause illicite, c'est-à-dire celle qui
serait contraire à la loi, aux bonnes mœurs et à l'ordre public, vicierait
tellement la convention qu'aucun laps de temps ne pourrait la rendre
valable ; il n'y a pas de contrat. Si la convention n'avait pas d'objet, il
serait bien impossible qu'en aucun temps elle produisît une obligation : ce
ne serait pas non plus un contrat. » De même, à propos du cautionnement
(Locré, t. xv, p. 378, nᵒ 11). Certains articles du Code viennent, d'autre
part, confirmer les indications des travaux préparatoires. Le plus formel
est l'article 1117 Civ., qui déclare que la convention contractée par erreur,
violence ou dol, n'est point nulle de plein droit, mais qu'elle donne
seulement lieu à une action en nullité ou en rescision, ce qui signifie évidemment qu'il y a des conventions nulles de plein droit, c'est-à-dire
inexistantes, et, quelques pages plus loin, l'article 1131 emploie des termes

ne l'ont pas formulée dans des termes catégoriques, et tout en la rappelant à diverses reprises, et particulièrement dans l'article 1117, à propos de la théorie des obligations conventionnelles, ils l'ont laissée entourée de la même obscurité que nos anciens auteurs. Leur terminologie elle-même est indécise : Ils emploient indistinctement les mots nul et nullité pour désigner les conventions qui n'ont pas d'existence légale et celles qui sont simplement annulables. (1)

C'est principalement pendant le cours de ce siècle que la théorie de l'inexistence et de la nullité s'est affirmée et précisée ; aujourd'hui, elle est acceptée par tous les commentateurs. Cependant, les difficultés ne sont pas toutes aplanies, et l'accord n'est pas complet. Si tous les auteurs admettent la distinction, les discussions continuent sur les divers cas d'application de l'inexistence et de l'annulabilité ; les caractères mêmes de l'annulabilité ne sont pas nettement définis ; beaucoup de jurisconsultes reconnaissent, en dehors de l'inexistence, deux sortes d'annulabilités ou de nullités, pour employer l'expression courante, qu'ils appellent, l'une la nullité absolue, et l'autre, la nullité relative. (2) Nous montrerons plus loin que cette division est, à notre avis, inexacte et contraire aux principes traditionnels de notre législation.

---

qui ne peuvent laisser aucun doute : L'obligation sans cause, ou sur fausse cause, ou sur cause illicite *ne peut avoir aucun effet.* En dehors de ces deux textes, qui sont les plus formels, on peut citer encore l'opposition de termes qui se rencontre, d'un côté, dans les articles 146, 1339, 1974, et, de l'autre, dans les articles 1109, 1125, 1304, 1305, les premiers s'appliquant à des actes inexistants, tandis que les seconds parlent de l'action en nullité qui peut être intentée contre les actes entachés d'un vice et, par conséquent, annulables.

Consulter aussi les travaux préparatoires sur l'article 1338 du Code civ. rapportés par Laurent, t. xviii, nos 565 et suiv.; Locré, *Législation*, xii, p. 284, 285 ; p. 523, 524 ; p. 585.

(1) Dans l'article 1117, les mots «nuls de plein droit» font allusion à l'inexistence ; au contraire, dans l'article 502, les mots « Tous actes passés par l'interdit... seront nuls de droit » signifient, seront annulables. Comparer aussi, d'une part, les articles 931, 943, 944, 945, 970, etc., et, d'autre part, les articles 225, 472, 1110, 1111, 1116.

(2) Aubry et Rau, i, §37 ; Larombière, *op. cit.*, sur 1304, nos 12 et 13.

La distinction a également pénétré dans la jurisprudence et est consacrée par de nombreux arrêts, qui emploient ordinairement les expressions de nullité radicale et absolue, ou nullité d'ordre public pour désigner les actes frappés d'inexistence. (1)

Cependant, la jurisprudence refuse d'appliquer cette théorie à la matière du mariage, et elle décide que, du moment qu'un mariage a été célébré, il n'est pas inexistant, il ne peut qu'être entaché de nullité.

Il n'y a, en matière de mariage, que des nullités, mais pas d'inexistence, « il y a mariage dès qu'il y a un acte constatant la célébration. » (2)

---

(1) Voir un résumé de cette jurisprudence dans la thèse de Bourgeon, p. 252 à 269.

Les arrêts rendus pendant ces dernières années sont fort nombreux, nous ne pouvons qu'en citer quelques uns :

Cassation, 18 mars 1895, P. F. 95, 1, 521; S. 96, 1, 11: Les traités secrets en matière de cession d'offices ministériels sont nuls, d'une nullité radicale et absolue ;

Cassation, 6 novembre 1895, S. 96, 1, 5 : Le contrat de mariage passé en l'absence de la future épouse est entaché d'une nullité radicale et d'ordre public, qui enlève à ce prétendu contrat de mariage son existence légale ;

Montpellier, 10 février 1896, S. 96, 2, 128 : L'hypothèque constituée sur un terrain dont le constituant n'est pas actuellement propriétaire, est nulle d'une nullité substantielle, comme manquant d'objet.

Consulter aussi Cassation, 5 mai 1879, S. 79, 1, 313 ; D. 80, 1, 147, note de M. Beudant.

Cassation, 1er avril 1895, Gazette des tribunaux, 3 avril 1895, S. 96, 1, 280.

(2) Bordeaux, 25 juin 1884, S. 84, 2, 201 ; Cassat., 9 novembre 1887, S. 87, 1, 461. Dans le même sens, Beudant, Cours de droit civil français, t. I, n° 280 ; Labbé, note S. 80, 2, 177.

La doctrine distingue ordinairement entre les mariages inexistants et les mariages simplement nuls. Ce n'est pas ici le lieu d'aborder cette difficulté ; on peut toutefois remarquer qu'au point de vue législatif, le système de la jurisprudence est satisfaisant. Le mariage est un acte trop grave, trop important, pour qu'on puisse en abandonner la stabilité à l'appréciation des intéressés. Du moment qu'il y a eu un acte de célébration, le mariage existe et continue d'exister tant qu'il n'a pas été annulé par les tribunaux, quel que soit l'élément qui fasse défaut pour la perfection de ce contrat, et quand même l'un des conjoints n'aurait pas donné son consentement. « Le mariage est un contrat exceptionnel; on ne le défait pas

Ainsi, la théorie traditionnelle de l'inexistence et de l'annulabilité est bien admise par le droit moderne, et elle s'est affirmée dans les œuvres des jurisconsultes contemporains.

Il convient maintenant de rechercher quel est l'intérêt pratique qu'offre cette distinction, en énumérant les conséquences que produisent l'inexistence et l'annulabilité, après quoi nous indiquerons les différents cas où il y a inexistence et ceux où l'acte est simplement atteint d'annulabilité. Notre tâche, sur ce dernier point, se trouve considérablement simplifiée par l'étude des éléments nécessaires à l'existence et à la validité des actes juridiques présentée dans les précédents paragraphes.

B. — Intérêts de la distinction des actes annulables et des actes inexistants.

Ces intérêts sont nombreux, ils découlent tous de cette idée que l'acte inexistant est un pur fait, sans valeur aux yeux de la loi, tandis que l'acte annulable est provisoirement valable, mais peut être annulé.

1° L'acte inexistant ne produit aucun effet, car il est censé n'avoir jamais été formé ; au contraire, l'acte annulable produit d'abord ses effets normaux et ne perd sa force qu'autant que l'annulation a été prononcée par le juge. Cette annulation, du reste, fait disparaître complètement l'acte, non-seulement pour l'avenir, mais pour le passé ; elle efface rétroactivement toutes les conséquences qu'il a produites.

Dans la pratique, cette différence se réduit à bien peu de chose. Dans la plupart des cas, l'inexistence de l'acte ne sera pas certaine, évidente, et il y aura contestation entre les parties sur ce point. Il faudra bien alors porter le litige de-

comme on défait une vente ou un bail. Ce ne sont pas seulement des intérêts privés et pécuniaires qui sont en jeu. Le mariage tient trop essentiellement à l'ordre social pour avoir été imprudemment livré à toutes les attaques des mauvaises passions. » Rapport de M. l'avocat général Desjardins, S. 87, 1, 463, 2° col., *in fine.*

vant les tribunaux ; les juges trancheront la question et décideront si l'acte existe, ou si un des éléments essentiels fait défaut. Mais, dans ce cas, le rôle de juge se borne à *constater* l'inexistence ; au contraire, quand il s'agit d'acte annulable, il *prononce* la nullité.

Lorsqu'un acte est entaché d'un vice, la partie qui demande son annulation doit intenter une action spéciale qui s'appelle l'action en nullité (1) ; ou bien, si l'acte n'a pas encore été exécuté et que l'autre partie en poursuive l'exécution, elle résistera à sa prétention en invoquant l'exception de nullité. Dans les deux cas, elle doit prouver que l'acte est atteint d'un vice qui entraîne son annulabilité.

En matière d'inexistence, les choses se passent autrement, au moins en théorie. Il n'y a pas d'action spéciale pour faire constater l'inexistence d'un acte. Si je suis poursuivi en vertu d'un acte inexistant, je me défendrai en prouvant que cet acte manque d'un élément essentiel. Si j'ai exécuté par erreur les obligations qui en découlent en apparence, et que, plus tard, je constate qu'il était inexistant, je poursuivrai en justice la reconnaissance des droits qui m'appartenaient auparavant, comme si l'acte n'avait pas été exécuté. Par exemple, si j'ai livré une chose, je la revendiquerai ; si j'ai payé une somme d'argent, j'intenterai l'action en répétition de l'indû. Mais l'adversaire ne manquera pas d'opposer l'acte intervenu, et la question d'inexistence se posera devant le juge. (2)

---

(1) Art. 1304 Civ.

(2) On a prétendu que, lorsque l'acte est inexistant, le fardeau de la preuve se trouve renversé : c'est à celui qui invoque l'acte, a-t-on dit, à prouver qu'il réunit les conditions nécessaires à son existence. Au contraire, en matière d'annulabilité, c'est à la partie qui conteste la validité de l'acte d'établir qu'il est infecté d'un vice (Bourgeon, thèse de doctorat, p. 275 et suiv.). Mais cette distinction est inexacte. Dans tous les cas, que l'acte soit inexistant ou annulable, l'obligation de prouver l'inefficacité de cet acte incombe à la personne qui l'attaque. Il est facile de le démontrer. Je suppose que j'ai livré un cheval en vertu d'un legs qui avait été, à mon insu, révoqué. Je suis resté propriétaire du cheval, puisque le legs était inexistant, j'intente donc contre le légataire l'action en revendication. Celui-ci résiste à ma demande en invoquant son titre, le legs. Je réponds en

Jusqu'à présent, il semble que le premier intérêt de la distinction soit purement théorique et n'entraîne aucune conséquence pratique. Il est exact de dire qu'un acte inexistant ne produit aucun effet, et d'ajouter qu'au contraire l'acte annulable est tenu pour valable tant qu'il n'a pas été annulé, mais en fait, il faut toujours que l'inexistence soit constatée par les tribunaux, et, d'autre part, l'acte annulé est assimilable à l'acte inexistant. Pourtant, cette observation n'est pas absolument vraie et on peut citer deux différences pratiques qui résultent de la proposition énoncée:

1° L'inexistence d'un acte peut être constatée d'office par le juge, tandis que l'annulation ne sera prononcée que sur la demande de la partie intéressée. (1)

2° L'acte inexistant ne peut pas servir de juste titre à l'acquéreur pour prescrire l'immeuble qu'il a acquis par dix à vingt ans. Au contraire, l'acte simplement annulable forme un juste titre valable. (2)

2° Intérêt de la distinction. — Toute personne a le droit de se prévaloir de l'inexistence de l'acte juridique, si elle a intérêt à la faire constater, puisque cet acte ne peut produire aucun effet légal. Par exemple, un donateur a fait donation d'une maison par un acte sous seing privé, contrairement à l'article 931 Civ. Postérieurement, il vend cette même maison

---

prétendant que ce legs avait été postérieurement révoqué par le testateur, je dois donc prouver ce fait, *Reus excipiendo fit actor.*

(1) Cons. Aubry et Rau, I, § 37, qui citent à l'appui de cette proposition le rapport au tribunat de Jaubert. (Locré, *Législ.*, XII, p. 523, 524, n° 24 ; Dalloz, *Supplément au Répert.*, V° *Oblig.*, n° 1203.)

(2) L'article 2267 Civ. décide, en effet, que le titre nul par défaut de forme ne peut servir de base à la prescription de dix et vingt ans, et ce que la loi dit des actes inexistants pour défaut de forme doit être appliqué à toutes les causes d'inexistence. « Il faut un titre pour prescrire par dix à vingt ans, et celui qui n'a qu'un titre inexistant ou radicalement nul n'a pas de titre. » Baudry-Lacantinerie et Tissier, *De la prescription*, n° 668. Cette solution était déjà admise par nos anciens auteurs, Dunod, *Traité des prescriptions*, 3° édit., p. 47, 48.

Consulter dans le même sens Aubry et Rau, II, § 218 ; Grenoble, 22 avril 1804, S. 04, 2, 247.

à une autre personne. L'acheteur attaqué par le donataire pourra invoquer l'inexistence de la donation.

Au contraire, l'annulation d'un acte n'est établie par la loi que dans l'intérêt de certaines personnes, et ce sont ces personnes seules qui peuvent la faire prononcer. Par exemple, un mineur en tutelle achète une maison seul, sans être autorisé ou représenté par son tuteur. Il peut demander l'annulation de la vente, mais le vendeur ne le peut pas. (1)

3º *Intérêt*. — Les actes annulables peuvent être l'objet d'une confirmation ; au contraire, les actes inexistants ne sont pas susceptibles d'être confirmés.

Confirmer un acte, c'est le valider, le redresser et faire disparaître le vice dont il est atteint, de telle sorte que cet acte redevient parfait et est considéré comme n'ayant jamais été vicié. La confirmation suppose que l'acte a une existence légale, et c'est pour cela que les actes inexistants ne peuvent pas être confirmés, car il n'est pas possible de faire produire un effet en néant, de valider un acte qui, aux yeux de la loi, n'a aucune valeur. Aussi l'art. 1338 du Code civil dit que la confirmation s'applique aux obligations contre lesquelles la loi admet l'action en nullité ou en rescision, et l'article 1339, au contraire, faisant allusion à un acte inexistant, une donation entre-vifs infectée d'un vice de forme, déclare que le donateur ne peut pas la confirmer, il faut qu'elle soit refaite en la forme légale. Ainsi, jamais l'acte inexistant ne peut être confirmé, la raison et la loi s'y opposent. (2)

4º *Intérêt*. — L'action en nullité est susceptible de s'éteindre par la prescription, lorsque celui qui a le droit de

----

(1) Art. 1125 Civ.

(2) Cette différence entre l'acte inexistant et l'acte annulable a été contestée par Merlin, *Questions de droit*. Vº *Ratification*, § 5, et par Toullier, t. viii, p. 721, nº 518 ; mais elle est admise aujourd'hui par tous les auteurs et consacrée par la jurisprudence. Cf. Aubry et Rau, t. iv, § 337, 1º; Cass., 24 mai 1862, S. 62, 1, 280 ; Montpellier, 10 février 1866, S. 66, 2, 128; Cass., 6 nov. 1865, S. 66, 1, 5.

l'intenter, laisse passer un certain temps sans attaquer l'acte vicié. Le délai ordinaire de la prescription est de trente ans : l'article 2262 Civ. décide que toutes les actions sont prescrites par trente ans. Mais, en matière d'annulabilité, la loi a établi une prescription plus courte qui est de dix ans et qui est fondée sur une idée de confirmation tacite. Celui auquel appartient l'action en nullité est censé avoir renoncé au bénéfice de cette action et, par conséquent, avoir confirmé tacitement l'acte attaquable, quand il est demeuré pendant dix ans sans intenter cette action (art. 1304 Civ.). (1)

Pour les actes inexistants, au contraire, il n'y a pas à parler de prescription. En effet, l'écoulement d'un certain temps ne peut pas donner la vie à un acte qui n'a aucune valeur, qui n'existe pas au point de vue juridique. L'acte inexistant est aussi inexistant au bout de trente ans que le premier jour. D'autre part, il n'y a pas d'action spéciale en inexistence et, dès lors, il ne saurait être question d'une prescription extinctive empêchant de faire constater l'inexistence d'un acte. (2)

Il semble donc que les personnes intéressées pourront toujours, et quel que soit le temps écoulé, invoquer l'inexistence d'un acte. Pourtant, il convient de faire une observation. Les personnes qui ont intérêt à faire constater l'inexistence, doivent agir dans le délai de trente ans. En effet, tous les droits sont susceptibles de s'éteindre par le délai de trente ans, et si le titulaire laisse passer ce temps sans exercer son droit, celui-ci se trouve éteint par la prescription. « Après trente ans, on ne remet pas en question ce qui remonte à une date antérieure. » (3)

---

(1) L'article 1304 Civ. ne parle que de l'action en nullité des conventions, mais on admet ordinairement qu'il faut l'étendre à la plupart des actes juridiques.

Voir ci-dessous, page 274.

(2) Baudry-Lacantinerie et Tissier, *De la prescription*, n° 589 ; Aubry et Rau, 1, § 37, p. 119 ; Beudant, note D, 80, 1, 145.

(3) Beudant, note D, 80, 1, 145, sous Cassat, 5 mai 1879.

Exemple : Dans une cession d'office ministériel, le vendeur a stipulé par un traité secret que l'acheteur lui paierait une somme de 20.000 francs en plus du prix fixé au contrat : le traité est inexistant (1) ; l'acheteur qui a payé cette somme peut donc la répéter contre le vendeur, mais s'il reste pendant trente ans sans intenter l'action en répétition, cette action se trouve éteinte par la prescription, et il ne peut plus invoquer l'inexistence du traité secret.

2° Exemple : J'ai livré à Pierre une maison, parce que mon père, dans son testament, la lui avait léguée. Postérieurement je découvre un nouveau testament qui révoque ce legs. J'ai le droit de revendiquer la maison que j'avais livrée, sous l'influence de l'erreur ; mais je reste trente ans sans agir. Au bout de ce temps, Pierre a acquis la propriété de la maison par la prescription acquisitive, et il pourra repousser mon action.

Ainsi, quand un acte inexistant a été exécuté, si les parties laissent passer trente ans sans invoquer l'inexistence de l'acte, la prescription extinctive ou acquisitive, suivant les cas, mettra obstacle à la constatation de cette inexistence, et l'acte conservera une valeur de fait, le rapport de droit qu'il a établi se perpétuera. (2)

Cependant il n'en est pas toujours ainsi, et il ne serait pas exact de dire que, par la prescription des différentes actions permettant de faire constater son inexistence, l'acte devient toujours inattaquable au bout de trente ans. Il est facile de trouver des hypothèses où la prescription ne jouera pas ce rôle.

Prenons le cas d'un pacte sur succession future, qui est inexistant comme contraire à l'ordre public. (3) Un fils a

---

(1) Cass., 18 mars 1895, S. 00, 1, 11.

(2) « Quand une convention est nulle, c'est-à-dire inexistante, au bout de trente ans, il ne peut plus être question d'elle, soit qu'on veuille la faire exécuter, soit qu'on veuille effacer les suites de son exécution volontaire : l'état de choses qui existe depuis trente ans ne peut pas être contesté. » Baudant, note précitée.

(3) Art. 791, 1130 Civ.

renoncé par avance à la succession de son père en faveur de
son frère. Le père meurt. Quel que soit le temps écoulé depuis
le jour où le pacte est intervenu, le fils qui a renoncé peut
intenter l'action en partage des biens de la succession, et il
le pourra tant que son frère n'aura pas acquis par la prescription acquisitive la propriété exclusive de ces biens, car
l'action en partage est imprescriptible. (1)

Autres exemples : Le contrat de mariage rédigé postérieurement à la célébration du mariage ou en dehors de la
présence de l'un des futurs époux (2) est inexistant. Bien
que le mariage ait duré plus de trente ans, néanmoins, au
jour de la dissolution, les époux seront admis à se prévaloir de
l'inexistence du contrat, pour le règlement de leurs droits
respectifs.

Une donation d'un immeuble est faite à une association non
reconnue. Cette donation est inexistante, et le donateur ou
ses héritiers ont le droit de revendiquer même plus de trente
ans après la donation, parce que le donataire n'étant pas
doué de la personnalité n'a pas pu acquérir l'immeuble par
prescription, et que, d'autre part, l'action en revendication
ne s'éteint pas par le simple non usage. (3)

---

(1) Aubry et Rau, vi, § 622, p. 533.
(2) Cass., 6 novembre 1895, S. 96, 1, 5.
(3) Ce dernier point est contesté par quelques auteurs qui soutiennent,
au contraire, que l'action en revendication est susceptible de s'éteindre
par la prescription extinctive de trente ans. Voir Beudant, note Dalloz,
1880, 1, 115.
Dans notre sens, Aubry et Rau, *Droit civil*, ii, § 210, texte et note 4;
§ 219, texte et note 26; Baudry-Lacantinerie et Tissier, *De la prescription*,
no 593. Tout le monde admet que le droit de propriété ne peut pas se
perdre par le simple non usage; or, l'action en revendication, c'est le droit
lui-même en exercice, le droit contesté et porté devant les tribunaux. Si
le droit échappe à la prescription extinctive des tribunaux, l'action doit
aussi nécessairement y échapper.
La jurisprudence admet que l'inexistence d'un acte ne peut être invoquée
que pendant 30 ans, et qu'au bout de ce délai, le rapport de droit créé par
cet acte se perpétue, sans qu'on puisse en démontrer l'inexistence. Cass.,
11 novembre 1845, S. 45, 1, 785; Cass., 5 mai 1870, S. 70, 1, 313; Cass., 6 novembre 1895, S. 96, 1, 5. — Tout au moins la formule de ces arrêts est-elle

Enfin, une convention crée à la charge d'une personne une
obligation successive illégale, par exemple elle crée une
servitude prédiale consistant en une prestation personnelle
imposée au propriétaire du fonds servant, contrairement à
l'article 686 Civ. (1) Bien que ce propriétaire ait exécuté la
convention pendant 30 ans, il peut, même après ce délai,
en faire constater l'inexistence.

La distinction entre l'inexistence et l'annulabilité étant
ainsi bien précisée et ses conséquences principales connues,
il ne reste plus qu'à déterminer quand un acte est inexistant,
quand, au contraire, il est simplement annulable.

C. — Cas où il y a inexistence.

Nous savons déjà qu'il y a inexistence, lorsque l'acte manque d'un élément essentiel à sa formation, et ces éléments
ont été étudiés ci-dessus. Ils sont au nombre de quatre :
consentement, capacité de jouissance, objet, cause. (2)

En second lieu, il y a également inexistence, lorsque l'acte
est soumis par la loi à une forme déterminée, et que cette
forme n'a pas été observée.

---

très-défectueuse. Peut-être veulent-ils dire simplement que les actions
réelles ou personnelles qui peuvent être intentées, à raison de l'inexistence de l'acte, se prescrivent par 30 ans. C'est l'interprétation que donne
M. Lyon-Caen, S. 96, 1, 7, note. Un arrêt de Cass. du 6 avril 1856, S. 59,
1, 17, s'exprime d'une façon très-exacte et dit que la seule prescription à
opposer au cas d'absence d'acte par le défaut d'existence légale est la
prescription de 30 ans, non en ce sens qu'elle donne force à ce qui n'a pas
existé, mais en ce sens que cette prescription met obstacle à toute action
tant réelle que personnelle. »

(1) Pau, 10 juin 1890, S. 92, 2, 313.

(2) Certains actes juridiques exigent en outre, pour leur validité, la réunion d'autres éléments essentiels : Par exemple, dans la donation entre-
vifs, il faut que le donateur se dépouille actuellement et irrévocablement
(art. 894 Civ.); de même, la constitution d'hypothèque exige que le constituant soit propriétaire de l'immeuble (art. 2124 Civ.); les conventions matrimoniales doivent être rédigées avant la célébration du mariage (art.
1394), etc.

Voir ci-dessus, p. 215, note 1. Bien entendu, l'absence de ces conditions
rend l'acte inexistant.

Enfin, il faut ajouter un dernier cas, c'est celui où l'acte est contraire à l'ordre public ou aux bonnes mœurs. L'art. 6 du Code civil décide qu'on ne peut déroger par des conventions particulières aux lois qui intéressent l'ordre public et les bonnes mœurs, et l'art. 1131 s'exprime d'une façon encore plus formelle : « L'obligation sur une cause illicite ne peut avoir aucun effet. » Les travaux préparatoires du Code confirment cette solution. (1) A maintes reprises, les rédacteurs du Code citent les conventions illicites ou contraires aux bonnes mœurs comme exemples d'actes inexistants. (2)

D. — Cas où l'acte juridique est annulable.

L'annulabilité est un secours créé par la loi en faveur de personnes déterminées pour leur permettre de faire tomber un acte qui leur cause un préjudice immérité. Nous avons vu précédemment dans quelles hypothèses la loi accorde cette protection, et il suffit de les rappeler :

1° Lorsque la déclaration de volonté a été viciée par le

---

(1) Fenet, ii, p. 597 ; Locré, t. xv, p. 337, n° 4 ; p. 378, n° 11 ; t. i, p. 483.

(2) Consulter aussi les termes des art. 791, 1130, 1600, 896, 1388, etc.

Il y a cependant deux exceptions à cette règle :

1° En matière de donations entre-vifs ou testamentaires, les conditions contraires aux lois ou aux mœurs sont réputées non écrites, la donation et le testament conservent leur validité (art. 900 Civ.) ;

2° Lorsqu'un mariage a été contracté en violation d'une disposition d'ordre public, la loi ne le frappe pas d'inexistence. Les empêchements au mariage, qui s'expliquent tous par des considérations d'ordre public, sont de deux sortes. Les uns sont simplement prohibitifs, les autres dirimants. Les premiers s'opposent à la célébration du mariage, mais, lorsqu'il a été passé outre, ils n'en entraînent pas la nullité. Les seconds, au contraire, mettent non seulement obstacle à la célébration, mais permettent de faire annuler le mariage. On voit que, dans aucun de ces cas, le mariage, bien qu'ayant été contracté en violation d'une règle d'ordre public, n'est inexistant.

En dehors de ces deux exceptions, nous croyons que l'application de la règle est générale : Tout acte contraire à l'ordre public ou aux bonnes mœurs est inexistant. Ainsi, lorsqu'on aura inséré dans un acte à titre onéreux une condition immorale ou illicite, cet acte sera atteint d'inexistence. Il en est de même des pactes sur successions futures que le Code a prohibés comme contraires à la moralité.

dol, la violence, l'erreur et même, dans certains cas, par la lésion ;

2° Lorsque la personne qui a passé l'acte est incapable et qu'elle a agi sans observer les règles prescrites par la loi.

L'annulabilité a donc toujours pour cause l'un ou l'autre de ces événements : 1° Déclaration de volonté viciée ; 2° incapacité de l'auteur de l'acte. Elle se présente à nous avec un caractère bien marqué, qui la distingue nettement de l'inexistence. C'est une mesure de protection d'un ou de plusieurs intérêts privés. Cette mesure de protection s'explique, parce qu'une personne a été victime d'une erreur, de violence, de manœuvres frauduleuses ou, enfin, de son inexpérience. Le meilleur procédé pour la protéger, c'est, non pas d'anéantir l'acte, car le remède dépasserait souvent le but, mais de subordonner son annulation à la volonté de l'intéressé. S'il trouve l'acte avantageux, il le confirmera ; sinon, il en demandera l'annulation. (1)

_____

(1) On voit que nous ne distinguons que deux degrés dans l'imperfection de l'acte : l'inexistence et l'annulabilité. Certains auteurs, au contraire, admettent qu'en dehors de l'inexistence, il y a deux sortes d'annulabilités : La nullité relative et la nullité absolue. Dans cette théorie, la nullité relative, c'est la nullité qui a pour objet la protection d'un intérêt privé, et elle ne peut être intentée que par ceux auxquels la loi accorde ce droit; elle embrasse donc les cas que nous avons rangés dans l'annulabilité. Au contraire, la nullité absolue est une nullité fondée sur l'ordre public, et elle peut être proposée par tous les intéressés.
Consulter Aubry et Rau, I, § 37, p. 121 ; Laurent, t. I, n° 72 ; Sarrut, note D. 97, 1, 25.
Cette distinction ne trouve de point d'appui ni dans nos anciens auteurs, ni dans les travaux préparatoires, ni enfin dans les textes du Code. Nos anciens auteurs employaient les mots de nullité absolue pour désigner l'inexistence et de nullité relative pour l'annulabilité. (Dunod, *Traité des prescriptions*, 3° édit., p. 47 et suiv.; Bouhier, *Observations sur la coutume de Bourgogne*, ch. 19, n° 12.)
Il n'est pas possible de justifier la différence que l'on prétend établir entre la nullité absolue et l'inexistence. Les nullités absolues sont, dit-on, d'ordre public, mais les termes du Code prouvent que, dans les cas où l'ordre public est intéressé, l'acte n'est pas simplement annulable, mais inexistant. On est, du reste, bien obligé de reconnaître que les nullités absolues ressemblent singulièrement à l'inexistence. Autant la dis-

On rencontre dans le Code civil quelques autres cas, dans lesquels l'annulabilité repose bien sur une idée de protection des intérêts privés, mais qui diffèrent un peu des hypothèses que nous venons d'indiquer. Ainsi, l'art. 1422 Civ. décide que le mari ne peut pas disposer entre-vifs à titre gratuit des immeubles de la communauté, ni de l'universalité ou d'une quotité du mobilier.

Cette prohibition spéciale est établie dans l'intérêt de la femme, et celle-ci a seule le droit de demander la nullité des donations faites en violation de cette défense.

Lorsque les envoyés en possession provisoire des biens d'un absent ont fait des actes excédant les pouvoirs d'admi-

---

tinction entre l'inexistence et l'annulabilité est logique, rationnelle, autant la distinction entre l'inexistence et la nullité absolue est factice et artificielle.

Il est probable que cette sous-distinction a été empruntée par les auteurs à la matière du mariage et transportée par eux dans le domaine des autres actes juridiques. Les interprètes ont, en effet, l'habitude de classer les mariages atteints de nullité en trois catégories : les mariages inexistants, les mariages frappés d'une nullité absolue, les mariages frappés d'une nullité relative. Les premiers sont ceux auxquels manque un élément essentiel, comme le défaut de consentement ; les nullités absolues sont celles où l'ordre public est plus directement engagé (Beudant, *Droit civil*, t. 1, n° 281), elles peuvent être proposées par toute personne y ayant intérêt et par le ministère public ; au contraire, les nullités relatives ne peuvent être invoquées que par certaines personnes limitativement déterminées, car elles se rattachent à des questions de consentement.

Cette division tripartite des causes de nullité du mariage n'est pas admise par tous les interprètes ; quelques uns la rejettent et déclarent que, du moment que le mariage a été célébré, il ne peut pas être inexistant, de telle sorte que cet acte, par exception, à cause de son importance et des graves inconvénients qu'entraîne la rupture, échapperait à la règle que nous avons posée. « Il n'y a pas, en matière de mariage, de nullités opérant de droit, il n'y a que des causes de nullité pouvant donner lieu à des demandes en nullité de mariage. » Beudant, *loc. cit.*, n° 280. (Voir ci-dessus, p. 265, note 3.)

Quoiqu'il en soit, la théorie des nullités de mariage est une théorie soumise à des règles spéciales, à cause des caractères de l'acte lui-même, et qu'il ne faut pas étendre aux autres actes juridiques. Or, la distinction des nullités en nullités absolues et relatives n'a été faite par le Code que dans la matière du mariage, et elle doit être limitée au mariage.

C'est à tort qu'on l'a appliquée aux autres actes.

nistration que leur confère la loi (1), l'absent de retour peut seul demander l'annulation de ces actes, car c'est dans son intérêt que la loi limite les droits d'administration des envoyés en possession provisoire. (2)

Enfin, les articles 1596, 1597 interdisent aux tuteurs de se rendre adjudicataires des biens de ceux dont ils ont la tutelle; aux mandataires, des biens qu'ils sont chargés de vendre, etc.; aux juges, avoués, etc., de devenir cessionnaires des droits et actions litigieux qui sont de la compétence du tribunal dans le ressort duquel ils exercent leurs fonctions. D'après un certain nombre d'auteurs, ces articles édictent une incapacité qui présente un caractère spécial, elle n'est pas établie en vue de protéger l'incapable, mais au contraire contre lui. En conséquence, ils décident que la nullité établie par ces articles est une nullité relative qui pourra être invoquée, dans le cas de l'article 1596, par le propriétaire du bien, et dans le cas de l'art. 1597, par le cédant de droit litigieux et par le cédé. (3)

En résumé, les causes d'inexistence et d'annulabilité sont faciles à déterminer, et il sera aisé, en présence d'un acte

---

(1) Art. 128 Civ.

(2) Cf. Aubry et Rau, I, § 153, p. 608.

(3) Nous considérons les prohibitions prononcées par les art. 1596, 1597 comme constituant non pas des incapacités d'exercice, mais des privations de la jouissance du droit d'acheter. Par conséquent, à notre avis, la sanction de ces articles consiste dans l'inexistence de l'acte d'acquisition fait contrairement à la prohibition qu'ils édictent. Cf. ci-dessus, p. 104, note 1.

L'article 1167 Civ. décide que les créanciers peuvent attaquer les actes faits par leur débiteur en fraude de leurs droits. Cette action porte le nom d'action révocatoire ou action paulienne. Les auteurs ne sont pas d'accord sur sa nature. D'après les uns, c'est une action en nullité relative établie en faveur des créanciers pour les protéger contre les actes par lesquels le débiteur chercherait à diminuer leur gage. Voir Baudry-Lacantinerie et Barde, Des oblig., I, n° 705.

Suivant une autre opinion plus généralement adoptée, l'action paulienne n'est pas une action en nullité, mais simplement une action en dommages-intérêts, fondée sur la fraude commise à l'égard des créanciers, et qui a pour effet de rendre l'acte frauduleux inopposable aux créanciers. Aubry et Rau, t. IV, § 313, p. 137, note 24, et p. 142, note 38.

atteint d'inefficacité, de dire si cet acte rentre dans l'une ou l'autre de ces catégories. Il suffira de rechercher quel est le fondement de son inefficacité. (1)

Mais la loi ne prononce pas expressément, dans tous les cas, la nullité. (2) Souvent le Code se contente d'employer une formule prohibitive: ne peut, ne peuvent, ne doivent, ou bien une formule impérative, comme dans les articles 334, 1394 Civ.; il ordonne ou il défend, mais sans édicter de sanction. (3) Or, il n'est pas douteux que la nullité peut être prononcée en vertu de la volonté tacite du législateur; en d'autres termes, il y a des cas où la nullité est virtuelle. (4)

Ordinairement, il sera assez facile de déterminer dans quelles espèces le législateur a entendu sanctionner par la nullité les dispositions qu'il édictait.

Mais la question deviendra, au contraire, assez délicate, en matière d'inexistence, dans les deux hypothèses suivantes:

1° Quand il s'agit de règles qui paraissent inspirées par des considérations d'ordre public, car les limites du domaine de l'ordre public sont naturellement vagues et mal définies. Nous avons essayé, dans notre premier chapitre (5), de déterminer à quels caractères il est possible de reconnaître les lois d'ordre public;

2° Au sujet des formalités exigées par la loi pour l'accomplissement de certains actes. Il y a des cas dans lesquels on peut se demander si les formalités sont essentielles ou non et si leur absence doit entraîner l'inexistence de l'acte. (6)

_____

(1) Le doute ne peut s'élever que dans les cas où la cause même de l'inefficacité est difficile à dégager par suite du laconisme ou du silence du législateur. Il en est ainsi, en particulier, dans les articles 1599 et 1398 Civ.

(2) Nous employons ici le mot nullité dans son sens le plus large, comme embrassant à la fois les cas d'inexistence et d'annulabilité.

(3) Ex. Art. 445, 463, 464, 791, 903 Civ., etc.

(4) Cf. Aubry et Rau, t, § 37, p. 119, 120.

(5) Voir ci-dessus, p. 22 et suiv.

(6) La question se présente notamment à l'occasion des délibérations du conseil de famille (art. 406 et suiv. Civ.) et des mentions exigées par la loi pour la rédaction des bordereaux d'inscriptions hypothécaires (art. 2148 Civ.).

Il n'y a pas de critérium qui permette de donner à cette question une réponse générale, on ne pourra la résoudre qu'en étudiant, pour chaque cas particulier dans lequel elle se présentera, l'esprit de la loi et les motifs qui ont fait édicter les formalités. (1)

Première observation. — Il ne faut pas confondre avec les deux espèces de nullités que nous venons d'exposer les causes d'inefficacité qui peuvent atteindre un acte juridique. Ces causes d'inefficacité se produisent après coup ; l'acte a été régulièrement passé, il n'est entaché d'aucune imperfection, mais, postérieurement, une circonstance paralyse les effets qu'il produisait. Il en est ainsi de l'acte fait sous condition résolutoire, que nous étudierons plus loin. La révocation des donations et des legs constitue également une cause d'inefficacité distincte de la nullité. (2) Les dispositions testamentaires sont soumises à des causes particulières d'inefficacité. Elles ne produisent leur effet qu'au jour de la mort du testateur, et dans l'intervalle qui sépare l'époque de leur rédaction du jour du décès, elles peuvent être révoquées par le testateur, ou devenir caduques par suite de certains événements. (3)

Deuxième observation. — Lorsque la loi veut protéger certaines personnes contre les conséquences préjudiciables d'un acte, elle n'emploie pas toujours le remède de l'annulabilité, elle se contente parfois de décider que, si les règles qu'elle édicte n'ont pas été observées, l'acte sera inoppo-

---

(1) En matière de mariage, il n'y a pas de nullités virtuelles, la loi a limitativement énuméré les cas où le mariage peut être annulé. Il suffit de parcourir le chapitre IV du titre du mariage pour s'en convaincre. « L'annulation d'un mariage est une chose des plus graves. Elle trouble profondément la famille ; elle compromet le sort des époux et, en outre, celui des enfants ; elle est presque toujours une occasion de scandale : elle ne doit dès lors être prononcée que si la règle méconnue est vraiment d'ordre public, c'est-à-dire qu'autant que la loi attache formellement la nullité à l'oubli de ses prescriptions. » Baudant, *Droit civil*, I, n° 275.

(2) Art. 953 et suiv. 1046, 1047 Civ.

(3) Art. 1035 et suiv. Civ.

sable vis-à-vis de ces personnes, et tenu à leur égard pour non avenu. C'est ainsi, en particulier, qu'elle sanctionne ordinairement le non accomplissement des mesures de publicité destinées à porter un acte à la connaissance des tiers intéressés. Par exemple, les privilèges immobiliers et les hypothèques doivent être publiés par une inscription prise sur un registre tenu au bureau de la conservation des hypothèques de l'arrondissement où est situé l'immeuble. (1) Si cette inscription n'est pas prise, le privilège ou l'hypothèque produisent bien leur effet dans les rapports du créancier et du débiteur, mais ils ne peuvent pas être opposés aux tiers créanciers ou acquéreurs de l'immeuble. (2)

E. — De l'action en nullité et de l'action en rescision pour cause de lésion.

L'action destinée à faire prononcer l'annulation des actes juridiques entachés d'un vice ou faits par un incapable, s'appelle l'action en nullité. (3) A côté de cette action, il y en a une autre qui aboutit au même résultat, c'est l'action en rescision. Le Code emploie même souvent ces deux expressions comme synonymes (4), pourtant il réserve plus volontiers

---

(1) Art. 2106, 2134 Civ.

(2) De même, nous avons dit ci-dessus que, d'après l'opinion généralement admise, l'action paulienne de l'article 1167 Civ. est une action en dommages-intérêts qui permet aux créanciers de tenir pour non avenu l'acte frauduleux passé par leur débiteur, mais cet acte continue à produire ses effets dans les rapports du débiteur et du tiers avec lequel il a été passé.

Nous pouvons encore ajouter que les nullités prononcées par les art. 446 et suiv. du Code de commerce contre les actes faits par un failli pendant la période suspecte et après le jugement déclaratif de faillite, ne sont pas des nullités à proprement parler; ces actes produisent leurs effets entre les parties, mais sont inopposables aux créanciers de la masse.

De même (art. 686 Pr. c.), la vente d'un immeuble faite après la transcription de la saisie est nulle en ce sens qu'elle est inopposable aux intéressés, mais elle reste valable entre les parties, et le vendeur et l'acquéreur ne peuvent pas l'attaquer.

(3) Art. 1304 Civ.

(4) Ainsi la rubrique de la section VII, chapitre V du titre des obliga-

les mots action en rescision pour les cas où l'acte est attaquable pour cause de lésion (1), et, dans la doctrine, il est d'usage de désigner sous ce nom d'action en rescision l'action qui permet de faire annuler un acte entaché de lésion, dans les hypothèses exceptionnelles où la loi considère la lésion comme un vice de la volonté. (2) L'action en rescision n'est donc qu'une variété de l'action en nullité. Elle présente deux caractères spéciaux et distinctifs : 1° Elle suppose que l'acte attaqué est lésionnaire, et il suffit que la personne qui l'intente prouve l'existence de la lésion ; 2° en matière contractuelle, elle peut être arrêtée par la partie contre laquelle elle est dirigée. Celle-ci a, en effet, le droit d'offrir la réparation du préjudice supporté par le demandeur, et il évite ainsi la rescision du contrat. (3)

L'annulabilité d'un acte peut être invoquée non-seulement par voie d'action, mais aussi par voie d'exception. Il en est ainsi, lorsque l'acte n'a pas été exécuté et que celui qui a le droit de se prévaloir de cet acte en demande l'exécution. L'autre partie peut alors résister en opposant l'exception de nullité. Exemple : Primus a déterminé, par des manœuvres frauduleuses, Secundus à acheter sa maison ; quelque temps après, il réclame à Secundus le payement du prix. Celui-ci refuse de payer, en invoquant le dol dont il a été victime et oppose à la demande de Primus l'exception de nullité.

Lorsqu'un acte est annulé ou rescindé, il est anéanti et tous ses effets disparaissent, comme s'il n'avait jamais été fait. *Quod nullum est nullum producit effectum.* C'est la conséquence nécessaire de l'annulation. L'acte était imparfait, il n'a eu qu'une existence provisoire ; le jour où il est

---

tions (art. 1304 suiv.), est intitulée : De l'action en nullité ou en rescision des conventions.

(1) Art. 887, al. 2, 1305, 1306, 1313, 1674.

(2) Art. 1118 Civ. Dans l'ancien droit, il y avait une différence bien marquée entre ces deux actions. Voir Baudry-Lacantinerie, *Précis*, 6° édit., t. II, § 390 ; Aubry et Rau, IV, § 332.

(3) Voir les articles 891 et 1681, pour le partage et pour la vente d'immeubles.

annulé, il est atteint rétroactivement ; le rapport de droit qu'il avait créé est effacé. Exemple : J'ai vendu ma maison et l'acheteur a concédé des droits réels à des tiers sur cette maison. Plus tard, j'obtiens l'annulation de la vente. Le droit de l'acheteur tombe, il n'a jamais été propriétaire et, par suite, tous les droits qu'il a consentis à des tiers tombent aussi.

D'autre part, je dois restituer à l'acheteur le prix qu'il m'avait payé. (1)

F. — Confirmation des actes annulables.
Prescription des actions en nullité et en rescision.

La confirmation consiste dans le fait de renoncer au droit d'attaquer un acte contre lequel la loi accorde l'action en nullité. (2) Les actes annulables sont donc seuls susceptibles d'être confirmés, les actes inexistants ne le peuvent pas. « On ne conçoit pas plus la confirmation d'une obligation inexistante que la demande en nullité de ce qui n'existe pas aux yeux de la loi. La confirmation a pour objet d'effacer le vice de l'obligation ; cela suppose une obligation qui peut produire un effet, mais qui, à raison du vice dont elle est atteinte, peut être annulée et cesser de produire un effet. Or, une obligation inexistante ne peut produire aucun effet, ce sont les termes de l'article 1131 ; elle n'est pas entachée d'un vice qui puisse disparaître par une confirmation, c'est le néant et on ne confirme pas le néant. » (3)

_____

(1) Il y a une exception à cette règle, en ce qui concerne les incapables ; nous l'avons déjà signalée. Les incapables au profit desquels la nullité d'un contrat a été prononcée, ne sont obligés de restituer ce qui leur a été payé en temps d'incapacité, que jusqu'à concurrence de ce dont ils se trouvaient enrichis au moment où ils ont intenté l'action (art. 1312 Civ.). Ainsi, si c'est un incapable qui a vendu la maison, il ne devra rembourser le prix que s'il ne l'a pas dissipé en dépenses inutiles.

(2) Art. 1338 Civ.

(3) Laurent, t. xviii, n° 564. Les auteurs discutent la question de savoir si les nullités absolues sont susceptibles d'être confirmées. (Aubry et Rau, iv, § 337 ; Laurent, t. xviii, § 599.) Nous avons dit ci-dessus qu'à notre

La confirmation se réalise au moyen d'une déclaration expresse ou bien tacitement, par exemple, par l'exécution volontaire de l'acte annulable.

La confirmation n'est valable que si elle présente les deux caractères suivants (1) :

1° Il faut qu'elle soit faite avec connaissance du vice dont l'acte est entaché ;

2° Il faut qu'au moment où elle intervient, la cause qui avait produit le vice ait cessé d'exister : par exemple, l'acte entaché de violence ne peut être confirmé qu'après la cessation de la violence ; l'incapable ne peut confirmer l'acte qu'il a fait que le jour où son incapacité a cessé. L'acte confirmé est validé, et le vice qui l'entachait est rétroactivement effacé.

Cependant, la confirmation ne doit pas nuire aux tiers qui, comptant sur l'annulation de l'acte, auraient acquis des droits subordonnés à cette annulation. Ainsi, un mineur a consenti une hypothèque sur un immeuble à un créancier, sans observer les formes prescrites. Devenu majeur, il hypothèque de nouveau cet immeuble à un second créancier, et, postérieurement, il confirme la première constitution. Cette confirmation n'aura aucun effet vis-à-vis du second créancier, dont l'hypothèque conservera le premier rang.

Prescription. — L'action en nullité et l'action en rescision s'éteignent par l'écoulement d'un certain laps de temps, et l'acte annulable devient inattaquable à partir de ce moment. Le délai ordinaire de la prescription est de trente ans. (2) Mais le Code civil a resserré ce délai dans des limites beaucoup plus étroites, en ce qui concerne les actions en nullité et

---

avis, il n'y a pas de nullités absolues. Les actes sont inexistants ou simplement annulables.

Par exception, la donation nulle pour vice de forme qui, étant inexistante, ne peut pas être confirmée par le donateur (art. 1339 Civ.), peut l'être après le décès de celui-ci par ses héritiers (art. 1340 Civ.). Les auteurs ont vainement cherché une explication satisfaisante de cette dérogation.

(1) Art. 1338 Civ.
(2) Art. 2262 Civ.

en rescision. Nous savons que ces actions constituent un bénéfice accordé à certaines personnes injustement lésées par un
acte juridique, et ces personnes sont libres de les intenter
et de faire prononcer l'annulation de l'acte, ou, au contraire,
de le confirmer expressément ou tacitement. Si les intéressés restent pendant un certain temps sans intenter l'action
en nullité, il est naturel de présumer qu'ils ont renoncé au
bénéfice de cette action, et de considérer leur silence comme
une confirmation tacite de l'acte annulable. (1) En se fondant
sur cette présomption de confirmation tacite, l'article 1304
décide que les actions en nullité et en rescision durent dix
ans. Ce délai de dix ans court en principe du jour où l'acte
a été passé ; mais, si l'état de choses, qui a donné naissance
au vice dont l'acte est entaché, est de nature à se prolonger,
c'est seulement à partir du moment où cet état de choses
aura pris fin, c'est-à-dire du moment où la confirmation
deviendra possible, que la prescription courra. (2)

Cette prescription de dix ans ne s'applique, bien entendu,
qu'aux actions en nullité et en rescision, c'est-à-dire aux actions qui sanctionnent l'annulabilité.

Les auteurs discutent la question de savoir à quelles espèces d'actes il faut l'appliquer. Le texte ne parle que des
conventions, et l'on se demande s'il faut l'interpréter restrictivement et revenir, pour les actes unilatéraux, à la prescription de droit commun, qui est de trente ans, ou si, au contraire, il faut considérer cet article comme un texte de principe et l'étendre à tous les actes juridiques. (3)

Enfin, l'exception de nullité est-elle soumise à la prescription de dix ans comme l'action en nullité? Ces questions doi-

---

(1) Voir l'article 1115 du Code civil : « Un contrat ne peut plus être attaqué pour cause de violence si, depuis que la violence a cessé, ce contrat
a été approuvé, soit expressément, soit tacitement, soit en laissant passer
le temps de la restitution fixé par la loi. »

(2) Voir les alinéas 2 et 3 de l'art. 1304.

(3) Consulter Aubry et Rau, IV, § 339, in fine; Baudry-Lacantinerie, II,
n° 407, 6° édit.; Couturier, De la prescription des actions en nullité ou en
rescision, Thèse de doctorat, Paris, 1889.

vent être seulement signalées, leur discussion se présente naturellement à propos de l'interprétation détaillée de l'article 1304, interprétation qui rentre dans l'étude des obligations conventionnelles.

§ 5. — *Modalités des actes juridiques.* (1) — *Condition, terme, mode.*

Les conséquences naturelles d'un acte juridique peuvent être modifiées et restreintes par la volonté des parties. Parmi ces restrictions, il y en a trois qui se rencontrent fréquemment dans les actes juridiques et dont il convient, par conséquent, de déterminer les caractères. Ce sont : la condition, le terme et le mode. Elles trouvent leurs applications principales dans les contrats et les testaments. (2)

I. — *De la Condition* (art. 1168 à 1184 Civ.).

A. — Notion.

Le mot condition, entendu au point de vue juridique, signifie la subordination d'un rapport de droit à un événement futur et incertain.

La formation ou la disparition du rapport de droit dépend alors de l'arrivée ou de la non réalisation de cet événement, et jusqu'à ce moment, il pèse une incertitude sur le sort de l'acte juridique. (3)

---

(1) Consulter : Savigny, *Traité de droit romain,* t. iii, § cxvi et suiv.; Goudsmit, *op. cit.,* § 57 à 64; Windscheid, *op. cit.,* t. 1er, § 84 à 100; Unger, *op. cit.,* t. ii, § 82 à 84; Aubry et Rau, iv, § 302, 303; vii, § 701; viii, § 691, 692, 699, 701, 715, 727; Demolombe, *Traité des contrats,* t. ii, nos 273 et suiv.; Laurent, t. xvii, nos 32 à 215; xi, nos 427 et suiv.; xiv, nos 532 et suiv., et les autres traités de droit civil.

(2) Savigny, *op. cit.,* iii, § cxvi, trad. Guénoux, p. 125.

(3) Les jurisconsultes allemands ont longuement discuté sur la notion précise de la condition, mais leurs discussions sont trop obscures et subtiles pour être rapportées ici. (Voir : Goudsmit, § 37, note 1 ; Windscheid, i, § 86, note 3.)

Elles méritent bien le reproche que leur adresse Ihering : « Notre jurisprudence, dit-il, a préféré s'évertuer à bâtir mille commentaires scolas-

L'événement qui fait l'objet de la condition doit être futur et incertain. (1) Il n'y a pas condition véritable, par conséquent : 1° Si l'événement auquel l'acte est subordonné est déjà arrivé, à l'insu des parties. En pareil cas, l'incertitude ne se rencontre que dans l'esprit des parties, non dans la réalité ; car de deux choses l'une : ou l'événement s'est produit, et l'acte existe purement et simplement, ou, au contraire, il ne s'est pas réalisé, et l'acte est à considérer comme non avenu. (2)

2° Si l'événement qu'on a en vue est réellement futur, mais s'il doit certainement se produire un jour ou l'autre. Ici encore il n'y a pas d'incertitude sur le sort de l'acte. Exemple : Je vous donne 1.000 francs, si telle personne meurt. L'intention des parties n'a pu être que de retarder *l'exécution* de l'acte à l'époque où l'événement se réalisera, mais il est évident que l'acte produira ses effets. Cette clause constitue un terme et non une condition.

Il semble résulter de là que les événements dont la réali-

---

tiques, stériles à mon avis, sur le mécanisme logique de la condition, et avec une patience de fourmi, elle n'a cessé de fouiller tout le détail de la théorie des conditions. » A ce travail stérile, il oppose la conception simple et claire des juristes romains : « Dans la définition qu'ils donnent de la condition, ils accueillent l'élément de l'avenir. Ils désignent comme le critérium de la véritable condition l'état d'indécision objective ou de suspension. Pour eux, l'acte conditionnel est l'acte qui *devient*, mais qui déjà, porte en lui-même, au complet, les conditions assignées par la loi à sa réalisation, et ne doit plus surmonter qu'un élément étranger à sa légalité abstraite, mais essentiel cependant pour sa réalisation concrète. » *Esprit du droit romain*, traduction Meulenaere, t. IV, p. 162, 163 et note 237.

(1) Art. 1168 Civ.
(2) L'article 1181 dit que l'obligation contractée sous une condition suspensive est celle qui dépend ou d'un événement futur et incertain, ou d'un *événement actuellement arrivé, mais encore inconnu des parties*. Mais le dernier alinéa ajoute: « Dans le second cas, l'obligation a son effet du jour où elle a été contractée. » Ce qui prouve que la condition n'opère que subjectivement, dans l'esprit des auteurs de l'acte, et non objectivement. Le sort de l'acte est dès à présent certain, il existe ou il est non avenu ; l'incertitude qui caractérise l'acte conditionnel ne se rencontre pas ici.

sation est impossible physiquement (1) ou juridiquement ne constituent pas de véritables conditions. Cependant, l'article 1172 considère les conventions, dont la conclusion est subordonnée à un pareil événement, comme conditionnelles. En vérité, ce ne sont pas, à proprement parler, des conditions, le sort de l'acte n'est pas incertain, puisqu'il est évident que l'événement ne peut pas se réaliser. La seule question qui se pose est de savoir s'il faut annuler l'acte, ou tenir la condition pour non avenue, non écrite.

Enfin, il y a des rapports de droit qui sont, par leur nature même, subordonnés à l'arrivée d'un événement déterminé, de telle sorte que, si cet événement ne se produit pas, le rapport de droit ne peut pas se former. Ainsi, le legs fait par le testateur n'est valable que si le légataire survit; l'efficacité des dispositions faites dans un contrat de mariage est subordonnée à la célébration du mariage. (2) Il en résulte que, si je fais un legs en ajoutant expressément la clause que le légataire survivra, ou une donation par contrat de mariage, sous la condition que le mariage sera célébré, l'acte n'est pas conditionnel, car la clause ajoutée fait partie inhérente de cet acte et ne constitue pas une modalité arbitraire, dépendant de ma volonté. (3)

La déclaration de volonté conditionnelle peut avoir pour objet la création d'un rapport de droit. Exemple : Je vous donnerai telle chose, si tel événement arrive. Dans ce cas, on dit que la condition est suspensive, parce que le rapport de droit ne se formera que si l'événement se réalise. Jusque-là, il est en suspens.

Elle peut également avoir pour objet l'extinction d'un rapport de droit. Exemple : Je vous donne telle chose, mais la donation sera résolue si...

On appelle cette deuxième espèce de condition, condition

---

(1) *Si digito cælum attigero*, § 11, Inst., III, 19, *De inutilibus stipulat.*
(2) Art. 1088 Civ.
(3) Savigny, *Traité de droit romain*, trad. Guénoux, III, p. 127 ; Aubry et Rau, IV, § 302, texte et note 2, p. 60.

résolutoire. Le rapport de droit se forme immédiatement, il produit ses effets comme s'il était pur et simple, mais sa disparition est subordonnée à l'arrivée d'un événement. (1)

En analysant de près la condition résolutoire, on voit qu'elle n'est qu'une variété de la condition suspensive; ce qui est en suspens, ce n'est pas la naissance, mais la disparition du rapport de droit. L'acte sous condition résolutoire est un acte pur et simple résoluble sous condition. C'est une *pura conventio quæ resolvitur sub conditione*. (2) Cette observation est parfaitement exacte; la distinction entre la condition suspensive et la condition résolutoire est néanmoins utile, parce que ces deux formes de la condition produisent des effets bien différents, puisque la première suspend la formation, la seconde l'extinction de l'acte. Mais il ne faut pas oublier que la condition étant en réalité unique, les mêmes principes doivent s'appliquer à chacune de ces formes. (3)

_____

(1) On peut caractériser la différence qui existe entre la condition suspensive et la condition résolutoire, en donnant la formule de l'une et de l'autre :

Formule de la condition suspensive : Je veux telle chose, si...

Formule de la condition résolutoire : Je veux telle chose, mais je ne la veux plus, c'est-à-dire, l'effet de ma volonté disparaîtra, si...

(2) Loi 3 D. *De contrah. empt.*, xviii, 1; loi 2 D. *De in diem addict.*, xviii, 2; Pothier, *Des oblig.*, nos 198, 224; Laurent, xvii, no 32; Goudsmit, *op. cit.*, § 58, p. 149, note 3.

(3) Maynz, *Cours de droit romain*, 4e édit., i, §, 36, p. 470 :

« Toute condition est suspensive, car toute condition, sans exception, suspend l'effet de l'acte auquel elle est ajoutée; et c'est précisément là ce qui constitue l'essence de la condition. Il est donc contraire aux règles de la logique d'attribuer exclusivement à une espèce le nom générique qui convient à toutes les conditions, et de refuser, par suite, à une autre espèce la qualification et le caractère qui lui appartiennent. Ce qui a donné lieu à cette erreur, c'est que souvent les parties joignent à l'acte qui crée un droit un autre acte qui a pour but d'éteindre éventuellement ce même droit. Par exemple : Je vous vends ma maison à tel prix; mais la vente sera résiliée, si vous ne me payez pas ce prix dans huit jours.

Dans ce cas, nous avons d'abord une disposition qui crée les rapports de droit résultant du contrat de vente, et, en second lieu, une disposition qui a pour but de résilier ces rapports. Or, comme l'effet de cette seconde disposition dépend d'une condition, savoir du non payement du prix, on dit que les deux conventions constituent un acte de vente sous condition

B. — Divisions des conditions.

On peut, en tenant compte de leur contenu, classer les conditions en plusieurs catégories :

En premier lieu, l'événement prévu dans la déclaration de volonté conditionnelle peut être un événement de la nature, ou un acte qu'il est au pouvoir de l'une des parties ou d'un tiers d'accomplir. Les conditions seront donc : potestatives, casuelles ou mixtes.

Les articles 1169, 1170, 1171 Civ. définissent ces trois espèces de conditions :

« La condition casuelle est celle qui dépend du hasard, et qui n'est nullement au pouvoir du créancier ni du débiteur. » (1)

La condition potestative est celle qui dépend d'un événement qu'il est au pouvoir des parties de faire arriver ou d'empêcher. (2)

La condition mixte dépend à la fois de la volonté de l'auteur de l'acte et de la volonté d'un tiers. (3) Exemple : Je vous donne ou lègue 10.000 fr., si vous épousez telle personne.

La condition potestative demande quelques explications. Il y a deux sortes de conditions potestatives : *La condition simplement potestative*, qui suppose un événement extérieur dont la réalisation ou la non réalisation dépend de la volonté, par exemple : si vous vous mariez, si vous allez habiter Paris, si vous vendez votre maison ; *la condition purement potestative*, qui dépend uniquement, exclusivement de la volonté, par exemple : si je le veux, si je le juge à propos.

---

résolutoire, quoique, en réalité, la vente soit pure et simple et qu'il n'y ait de conditionnel que la faculté qui est laissée à l'une des parties de résilier la vente. Aussi, les jurisconsultes romains distinguent-ils toujours avec soin la disposition qui contient la résiliation conditionnelle d'avec celle qui établit le droit pur et simple. »

(1) Art. 1169 Civ. Il résulte de cette définition que la condition qui dépend de la volonté d'un tiers étranger à l'acte est casuelle.

(2) Art. 1170 Civ.

(3) Art. 1171 Civ.

La condition simplement potestative n'empêche pas la formation du rapport de droit, même si elle est potestative de la part de la personne qui a contracté une obligation ; le débiteur est réellement obligé, puisque, pour échapper à l'obligation qu'il a contractée, il devra faire un acte, volontaire il est vrai, mais dont l'accomplissement constituera pour lui une contrainte sérieuse, efficace. Par exemple : Si je me décide à aliéner ma maison, je vous promets de vous la vendre à vous plutôt qu'à un autre. L'obligation dépend bien de ma volonté, mais, par suite de circonstances qui peuvent se produire, je serai peut-être obligé un jour, ou tout au moins j'aurai peut-être intérêt à vendre ma maison. (1)

La condition purement potestative, au contraire, détruit l'efficacité du lien juridique, quand cette condition dépend de la volonté de la personne qui a contracté l'obligation. Il est évident qu'une personne n'est pas sérieusement obligée, lorsqu'elle dit : Je vous vendrai ma maison, ou bien, je vous ferai une donation, si je le juge à propos. Aussi l'article 1174 Civ. décide-t-il que toute obligation est nulle, lorsqu'elle a été contractée sous une condition potestative de la part de celui qui s'oblige. (2)

Mais la convention est valable, si la condition purement potestative dépend, non pas de la volonté du débiteur, mais de celle du créancier. Exemple : Je m'engage à vous prêter 10.000 francs le 1er janvier, si vous le voulez. Je vous loue ma maison et je vous promets de vous la vendre à la fin du

---

(1) Par exception, la donation entre-vifs ne peut pas être faite sous une condition simplement potestative dépendant de la volonté du donateur. Ainsi, serait nulle la donation ainsi conçue : Je vous donnerai mon cheval, si je vais habiter Paris ; je vous donne mon cheval, mais la donation sera révoquée, si je me marie. Cette prohibition résulte d'une règle spéciale aux donations, qu'on formule ainsi : Donner et retenir ne vaut. (Art 944 Civ.)

(2) Il ne peut pas y avoir de doute sur le sens de cet article, qui, en parlant de condition potestative, vise certainement la condition purement potestative seule. Il suffit, pour s'en convaincre, de le comparer avec l'art. 1170.

bail, si vous le désirez. Le débiteur a contracté une obligation ferme à laquelle il ne peut pas se soustraire.

Enfin, la condition purement potestative n'annule pas non plus la convention, lorsqu'elle est résolutoire. Dans ce cas, le contrat est pur et simple, les obligations qu'il crée naissent immédiatement, mais chacune des parties a le droit de le résoudre, quand elle le voudra. C'est ainsi que les donations entre époux sont révocables au gré du donateur. (1)

Cette distinction se comprend très-bien. Le droit de résoudre le contrat n'empêche pas que le contrat est né et produit immédiatement ses effets.

Conditions positives. Conditions négatives. — La condition est positive ou affirmative, lorsque l'effet de l'acte est subordonné à l'accomplissement de l'événement prévu. Elle est négative, quand, au contraire, l'acte ne doit produire son effet qu'autant que l'événement ne se réalisera pas, comme celle-ci : Si je ne me marie pas.

Observation. — Il y a des actes juridiques qui ne peuvent pas être soumis à l'adjonction d'une condition, parce que leur nature s'y oppose. Les actes juridiques qui ont trait à

___

(1) La donation entre-vifs ordinaire ne peut pas être faite sous une condition résolutoire purement potestative. Ainsi, le donateur ne peut pas se réserver la faculté de révoquer la donation qu'il fait, s'il le juge à propos. Cette clause est interdite, parce qu'elle est contraire à la règle donner et retenir ne vaut (art. 944 Civ.).

La plupart des auteurs admettent bien que la condition résolutoire purement potestative est licite, mais les exemples qu'ils donnent sont ordinairement mal choisis. Ainsi, on invoque à l'appui de cette proposition la faculté qui appartient au vendeur de reprendre la chose vendue dans un certain délai, moyennant le remboursement du prix (art. 1659 Civ.). Mais il est évident que cette condition n'est pas purement potestative, car le vendeur ne pourra résoudre le contrat qu'en remboursant le prix, éventualité qui ne dépend pas exclusivement de sa volonté.

Enfin, on cite encore quelquefois comme exemple de condition résolutoire potestative le cas suivant : Je vous loue ma maison, et nous convenons que nous aurons l'un et l'autre le droit de mettre fin au bail, quand il nous plaira. Mais, comme le fait remarquer M. Laurent, l'exemple est mal choisi : « Le bailleur qui use de cette faculté ne résout pas le contrat, il y met fin par sa volonté ; c'est donc un terme, et non une condition. » Laurent, t. XVII, n° 65.

des intérêts pécuniaires admettent, presque tous, l'insertion d'une condition qui suspend la naissance ou la résolution du rapport de droit. (1) Quant aux actes qui ont trait à l'état des personnes, ils répugnent naturellement à l'admission d'une condition quelconque, ils doivent être faits purement et simplement. (2)

C. — De l'accomplissement des conditions.

Pour décider si une condition est accomplie, il faut tenir compte en première ligne de l'intention de l'auteur ou des auteurs de l'acte. C'est ce que dit l'article 1175 Civ. à propos des conventions : « Toute condition doit être accomplie de la manière que les parties ont vraisemblablement voulu et entendu qu'elle le fût. » (3)

---

(1) Il y a quelques exceptions : L'acceptation ou la répudiation d'une succession ne peut avoir lieu ni à terme ni sous condition (art. 774 Civ.) ; on discute la question de savoir si les époux qui se marient peuvent subordonner à une condition l'adoption du régime qu'ils ont choisi. (Guillouard, *Contrat de mariage*, I, nos 92 et suivants.)

(2) « Pour certains actes, il n'est pas même possible d'agir ainsi (c'est-à-dire d'insérer une condition), dit Ihering ; ils ne peuvent être conclus par anticipation, ni directement ni indirectement. Tels sont en particulier tous les actes qui touchent au droit de la famille. D'après la conception romaine, on ne peut d'avance s'obliger à contracter mariage (les fiançailles sont juridiquement non obligatoires), ni à le dissoudre. Même principe pour l'émancipation, pour l'adoption et pour l'arrogation. Tous ces actes n'ont de valeur en droit que si, au moment de leur conclusion, ils ont été librement voulus. » Ihering, *Esprit du droit romain*, IV, p. 164, trad. Meulenaere.

(3) Pothier formulait déjà cette règle et l'expliquait par les exemples suivants : « Si j'ai contracté quelque obligation envers vous sous cette condition : « si dans un tel temps vous me donnez cent louis d'or », vous êtes censé accomplir cette condition en m'offrant en argent blanc la somme de deux mille quatre cents livres, à laquelle montent les cent louis d'or, m'étant indifférent de recevoir cette somme en argent ou en or ; avec d'autant plus de raison, qu'on ne considère dans la monnaie que la valeur que le prince lui a donnée, et non les corps qui n'en sont que le signe. » *Traité des obligations*, no 206. De même, ajoute en substance Pothier au paragraphe suivant, lorsque la condition consiste dans quelque fait, soit du créancier, soit du débiteur, soit d'une tierce personne, on demande si la condition ne peut être accomplie que par la personne elle-même, ou si elle peut l'être par les héritiers de la personne et par quelque autre que ce soit, qui

Si un délai a été déterminé pour l'accomplissement de la condition, elle n'est censée accomplie que si elle se réalise dans le temps fixé. (1) Quand il n'y a pas de temps fixé, elle produira son effet à quelque moment qu'elle se réalise, même si la personne en faveur de laquelle le droit conditionnel existait est décédée. (2)

Il arrive quelquefois que la condition non arrivée est réputée cependant accomplie : il en est ainsi, quand celui qui a intérêt à ce que la condition ne se réalise pas, en a empêché volontairement l'accomplissement. (3)

D. — Effets de la condition en suspens, arrivée, défaillie.

Tant que la condition n'est pas réalisée, une incertitude pèse sur le sort du rapport de droit qui est subordonné à cette condition.

Pour préciser et bien caractériser la situation, il convient de distinguer entre la condition suspensive et la condition résolutoire.

S'agit-il de la condition résolutoire, la situation est bien simple : Le rapport de droit naît immédiatement, il n'y a incertitude que sur le point de savoir s'il subsistera ou s'il sera résolu ; mais, en attendant, l'acte produit tous ses effets comme s'il était pur et simple. (4)

Au contraire, tant que la condition suspensive ne s'est pas réalisée, on ne sait si l'acte juridique produira l'effet voulu. Mais cet acte juridique est formé ; le rapport de droit auquel il donne naissance est donc, dès à présent, ébauché ;

_____

fasse pour elle et en son nom ce qui est porté en la convention. La décision dépend de la nature du fait et de l'examen de l'intention qu'ont eue les parties contractantes.

(1) Voir les art. 1176, 1177 Civ.

(2) Voir l'art. 1179 Civ. En matière de legs, il en est autrement. La condition imposée au legs doit se réaliser du vivant du légataire (art. 1040). Cette exception s'explique par le caractère des legs, qui constituent des libéralités adressées à une personne déterminée, et non pas directement et au même titre aux héritiers de cette personne.

(3) Art. 1178 Civ.

(4) Art. 1183 Civ. — Aubry et Rau, iv, § 302, b.

seulement, il ne fonctionnera et ne produira ses effets que si la condition se réalise. Le droit existe en germe. (1) En conséquence, le titulaire de ce droit peut prendre toutes les mesures conservatoires destinées à le protéger. Créancier, il peut agir en vérification d'écriture de l'acte sous seing privé qui constate son droit de créance, et faire immédiatement inscrire l'hypothèque qui le garantit. Propriétaire ou titulaire d'un droit réel, il est maitre, dès à présent, d'opérer la transcription de son titre, d'interrompre une prescription acquisitive qui court à son détriment et pourrait lui être opposée après l'accomplissement de la condition. (2)

Il peut aussi aliéner ce germe de droit, et enfin, s'il meurt, *pendente conditione*, ce germe de droit, qui se trouve dans son patrimoine, ne s'éteint pas, mais passe à ses héritiers. (3)

Mais, bien entendu, il ne peut faire aucun acte constituant, à proprement parler, l'exercice du droit. Créancier, il ne peut pas poursuivre son débiteur; propriétaire sous condition, il ne peut pas user et jouir de la chose ; celui qui l'a aliéné sous condition suspensive en reste propriétaire, tant que la condition n'est pas accomplie.

Lorsque la condition vient à défaillir, il est certain que l'effet juridique voulu ne se réalisera pas, si la condition est suspensive. Si elle est résolutoire, l'acte devient définitivement pur et simple.

Plaçons-nous enfin dans l'hypothèse où la condition est

_____

(1) Pothier disait : « L'effet de la condition est de suspendre l'obligation jusqu'à ce que la condition soit accomplie, ou réputée pour accomplie. Jusque-là, il n'est encore rien dû, mais il y a espérance qu'il sera dû : *Pendente conditione, nondum debetur, sed spes est debitum iri.* » *Traité des obligations*, nᵒ 218.

Il vaut mieux dire qu'il y a un droit en germe et non une simple espérance, comme le font les articles 1179 et 1180. Cette analyse est plus exacte : Le créancier, le propriétaire sous condition suspensive, ont dès maintenant un droit qui figure dans leur patrimoine.

(2) Art. 1180 Civ.

(3) Art. 1179 Civ. Il en est autrement pour les dispositions de dernière volonté (art. 1040). Voir ci-dessus, p. 283, texte et note 2.

accomplie. Dans ce cas, l'incertitude prend fin. La condition accomplie produit un effet rétroactif au jour auquel l'acte a été passé. (1) Par conséquent, si la condition est suspensive, l'acte est considéré comme ayant produit ses effets depuis le jour où la déclaration de volonté a été manifestée ; si elle est résolutoire, le rapport de droit, au contraire, disparaît, et les choses sont remises au même état que s'il n'avait jamais existé. (2)

Comment se justifie cette rétroactivité de la condition? Unger en a présenté l'explication avec beaucoup de sagacité. Lorsqu'une personne fait un acte soumis à une condition suspensive (3), elle exprime sa volonté, mais elle en soumet l'effet à la réalisation d'un certain événement. L'acte juridique est formé, mais son existence est subordonnée à la question de savoir si tel événement se produira. Si donc l'événement arrive, l'incertitude tombe ; il devient certain que la volonté antérieurement exprimée, que l'acte antérieurement passé existe. L'accomplissement de la condition écarte simplement l'incertitude qui existait jusque-là sur le sort de l'acte ; mais il ne fait pas naitre, surgir l'acte juridique, il le purifie seulement, le confirme définitivement en faisant disparaitre le doute qui pesait sur lui.§La formule qui reproduit exactement la volonté de celui qui fait un acte sous condition suspensive n'est pas: Je veux *vouloir alors* (par exemple : je veux acheter, vendre, donner), si tel événement se réalise, mais bien : Je veux *avoir* voulu, si... (4)

Les conséquences de la rétroactivité sont importantes :

a. *Condition suspensive.* — Si l'acte conditionnel a pour objet de créer une obligation, le droit du créancier remonte au jour du contrat.

En cas de transmission conditionnelle d'un droit réel,

---

(1) Art. 1179 Civ.
(2) Art. 1183 Civ.
(3) Il suffit de parler de la condition suspensive, puisque nous avons dit ci-dessus que la condition résolutoire n'était qu'une variété de la première.
(4) Unger, *op. cit.*, t. II, § 82, texte et note 59 et suivants.

l'acquéreur devient titulaire de ce droit du jour où l'acte a été passé. L'acte a-t-il eu pour objet le transfert de la propriété, il acquiert la chose avec tous les accroissements qui ont pu survenir depuis le jour de l'acte.

Il a également droit aux fruits produits par cette chose, *pendente conditione*. (1)

Enfin, tous les actes de disposition, faits par l'aliénateur avant l'arrivée de la condition, sont anéantis par la rétroactivité. Si donc il a vendu ou donné la chose à un tiers dans l'intervalle, l'acquéreur sous condition peut utilement la revendiquer contre l'acheteur ou le donataire, tant que ce dernier n'a pas prescrit.

La chose qui fait l'objet du rapport de droit soumis à une condition suspensive, peut périr avant l'arrivée de la condition. Dans ce cas, lorsque l'acte est un contrat synallagmatique, comme la vente, il y a lieu de se demander qui supportera la perte fortuite de la chose, si, postérieurement, la condition vient à se réaliser. C'est ce qu'on appelle la question des risques. (2) L'article 1182 Civ. répond que la chose demeure aux risques du débiteur. Si donc la chose

---

(1) Cette solution est une conséquence nécessaire du principe de la rétroactivité ; pourtant elle est contestée. La difficulté provient de ce que plusieurs textes du Code autorisent expressément le propriétaire intérimaire à conserver les fruits (art. 856, 928, 958, 962, 1652, 1682). Mais on peut soutenir que ces différents textes se justifient par des considérations particulières, et si la loi a eu soin de dire dans ces articles que le propriétaire intérimaire conservait les fruits, c'est précisément parce que cette solution déroge au droit commun. Cf. Aubry et Rau, IV, § 302, texte et note 62. *Contrà* : Demolombe, *Traité des contrats*, t. II, n° 401.

En ce qui concerne les dispositions testamentaires, les légataires doivent, en général, demander la délivrance des choses léguées (art. 1004, 1011, 1014 Civ.), et le droit aux fruits est subordonné à cette demande. Or, les légataires conditionnels n'ont droit à la délivrance qu'au jour où la condition est arrivée.

(2) Lorsque l'acte juridique conditionnel est un acte unilatéral, comme le legs, ou même un contrat unilatéral, comme la donation, si l'objet donné ou légué vient à périr fortuitement, *pendente conditione*, il est évident que le donataire ou le légataire supporte les conséquences de cette perte.

vendue vient à périr fortuitement, *pendente conditione*, c'est
le vendeur qui supporte la perte, et il ne peut plus demander
à l'acheteur, au jour où la condition se réalise, de lui payer
le prix convenu. Cette solution traditionnelle était déjà admise
par les jurisconsultes romains (1); pourtant, elle paraît contraire au principe de la rétroactivité ; l'acheteur sous condition suspensive devient propriétaire du jour même où le
contrat a été passé, donc c'est lui qui devrait supporter les
conséquences de la perte fortuite de la chose. On la justifie
en disant que le contrat conditionnel n'est parfait qu'au
jour où la condition se réalise, et il faut qu'à ce moment il
réunisse tous les éléments essentiels à sa formation. Or,
la chose n'existant plus à ce moment, le contrat ne peut
pas se former, faute d'objet. « L'accomplissement de la
condition, dit Pothier, ne peut pas confirmer l'obligation
de ce qui n'existe plus, ne pouvant pas y avoir d'obligation
sans une chose qui en soit le sujet. » (2) Quoiqu'il en soit de
cette explication, la solution donnée par la loi est conforme
à l'équité (3) : « Ne serait-ce pas pour le créancier, dit
M. Demolombe, un résultat très-dur de la convention, que
d'être obligé de payer au débiteur le prix d'une chose, que
non-seulement celui-ci ne lui a pas livrée, mais qu'il n'a
jamais été obligé, en définitive, de lui livrer, puisqu'il ne
s'est obligé de la lui livrer que dans le cas de l'événement
de la condition ? »

Par contre, dans le cas où la chose s'est simplement dété-
riorée *pendente conditione*, le Code donne une solution
nouvelle difficilement justifiable (4): il décide que le créancier
a le choix de résoudre l'obligation ou d'exiger la chose dans
l'état où elle se trouve, sans diminution du prix. Il aurait
mieux valu, conformément à la règle admise par les anciens
auteurs, appliquer le principe de la rétroactivité, puisque la

---

(1) 8, pr. D. *De peric. et comm.* xviii, 6 ; Pothier, *Traité des oblig.*, nº 219.
(2) Pothier, *loc. cit.*
(3) Voir Demolombe, ii, *Traité des contrats*, ii, nº 426.
(4) Art. 1182 Civ.

chose existe encore au jour de l'arrivée de la condition, et
mettre à la charge du créancier le dommage résultant des
détériorations. (1)

b. *Condition résolutoire.* — Le rapport de droit qui
jusque-là avait produit ses effets, comme s'il était pur et
simple, est complètement anéanti, comme s'il n'avait jamais
existé. (2) Par conséquent, l'acquéreur sous condition résolutoire d'une chose doit restituer cette chose avec les accroissements qu'elle a pu recevoir. Les droits réels qu'il aurait
consentis à des tiers, aliénation du bien, constitution d'hypothèque, de servitude, s'évanouissent aussi.

Quant aux actes d'administration faits par le propriétaire
sous condition résolutoire, seront-ils maintenus ou, au contraire, considérés comme non avenus ? De même, le propriétaire sous condition résolutoire conservera-t-il les fruits qu'il
a perçus ou devra-t-il les restituer ? Les auteurs ne sont pas
d'accord sur la solution qu'il faut donner à ces questions. Plusieurs textes du Code autorisent le propriétaire dont le droit
est résolu à conserver les fruits perçus (3), et les uns en tirent
un argument d'analogie et généralisent cette solution ; les
autres, au contraire, appliquent dans toute sa rigueur le
principe de la rétroactivité. (4)

Nous avons dit ci-dessus que la condition résolutoire n'est
qu'une variété de la condition suspensive. Il en résulte que,
dans le cas où le droit du propriétaire est soumis à une condition résolutoire, par exemple, dans le cas de vente faite sous
une condition résolutoire, le vendeur est propriétaire sous la

(1) Aubry et Rau, IV, § 302, texte et note 64 ; Demolombe, *Traité des contrats*, II, nos 434 et suiv. Il n'est pas contestable, en effet, que, suivant
l'expression de M. Demolombe, l'art. 1182 fait la partie très-belle à l'acheteur, qui pourra toujours, s'il lui plaît, laisser la perte partielle ou la
détérioration au compte du vendeur.

(2) Art. 1183 Civ.

(3) Art. 858, 928, 2°, 1673 implicitement, Civ.

(4) Dans le premier sens : Aubry et Rau, IV, § 302 ; Demante et Colmet de
Santerre, V, § 102 bis, III ; Demolombe, *Contrats*, II, nos 398, 399, 400, 401.
En faveur de la deuxième opinion : Laurent, XVII, n° 83.

condition suspensive que l'événement prévu se réalisera. Il peut donc, dès à présent, agir comme ayant sur la chose un droit soumis à l'arrivée d'une condition. Il est propriétaire sous condition suspensive, l'acheteur est propriétaire sous condition résolutoire. Du reste, dans la plupart des cas, les parties contractantes auront eu l'intention de donner au propriétaire intérimaire le droit de conserver les fruits et de maintenir les actes d'administration qu'il aura faits.

E. — Des conditions impossibles, immorales ou illicites. (1)

Les conditions impossibles, immorales ou illicites devraient toujours avoir pour effet de rendre inexistant l'acte dans lequel elles sont insérées. En effet, l'acte qu'on fait dépendre d'une condition impossible ne peut pas se réaliser, et celui qui soumet un acte juridique à l'arrivée d'une pareille condition ne veut pas en réalité; sa déclaration de volonté est impuissante à produire aucun effet. Quant aux conditions illicites ou immorales, elles heurtent directement le principe posé en tête du Code civil dans l'art. 6, et nous savons que l'inobservation de ce principe est sanctionnée par l'inexistence. Toute déclaration de volonté qui a pour effet de violer une loi d'ordre public ou qui est contraire aux bonnes mœurs est inexistante.

Telle serait la solution à laquelle conduirait l'application pure et simple des principes. Mais il y a ici une ancienne distinction dont l'origine remonte au droit romain et qui s'est maintenue dans notre législation.

Si l'acte dans lequel la condition est insérée est un acte à titre onéreux, l'acte tout entier est considéré comme nul, c'est-à-dire comme inexistant. (2)

---

(1) Cons. Bartin, *Théorie des conditions impossibles, illicites ou contraires aux mœurs;* Lepelletier, *Des conditions impossibles, illicites ou contraires aux mœurs,* Thèse de doctorat, Paris, 1889.

(2) Art. 1172 Civ. Il n'est pas douteux que l'article 1172, en déclarant que toute condition d'une chose impossible est nulle et rend nulle la convention qui en dépend, fait allusion, non pas simplement à l'annulabi-

Si, au contraire, c'est un acte à titre gratuit, donation ou testament, l'acte reste valable, et la condition impossible, illicite ou immorale est réputée non écrite. (1)

Quelles sont les conditions qu'il faut regarder comme impossibles, illicites ou immorales ?

La condition impossible est celle qui suppose un événement qui ne peut pas se réaliser, soit parce qu'il est contraire aux lois de la nature, soit parce qu'il est en contradiction avec les principes de droit.

Dans le premier cas, il y a impossibilité matérielle ou physique : *Si cœlum digito tetigeris*; si vous faites un triangle sans angles. (2) De semblables conditions ne sont pas de nature à se présenter dans la pratique, ou, du moins, elles décèleront presque toujours l'insanité d'esprit de l'auteur de l'acte et, dans ce cas, cet acte, qu'il soit à titre gratuit ou à titre onéreux, sera inexistant, puisqu'il n'y aura pas eu manifestation sérieuse de volonté.

La condition juridiquement impossible est celle qui a pour but d'exclure, dans l'acte juridique auquel elle est jointe, un des éléments essentiels à l'existence de cet acte, ou qui tend à créer un rapport de droit que le jeu des principes généraux rend impossible. (3) Exemple : Je vous donne cent, si vous

---

lité, mais à l'inexistence. L'observation contraire de M. Laurent est une erreur. Cf. Laurent, xvii, n° 39.

(1) Art. 900 Civ. Cette distinction a son origine dans le droit romain, qui traitait différemment, à ce point de vue, les actes entre-vifs, y compris la donation, et les libéralités testamentaires. Gaïus, *Comment.*, iii, § 98 ; loi 3 D. *De cond. et dem.*, xxxv, 1. Les actes entre-vifs faits sous une condition impossible ou illicite étaient nuls ; au contraire, dans les actes de dernière volonté, ces conditions étaient considérées comme non écrites. Gaïus avouait du reste qu'il était difficile de rendre compte de cette distinction : « *Vix idonea diversitatis ratio reddi potest.* » (iii, § 98.)

Notre législateur a étendu cette règle aux donations entre-vifs. Du reste, les auteurs ne s'entendent pas sur les véritables motifs de cette distinction. Les uns la font remonter au droit romain ; les autres, au contraire, prétendent qu'il faut en chercher l'origine dans les lois de l'époque intermédiaire.

(2) Pothier, *Traité des obligations*, n° 204.

(3) Bartin, *op. cit.*, p. 17.

émancipez votre enfant, qui n'a pas atteint l'âge de quinze ans exigé par la loi. (1) Je vous donne un bien sous la condition qu'il sera perpétuellement inaliénable. (2)

La condition de ne pas faire une chose impossible n'est pas, bien entendu, une condition impossible. C'est une condition nécessaire qui ne produit aucun effet sur l'acte juridique. Exemple : Je vous donne cent, si vous n'émancipez pas votre fils, qui a douze ans. (3)

La condition illicite diffère de la condition impossible, en ce qu'elle est une véritable condition ayant pour objet un acte susceptible de se réaliser, mais qui produit un résultat prohibé par la loi. Exemple : Je vous promets cent, si vous commettez un délit, si vous ne vous mariez pas, si vous embrassez telle profession déterminée.

Les conditions illicites sont nécessairement des conditions potestatives, parce qu'elles tendent toujours à pousser une personne à accomplir un certain fait. Par conséquent, les conditions casuelles ne peuvent jamais être illicites, puisque, dans ces conditions, l'arrivée ou la non arrivée de l'événement prévu ne dépend pas de la volonté des parties.

Quels sont donc les actes que la loi prohibe et qui, à ce titre, constituent des conditions illicites ? La réponse à cette

---

(1) Art. 477 Civ.

(2) M. Bartin a très-bien distingué la clause d'inaliénabilité et la simple condition de ne pas aliéner imposée à un légataire ou à un donataire, que la jurisprudence confond.

La clause d'inaliénabilité frappe le bien lui-même, elle est réelle pour ainsi dire. Elle est juridiquement impossible, parce que les biens doivent circuler librement; leur caractère propre est de pouvoir être librement aliénés, de passer de main en main. Donc, toute condition qui porte qu'un bien sera perpétuellement inaliénable tend à donner à ce bien une qualité qu'il ne peut pas revêtir. Au contraire, la défense d'aliéner, imposée au bénéficiaire d'une libéralité, ne frappe que la personne du bénéficiaire, et non le bien lui-même. Dans certains cas, elle pourra être parfaitement licite; dans d'autres, elle sera illicite.

Voir aussi, comme exemples de conditions juridiquement impossibles, les espèces des arrêts suivants : Cass., 8 avril 1889, *Pand. fr.*, 1889, 1, 293; Cass., 8 janvier 1894, S. 95, 1, 279.

(3) Art. 1173 Civ.

question est difficile à donner ; les espèces qui se présentent
en pratique sont nombreuses et très différentes les unes des
autres, et il semble presque impossible de trouver une formule générale qui embrasse tous les cas. Nous ne pouvons
donc ici qu'indiquer l'idée qui a inspiré le législateur, quand
il a parlé des conditions illicites.

Parmi les dispositions de la loi, il y en a auxquelles les
particuliers ne peuvent pas déroger: ce sont les lois impératives dont nous avons donné la notion ci-dessus. (1) Elles
sont de deux sortes : Les unes ont pour objet d'assurer le
maintien de l'ordre public et le respect des bonnes mœurs,
les autres sont des mesures de protection d'intérêts privés.
Les articles 900 et 1172 Civ., quand ils parlent des conditions
contraires aux lois ou prohibées par la loi, font évidemment
allusion à ces lois placées au-dessus de la volonté des particuliers et auxquelles toute dérogation est impossible. Par
conséquent, nous pouvons dire que toute condition qui a pour
but de déterminer une personne à déroger à l'une' de ces
deux catégories de lois est illicite.

Mais cette formule est insuffisante et demande quelques
explications :

En premier lieu, il n'est pas douteux que, si le fait imposé
est lui-même un fait illicite, la condition revêt nécessairement
le même caractère : Exemple : Je vous promets cent, si vous
commettez tel délit.

Mais le fait imposé peut être parfaitement licite en
lui-même, et néanmoins la condition revêtir un caractère illicite. Il en est ainsi dans les exemples suivants,
sur lesquels il n'y a aucun doute possible : Je vous fais une
donation sous la condition que vous ne vous marierez pas,
ou que vous embrasserez l'état ecclésiastique. Voilà des
actes qui, considérés en eux-mêmes, n'offrent aucune violation d'un texte de loi, et cependant il est certain aussi que
les conditions qu'ils renferment sont illicites.

_____

(1) Voir pages 22 et suiv.

Quelle en est la raison ? C'est que ces conditions ont pour résultat de restreindre l'exercice de droits primordiaux, inhérents à l'individu, droits qui touchent à l'ordre public et intéressent la société tout entière, droits qui, à ce titre, doivent appartenir à l'individu dans leur intégrité, afin qu'il puisse en user dans sa pleine indépendance de réflexion et de volonté. Nous nous trouvons ainsi ramenés à la notion des lois soustraites à l'influence de la volonté des particuliers. Les lois d'ordre public et de protection n'ont pas seulement pour but d'interdire certains actes, mais elles sont aussi destinées à garantir à l'individu la jouissance de certains droits qui inté-ressent directement l'ordre public, comme le droit de voter, le droit de se marier, de choisir une profession, comme, aussi, tous les droits de famille, ou qui lui sont accordés dans un but de protection, comme le droit pour un héritier réservataire de faire réduire une donation excédant la quotité disponible, ou d'attaquer une disposition nulle.

L'individu doit conserver l'exercice libre, indépendant de ces droits, sinon le but de la loi serait violé, car on peut dire que le droit n'appartient plus en réalité à l'individu, s'il n'est pas maître de l'exercer comme il l'entend et quand il le veut. Il résulte donc de là que toute condition qui est destinée à restreindre ou à paralyser, chez une personne, l'exercice d'un droit intéressant l'ordre public ou accordé à cette personne dans un but de protection, est illicite, parce qu'elle équivaut à la destruction, à la négation de ce droit. Nous pouvons ajouter plusieurs exemples à ceux que nous avons donnés ci-dessus. Je fais une constitution de dot en faveur d'une personne et, en même temps, je lui impose l'obligation de renoncer aux successions qui pourront lui échoir à l'avenir. De même, un testateur lègue à son fils l'usufruit de ses biens, et à un étranger la nue propriété, et il ajoute : Si mon fils attaque le legs fait au tiers, je le prive de la pleine propriété de la quotité disponible.

En résumé, la loi a entendu prohiber toutes les conditions qui auraient pour effet d'entraver l'exercice d'un droit intérossant directement l'ordre public ou accordé à l'individu dans un but de protection. En un mot, le domaine des lois impératives délimite exactement la sphère d'application des conditions illicites. (1)

Tel est le principe qui a inspiré les rédacteurs du Code. L'application de ce principe aux nombreuses espèces que présente la vie juridique offre souvent de grandes difficultés. Dans bien des cas, l'atteinte portée à l'exercice du droit par la condition n'est pas nettement caractérisée, et il y a lieu de se demander si la condition implique véritablement abdication du droit de la part de celui à qui elle est imposée ou si, au contraire, elle ne laisse pas en réalité à cette personne l'exercice normal et légitime de son droit. C'est au juge qu'il appartient de trancher cette question, en tenant compte des circonstances spéciales de chaque espèce, de la situation des parties, de leurs relations, de l'intention de l'auteur de l'acte. En voici deux exemples : La liberté du travail est certainement un droit dont l'homme ne peut pas se dépouiller, l'article 1780 Civ. le constate en déclarant qu'on ne peut engager ses services qu'à temps ou pour une entreprise déterminée. Toute condition qui tend à nous l'enlever est illicite ; mais, si la condition se contente de régle-

_____

(1) M. Bartin, *op. cit.*, a adopté une formule qui diffère de celle que je présente. Il distingue les droits qui sont dans le commerce et ceux qui n'y sont pas. Toute condition qui tend à mettre dans le commerce un droit qui n'y est pas est illicite. Quant aux droits purement privés, qui font partie du patrimoine, aux droits pécuniaires, une condition peut, en principe, nous les enlever valablement, sauf ceux qui ont le caractère d'une garantie légale dirigée contre l'auteur de la condition (p. 223, 225, 238).

M. Lepelletier, *op. cit.*, adopte un autre critérium en ce qui concerne les droits patrimoniaux. Les droits civils relatifs au patrimoine, dont une condition ne peut restreindre l'exercice, sont ceux qui servent à sanctionner une disposition d'ordre public que cette disposition a pour but d'enfreindre (p. 240).

La formule que nous présentons au texte nous paraît plus logique, les conditions illicites sont celles qui sont contraires aux lois impératives ; c'est donc de cette dernière notion qu'il faut partir pour déterminer quelles sont les conditions illicites.

menter l'exercice de cette liberté, sans la paralyser, elle sera, au contraire, licite. Ainsi, il n'est pas douteux que la vente d'un fonds faite sous la condition que le vendeur cessera de continuer le même commerce, dans un périmètre déterminé, est valable.

De même, la liberté d'aliéner constitue aussi un droit qu'un tiers ne peut pas nous enlever, et, en principe, la condition imposée au gratifié de ne pas aliéner le bien donné est illicite. Dans certains cas cependant, elle perd ce caractère et reprend sa force, par exemple, lorsqu'elle a été introduite en faveur du donateur qui a voulu se réserver le droit de retour légal de l'article 747 Civ., ou même dans l'intérêt du gratifié qui est un mineur.

Conditions immorales. — Ces conditions tendent à imposer à une personne l'accomplissement d'un acte contraire aux mœurs.

Telles sont les conditions qui auraient pour but d'imposer le célibat à une personne ou de la pousser à continuer des relations adultérines.

Observation. — Les règles précédentes s'appliquent aussi bien à la condition résolutoire qu'à la condition suspensive. Nous avons, du reste, expliqué ci-dessus que la condition résolutoire n'est qu'une variété de la condition suspensive.

II. — *Du terme.*

A. — Notion.

Le terme est une modalité jointe à une déclaration de volonté, modalité en vertu de laquelle l'acte juridique créé ne recevra son exécution qu'à un jour donné.

L'article 1185 Civ. donne une définition analogue : Le terme retarde l'exécution de l'engagement.

Exemples : Je vous paierai 1.000 francs au premier janvier prochain. Je vous lègue ma maison, mais vous n'en deviendrez propriétaire qu'à une époque déterminée, après ma mort.

La définition et les exemples que nous venons de donner, s'appliquent au terme suspensif, qui est le plus fréquent.

A côté du terme suspensif il y a le terme extinctif ou résolutoire, qui éteint les effets de l'acte juridique, au bout d'un certain temps.

Exemples : Je vous loue ma maison pour une période de dix années. Je vous prête une somme d'argent que vous me rendrez au bout de cinq ans. Je lègue à Pierre l'usufruit de ma maison jusqu'à sa majorité.

B. — Divisions du terme. Terme certain, terme incertain.

L'époque à laquelle est fixé le terme suspensif peut être, soit un jour déterminé du calendrier, par exemple, le premier janvier prochain, soit un événement qui doit arriver à une époque fixe : le jour de telle fête, de tel anniversaire. On dit alors que le terme est certain.

Le terme est incertain, quand il est attaché à un événement dont la réalisation, bien que certaine, se produira à un moment qu'on ne connait pas encore.

Exemple : Je vous paierai telle somme à la mort de Paul. On voit que le terme incertain diffère de la condition. Dans la condition, il y a incertitude sur le point de savoir si l'événement arrivera et quand il arrivera ; dans le terme incertain, au contraire, l'incertitude ne porte que sur le point de savoir quand l'événement se produira. (1)

Terme exprès, terme tacite. — Le terme est exprès, lorsqu'il est formellement stipulé dans l'acte juridique par les

_____

(1) En droit romain, on admettait que, dans les dispositions de dernière volonté, le terme incertain devait être assimilé à la condition et produire le même effet. *Dies incertus in testamento conditionem facit*, loi 75, D. *De condit. et demonstr.*, xxxv, 1 ; loi 79, 1, D. *eod. tit.*; loi 12, 1. D. *De leg.*, 2°. En effet, on ne sait pas si l'événement se réalisera du vivant du bénéficiaire de la disposition. On se demande s'il faut encore admettre dans notre droit moderne la même règle. Baudry-Lacantinerie, *Précis de droit civil*, 5° édit., t. ii, n° 652; Vigié, *Cours élémentaire de droit civil*, 2° édit., t. ii, n° 858; Aubry et Rau, t. vii, § 717.

parties ; il est tacite, quand il résulte de la nature même du rapport juridique.

Terme de droit, terme de grâce. — Le terme de droit est celui qui est établi, soit par la loi, soit par les parties. Le terme de grâce est un délai de faveur que le juge peut accorder au débiteur malheureux incapable de payer ce qu'il doit. (1)

C. — Effets du terme.

Terme suspensif. — Le terme ne suspend pas la naissance du rapport de droit, il en retarde seulement l'exécution. Le propriétaire à terme, le créancier à terme sont propriétaire, créancier ; leur droit est né le jour où a été passé l'acte juridique, mais ils ne peuvent l'exercer qu'à l'échéance du terme.

Il y a donc une profonde différence entre le terme et la condition, qui tient en suspens l'existence même du droit. L'art. 1185 Civ. met en relief cette différence : « Le terme diffère de la condition, en ce qu'il ne suspend point l'engagement, dont il retarde seulement l'exécution. »

Le droit à terme existe donc à partir du jour où l'acte a été passé. (2) Mais l'exercice du droit est retardé jusqu'au moment de l'arrivée du terme. Il en résulte que le créancier à terme ne peut pas poursuivre le débiteur avant l'échéance, et c'est ce qu'on exprime par cet adage : Qui a terme ne doit rien. (3)

---

(1) Art. 1244 Civ.

(2) Lorsqu'il s'agit d'un droit de créance à terme et que le débiteur paye avant l'échéance, même ignorant qu'il avait droit à un terme, il n'est pas admis à répéter ce qu'il a payé (art. 1186 Civ.). Cette solution montre bien que le droit à terme prend naissance à partir du jour même où l'acte a été passé.

Le legs à terme est transmissible aux héritiers du légataire, si celui-ci meurt avant l'échéance. Il en est autrement dans le cas où le legs est fait sous condition suspensive (art. 1040 Civ.).

(3) Ordinairement, dans les contrats, le terme est inséré en faveur du débiteur, et celui-ci peut alors y renoncer et contraindre le créancier à recevoir un payement anticipé.

De même, le propriétaire à terme ou le titulaire d'un droit réel soumis à la même modalité ne peuvent user de leur droit qu'à partir du jour déterminé. Ainsi, le propriétaire n'aura droit aux fruits et aux intérêts produits par la chose qu'à dater de ce jour.

Terme extinctif. — Le terme extinctif fait cesser le rapport de droit qui, jusque-là, avait produit ses effets. Le terme extinctif ressemble donc à la condition résolutoire, mais il en diffère, parce que l'événement auquel est subordonnée l'extinction du rapport de droit est un événement qui doit certainement arriver.

Le terme extinctif met fin au rapport de droit, mais il ne produit pas d'effet rétroactif, il laisse subsister pour le passé les effets produits par ce rapport de droit.

III. — *Du mode.*

Le mode est une clause ajoutée à un acte juridique, dans le but de restreindre ou de modifier l'étendue des droits créés par cet acte. (1)

Exemples : Je vous vends ma maison 20.000 francs, à la charge que vous payerez une rente viagère d'un chiffre déterminé à un de mes ascendants. Je vous institue mon héritier, et je vous charge de distribuer des legs à certaines personnes que je veux gratifier.

Le mode se rencontre surtout dans les actes à titre gratuit, donations entre-vifs et testaments ; il peut être imposé au donataire ou au légataire, soit dans l'intérêt du disposant, soit dans l'intérêt d'un tiers.

Le Code civil n'a pas fait de distinction entre le mode et la condition, et il emploie cette dernière expression pour désigner à la fois les deux modalités. (2) La même confusion se rencontre souvent dans la pratique, et les mêmes termes

---

(1) Aubry et Rau, vii, § 701, n° 1.

(2) Voir les articles 953 et 954 Civ. et l'art. 900 Civ. qui s'appliquent à la fois aux conditions et aux charges.

s'appliquent suivant les circonstances, soit à un mode, soit à une condition. (1)

Il importe, par conséquent, de montrer en quoi le mode diffère de la condition, et pour cela de le comparer successivement à la condition suspensive et à la condition résolutoire.

La condition suspensive suspend l'existence du rapport de droit et la rend incertaine. Au contraire, le mode ne retarde pas la naissance du droit et ne fait peser sur lui aucune certitude. Le donataire, le légataire avec charge reçoivent dès à présent, immédiatement; ils sont seulement tenus d'exécuter la charge qui leur a été imposée. Ainsi, le mode n'empêche pas le legs de passer aux héritiers du légataire, tandis que le legs conditionnel est caduc, si l'héritier décède avant l'accomplissement de la condition.

Le mode ressemble donc plutôt à la condition résolutoire.(2) En effet, si la charge n'est pas exécutée, la révocation de l'acte pourra être demandée (3), et cette révocation aura pour effet de faire disparaître l'acte juridique même dans le passé.

Néanmoins, il y a encore des différences entre l'une et l'autre.

(1) Aubry et Rau, vii, § 701, n° 6 : « Quoique les termes : si, à condition, pourvu que, indiquent d'ordinaire une véritable condition, leur emploi peut cependant ne constituer qu'un simple mode. C'est ce qui a lieu, par exemple, dans une disposition ainsi conçue : Je lègue à Pierre une somme de 20.000 francs, s'il entretient mon vieux domestique, ou bien à condition qu'il me fasse ériger un monument. Réciproquement, l'emploi des expressions : à charge de, pour, etc., qui marquent d'ordinaire une simple charge, peut, selon la nature de la disposition, constituer une véritable condition. C'est ainsi, par exemple, qu'un legs fait à charge par le légataire de se marier, ou même d'épouser une personne déterminée, serait à considérer comme conditionnel, plutôt que comme simplement modal. »

(2) C'est avec la condition résolutoire simplement potestative que le mode présente de l'analogie. En effet, il constitue une charge imposée à une personne, charge dont l'exécution dépend de sa volonté, au moins dans une certaine mesure.

(3) Art. 954, 1046 Civ.

La condition résolutoire opère, de plein droit, par la seule arrivée de l'événement prévu, la résolution de l'acte.

Au contraire, l'inexécution des charges insérées dans l'acte permet seulement à celui au profit duquel la charge avait été établie de demander la révocation de cet acte. (1) Il peut même, s'il le préfère, et si cela est possible, obtenir l'accomplissement forcé des prestations imposées. (2)

Enfin, le droit de demander la révocation pour inexécution des charges n'appartient qu'à la partie qui a fait insérer la clause dans l'acte, tandis que toute personne intéressée peut invoquer la condition résolutoire, quand elle s'est réalisée.

En résumé, le mode produit les mêmes effets que la condition résolutoire tacite de l'article 1184 Civ. Cet article décide que, dans les contrats synallagmatiques, quand l'une des parties n'exécute pas son obligation, l'autre peut demander la résolution ou exiger l'exécution forcée du contrat. Prenons la vente comme exemple : L'acheteur ne paye pas le prix convenu, le vendeur peut demander à la justice la résolution du contrat. Cette condition résolutoire tacite a les mêmes caractères que le mode ; elle n'opère pas de plein droit, elle ne peut être invoquée que par l'autre contractant, et celui-ci a le droit de réclamer, soit la résolution du contrat, soit son exécution forcée. (3)

En réalité, on peut dire que le mode constitue une sorte

(1) Art. 956 Civ.

(2) Même quand la condition résolutoire est une condition potestative, la personne dont dépend l'accomplissement de cette condition est libre de l'accomplir ou de ne pas l'accomplir. Le maintien ou la résolution de l'acte dépend, dans une certaine mesure, de sa volonté ; l'autre partie ne peut pas l'obliger à prendre telle ou telle détermination. Au contraire, le mode est une clause insérée dans l'acte et qui est liée intimement au rapport de droit établi par cet acte. Par conséquent, la partie qui l'a stipulé peut en exiger l'exécution forcée. C'est ce qu'exprime Savigny, quand il dit : « La condition suspend, mais n'oblige pas ; le mode oblige, mais ne suspend pas. » *Traité de droit romain*, trad. Guénoux, t. III, p. 242.

(3) Voir, sur la comparaison du mode et de la condition, note de M. Bourcart, sous Cass., 18 juin 1890, S. 93, 1, 425.

de condition résolutoire tacite, puisque l'inexécution de la charge permet à la partie intéressée de demander la révocation de l'acte.

Observation. — Il n'est pas toujours facile de distinguer dans un acte juridique la condition du mode. C'est d'après les termes de l'acte et l'intention des parties que le juge déterminera le caractère de la modalité.

Dans le doute sur le point de savoir s'il y a véritable condition ou mode, on considérera plutôt la disposition comme simplement modale que comme conditionnelle, parce que le mode produit un effet moins absolu que la condition. (1)

§ 6. — *De l'interprétation des actes juridiques.* (2)

L'acte juridique consiste dans une déclaration de volonté, et cette déclaration de volonté doit être observée et respectée, tant qu'elle ne contient rien de contraire à la loi ni aux mœurs.

Lorsque les termes employés par les auteurs de l'acte sont clairs et précis et ne laissent aucun doute sur l'intention des parties, il n'y a pas lieu à interprétation, puisque la volonté est clairement et nettement manifestée. L'interprétation des termes insérés dans l'acte suppose que ces termes sont ambigus ou obscurs, ou qu'ils ne sont pas susceptibles de se concilier avec la nature de l'acte et l'intention évidente des parties. (3) Le juge du fait auquel cet acte est soumis doit alors l'interpréter, c'est-à-dire rechercher quelle a été la volonté des parties, pour donner aux termes employés une signification concordante avec cette volonté.

Pour diriger le juge dans cette tâche et aplanir les difficultés qu'elle présente, les jurisconsultes romains avaient établi certaines règles très-judicieuses, très-logiques, qui

---

(1) Aubry et Rau, vii, § 701, texte et note 9; Larombière, *Oblig.*, ii, art. 1168, nᵒ 7. Voir, sur cette matière, Berthomieu, *Du legs avec charge*, Thèse de doctorat, Montpellier, 1896.

(2) Cons. Goudsmit, *op. cit.*, § 65; Windscheid, *op. cit.*, t. i, § 84.

(3) Aubry et Rau, iv, § 347.

constituent des principes de raison universelle (1), règles que nos anciens auteurs ont conservées et reproduites et que le Code a réunies, à son tour, en les empruntant à Pothier. (2)

Les rédacteurs du Code civil ont énuméré ces règles d'interprétation à propos des conventions, qui sont les actes juridiques les plus importants et les plus fréquents ; mais comme tous ces actes ont pour caractère commun de reposer sur la volonté des parties, on peut généraliser l'application de ces règles et l'étendre à tous les actes juridiques quels qu'ils soient, actes synallagmatiques ou unilatéraux. (3) On peut même dire que c'est surtout dans ces derniers actes, émanés de la volonté d'une seule personne, et principalement dans les dispositions testamentaires, que l'interprétation aura le plus souvent à s'exercer, puisque, au moment où il s'agira de déterminer le sens des termes employés, l'auteur du testament sera décédé et que le testament seul pourra révéler la volonté du défunt.

Parmi ces règles traditionnelles d'interprétation, les principales sont les suivantes :

Première règle. — Il faut, dans un acte juridique, rechercher quelle a été l'intention de l'auteur ou des auteurs, plutôt que de s'arrêter au sens littéral des termes. (4) — Bien entendu, cette première règle suppose, comme nous l'avons déjà dit ci-dessus, qu'il y a contradiction apparente entre les termes

---

(1) Larombière, *Traité des obligations*, sur 1156, n° 3, nouv. édit.

(2) Pothier, *Traité des obligations*, n°s 91 à 102 ; Domat, *Lois civiles*, livre I, titre I, sect. 2.

(3) Baudry-Lacantinerie et Colin, *Donations et testaments*, II, n° 2538 ; Demolombe, *Donations*, IV, n° 739 ; Aubry et Rau, VII, § 712.

(4) Art. 1156 Civ. Loi 219, D. *De verbor. signif.*, loi 69 ; pr. D. *De leg.*, 3°, XXXII. Les articles 1163 et 1164 du Code civil ne font qu'appliquer cette règle à la matière des conventions. Art. 1163 : « Quelque généraux que soient les termes dans lesquels une convention est conçue, elle ne comprend que les choses sur lesquelles il paraît que les parties se sont proposées de contracter. » Art. 1164 : « Lorsque, dans un contrat, on a exprimé un cas pour l'application de l'obligation, on n'est pas censé avoir voulu par là restreindre l'étendue que l'engagement reçoit de droit aux cas non exprimés. »

employés et la volonté qui a présidé à la confection de l'acte, car, si les expressions employées ne présentent aucune ambiguité, aucune obscurité, l'intention des parties est clairement manifestée et doit être respectée.

Dans les conventions, on recherchera quelle a été la volonté commune des contractants. Par exemple, « le juge chargé d'interpréter un contrat n'est pas nécessairement lié par le nom que les parties lui ont donné ; il en est ainsi du moins, lorsque les clauses de la convention sont incompatibles avec la qualification que l'acte lui donne. » (1)

Dans le testament, il faudra s'attacher à déterminer, d'après l'ensemble de l'acte, quelle a été la volonté du défunt. Exemple : Le testateur s'est ainsi exprimé : Ma volonté est que X jouisse après ma mort de tous les biens dont je peux disposer. Cette clause peut être interprétée en ce sens que le testateur a entendu léguer la pleine propriété, et non seulement l'usufruit, si cette intention résulte de l'ensemble du testament. (2)

Deuxième règle. — Lorsqu'une clause est susceptible de deux sens, on doit plutôt l'entendre dans celui avec lequel elle peut avoir quelque effet, que dans le sens avec lequel elle n'en pourrait produire aucun. (3) Pothier donne l'exemple suivant : « S'il est dit à la fin d'un acte de partage : Il a été convenu entre Pierre et Paul, que Paul pourrait passer sur ses héritages ; quoique ces termes : ses héritages, dans le sens grammatical, puissent s'entendre aussi bien de ceux de Paul que de ceux de Pierre, néanmoins, il n'est pas douteux qu'ils doivent s'entendre de ceux de Pierre ; autrement, la clause n'aurait aucun effet, Paul n'ayant pas eu besoin de stipuler qu'il pourrait passer sur ses propres héritages. » (4)

C'est aussi par application de cette règle que l'article 1023 Civ. décide que le legs fait au créancier n'est pas censé

(1) Baudry-Lacantinerie et Barde, *Des obligations*, t. 1ᵉʳ, nᵒ 557.
(2) Paris, 30 août 1853, S. 53, 2, 549.
(3) Art. 1157 Civ. Loi 80 D. *De verbor. oblig.*, XLV, 1.
(4) *Traité des obligations*, nᵒ 92.

fait en compensation de sa créance, ni le legs fait au domestique en compensation de ses gages.

Troisième règle. — Les termes susceptibles de deux sens doivent être pris dans le sens qui convient le plus à la nature de l'acte. (1)

Quatrième règle. — Ce qui est ambigu s'interprète par ce qui est d'usage dans le pays où l'acte est passé. (2)

Cinquième règle. — Dans un acte qui contient diverses dispositions, toutes les clauses s'interprètent les unes par les autres, en donnant à chacune le sens qui résulte de l'acte entier. (3)

Il faut donc examiner et combiner les différentes dispositions contenues dans l'acte, car en interprétant chacune d'elles, abstraction faite des autres, on risquerait de méconnaître l'esprit qui a présidé à la confection de l'acte.

Sixième règle. — Dans le doute, les dispositions d'un acte s'interprètent contre celui en faveur de qui elles sont faites. (4)

Le juge ne doit recourir à l'application de cette règle qu'en dernier ressort, et lorsqu'il a épuisé tous les moyens d'interprétation sans avoir pu déterminer exactement la portée des clauses ambigües. Il est juste et équitable, dans ce cas, de préférer l'explication qui est favorable au débiteur, car on ne doit pas admettre sans motif que quelqu'un ait voulu contracter une obligation au profit d'autrui; personne n'est présumé s'obliger. On peut ajouter, pour justifier cette règle, que, dans les actes auxquels le créancier a été partie, il ne peut s'en prendre qu'à lui-même de n'avoir pas expliqué clairement l'étendue de ses droits.

Il résulte de là qu'en matière d'obligations, la clause s'interprétera toujours contre le créancier et en faveur du débi-

---

(1) Art. 1158 Civ. *Interpretatio facienda est secundum naturam negotii.* Voir loi 67 D. *De regulis juris*, L, 17.

(2) Art. 1159 Civ. Loi 34 D. L, 17, *De regulis juris.*

(3) Art. 1161 Civ.

(4) Art. 1162 Civ. Loi 38, § 18 D. *De verborum oblig.;* loi 99, *eod. tit.;* loi 9 D. *De reg. juris*, L. 17.

tour. (1) Dans les contrats synallagmatiques, il faudra admettre l'interprétation la moins favorable à celui qui a joué le principal rôle et qui a, par conséquent, dicté ses conditions à l'autre. (2)

Dans les dispositions testamentaires, le doute sur l'étendue du legs s'interprétera en faveur de l'héritier. (3)

§ 7. — *De la représentation dans les actes juridiques.* (4)

La manifestation de volonté qui constitue l'élément essentiel de tous les actes juridiques peut émaner directement de l'intéressé, ou bien d'une tierce personne qui intervient à l'acte pour le compte de l'intéressé. Il n'est pas nécessaire que celui qui veut passer un acte agisse en personne, et sauf quelques rares exceptions, il a le droit de se servir de l'intermédiaire d'autrui. (5)

Dans ce dernier cas, il y a représentation : La personne qui intervient à l'acte, le représentant, fait lui-même la déclaration de volonté, il est partie à l'acte juridique, mais cette déclaration de volonté n'est pas la sienne propre ; en réalité, il agit pour le compte d'une autre personne, le représenté, et c'est sur la tête de ce dernier que se formeront, en dernière analyse, les rapports de droit auxquels l'acte donnera naissance. Le représentant n'est donc qu'un intermédiaire, chargé de conclure une affaire pour le compte d'autrui.

Le représentant agit et parle au nom et pour le compte du représenté, et tout se passe comme si ce dernier avait lui-

---

(1) Voir des applications dans les art. 1187, 1190 Civ.

(2) L'article 1602 applique cette règle à la vente : « Tout pacte obscur ou ambigu s'interprète contre le vendeur. »

(3) C'est ce que signifient les maximes : *Parcendum heredi ; in dubio pro herede respondendum.* Cf. Aubry et Rau, vii, § 712, texte et note 9.

(4) Cons. Goudsmit, *op. cit.,* § 66 ; Windscheid, *op. cit.,* t. i, § 73, 74 ; Savigny, *Traité de droit romain,* t. iii, § cxiii ; Ortolan, *Traité de droit romain,* 12e édit., t. iii, appendice ix ; Unger, *op. cit.,* t. ii, § 90.

(5) Certains actes juridiques exigent nécessairement la présence des parties, mais ils constituent l'exception. Tels sont : le testament, le mariage, le contrat de mariage, l'adoption, la reconnaissance d'enfant naturel.

même passé l'acte. Le représentant n'acquiert aucun droit
et ne contracte aucune obligation ; les droits et les obligations qui naissent de l'acte juridique se produisent directement en la personne du représenté.

La représentation est donc une fiction qui élargit la personnalité de l'homme en lui permettant de conclure des
actes, en son propre nom, par l'intermédiaire de tiers auxquels il confie cette mission, et d'obtenir le même résultat
que s'il avait agi en personne. On comprend combien cette
institution peut rendre de services et faciliter les relations
juridiques. Son utilité se manifeste principalement dans la
sphère du droit du patrimoine (1); elle sert non-seulement à
l'acquisition et à la transmission de la possession, de la propriété et des autres droits réels, mais elle trouve son application dans toute la matière des conventions. Elle facilite
donc à une personne l'accomplissement d'actes juridiques
qu'elle n'aurait peut-être pas pu accomplir elle-même (2);
d'autre part, elle supplée au défaut de la capacité d'agir et
permet ainsi de faire participer à la vie juridique des individus incapables de figurer dans un acte, parce qu'ils sont
trop jeunes ou qu'ils sont frappés d'une infirmité morale,
comme les aliénés.

Cette théorie de la représentation dans les actes juridiques,
en vertu de laquelle le représenté recueille directement et

---

(1) Dans le domaine du droit de famille, la représentation ne trouve que
des applications sans importance. Ordinairement, les actes juridiques relatifs au droit de famille s'accomplissent directement et sans intermédiaire ; quelques-uns même, comme le mariage, la reconnaissance d'enfant
naturel, s'opposent, par leur nature, à ce mode de conclusion.
En matière de testament, il en est de même : Nul ne peut tester par
représentant.

(2) En matière civile, devant les tribunaux, les avoués sont les représentants légaux et obligés des parties, et eux seuls ont le droit de postuler
et de conclure au nom des plaideurs. La loi n'a pas voulu abandonner aux
parties elles-mêmes la direction du procès, ce qui aurait pu les exposer
à des erreurs ou à des surprises et aurait rendu les communications judiciaires plus lentes et plus hasardeuses. Voir Garsonnet, *Traité de procédure*, t. 1er, § XCII, Paris, 1882. *

immédiatement les effets de l'acte passé par un intermédiaire, est admise par toutes les législations modernes. Le
droit romain n'a pas connu cette théorie, et il a toujours accepté et sanctionné le principe en vertu duquel les actes
juridiques ne produisent effet qu'à l'égard de ceux qui y ont
été parties, et ne peuvent faire naître aucun droit en faveur d'un tiers. C'est le principe de la non représentation.
Si une personne veut faire une opération par l'intermédiaire
d'un tiers, ce tiers agit en son nom personnel, les conséquences de l'acte se produisent sur sa tête, et il devra ensuite transmettre au véritable intéressé les droits qu'il a
acquis, de même que ce dernier devra le décharger des obligations qu'il a contractées. Ce principe resta toujours en
vigueur à Rome ; mais, à mesure que les relations commerciales se développèrent, il reçut des tempéraments qui en
atténuèrent dans une très large mesure les inconvénients. (1)
Ces inconvénients étaient encore diminués par la conception
spéciale de la famille romaine, en vertu de laquelle le père de
famille pouvait acquérir par l'intermédiaire de son fils et de
son esclave. (2)

Du reste, cette espèce de représentation incomplète, indirecte, pour ainsi dire, n'a pas complètement disparu de

---

(1) Voir Labbé, appendice ix; Ortolan, *Droit romain*, t. iii : « En y ré-
fléchissant, on reconnaît que l'idée romaine était la plus simple, la plus
vraie, celle qui a dû, la première, s'offrir à l'esprit humain, et, en outre,
qu'elle a été la suite nécessaire du formalisme qui caractérisait le droit
primitif. Comment l'auteur d'un acte ne serait-il pas le sujet actif ou
passif des effets de cet acte? Supposer étranger à l'acte celui qui le fait,
et présent celui qui ne l'est pas, c'est une fiction, l'inverse de la réalité,
une subtilité, un raffinement contraire à la rudesse des premiers usages.
Le formalisme entoure la volonté de formes qui la précisent et la protègent. La volonté n'est efficace que si elle revêt la forme prescrite. Les formalités servent aussi à fixer les rapports entre personnes. La seule personne dont la volonté ait été régulièrement manifestée, la seule qui ait
rempli les conditions légales du droit, la seule qui ait solennellement noué
le contrat avec une autre, c'est la personne qui a figuré dans la cérémonie
de l'acte juridique. »

(2) « Toutes les personnes placées sous une même dépendance étaient
des instruments d'acquisition pour le chef de famille commun. » Savigny,
iii, trad. Guénoux, p. 97; Gaïus, *Comm.* ii, § 86 à 96.

notre droit, et elle a subsisté en matière commerciale. Dans les relations commerciales, le commissionnaire qui est un intermédiaire, un véritable mandataire agissant pour le compte d'une autre personne, traite ordinairement en son propre nom et apparait seul dans l'acte qu'il passe. (1)

Cette manière d'opérer s'est conservée dans le droit commercial, parce qu'elle augmente l'avantage que présente l'entremise des commissionnaires. Les opérations commerciales se font souvent à grande distance, le fabricant ne connaît pas ceux à qui il vend ses produits, et il lui est difficile d'apprécier leur solvabilité. Il peut, en outre, garder le secret des opérations qu'il fait, secret qui est souvent nécessaire pour leur réussite. D'autre part, les tiers n'ont pas non plus à s'inquiéter du commettant et de sa solvabilité ; « celui-ci peut ainsi jouir, pour ses opérations, du crédit de son commissionnaire, qui est parfois plus grand que le sien. » (2) Enfin, il y a encore cet avantage que le commettant n'a pas besoin de donner au commissionnaire, pour chaque opération, un pouvoir exprès de traiter avec les tiers, et le commissionnaire n'est pas tenu non plus de prouver son mandat à ceux avec qui il contracte.

Dans la théorie moderne de la représentation, nous avons dit que l'acte passé par le représentant est réputé avoir été fait par le représenté. Il en résulte que les conditions de capacité doivent se rencontrer non dans la personne du représentant, mais dans celle du représenté. Le représenté doit avoir la capacité d'agir, conformément aux règles du droit commun, comme s'il traitait directement ; au contraire, le représentant peut être incapable, cela ne nuit pas à la validité de l'acte qu'il conclut. (3) Pourtant, il faut tenir compte de la présence du représentant à l'acte ; c'est lui qui manifeste la volonté du représenté, et c'est dans sa personne que les conditions exigées pour la validité de cette déclara-

---

(1) Art. 94 Com.

(2) Lyon-Caen et Renault, *Manuel de droit comm.*, 4e édit., § 474, p. 273.

(3) Art. 1990 Civ.

tion de volonté doivent être réunies. Si donc il n'a pas réellement consenti à l'acte, ou s'il a agi sous l'empire d'un vice tel que l'erreur, le dol, la violence, l'acte sera, suivant les cas, inexistant ou annulable, et le représenté pourra invoquer cette cause d'inexistence ou d'annulabilité.

Le droit de représenter une personne dans un acte juridique dérive de la loi ; par exemple, le tuteur représente le mineur, l'interdit ; le père représente l'enfant ; ou d'une procuration donnée par l'intéressé. Dans ce dernier cas, le contrat qui se forme prend le nom de mandat (1) ; la procuration peut être plus ou moins étendue, s'appliquer à une ou certaines affaires, ou être conçue en termes généraux et embrasser toutes les affaires du mandant.

Observation. — Quelquefois une personne agit pour le compte d'une autre sans en avoir reçu l'ordre, dans l'intention de rendre service et dans l'espérance que l'intéressé ratifiera l'opération faite. La validité de l'acte ainsi accompli est subordonnée à l'approbation subséquente du *dominus negotii.* Si ce dernier donne sa ratification, *ratihabitio mandato æquiparatur,* et l'acte produit le même effet que s'il avait été passé sur l'ordre et du consentement du représenté. Mais, s'il refuse de ratifier, l'opération ne produira aucun effet, à moins qu'elle ne constitue un acte utile de gestion d'affaires, car le maître dont l'affaire a été bien administrée est obligé par le fait du gérant. (2)

SECTION TROISIÈME. — DES ACTES ILLICITES.

Notion. Faute délictuelle, faute contractuelle.

On entend, par acte illicite, tout acte par lequel une personne porte injustement atteinte au droit d'autrui. L'auteur de cet acte est obligé de réparer les conséquences de sa faute, en indemnisant la personne qui en a été victime.

----

(1) Art. 1984 et suiv. Civ.
(2) Art. 1375 Civ.

L'acte illicite constitue donc un fait juridique, puisqu'il engendre un lien de droit entre celui qui l'a commis et celui qui en a souffert. Cette violation du droit d'autrui peut être intentionnelle ou non intentionnelle de la part de l'auteur de l'acte, suivant que celui-ci a agi sciemment, méchamment, avec l'intention de causer un dommage, ou qu'au contraire il a agi sans intention de nuire, sans prévoir les conséquences dommageables de son fait.

Il y a deux sortes d'actes illicites :

1° Il y a les actes qui sont illicites en eux-mêmes, intrinsèquement, sans qu'il y ait à s'inquiéter des rapports de droit qui pouvaient exister entre l'auteur d'un tel acte et celui qui en éprouve un préjudice. Ces actes s'appellent des délits ou des quasi-délits. (1)

Le délit suppose l'intention mauvaise, le quasi-délit suppose que l'auteur a agi sans intention de nuire.

2° En second lieu, il y a des actes qui ne sont illicites que parce qu'ils ont été commis par une personne qui se trouvait tenue d'obligations nées d'un rapport de droit antérieur vis-à-vis d'une autre personne. Ce rapport de droit peut avoir pour origine, soit un contrat, soit un autre fait juridique. On dit alors que l'acte constitue un dol ou une faute, suivant que

---

(1) Nous ne considérons les délits qu'au point de vue du droit civil, c'est-à-dire en tant qu'actes illicites causant un dommage à autrui et engendrant l'obligation de le réparer. Le mot délit, dans la langue du droit criminel, a un sens différent : il désigne tout fait illicite prévu et puni par la loi pénale.

Un délit criminel peut n'être pas civil, et réciproquement. En effet, le délit criminel ne suppose pas nécessairement qu'un dommage a été causé à autrui ; la loi pénale incrimine certains actes en eux-mêmes, abstraction faite de la question de préjudice causé, parce qu'ils portent atteinte à l'ordre public et à la sécurité générale (tentative de délit, port d'armes prohibées, vagabondage, mendicité, etc.).

D'autre part, les faits dommageables ne sont pas toujours punis par la loi pénale : ainsi le stellionat (art. 2059 Civ.), le recel d'effets dépendant d'une succession (art. 792, 801 Civ.) constituent des délits civils, mais non des délits criminels. Voir Garraud, *Traité de droit pénal*, t. I, n° 82, Paris, 1888.

l'auteur a été de mauvaise foi, ou a simplement commis un acte de négligence ou d'imprudence. Exemples : Je vous ai vendu un cheval que je dois vous livrer dans un mois. Je suis obligé de veiller sur le cheval et de lui donner des soins jusqu'au jour de la livraison ; si, par dol ou négligence, je le laisse périr, je suis tenu de réparer le préjudice que je vous ai causé. De même, un héritier a été chargé par le testateur de remettre un corps certain, à titre de legs, à un tiers ; si, par impéritie ou mauvaise foi, il laisse périr ou détériorer cette chose, il sera également obligé d'indemniser le légataire de la perte que son acte lui a fait subir.

De même, enfin, le tuteur qui administre les biens de son pupille, est responsable des fautes qu'il commet dans cette administration. (1)

Lorsque l'acte illicite cause un dommage à autrui, il oblige l'auteur de cet acte à réparer le préjudice qui en résulte pour la victime. C'est ce que disent les articles 1382 et 1383 Civ., pour le cas où il s'agit d'un délit ou d'un quasi-délit commis en dehors de toute relation contractuelle, ou entre deux personnes juridiquement étrangères l'une à l'autre, et les art. 1136, 1146 et 1147, pour l'hypothèse où une personne n'exécute pas l'obligation dont elle est tenue.

Quelles sont les conditions requises pour qu'un acte dommageable engage la responsabilité de son auteur ?

S'il s'agit d'un délit ou d'un quasi-délit proprement dit, il faut, en premier lieu, que cet acte constitue une faute, intentionnelle ou non, c'est-à-dire commise avec l'intention de nuire ou simplement par imprudence. La faute suppose que l'acte est un acte illicite, contraire à la loi, en d'autres termes, portant injustement atteinte au droit d'autrui. Il n'y a donc pas, en principe, faute de la part d'une personne, lorsqu'elle exerce un droit qui lui appartient et que l'exercice de ce droit cause un dommage à autrui. Exemples : Je construis

_____

(1) Voir art. 450 Civ. Voir aussi, en matière de quasi-contrats, art. 1374 et 1379 Civ.

un mur sur un terrain dont je suis propriétaire et qui est libre de toute servitude, et j'obstrue ainsi la vue du fonds voisin. En creusant dans mon fonds, je taris une source qui surgissait sur l'héritage voisin. Ces actes ne constituent pas des délits, bien qu'ils causent un dommage au voisin.

Cependant, cette règle subit un tempérament : Lorsqu'une personne exerce le droit qui lui appartient d'une façon abusive et vexatoire, dans l'intention de nuire à autrui, elle commet une faute qui engage sa responsabilité. (1)

En second lieu, il faut que l'acte soit le résultat d'une volonté consciente et libre. Il faut donc que l'auteur de l'acte soit capable de comprendre ce qu'il fait ; ainsi les enfants en bas âge, qui sont encore privés de discernement, ou les aliénés ne sont pas responsables des conséquences dommageables de leurs actes. (2) Il n'y a responsabilité que là où il y a volonté, car la responsabilité, dans notre droit, repose sur l'idée de faute. « Il résulte de la définition que nous avons donnée des délits et des quasi-délits, qu'il n'y a que les personnes qui ont l'usage de la raison qui en soient capables. » (3)

Mais il suffit que l'auteur de l'acte puisse comprendre ce qu'il fait. En conséquence, les personnes incapables de s'obli-

---

(1) Ainsi la jurisprudence a fait maintes fois application de ce tempérament au cas où une personne intente témérairement une action en justice contre une autre, dans un but manifeste de vexation. Cons. Cass., 9 mai 1893, S. 93, 1, 357. Il ne suffit pas, du reste, qu'il y ait témérité de la part du demandeur, il faut qu'il ait commis un véritable dol ou une faute lourde. La loi du 27 décembre 1890, sur le contrat de louage, qui a modifié l'art. 1780 Civ., a, d'après l'interprétation généralement admise et que paraît adopter la Cour de cassation, consacré cette idée que l'exercice abusif d'un droit peut constituer une faute. Quand l'ouvrier a été renvoyé par le patron et que ce dernier a agi dans l'intention de nuire à l'ouvrier, ce dernier a droit à la réparation du préjudice que lui a causé le congédiement. Cf. Cass., 20 mars 1895, S. 95, 1, 313 ; Charmont, *Revue critique*, 1895, p. 613 ; Cass., 5 février 1896, S. 96, 1, 217 ; Pic, *Traité élémentaire de législation industrielle*, p. 435 et suiv.

(2) Mais, dans ce cas, les personnes auxquelles est confiée la garde de l'enfant ou de l'aliéné pourraient être responsables du dommage causé (art. 1384 Civ.).

(3) Pothier, *Traité des obligations*, n° 118.

ger par l'effet d'un acte juridique sont néanmoins responsables des délits et quasi-délits qu'elles peuvent commettre.(1)

Si maintenant il s'agit d'un acte commis à l'occasion d'un
rapport de droit existant entre deux personnes, le débiteur
de l'obligation sera tenu de réparer le dommage causé au
créancier, lorsque les conditions suivantes seront réunies :

1º Il faut que le débiteur n'exécute pas l'obligation dont il
est tenu ou ne l'exécute que partiellement, irrégulièrement,
ou enfin ne l'exécute pas dans le délai fixé par les parties ;

2º Il faut que cette inexécution lui soit imputable, c'est-à-
dire qu'elle provienne de son mauvais vouloir, de sa négligence ou de son imprudence (2) ;

3º Il faut enfin que le débiteur ait été mis en demeure de
remplir son obligation. (3)

Nous venons de dire qu'il y a deux catégories d'actes
illicites : les uns sont illicites en eux-mêmes, les autres ne le
sont que parce qu'ils constituent la violation d'une obligation qui existait à la charge d'une personne.

Suivant l'opinion traditionnellement admise en France, ces
deux catégories de fautes sont soumises à des règles différentes, et, afin de mieux marquer la distinction, on emploie
pour les désigner deux expressions différentes : S'il s'agit
d'un acte illicite en lui-même, commis en dehors de tout
rapport de droit, on dit qu'il y a faute délictuelle ; s'agit-il
de l'inexécution d'une obligation préexistante, on dit que
le débiteur a commis une faute contractuelle, parce que

---

(1) Art. 1310 Civ.

(2) Il peut arriver exceptionnellement que le débiteur soit responsable
de son simple fait, alors même que ce fait ne constituerait pas une faute
de sa part.

Ainsi, une dette contractuelle existe ayant pour objet un corps certain ;
une personne m'a vendu son cheval, elle meurt, et son héritier, ignorant
cette vente, dispose du cheval et le livre à une autre personne de bonne
foi aussi. Ce simple fait le rend responsable de l'inexécution de l'obligation dont il était tenu vis-à-vis de moi. Cf. Demolombe, *Traité des
engagements qui se forment sans convention*, nº 469.

(3) Art. 1139, 1146 Civ.

le contrat est la source la plus fréquente des obligations. (1)

Le principe de la responsabilité délictuelle est posé dans les articles 1382 et 1383 Civ., qui sont ainsi conçus :

ART. 1382 : Tout fait quelconque de l'homme, qui cause à autrui un dommage, oblige celui par la faute duquel il est arrivé, à le réparer ;

ART. 1383 : Chacun est responsable du dommage qu'il a causé, non seulement par sa faute, mais encore par sa négligence ou son imprudence.

Les règles constitutives de la faute contractuelle se trouvent, au contraire, énoncées au titre des contrats dans les art. 1136, 1137, 1146, 1147, 1149, 1150, 1151, 1152, 1153, 1302 Civ.

Cette dualité de responsabilité est, du reste, facile à justifier :

Toute personne est obligée de respecter la vie et les biens d'autrui, et, quand elle viole les droits de son semblable, il est juste et équitable qu'elle répare intégralement le dommage qu'elle a causé : voilà le principe de la faute délictuelle, édicté dans l'article 1382 Civ.

Au contraire, lorsque deux personnes sont engagées dans un rapport de droit qui les lie l'une à l'autre, par exemple, lorsqu'elles ont passé un contrat qui a fait naître à leur charge des obligations, leur situation est toute différente de celle de deux personnes qui sont entièrement étrangères l'une à l'autre. La partie qui a contracté une obligation s'est engagée à donner, à faire ou à ne pas faire. Si donc elle commet une faute ou un dol vis-à-vis de l'autre, les éléments de cet acte et ses conséquences devront s'apprécier et se

_____

(1) Si l'auteur de l'acte a refusé, intentionnellement et par mauvaise foi, d'exécuter l'obligation qui lui incombait, on dit alors qu'il a commis un dol. Nous avons déjà étudié l'effet du dol sur la formation des actes juridiques ; ici, nous envisageons les conséquences que produisent la faute ou le dol, lorsqu'ils interviennent à l'occasion d'un rapport de droit existant entre deux personnes.

déterminer d'après les termes de l'engagement, l'intention
des parties, la nature et l'étendue de son obligation.

« Entre personnes qui sont liées par un contrat et relativement à l'objet de ce contrat, toute question de faute doit être
jugée d'après les clauses du contrat, d'après la volonté des
parties. L'article 1382, qui régit les rapports des personnes
n'ayant point contracté ensemble, devient inapplicable. » (1)

Dans les actes juridiques, la volonté joue le rôle principal
et prépondérant, et c'est elle qui détermine l'étendue et les
conséquences de la faute commise par le débiteur. En effet,
la volonté des contractants a mis le débiteur dans une situation particulière, en dehors des prévisions du droit commun.
Le vendeur, le dépositaire, le commodataire sont, en vertu de
leur volonté, en possession de choses appartenant à autrui,
et ils ont assumé l'obligation de veiller sur ces choses, de les
conserver avec diligence. C'est en vertu de l'acte volontaire
qu'ils ont passé, qu'ils sont exposés à commettre une faute de
nature à nuire à autrui, et c'est la volonté seule qui doit
déterminer quand il y aura véritablement faute et quelles en
seront les conséquences. (2)

Ainsi, les règles qui s'appliquent à la responsabilité délic-

---

(1) Labbé, note au Sirey, 1885, 4, 26 ; Larombière, *Obligations*, t. VII,
sur l'art. 1382, n° 8 ; Demolombe, *Contrats et obligations*, t. VIII, n°s 472
et suiv.; Aubry et Rau, IV, § 308, note 25 ; § 446, texte et note 7 ; Laurent,
t. XVI, n°s 213, 230 ; t. XX, n° 463 ; Fromageot, *De la faute comme source
de la responsabilité en droit privé*, Paris, 1891, p. 16 à 20 ; Huc, t. VIII,
n° 424.

(2) Labbé, note S. 85, 4, 26 : « Je suis dépositaire, locataire, commodataire ; vous avez apporté chez moi votre chose, vous l'avez mise en mes
mains pour la garder, ou la travailler, ou l'utiliser. Je suis placé par vous-
même en danger de la détériorer. En l'absence de ce contrat spécial, je
n'aurais pas été chez vous l'endommager. Je ne l'aurais pas rencontrée sur
mon passage. Il m'était bien facile de ne pas vous causer un préjudice.
J'ai été bien plus exposé à vous nuire à raison du contrat intervenu.
Arrière donc l'art. 1382, ne m'en parlez pas. L'hypothèse à régler n'est pas
celle prévue par le législateur. Une position nouvelle m'a été créée relativement à la chose ou à la personne d'autrui par la volonté commune de
moi et de mon cocontractant. Laissez cette volonté seule en régir les
conséquences. »

tuelle ne sont pas les mêmes que celles qui déterminent l'étendue et les effets de la responsabilité contractuelle, et de là, toute une série de différences entre les deux espèces de fautes, dont voici les trois principales :

1° Au point de vue des éléments constitutifs de la faute. En matière de responsabilité délictuelle, toute lésion injuste des droits d'autrui oblige celui qui en est l'auteur à la réparer, quelle que soit la légèreté de la faute commise, quand même le dommage serait le résultat d'une simple négligence excusable. « Chacun est responsable, dit l'art. 1383 Civ., du dommage qu'il a causé, non seulement par son fait, mais encore par sa négligence ou son imprudence. » *In lege aquilia et levissima culpa venit*, disaient les jurisconsultes romains. (1)

Quand, au contraire, il s'agit de la responsabilité contractuelle, la loi se montre moins rigoureuse pour le débiteur. Elle compare sa conduite à celle d'un type abstrait, le bon père de famille, qui représente l'homme diligent apportant à l'administration de son patrimoine l'attention et les soins qu'y donne la moyenne des hommes, et, elle décide que, si le débiteur commet une faute que ne commettrait pas un bon père de famille (2), il en est responsable. Cette faute, c'est la *culpa levis in abstracto*, celle qui suppose une négligence inexcusable, puisqu'un homme attentif et soigneux ne l'aurait pas commise.

Mais les simples actes de négligence excusable, la *levissima culpa*, c'est-à-dire la faute très légère qu'un bon père de famille aurait pu commettre, n'engagent pas la responsabilité du débiteur.

2° Au point de vue de la réparation du préjudice. L'auteur d'une faute délictuelle doit réparer intégralement le dommage

---

(1) Loi 44 pr., D. IX, 2, *Ad leg. aquiliam.*

(2) Art. 1137 Civ. Il peut y avoir, dans l'appréciation de la responsabilité du débiteur, des degrés variant avec la nature du contrat qui a donné naissance à des obligations. Mais la règle posée au texte constitue le principe de droit commun. L'art. 1137, *in fine*, prévoit, du reste, que, dans certains contrats, ce principe reçoit des tempéraments.

qu'il a causé à autrui, qu'il ait agi de mauvaise foi ou que son acte soit le résultat d'une simple négligence. Il en est de même pour le débiteur contractuel, lorsque l'inexécution de l'obligation résulte de son dol, et les dommages-intérêts dus au créancier comprendront la réparation du dommage qui est la suite immédiate et directe de l'inexécution de l'obligation. (1) Mais, si le débiteur n'a commis qu'une simple faute de négligence, sans intention de nuire, il faut calculer l'étendue des dommages-intérêts d'après la volonté exprimée ou présumée des contractants, puisque c'est la volonté des parties qui a créé le rapport de droit existant entre elles. Si donc les contractants ont déterminé à l'avance les dommages-intérêts qui seraient dus au cas d'inexécution, il faudra se conformer à leur intention ; s'ils ne l'ont pas fait expressément, il conviendra de rechercher quels sont les dommages-intérêts qu'ils ont dû prévoir au moment du contrat. (2)

3° Au point de vue de la preuve de la faute commise. L'article 1315 Civ. décide que celui qui réclame l'exécution d'une obligation doit la prouver. Réciproquement, celui qui se prétend libéré doit justifier le payement ou le fait qui a produit l'extinction de son obligation. *Onus probandi incumbit ei qui dicit.*

La nécessité de faire la preuve incombe donc à celui qui avance un fait contraire à l'état normal et habituel des choses ou bien à une situation acquise. (3)

Exemple : Je prétends que vous me devez 1.000 francs ; je dois prouver l'existence de cette obligation. Vous recon-

_____

(1) Art. 1151 Civ.

(2) Pothier, *Traité des obligations*, n° 161 : « Ordinairement, les parties sont censées n'avoir prévu que les dommages-intérêts que le créancier, par l'inexécution de l'obligation, pourrait souffrir par rapport à la chose même qui en a été l'objet, et non ceux que l'inexécution de l'obligation lui a occasionnés d'ailleurs dans ses autres biens. C'est pourquoi, dans ce cas, le débiteur n'est pas tenu de ceux-ci, mais seulement de ceux soufferts par rapport à la chose qui a fait l'objet de l'obligation ; *damni et interesse, propter ipsam rem non habitam.* »

(3) Baudry-Lacantinerie, t. II, 5° édit., n° 491.

naissez que je vous ai prêté les 1.000 francs, mais vous prétendez me les avoir remboursés ; c'est à vous d'établir le fait du payement, c'est-à-dire l'extinction de l'obligation. (1)

L'application de cette règle, en matière de responsabilité, conduit à une importante distinction :

1° *Faute délictuelle.* — Je prétends que Pierre a détruit une chose qui m'appartient, et je lui demande réparation. Conformément au principe ci-dessus, je devrai prouver que Pierre est l'auteur de l'acte que je lui reproche et que cet acte constitue une faute.

2° *Faute contractuelle.* — Pierre s'est engagé à me livrer un objet, et il n'exécute pas son obligation. Je réclame des dommages-intérêts ; je devrai prouver simplement que Pierre avait contracté une obligation à mon égard, après quoi ce sera à lui qu'incombera la charge de démontrer que l'inexécution de son obligation ne lui est pas imputable, qu'il n'a commis aucune faute. — Ainsi, en matière de responsabilité contractuelle, c'est au débiteur, qui n'a pas accompli son obligation, à établir que l'inexécution provient d'un cas fortuit ou d'une force majeure, et qu'il est exempt de toute faute.

En matière de responsabilité délictuelle, c'est à celui qui réclame une indemnité à prouver qu'un fait illicite et dommageable a été commis par l'autre partie. (2)

Cette différence est très-importante, car être chargé de faire la preuve, c'est supporter tout le poids du procès et subir les conséquences du doute. Si donc, malgré tous les efforts, la cause du dommage demeure inconnue ou simplement douteuse, c'est celui qui devait faire la preuve et n'a pas pu la fournir qui succombera.

Ainsi, d'après la doctrine traditionnelle, la responsabilité délictuelle diffère profondément de la responsabilité con-

---

(1) Voir ci-dessous, p. 335 et suiv.
(2) Rouard de Card, *Distinction entre la responsabilité contractuelle et la responsabilité délictuelle*, dans *La France judiciaire*, 1891, p. 99.

tractuelle, et il faut bien se garder de confondre deux théories que le Code a soigneusement distinguées. (1)

Cette doctrine de la dualité de la responsabilité a été attaquée pendant ces dernières années, et on a prétendu qu'il
n'y a pas en réalité dualité, mais unité de responsabilité. La
responsabilité, a-t-on dit, n'est pas tantôt contractuelle,
tantôt délictuelle : elle est toujours, dans tous les cas, délictuelle, et les règles des articles 1382 et suiv. s'appliquent
toutes les fois qu'une faute est commise par une personne
vis-à-vis d'une autre, sans qu'il y ait à s'inquiéter de savoir
si cette faute est intervenue ou non à l'occasion d'un rapport de droit antérieur. La faute, dit-on, consiste toujours
dans la violation d'une obligation préexistante, obligation
conventionnelle, lorsque les deux parties avaient fait un
contrat, obligation légale, lorsqu'aucun rapport de droit positif n'existait entre elles, car, même dans ce cas, il y a pour
chaque individu une obligation négative de respecter la vie

---

(1) Il faut, du reste, remarquer qu'une faute délictuelle peut intervenir entre
deux personnes qui sont liées l'une à l'autre par un rapport juridique, et si
cette faute est étrangère au rapport de droit, il faudra, bien entendu,
appliquer les principes de la responsabilité délictuelle. Mais il peut arriver
que le point de savoir si la faute commise constitue une faute délictuelle,
ou est une violation de l'obligation contractée par l'une des parties, soit
douteux et difficile à résoudre. Ici, comme partout, les limites exactes de
chaque théorie sont indécises, et leur fixation soulève des questions
délicates.

Voici quelques-uns de ces cas douteux :

Transport de voyageurs. — Le contrat de transport est un contrat par
lequel une personne s'engage à en transporter une autre en un lieu déterminé. Si, en cours de route, le voyageur est victime d'un accident, faut-il,
pour déterminer la responsabilité encourue par le voiturier, appliquer la
théorie de la faute contractuelle ou celle de la faute délictuelle ?

Contrat de travail. — L'ouvrier qui travaille dans l'atelier ou dans l'usine
du patron est blessé pendant son travail. Le patron est-il responsable des
conséquences de cet accident en vertu des obligations qu'il a contractées,
ou bien, au contraire, l'accident survenu doit-il être considéré comme
absolument étranger au contrat de travail, et la question de responsabilité doit-elle être exclusivement résolue par les principes des art. 1382
et suivants? Voir sur ces questions : Sainctelette, *Responsabilité et garantie;*
Sauzet, *Responsabilité du patron vis-à-vis des ouvriers dans les accidents
industriels*, dans *La Revue critique*, 1883.

et les biens de son semblable, obligation qui pèse sur chaque homme et qu'exprime la maxime : *Neminem lædere*. Cette obligation, créée par la loi, a sa sanction dans l'article 1382 Civ. Or, il n'y a pas de différence essentielle entre l'obligation née d'un contrat et l'obligation née de la loi ; le contrat est lui-même une loi que les parties ont établie spécialement pour régler un rapport de droit. Donc, la responsabilité qui découle de la violation de l'une ou de l'autre doit être unique.

Bien plus, lorsque le débiteur tenu d'une obligation contractuelle commet une faute qui met obstacle à l'exécution de cette obligation, cette obligation s'éteint, puisque son objet n'est plus possible, de même que si cet objet a péri par cas fortuit, sans la faute du débiteur (1) ; mais, en cas de faute, une nouvelle obligation prend naissance, obligation de réparer le dommage causé par la faute, qui a sa source, par conséquent, dans l'art. 1382 Civ. La responsabilité est une et délictuelle. Sans doute, la convention intervenue entre les parties pourra modifier l'étendue de la responsabilité, la restreindre, par exemple, mais elle n'en changera pas le principe, car ce principe est unique, il est écrit dans la loi qui veut que quiconque cause par sa faute un préjudice à autrui, répare le dommage qui en est résulté.

Aussi est-il inexact de prétendre que la faute délictuelle et la faute contractuelle sont régies par des règles différentes, l'une et l'autre sont soumises aux mêmes dispositions légales. (2)

---

(1) Art. 1302 Civ.

(2) Ce système conclut naturellement que les intérêts signalés plus haut de la distinction entre la responsabilité contractuelle et la responsabilité délictuelle n'existent pas en réalité, car la responsabilité, étant une, doit toujours produire les mêmes effets. Mais nous ne pouvons suivre l'exposition des conséquences de cette doctrine. Il nous suffit d'en avoir indiqué les principales lignes. Consulter Lefebvre, *Revue critique*, 1886, p. 487 ; Grandmoulin, *Nature délictuelle de la responsabilité pour violation des obligations contractuelles*, Thèse de doctorat, Rennes, 1892 ; Planiol, note au Dalloz, 1890, 2, 457, sous Paris, 8 février 1890. — Cette théorie de l'unité

SECTION QUATRIÈME. — DE L'INFLUENCE DU TEMPS
SUR LA NAISSANCE ET L'EXTINCTION DES DROITS.

Dans un grand nombre de rapports de droit, le temps nous apparaît comme étant une des conditions d'où dépendent l'acquisition ou la perte d'un droit.

Voici les principaux cas où cette influence se manifeste :

1° La prolongation d'un état de choses déterminé pendant un

---

de responsabilité a été présentée d'une façon très-rigoureuse par M. Grand-moulin, mais nous ne croyons pas qu'elle soit conforme aux principes de notre Code, et qu'elle puisse remplacer la théorie admise par la majorité des auteurs. A notre avis, le point de départ de son argumentation est inexact. On dit, en effet, que le délit est la violation de l'obligation légale de ne pas léser autrui, *neminem lædere*, obligation générale et négative, si bien que la faute contractuelle ou délictuelle consiste toujours dans un manquement à une obligation préexistante.

L'erreur consiste à croire que le devoir de respecter la vie et les biens de nos semblables constitue une véritable obligation juridique. L'obligation est toujours et nécessairement un lien de droit existant entre une ou plusieurs personnes déterminées, qu'il s'agisse d'une obligation de donner, de faire ou de ne pas faire. C'est la contre-partie d'une créance, c'est une valeur existant dans le patrimoine, constituant une dette pour le débiteur, une valeur active pour le créancier. L'obligation est donc appréciable en argent. Elle crée un rapport de droit entre deux personnes qui, jusque-là, étaient juridiquement étrangères l'une à l'autre, elle les met donc l'une par rapport à l'autre dans une situation qui déroge au droit commun; obligations contractuelles, quasi-contractuelles ou légales, comme les obligations entre propriétaires voisins, toutes ont pour objet de créer un état de choses particulier entre certaines personnes. Dès lors, n'est-il pas contradictoire de parler d'obligations négatives existant au profit de tous et à la charge de tous? De semblables obligations ne changeraient rien aux relations ordinaires des hommes, elles ne créeraient aucun droit véritable, elles ne représenteraient aucune valeur pécuniaire dans le patrimoine du créancier. Serait-il sérieux de dire que j'ai dans mon patrimoine un droit de créance contre tous mes semblables, consistant dans le pouvoir d'exiger d'eux qu'ils ne me causent aucun préjudice?

En réalité, le délit n'est pas, comme on le dit, la violation d'une obligation préexistante; bien au contraire, il est la source d'une obligation à laquelle il donne naissance. C'est l'acte délictueux qui crée une véritable obligation à la charge du coupable; jusque-là, il n'y avait aucune obligation, au sens propre du mot.

Il en est tout autrement en matière contractuelle; la faute du débiteur consiste dans l'inexécution d'une obligation qui pesait sur lui. Dès lors,

certain temps peut donner naissance à un droit ou entraîner son extinction.

La plus importante application de cette règle se rencontre en matière de prescription. Le droit de propriété s'acquiert par le fait de la possession d'une chose prolongée pendant un certain temps (prescription acquisitive) ; d'autre part, tous les droits sont, en principe, susceptibles de s'éteindre par l'effet de la prescription, lorsque le titulaire reste dans l'inaction pendant un délai déterminé.

On peut encore citer d'autres hypothèses qui rentrent dans cette première catégorie : Lorsque l'état d'absence d'un individu a duré un certain temps, la loi prend des dispositions relativement aux biens de cet absent : elle prononce l'envoi en possession au profit de ceux qui ont sur ces biens des droits subordonnés au décès de l'absent et consolide peu à peu leurs droits à mesure que cet état se prolonge. (1)

2° Il y a des droits qui ne peuvent être exercés que pendant un délai fixé par la loi. Le vendeur qui se réserve dans le contrat de vente le droit de racheter la chose vendue ne peut stipuler cette faculté de rachat pour un terme excédant cinq ans (2) ; l'action en révocation d'une donation pour cause d'ingratitude doit être formée dans l'année à compter du délit ou du jour où il a été connu par le donateur (3) ; de même, en matière de procédure, certains actes doivent être notifiés ou confectionnés dans un temps déterminé, sous peine de déchéance, etc.

3° Enfin, un droit peut être rattaché à un moment déter-

---

on comprend très bien que la loi traite différemment la faute commise à l'occasion d'une obligation et la faute commise vis-à-vis d'un tiers auquel on est *juridiquement* étranger. La première a sa source dans l'obligation préexistante, car, s'il n'y avait pas eu d'obligation, il n'y aurait pas eu faute, et par conséquent, pour en déterminer les effets, il faut tenir compte de l'obligation elle-même ; la seconde, au contraire, a sa source dans la loi. Cf. ci-dessus, p. 40, note 2.

(1) Voir ci-dessus, p. 59 et 60.
(2) Art. 1659, 1660 Civ.
(3) Art. 957 Civ.

miné, de telle sorte qu'il ne sera pas possible, en principe, de l'exercer avant l'arrivée de cette époque. Ainsi, l'homme n'acquiert la jouissance de quelques droits qu'à partir d'un certain âge (1), la femme veuve ne peut se remarier que dix mois après la dissolution de son précédent mariage (2), etc.

On voit par là quel rôle important le temps joue dans la formation et la dissolution des rapports de droit ; aussi convient-il de donner quelques explications au sujet de la division et de la supputation du temps, et de la prescription.

A. — Détermination et mesure du temps. (3)

Avant la Révolution, on employait en France le calendrier grégorien publié par le pape Grégoire XIII.

A l'époque intermédiaire, les décrets des 5 octobre et 24 novembre 1793 établirent un nouveau calendrier, qu'on appelle le calendrier républicain, et fixèrent une nouvelle ère, c'est-à-dire un nouveau point de départ pour compter les années ; le 22 septembre 1792 fut choisi pour cette date.

D'après le calendrier républicain, l'année commençait avec l'équinoxe d'automne et était divisée en 12 mois égaux de trente jours, et chaque mois était divisé lui-même en 3 décades. Les 12 mois étaient suivis de jours complémentaires, au nombre de 5 dans les années ordinaires, de 6 dans les années bissextiles. L'ère nouvelle dura 14 ans ; le sénatus consulte du 22 fructidor an XIII rétablit l'usage du calendrier grégorien à dater du 1er janvier 1806.

Le Code civil fut promulgué pendant que le nouveau calendrier était en vigueur, le 30 ventôse an XII, et l'art. 2261 Civ., au titre de la prescription, déterminait le calcul du délai de prescription d'après les règles de ce calendrier. Mais, l'année suivante, l'usage de ce calendrier fut aboli, et

(1) Ex. art. 144, 904.
(2) Art. 228 Civ.
(3) Aubry et Rau, I, § 49, p. 162.

la nouvelle édition du Code civil, publiée en 1807, supprima l'art. 2261, de telle sorte que c'est le calendrier grégorien qui sert de base au calcul de la prescription. (1)

Cette innovation fut-elle, dans la pensée de ses auteurs, restreinte à la matière de la prescription, ou, au contraire, doit-elle être généralisée et appliquée à toutes les matières contenues dans le Code civil? C'est une question douteuse et diversement résolue. (2)

Le jour civil est un espace de 24 heures qui va de minuit à minuit.

Le délai est un espace de temps accordé par la loi pour faire un acte juridique. (3)

Les délais se comptent par jours civils pleins, abstraction faite de l'heure, de l'instant où l'événement s'est produit. (4) En effet, comme le dit Goudsmit (5), « la supputation par heures, minutes et secondes, ne peut, en règle générale, être admise dans le domaine juridique; d'abord, parce qu'on manque d'instruments et de moyens pour fixer exactement les divisions les plus minimes du temps, et ensuite, parce qu'il est excessivement rare qu'on tienne compte, dans le commerce, de l'heure et de la minute où un acte s'accomplit. » Il en résulte que le jour auquel un délai commence à courir, c'est-à-dire le jour pendant lequel s'est produit l'événement qui sert de point de départ, ne compte pas dans le calcul du délai, puisque ce n'est qu'une fraction de jour : *Dies a quo non computatur in termino.*

Au contraire, le dernier jour du délai, le *dies ad quem*, y est toujours compris, en ce sens que c'est le dernier jour pendant lequel l'acte peut être fait. Il n'en est autrement que dans le cas où le délai établi par la loi est un délai franc,

---

(1) Baudry-Lacantinerie et Tissier, *De la prescription*, n° 582.
(2) Cf. Baudry-Lacantinerie et Tissier, *op. cit.*, n° 582. — *Contrà*, Aubry et Rau, I, § 49, p. 164.
(3) Aubry et Rau, p. 164.
(4) Art. 2260 Civ.
(5) *Op. cit.*, § 79.

c'est-à-dire un délai qui doit se composer de jours complets, de telle sorte que le *dies ad quem* n'y est pas compris. (1)

B. — Notion de la prescription acquisitive
et de la prescription extinctive.

La prescription est basée sur l'écoulement d'un certain laps de temps, mais le simple écoulement du temps ne peut ni créer, ni éteindre un droit; il faut qu'il s'y ajoute un autre élément, qui consistera, suivant les cas, dans un acte ou dans une abstention de la part d'une personne.

En matière de prescription acquisitive, cet élément, c'est la possession, c'est-à-dire le fait de détenir une chose avec l'intention de se comporter comme propriétaire.

La personne qui possède une chose en devient propriétaire au bout d'un délai, plus ou moins long, qui peut être au maximum de trente ans. Par exemple : Une personne s'empare d'un fonds de terre appartenant à autrui et le possède pendant trente ans. Le propriétaire reste dans l'inaction et ne fait pas valoir son droit sur la chose. Au bout de trente ans, le possesseur acquiert le droit de propriété.

Ainsi, la prescription acquisitive est un mode d'acquérir la propriété d'une chose ou un droit réel par la possession prolongée pendant un certain temps. Elle ne s'applique qu'aux droits réels susceptibles de possession, elle ne s'applique pas aux droits de créance. Le fait de se comporter pendant un certain temps comme créancier d'une personne qui se croit débiteur, n'engendre pas un véritable droit. En

---

(1) Voir art. 1 Civ.; art. 1033 Pr. Civ.; art. 5, loi du 2 août 1884 sur les ventes d'animaux domestiques.

« On appelle francs, dit M. Garsonnet, *Traité de procéd. civ.*, t. II, nº CCIV, les délais dans lesquels on ne compte ni le *dies a quo* ni le *dies ad quem*, et la faveur que la loi fait à la partie, en lui permettant d'agir après qu'ils sont expirés, s'explique par cette pensée qu'une personne, peut-être inexpérimentée et ignorante du droit, mérite quelque indulgence : elle a pu hésiter sur le sens du délai, et il est équitable d'interpréter le doute en sa faveur, en lui permettant de jouir jusqu'à la dernière minute du temps qu'on lui donne pour se mettre en règle. »

effet, les droits de créance ne peuvent pas être l'objet d'une possession. (1)

Dans la prescription extinctive, l'élément qui, joint à l'écoulement du temps, opère extinction du droit, c'est l'inaction du titulaire de ce droit. En principe, tous les droits, aussi bien les droits réels (2) que les droits de créance sont susceptibles de s'éteindre par l'effet de la prescription.

Cette observation montre que ces deux institutions sont différentes, puisque la seconde est d'une application générale, tandis que la première est limitée au domaine des droits réels susceptibles de possession.

Néanmoins, les rédacteurs du Code ont confondu dans le même titre les règles relatives aux deux prescriptions. (3)

Il semble, au premier abord, que la prescription, soit acquisitive, soit extinctive, constitue une spoliation, puisqu'elle a pour résultat de priver une personne d'un droit qui lui appartient, mais il n'en est rien, et nos anciens auteurs, pour en montrer l'utilité et les avantages, avaient coutume de dire que la prescription est la *patrona generis humani.*

La prescription acquisitive ne fait qu'affermir et consolider une possession prolongée, et la possession fait présumer la propriété. Le possesseur d'une chose en est ordinairement le véritable propriétaire et, à ce point de vue, la prescription offre le grand avantage de le dispenser de prouver son droit de propriété. En vertu des principes de notre législation, la personne qui acquiert un droit réel sur une chose n'acquiert ce droit que tel qu'il existait sur la tête de l'aliénateur. *Nemo plus juris in alium transferre potest quam ipse habet.* (4) Si donc le vendeur n'est pas propriétaire de la chose vendue, si son droit est soumis à une

---

(1) Baudry-Lacantinerie et Tissier, *De la prescription*, § 201.

(2) Le droit de propriété ne peut pas se perdre par le non usage ; seule, la prescription acquisitive au profit d'une autre personne entraîne la perte du droit de propriété.

(3) Art. 2219 et suiv. Civ.

(4) Voir ci-dessus, p. 206.

condition résolutoire, ou entaché d'une cause de nullité, l'acquéreur ne devient pas propriétaire ou ne le devient que sous les mêmes restrictions. Il en résulte que la preuve du droit de propriété est difficile à administrer. Le propriétaire actuel d'une chose doit prouver d'abord qu'il l'a valablement acquise, ensuite que son auteur était bien propriétaire ; et, pour fournir cette seconde preuve, il faut établir aussi que cet auteur avait déjà valablement acquis la chose d'un précédent propriétaire ; car, si dans la liste des auteurs qui ont successivement possédé l'immeuble, un seul d'entre eux n'était pas propriétaire, il n'a pas pu transférer la propriété, et les acquéreurs successifs ne sont pas devenus propriétaires. La prescription acquisitive permet d'échapper à ces difficultés. Il suffira que le possesseur démontre que lui-même ou ses auteurs sont en possession depuis un certain temps.

Il est vrai que, dans certaines circonstances, la prescription acquisitive aboutira à une injustice : Si une personne s'est emparée de mauvaise foi de tout ou partie de la chose d'autrui et l'a possédée un certain temps à l'insu du vrai propriétaire, elle aura acquis le droit de propriété au détriment de ce dernier. Mais cette spoliation suppose une inaction et une négligence inexcusables de la part du vrai propriétaire. (1)

La prescription libératoire est aussi aisée à justifier. Le débiteur qui s'est acquitté de sa dette trouve un moyen de preuve facile dans la prescription. A-t-il perdu sa quittance, l'a-t-il volontairement déchirée, il ne lui reste que le secours de la prescription pour établir sa libération, il prouvera que le créancier est demeuré un certain temps, depuis le jour de l'échéance de la créance, sans exiger le paiement.

Sans doute, il pourra également arriver que la prescription libère injustement un débiteur de mauvaise foi qui n'a pas payé sa dette et a profité, soit de l'ignorance, soit de l'indulgence du créancier. Mais, ici encore, le créancier a

---

(1) Cf. Baudry-Lacantinerie et Tissier, *De la prescription*, nos 27 et suiv.

commis une faute en restant dans l'inaction. Ces inconvénients inhérents aux deux prescriptions ne sont rien à côté
des services qu'elles rendent.

L'une et l'autre tarissent les difficultés et les chicanes en
assurant la sécurité dans les transactions ; elles régularisent
le fonctionnement des rapports de droit. « De toutes les
institutions du droit civil, disait l'orateur du gouvernement,
la prescription est la plus nécessaire à l'ordre social. »

CHAPITRE SIXIÈME

De l'exercice des droits et de leur violation. (1)
Notions générales sur la preuve.

§ 1ᵉʳ. — *Exercice des droits.*

Jusqu'ici, les droits civils ont été considérés en eux-mêmes et étudiés au point de vue de leur nature, de leurs divers éléments, sujets et objets, et des événements qui leur donnent naissance ou les éteignent. Il faut maintenant nous occuper de leur mise en mouvement, car, suivant l'expression de Windscheid, leur destination est l'action et non le repos. (2) Les droits sont faits pour être exercés et c'est leur exercice qui nous procure les avantages qu'ils sont susceptibles de produire. Exercer un droit, c'est invoquer et faire valoir les prérogatives qui y sont contenues, c'est user du pouvoir qu'il donne vis-à-vis des autres personnes. (3)

La nature des droits réels permet à leur titulaire de les exercer d'une façon durable, sans que les actes successifs d'exercice en épuisent le contenu. Ainsi le propriétaire recueille les fruits et jouit de tous les avantages de la chose tant que dure son droit de propriété. (4)

_____

(1) Goudsmit, *op. cit.*, § 82 et suiv.; Windscheid, *op. cit.*, ı, § 121 et suiv.; Unger, *op. cit.*, ı, § 68 et suiv.

(2) *Op. cit.*, ı, § 121.

(3) La personne qui exerce le droit n'est pas nécessairement celle en faveur de laquelle il existe. Cette remarque a surtout de l'importance en ce qui concerne les droits réels, parce que ces droits sont susceptibles d'actes d'exercice réitérés. Ainsi, celui qui croit par erreur être propriétaire d'une chose peut en user, en jouir, en percevoir les fruits, bien qu'en réalité le droit qu'il croit avoir appartienne à un autre. De même, l'usurpateur qui s'empare de la chose d'autrui exerce le droit de propriété. Nous avons dit ci-dessus que le fait d'exercer un droit réel s'appelle la possession.

(4) Cependant, les droits réels accessoires, comme le droit d'hypothèque,

Les droits de créance, au contraire, ne sont pas susceptibles d'un usage réitéré ; ils s'épuisent, se consomment par
un seul acte d'exercice. Le créancier qui poursuit son débiteur éteint le droit de créance. (1)

Celui qui est titulaire d'un droit est libre de l'exercer
comme il l'entend, pourvu qu'il se tienne dans les limites de
son droit. *Qui jure suo utitur, nemini facit injuriam.* (2)
Chacun est obligé de supporter l'exercice des droits qui
appartiennent aux autres, quelle que soit la gêne qu'il en
peut ressentir. (3)

Ce principe est absolu ; il ne subit qu'une exception fondée
sur l'équité et la bonne foi qui doivent présider aux relations
des hommes. Lorsqu'une personne use de son droit sans aucun
intérêt personnel et dans le seul et unique but de porter
préjudice à autrui, elle commet un véritable délit et doit
réparer le dommage qu'elle a causé. (4)

Enfin, chacun peut exercer son droit comme bon lui semble
et en faire tel usage qu'il lui convient. L'inviolabilité des
droits constitue la garantie des individus, et la loi n'impose
des limites ou des restrictions à l'exercice du droit qu'autant que ces restrictions sont réclamées par l'ordre public
ou l'intérêt général. Ainsi, le propriétaire peut être con-

---

ne peuvent pas faire l'objet d'une série d'actes d'exercice, et ils doivent,
à ce point de vue, être assimilés aux créances dont ils forment la
garantie.

(1) Il y a certains droits de créance qui paraissent faire exception à cette
règle, parce qu'ils donnent au créancier la faculté d'accomplir une série
d'actes d'exercice. Ainsi le crédit-rentier peut réclamer à chaque échéance
les arrérages, le locataire a le droit de se servir de la chose louée pendant toute la durée du bail.

(2) Lois 55 et 151 D. *De reg. juris*, L. 17.

(3) L'exercice de chaque droit est naturellement limité par l'obligation
de respecter le droit d'autrui. Cette observation présente surtout de l'importance relativement au droit de propriété, à cause de son étendue. Les
droits respectifs des propriétaires voisins subissent des limitations dans
leur intérêt réciproque. Cons. Baudry-Lacantinerie et Chauveau, *Des
biens*, nos 215 et suiv.; Blondel, note S, 1807, i, 273, sous Cass., 11 novembre 1806.

(4) Voir ci-dessus, page 312.

traint de céder sa propriété pour cause d'utilité publique (1), le prodigue qui dissipe ses biens peut être soumis à
la surveillance d'un conseil judiciaire. (2)

§ 2. — *Violation des droits.*

« A côté du droit existe la possibilité de le contester, de le
nier, de le léser ou de le violer; en un mot, à côté du droit existe
la possibilité du non-droit. » (3) Il y a violation du droit, lorsqu'une personne empêche celui qui en est le titulaire de l'exercer, et lorsqu'elle commet, volontairement ou involontairement, un acte ou une omission qui est en opposition avec le
pouvoir conféré par ce droit.

La violation du droit diffère suivant le contenu et la nature
de ce droit. S'agit-il des droits de famille, elle consiste dans
le non-accomplissement des devoirs qu'ils engendrent (4);
pour les droits réels, dans le fait d'empêcher le titulaire
d'exercer son droit sur la chose qui en est l'objet; enfin, pour
les droits de créance, il y a violation, lorsque le débiteur
refuse d'exécuter en tout ou en partie l'obligation dont il est
tenu.

Le droit entraîne nécessairement avec lui l'idée de contrainte pour tous ceux à l'égard desquels il existe. S'il y a
eu violation du droit, le titulaire peut exiger que les conséquences de cette violation soient effacées, que le préjudice
soit réparé, et que l'exercice de son droit soit au besoin
protégé par l'intervention de la force publique.

Personne ne doit se faire justice à soi-même : celui qui
veut maintenir et faire respecter son droit doit s'adresser à
l'autorité judiciaire, chargée de trancher les contestations
entre particuliers.

Si, sans recourir aux voies légales, il tente d'obtenir di-

(1) Art. 545 Civ.
(2) Art. 513 Civ.
(3) Goudsmit, *op. cit.*, § 84.
(4) Unger, *op. cit.*, II, § 109, p. 330.

rectement, par la force, la réparation du préjudice qui lui a été causé et le rétablissement de son droit, il commet un acte illicite dont son adversaire pourra lui demander compte devant les tribunaux.

Ce principe, que nul ne doit se faire justice à soi-même, se justifie par cette idée que l'ordre et la paix publique seraient gravement troublés et compromis par de semblables actes. C'est le rôle de l'État d'assurer le maintien et le respect des droits de chacun ; quiconque se plaint d'avoir été lésé doit s'adresser à lui. (1)

Pour que le droit trouve une protection complète, efficace, il faut, en effet, qu'au-dessus de la volonté des parties se rencontre une autorité impartiale et éclairée qui s'imposera à elles, pour trancher le différend et contraindre à l'exécution de la sentence qu'elle rendra. Ce rôle incombe à l'État, qui l'exerce par l'intermédiaire de ses juges.

Ainsi, la personne qui prétend avoir un droit et qui veut le faire reconnaître et respecter par celui qui en conteste l'existence ou l'étendue, doit intenter une action devant les tribunaux, c'est-à-dire faire valoir son droit en justice, et en établir l'existence à l'aide des moyens de preuve autorisés. Le juge, après avoir examiné les prétentions des

(1) « Les voies de fait ne sont admises qu'exceptionnellement dans trois cas :

1° Il n'y a ni crime, ni délit à commettre un homicide, à faire des blessures ou à porter des coups, quand ces actes sont commandés par la légitime défense de soi-même ou d'autrui ;

2° Il est permis au créancier d'exercer, dans certains cas, le droit de rétention, c'est-à-dire qu'il peut, dans des cas déterminés, retenir jusqu'à ce qu'il soit payé, la chose à raison de laquelle il est créancier et qui se trouve entre ses mains. Ex.: art. 1948 Civ.;

3° Le propriétaire sur le fonds duquel avancent les racines des arbres plantés sur le fonds voisin en-deçà de la distance légale, a le droit de les couper lui-même (art. 673 Civ.).

En toute autre circonstance, une voie de fait commise en vue d'exercer ou de défendre un droit, est un crime ou un délit prévu par le C. pénal (art. 205, 434) et qui oblige celui qui l'a commis à réparer le dommage qu'il a causé (art. 1382 Civ.). »

Garsonnet, *Traité de la procédure civile*, t. I, p. 459, note 4, § cxvi.

parties adverses, et employé tous les moyens dont il peut disposer pour reconnaître la vérité de leurs dires, prononcera entre elles, et le jugement qu'il rendra aura force exécutoire, c'est-à-dire que celui en faveur duquel il aura été rendu, pourra en obtenir l'exécution en recourant, au besoin, à l'emploi de la force publique.

L'ensemble des règles qui déterminent la marche du procès, les formes à observer dans les actes qui devront être faits, les modes de preuve qui pourront être employés, les conséquences de la décision rendue par le juge, les voies de recours dont elle est susceptible constituent la procédure civile.

La procédure proprement dite a pour but de régler le développement du procès dans ses différentes phases, et les formalités que les parties doivent observer ; mais, dans un sens plus large, elle comprend aussi la théorie des actions, c'est-à-dire l'étude du droit lui-même qui fait l'objet de la contestation. Quels sont les moyens de faire valoir ses droits en justice ou de se défendre contre les prétentions d'un tiers ; comment, d'autre part, peut-on faire la preuve de son droit ? Ces questions rentrent dans le domaine de la procédure.

Cependant, c'est dans le Code civil que la matière des preuves se trouve traitée, aussi convient-il de donner en terminant quelques notions générales sur ce sujet. (1)

§ 3. — *Notions générales sur la preuve.*

Prouver, c'est établir l'exactitude d'un fait contesté duquel dépend l'existence d'un droit, ou encore, suivant la définition de MM. Aubry et Rau, c'est, de la part de l'une des parties, soumettre au juge saisi d'une contestation, des éléments

---

(1) « Les meilleurs auteurs reconnaissent que la théorie des preuves appartient au droit pratique, et qu'elle n'eût pas été placée dans le Code civil, à la fin du titre des contrats, si les rédacteurs de ce Code avaient suivi moins aveuglément Pothier, que le plan de son traité des obligations avait amené à étudier la manière de les prouver. » Garsonnet, *Traité de procéd.*, t. ii, p. 4, note 18, Paris, 1885.

propres à justifier la vérité d'un fait qu'elle allègue et que l'autre partie dénie, fait que, sans cela, le juge ne serait ni obligé, ni même autorisé à tenir pour vrai. (1)

I. — *Objet de la preuve.*

La preuve ainsi entendue ne s'applique qu'aux faits, c'est-à-dire aux événements dont une personne allègue l'existence et que l'autre conteste. Les règles du droit positif ne sauraient être l'objet d'une preuve proprement dite ; les parties n'ont qu'à les invoquer, mais non pas à en établir l'existence. Sans doute, la preuve du droit n'est pas étrangère au débat, car la question de l'application des principes juridiques à l'espèce soumise au juge, est souvent très délicate à résoudre, mais ce point de vue est étranger à la preuve proprement dite, il rentre dans le domaine de l'interprétation de la loi. (2)

Il n'y a lieu de faire la preuve d'un fait qu'autant qu'il est *concluant, contestable* et *contesté.*

Concluant: c'est-à-dire de nature à établir d'une façon certaine l'existence du droit prétendu par la partie : *Frustra admittitur probandum, quod probatum non relevat.*

Contestable: Les faits légalement tenus pour vrais, comme ceux que la loi répute certains en vertu d'une présomption, n'ont pas besoin d'être prouvés. (3)

Contesté: A quoi bon faire la preuve d'un fait non contesté, puisque les deux parties en reconnaissent l'existence! En conséquence, lorsque l'une des parties avoue en justice un fait qui lui est contraire, la preuve devient inu-

(1) Aubry et Rau, vm, § 749, 1°, p. 151.
(2) Goudsmit, *op. cit.*, § 104, p. 307, note 1 : « Ceci n'empêche pas qu'il ne puisse être utile de signaler et de démontrer au juge les lois qui régissent la matière, surtout s'il s'agit de sources dont la connaissance complète ne peut raisonnablement être exigée de lui, p. ex.: lorsqu'on invoque une loi étrangère ou le droit coutumier. Mais cette démonstration d'une loi ou d'un usage diffère entièrement de la preuve des faits, laquelle est soumise à des règles de procédure et à des formalités déterminées. »
(3) Voir ci-dessous, à propos des présomptions légales, p. 337.

tile, car, suivant l'expression de Goudsmit, il ne reste rien à prouver. (1)

II. — *A qui incombe la charge de la preuve?*

L'article 1315 Civ. résout ainsi cette importante question : « Celui qui réclame l'exécution d'une obligation, doit la prouver. Réciproquement, celui qui se prétend libéré doit justifier le payement ou le fait qui a produit l'extinction de son obligation. »

La formule de cet article ne vise que les droits de créance, mais il faut sans hésiter la généraliser et l'appliquer à tous les droits, quels qu'ils soient. Nous pouvons donc dire : Tout demandeur qui forme une action en justice doit en prouver le fondement, et tout défendeur qui, pour se soustraire au droit invoqué contre lui, fait valoir un moyen de défense tendant à paralyser le droit, doit également prouver ce moyen de défense.

Au contraire, le défendeur qui se borne à nier les faits qui lui sont opposés, n'est tenu de fournir aucune preuve à l'appui de sa dénégation. On exprime ces règles au moyen des adages suivants: *Actori incumbit probatio. Reus excipiendo fit actor. Negantis naturali ratione nulla est probatio.*

C'est donc au demandeur qu'il appartient de prouver les faits sur lesquels il fonde le droit qu'il invoque. Il doit en fournir la preuve dans tous les cas, quelle que soit la nature de ces faits, qu'ils soient positifs ou négatifs. Sur ce dernier point, les anciens glossateurs admettaient une opinion contraire et prétendaient que celui qui invoque un fait négatif n'est pas tenu de le prouver, et ils citaient à l'appui de cette opinion la loi 2, D. *De probat.*, XXII, 3. *Ei incumbit probatio qui dicit; non qui negat.* Mais l'interprétation qu'ils don-

---

(1) Goudsmit, *op. cit.*, § 104, p. 308, note 1. Le Code civil a considéré l'aveu comme étant une preuve ordinaire (art. 1316 Civ.). Voir dans notre sens : Garsonnet, *Traité de procéd.*, II, nº CCLXX ; Aubry et Rau, t. VIII, § 749, 2º.

naient de ce texte était erronée, car il signifie simplement que le défendeur qui dénie l'existence du droit invoqué contre lui n'a aucune preuve à fournir. (1)

Si le demandeur ne fait pas la preuve des faits qu'il a allégués, il est débouté de sa demande et le défendeur, qui s'est contenté de nier l'existence du droit invoqué contre lui, n'a rien à prouver, il conserve le bénéfice de la situation qu'il avait auparavant.

Quand le demandeur a prouvé les faits qu'il invoquait et qu'il a établi l'existence de son droit, si le défendeur résiste et allègue un moyen de défense proprement dit, comme le payement, ou la prescription extinctive, ou la nullité du droit prétendu, il doit alors à son tour faire la preuve de ces faits. *Reus in exceptione fit actor.* « Quiconque allègue un fait nouveau, contraire à la position acquise de l'adversaire, doit établir la vérité de ce fait. » (2)

Il est facile de justifier ces règles :

Suivant l'expression d'Unger (3), le demandeur veut introduire un changement dans la situation présente ; il prétend être propriétaire de la chose qui est entre les mains du défendeur ou créancier de celui-ci. Or, jusqu'à preuve du con-

---

(1) Aussi cette opinion est-elle aujourd'hui abandonnée. La plupart des faits négatifs peuvent se résoudre en un fait affirmatif contraire. « Prétendre que Primus n'est pas Français, revient à dire qu'il est étranger ; prétendre qu'un testament n'est pas valable revient à dire qu'il est nul. » Garsonnet, *op. cit.*, II, § CCLXIV, p. 312. Sans doute, certains faits négatifs ne peuvent pas se ramener à une affirmation opposée, mais ce n'est pas une raison pour décharger le demandeur du fardeau de la preuve dans les cas rares où il en est ainsi. Il y a plusieurs textes qui imposent au demandeur l'obligation de prouver des faits de cette espèce, bien qu'ils ne puissent pas aisément se ramener à une affirmation contraire. « C'est ainsi que le demandeur en déclaration d'absence est tenu de prouver que le présumé absent n'a pas donné de ses nouvelles depuis sa disparition, et que le successeur irrégulier qui demande l'envoi en possession d'une succession est tenu de prouver qu'aucun parent légitime ne s'est présenté pour la réclamer. » Aubry et Rau, VIII, § 749, p. 156 ; Cf. Demante et Colmet de Santerre, t. v, n° 276 *bis*, VII.

(2) Bonnier, *op. cit.*, § 36.

(3) Unger, *op. cit.*, II, § 129, n° 4.

traire, il est logique, il est rationnel de penser que celui qui détient une chose en est propriétaire, ou qu'une personne n'est tenue d'aucune obligation vis-à-vis d'une autre. Le défendeur doit donc conserver les avantages de sa situation, qui fait présumer, soit qu'il est propriétaire, soit qu'il n'est pas débiteur. Tant que la preuve du droit n'est pas faite, ces présomptions militent en sa faveur. « S'il suffisait d'actionner le défendeur pour lui imposer le fardeau de la preuve, toutes les chances seraient contre lui, et le procès le plus injuste serait le plus facile à gagner. » (1)

Quand le demandeur a établi son droit, la situation première est renversée, la présomption originaire est détruite. Le défendeur doit donc, à son tour, prouver la réalité des faits qu'il invoque pour sa libération, par exemple, la prescription acquisitive, ou le paiement de l'obligation; en d'autres termes, il doit prouver que le droit du demandeur ne lui est pas opposable.

Les règles précédentes subissent une dérogation, lorsque la partie qui allègue un fait peut invoquer en sa faveur une *présomption légale.*

L'art. 1349 Civ. définit ainsi la présomption légale : C'est une conséquence que la loi tire d'un fait connu à un fait inconnu. Cette définition manque de précision, car, comme on l'a remarqué, elle pourrait convenir à toutes les preuves; » c'est toujours par les conséquences tirées d'un fait connu et non contesté qu'on arrive à la démonstration du fait inconnu. » Par exemple : On conclut que Paul a prêté 1.000 fr.

_____

(1) Garsonnet, *op. cit.,* ii, § cclxxiv; Demolombe, *Des contrats,* t. vi, n° 487: « Au point de vue de l'intérêt social, qui ne voit les dangers immenses de la doctrine, par laquelle le demandeur serait dispensé de faire la preuve du changement qu'il veut apporter à la situation acquise du défendeur, et que les droits les plus légitimes et les plus anciens se trouveraient menacés, les plus anciens surtout et presque toujours les mieux fondés, mais dont la preuve ne peut pas souvent, en raison de leur ancienneté même, être fournie rigoureusement par celui auquel ils ont été transmis? A quel titre donc viendrait-on les soumettre à l'intolérable inquisition qui serait inséparable d'un tel système, et qui constituerait un véritable attentat à la liberté, non moins qu'à la fortune des citoyens? »

à Pierre (fait inconnu), de ce fait connu que Pierre a signé
un écrit par lequel il reconnait devoir 1.000 fr. à Paul pour
cause de prêt.

Mais, dans la preuve ordinaire, la conclusion est simple et
rapide; le travail de raisonnement y apparaît à peine, tandis que, dans la présomption, l'induction s'aperçoit très aisément. Exemple : Un enfant est né d'une femme mariée ; un
certain temps après le mariage, la loi en conclut que cet enfant a été conçu des œuvres du mari. (1)

Les présomptions légales n'ont pas toutes la même force :
Les unes ont une force probante telle, qu'elles excluent la
preuve contraire; les autres, au contraire, ont un effet moins
absolu, et l'adversaire à qui on les oppose a le droit de faire
la preuve contraire, c'est-à-dire, de prouver que, dans l'espèce, la présomption n'est pas justifiée.

La partie qui invoque une présomption légale doit établir
simplement l'existence des faits qui lui servent de base;
ainsi, dans l'exemple ci-dessus, l'enfant doit prouver qu'il
a été conçu pendant le mariage, il n'a pas besoin de prouver
qu'il a pour père le mari, puisque la loi conclut du premier
fait à l'exactitude du second.

III. — Des moyens de preuve.

Les moyens de preuve sont destinés à permettre au juge
d'arriver à la connaissance des faits.

Ce sont, suivant l'expression de Bonnier, des moyens intermédiaires conduisant à la découverte de la vérité.

Le juge ne peut pas en effet s'assurer *de visu*, d'une façon
certaine, indiscutable, de l'existence du fait invoqué par
l'une des parties et dont elle prétend qu'il résulte un droit
en sa faveur. Ce fait a eu lieu et sa constatation effective est
impossible. Il faut donc nécessairement que le juge aille du
connu à l'inconnu, qu'il procède par induction et conclue de
certains faits, tels par exemple que l'existence d'un acte

(1) Art. 312 Civ.

écrit, le témoignage d'une personne, à la réalité ou à la non
réalité du fait juridique contesté.

« Pour nous instruire des événements qu'il ne nous a pas été
possible de percevoir directement, il faudra, non pas recourir
au raisonnement abstrait, mais bien interroger les circonstances connues pour arriver à la connaissance de l'inconnu,
c'est-à-dire employer le procédé de l'induction. » (1)

La plupart des modes de preuve employés devant les tribunaux reposent sur la foi due au témoignage de l'homme,
c'est-à-dire, en prenant ce mot dans son sens étendu (2), aux
déclarations de l'homme, soit verbales, soit manifestées par
écrit.

« Les preuves les plus usitées dans la pratique judiciaire
ont pour base cette sorte d'induction, qui est loin d'être
infaillible, mais dont l'emploi est indispensable. » (3)

Lorsque le témoignage consiste dans les affirmations de
personnes étrangères au litige qui affirment que tel fait, tel
événement s'est produit, il constitue la preuve par témoins.

En second lieu, la déclaration peut émaner des parties et
se présenter sous la forme d'une affirmation orale ou bien se
manifester dans un acte écrit.

Le témoignage du défendeur reconnaissant lui-même
l'existence du droit invoqué contre lui, constitue l'aveu. (4)
C'est, suivant l'expression de M. Bonnier, la plus grave des
inductions judiciaires.

Le serment décisoire est aussi une affirmation solennelle
qui sert de preuve dernière, au cas où il est impossible
d'établir l'existence des faits invoqués. La partie qui défère à
l'autre le serment, s'en remet à l'honneur, à la conscience
de cette dernière.

Enfin, les actes écrits forment également une déclaration des parties manifestée par l'écriture. Ces actes écrits

---

(1) Bonnier, *Traité des preuves*, 5e édit., nº 23.
(2) Bonnier, *op. cit.*, nº 26.
(3) Bonnier, *ibid.*
(4) Voir l'observation faite ci-dessus, p. 334 *in fine.*

sont, suivant les cas, ou bien des actes authentiques, lorsqu'ils ont été dressés et rédigés par un officier public qui a affirmé lui-même par ce moyen l'existence des faits qui se sont passés devant lui, ou bien des actes sous seing privé, c'est-à-dire des actes faits sous la seule signature des parties, ou enfin de simples écritures privées, destinées à servir de renseignements et non signées, les livres de commerce, les registres et papiers domestiques.

En dehors du témoignage, l'induction peut encore reposer sur la constatation de certains faits matériels ou d'indices moraux ; le Code appelle ce genre de preuve, les présomptions de fait ou les présomptions de l'homme (1), par opposition aux présomptions de droit ou légales dont nous avons parlé ci-dessus. C'est ici particulièrement que se manifeste l'opération d'induction par laquelle le juge arrive à la découverte de la vérité, et c'est en pareil cas que la base de l'opération est la plus fragile. Aussi la loi recommande-t-elle aux juges de n'admettre que des présomptions graves, précises et concordantes. (2)

Les modes de preuve peuvent être classés en deux catégories, suivant qu'ils ont pour but d'aboutir directement à établir l'existence du fait ou seulement d'une façon indirecte.

« La preuve directe, disent MM. Aubry et Rau (3), est celle qui tend à établir le fait contesté entre les parties, à l'aide de moyens de conviction empruntés immédiatement à l'expérience, et s'appliquant précisément à ce fait.

La preuve indirecte, au contraire, est celle qui ne tend à établir le fait contesté qu'à l'aide d'inductions ou de conséquences tirées d'autres faits connus. »

Si on adopte cette division, il faut ranger dans le premier groupe la preuve par témoins, la preuve par écrit, le ser-

---

(1) Art. 1353 Civ. — Il y a deux autres modes de preuve dont le Code civil ne parle pas, mais qui sont étudiés au Code de procédure civile, l'expertise et la descente sur les lieux. (Voir art. 41-43, 295-301, 302-323 Pr. civ.

(2) Art. 1353 Civ.

(3) Aubry et Rau, VIII, § 749, p. 149.

ment et l'aveu, et dans le second, les présomptions de l'homme.

Le Code civil a suivi un autre procédé : il a classé les preuves, suivant leur usage plus ou moins fréquent, dans l'ordre suivant : La preuve littérale (1), la preuve testimoniale (2), les présomptions (3), et enfin l'aveu et le serment. (4)

Cette énumération, à laquelle il faut ajouter les descentes sur les lieux et les expertises, est limitative, et seuls, ces modes de preuve peuvent être admis en matière civile. Le juge ne doit donc tenir pour prouvés les faits allégués par les parties, qu'autant que la preuve en a été faite par un des modes qui sont énumérés par la loi. Il n'est jamais admis à juger d'après la connaissance personnelle du fait qu'il a pu acquérir en dehors des débats judiciaires.

D'autre part, les divers modes de preuve énumérés par la loi ne peuvent pas être indifféremment employés par les parties.

La loi a restreint la preuve testimoniale dans des limites très étroites « pour parer aux dangers que présente la subornation possible des témoins et pour obvier aux inconvénients qui résultent de la multiplicité des procès et de la complication des procédures ». (5) Lorsque des personnes font un acte juridique, c'est-à-dire un acte volontaire, elles doivent rédiger un écrit, soit dans la forme authentique, soit sous seing privé, si la chose qui fait l'objet de cet acte a une valeur supérieure à cent cinquante francs. D'autre part,

---

(1) Art. 1317 à 1340.
(2) Art. 1341 à 1348.
(3) Art. 1349 à 1353.
(4) Art. 1354 à 1369. Il n'est pas douteux que les règles des art. 1315 et suiv., bien que comprises dans le titre des obligations conventionnelles, ont une portée générale et s'appliquent à la preuve de tous les faits juridiques et non-seulement à celle des faits qui engendrent une obligation. Cependant on a prétendu que leur application devait être limitée au droit du patrimoine, et qu'en ce qui concerne le droit de famille le Code avait organisé un système de preuves spécial dans les titres 2, 5 et 7 du livre premier. Voir ci-dessus, p. 75, note 2.
(5) Aubry et Rau, t. VIII, § 761, p. 294.

quand un acte écrit (1) a été dressé pour constater l'existence de l'acte juridique, il n'est reçu aucune preuve par témoins contre et outre le contenu de cet acte, ni sur ce qui serait allégué avoir été dit avant, lors ou depuis sa rédaction, encore que l'objet de cet acte soit d'une valeur inférieure à 150 francs. (2)

La preuve indirecte par les présomptions de l'homme n'est également admise que dans les hypothèses déterminées par la loi. (3)

La preuve par écrit, au contraire, est autorisée dans tous les cas, soit comme preuve simple, c'est-à-dire lorsque les écrits ne sont pas soumis à des formalités particulières, soit comme preuve préconstituée, lorsque la loi n'admet le titre écrit à faire preuve qu'autant qu'il a été rédigé suivant certaines formes et en observant certaines conditions. Tel est le cas pour les actes authentiques.

IV

Quand la preuve du fait invoqué n'a pas été administrée d'une façon complète, le juge doit rejeter la demande ou l'exception qui était fondée sur l'existence de ce fait :

Actore non probante, reus absolvitur.

Cependant le juge est autorisé, en cas de preuve incomplète, à déférer d'office le serment supplétoire à l'une des parties. (4)

---

(1) Le mot acte est employé par le Code, au titre de la preuve, dans le sens d'*instrumentum*, d'écrit destiné à constater un acte juridique. Cette terminologie est évidemment mauvaise, car elle prête à la confusion.

(2) Art. 1341 Civ.

(3) Art. 1353 Civ.

(4) Art. 1366, 1367, 1368, 1369 Civ. — Pour ce qui concerne les particularités de la preuve en matière de questions d'état, nous les avons indiquées ci-dessus, ch. III, p. 73, 74, 75.

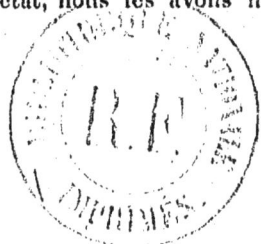

TABLE DES MATIÈRES

TABLE ALPHABÉTIQUE DES MATIÈRES

LES CHIFFRES RENVOIENT AUX PAGES.

LA ROCHELLE, IMPRIMERIE NOUVELLE NOEL TEXIER

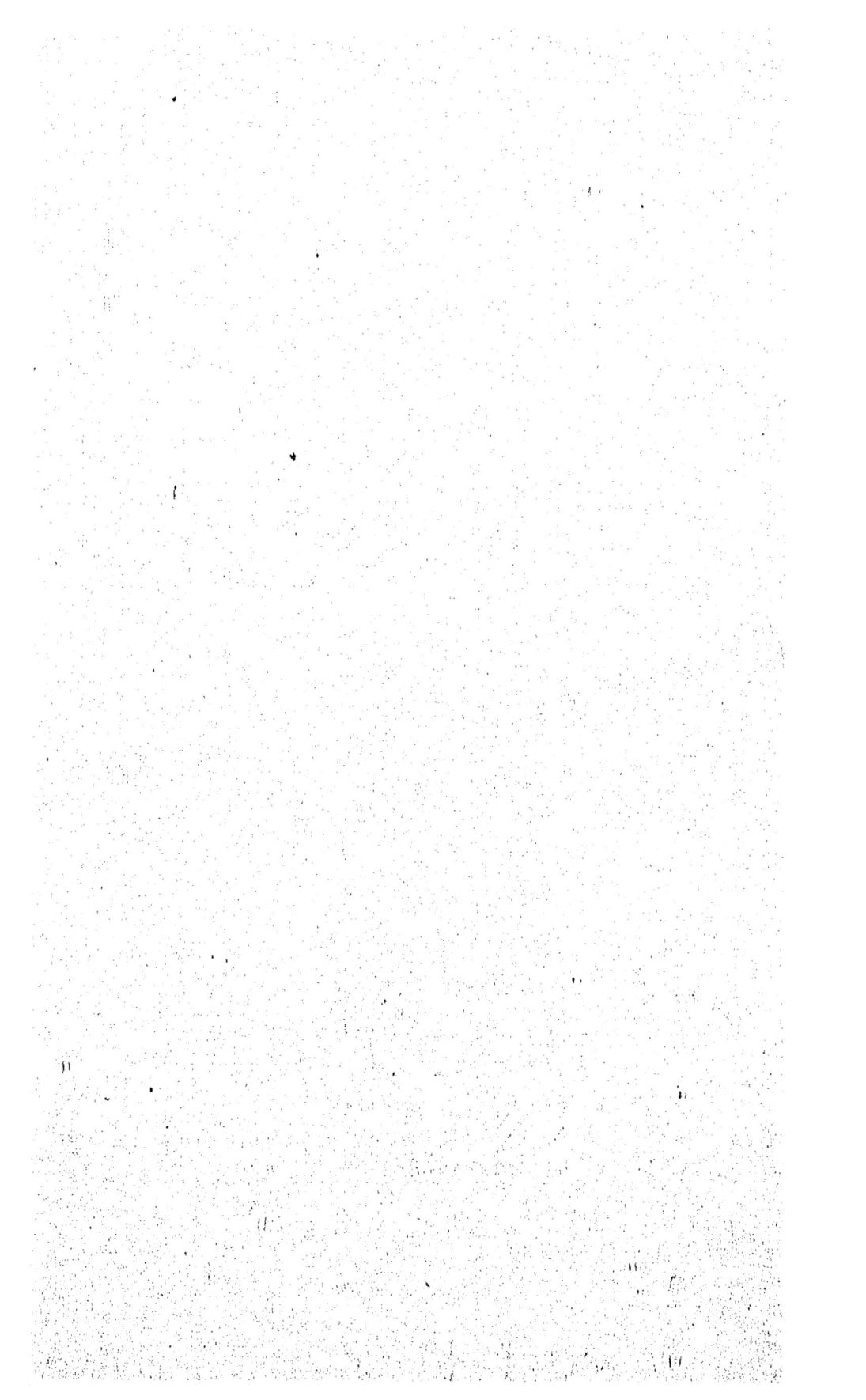

www.ingramcontent.com/pod-product-compliance
Lightning Source LLC
Chambersburg PA
CBHW060124200326
41518CB00008B/924